SAMOS

THOMAS SCHRÖDER

Kleiner Wanderführer für Samos

Zur Umschrift griechischer Ortsnamen und Begriffe   Die Umschrift griechischer Ausdrücke ist nicht ohne Schwierigkeiten möglich: Hielte man sich an die offiziellen Richtlinien, so wäre eine völlig falsche Aussprache die Folge. In diesem praktisch orientierten Reisehandbuch wurde deshalb ein Kompromiss zwischen guter Verständlichkeit einerseits und möglichst buchstabengetreuer Transkription andererseits angestrebt. Akzente verdeutlichen die Betonung der Silben.

Kartenverzeichnis

Alles im Kasten

Was haben Sie entdeckt?

Haben Sie eine versteckte Bucht entdeckt, eine gemütliche Taverne fernab vom Trubel, ein empfehlenswertes Privatquartier? Wo hat es Ihnen besonders gut gefallen? Und welcher Tipp war nicht mehr so toll? Wenn Sie Ergänzungen, Verbesserungen oder neue Tipps zum Buch haben, lassen Sie es uns bitte wissen!

Schreiben Sie an: Thomas Schröder, Stichwort „Samos" | c/o Michael Müller Verlag GmbH | Gerberei 19, D – 91054 Erlangen | thomas.schroeder@michael-mueller-verlag.de

 Mit dem grünen Blatt haben unsere Autoren Betriebe hervorgehoben, die sich bemühen, regionalen und nachhaltig erzeugten Produkten den Vorzug zu geben.

Vielen Dank!

Herzlichen Dank den vielen Leserinnen und Lesern, die mit Tipps und Beiträgen bei der Aktualisierung dieser Auflage geholfen haben: Helga & Dimitri Joannidopoulos, Panagiotis Filippis, Charlotte Walter, Renate Matt, Frank Fingerhuth, Bernhard & Carola Wölfl, Familie Schwarze, Regina Lamberz, Günter Knöferl, Markus & Manja Rausendorf, Hans-Günther Roth, Sonja Espenlaub, Kurt Körner, Dietmar Hertel, Frank Dittmar, Albrecht von Stosch, Renate Selig & Hans-Josef Nietert, Richard E. Mayer, Ralf Achcenich, Johannes Ottersböck, Kai Ahsbahs, Bernd & Susanne Gries, Christiane Beetz-Leipold, Michaela & Martin Schohl, Heiko Mittelstaedt, Jürgen Franssen, Christian Körner.

Zeichenerklärung für die Karten und Pläne

Fernstraße	Flughafen	Ruine Burg/Schloss
Hauptstraße	Bus	Bildstock
Nebenstraße	Parkplatz	Information
Piste/Betonweg	Leuchtturm	Museum
Fußpfad	Schiffsanlegestelle	Krankenhaus
empfohlener Wanderweg	Hafen	Post
Fährlinie	Berggipfel	Reisebüro
Landesgrenze	Höhle	Badestrand
Park/Grünanlage	Antike Sehenswürdigkeit	Aussicht
Strand	Kirche/Kloster	Campingplatz

Wohin auf Samos?

① Der Osten
um Sámos-Stadt → S. 90

Für Freunde griechischen Alltags wohl die beste Urlaubsadresse. Landschaftlich zeigt sich die Region vielleicht nicht ganz so spektakulär wie die Gebiete weiter westlich, erfreut aber dennoch mit reizvollen Panoramen. Die Hauptstadt besitzt ein ausgeprägtes Eigenleben, eine breite Hotelauswahl und gute Verkehrsverbindungen. Das Archäologische Museum zählt zu den bedeutendsten Sehenswürdigkeiten der Insel. Reizvolle Strände allerdings sind rar, weshalb zum Baden in die Umgebung ausgewichen werden muss.

② Der Südosten
um Pythagório → S. 110

Mit die beliebteste Ferienregion der Insel. Großen Anteil daran hat zum einen das schöne Städtchen Pythagório, zum anderen die vielfältige Umgebung, die eine ganze Reihe hochrangiger Sehenswürdigkeiten und reizvoller Ausflugsziele bietet. Wanderer allerdings finden anderswo schönere Reviere. Der Hausstrand von Pythagório ist zwar nicht der beste der Insel, bietet aber immerhin selbst zur Hochsaison mehr als genug Platz. Eine ruhigere Alternative zu Pythagório ist Iraíon, das am anderen Ende der Bucht liegt.

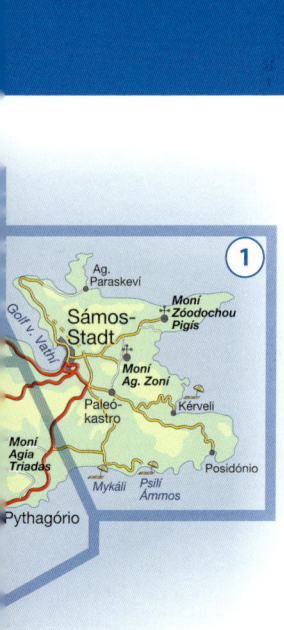

④ Die Nordküste → S. 160

Die üppig grünen, steil zur Küste abfallenden Nordhänge mit ihren Weingärten, Terrassenfeldern und Wäldern bilden die beliebteste Wanderregion der Insel. Hoch oben kleben kleine Bergdörfer, miteinander verbunden durch uralte Fußwege, die überwiegend gut erhalten und oft sogar markiert sind. Auch einige sehr reizvolle Strände hat der Norden vorzuweisen; allerdings können die kühlen Meltémia-Winde und der Wellengang zeitweilig die Badefreuden trüben. Wichtigster Urlaubsort ist das charmante Ferienstädtchen Kokkári.

③ Der Südwesten → S. 140

Hier liegen die Strandparadiese von Sámos, und das Meer ist meist ruhiger als an der Nordküste. Das landschaftlich grandiose Gebiet an den Hängen des Kérkis-Massivs ist touristisch noch weniger stark entwickelt als andere Regionen. Klassische Sehenswürdigkeiten und größere Siedlungen fehlen. Das Haupt-Urlaubsziel Votsalákia ist ein reiner Ferienort, griechischer Alltag in der Nachbarsiedlung Órmos Marathokámpou spürbarer. Die Busanbindung ist eher mäßig, weshalb hier ein Leihwagen besonders gute Dienste leistet.

Samos: Die Vorschau

Facetten einer Insel

Ein Delphin, so finden zumindest manche Dichter, könnte Pate gestanden haben für die Form von Sámos: Im Westen der Kopf, im Süden die Bauchflosse und im Osten die gegabelte Schwanzflosse. Prosaische Naturen sehen in den Umrissen eher eine plumpe Seekuh. Doch um welches Wesen es sich auch handeln mag: Vom Nachbarn Türkei wendet es sich eindeutig ab, scheint geradezu verzweifelt von ihm weg schwimmen zu wollen … Landschaftlich und kulturell bietet die Insel große Vielfalt. Und obwohl der Tourismus hier erst relativ spät einsetzte, bildet Sámos heute das bestbesuchte Ziel in der Ostägäis. Von den negativen Begleiterscheinungen des Fremdenverkehrs blieb die Insel dennoch weitgehend verschont. Selbst die drei wichtigsten Urlaubsorte haben ihr Ortsbild nahezu unverändert bewahren können, und abseits dieser kleinen Zentren zeigt sich das Eiland ohnehin noch von der sehr ländlichen Seite. Wer Ferienrummel und Animation sucht, ist auf Sámos nicht unbedingt an der richtigen Adresse, auch wenn sich mancherorts entsprechende Möglichkeiten finden. Liebhaber schöner Strände kommen dagegen ebenso auf ihre Kosten wie Wanderer und Mountainbiker. Für Entdeckungstouren bietet Sámos, immerhin die achtgrößte Insel Griechenlands, breiten Raum. Dabei mag das Eiland, verglichen mit den anderen großen Inseln der Ostägäis, zunächst sogar relativ klein erscheinen: Die Nachbarinsel Chíos misst fast die doppelte, Lésbos sogar knapp die vierfache Fläche. Dennoch besitzt Sámos mit seinen 476 Quadratkilometern eine respektable Ausdehnung. Auch ein Blick auf eine Entfernungstabelle zeigt, wie weit der mögliche Aktionsradius reicht: Von der Hauptstadt im Osten bis in das Bergdorf Drakéi im Westen sind immerhin

rund 75 Kilometer zurückzulegen. Ihr Abwechslungsreichtum (und auch die oft kurvigen Straßen) lassen die Insel sogar noch größer wirken.

Landschaft

Landschaftlich ist Sámos ein Traum, gilt als fruchtbarste Insel der Ägäis. Im Westen und der Inselmitte erreichen die Gebirgszüge des Kérkis und des Ámpelos-Massivs Höhen von deutlich über tausend Metern. In den Wintermonaten fangen diese hohen Berge zahlreiche Regengebiete ein, die von der kleinasiatischen Küste herüberziehen, und sorgen so für üppigen Niederschlag. Entsprechend kraftvoll sprießt vielerorts die Vegetation. Ganz besonders trifft dies auf den wasserreichen Norden zu, dem Platanenwälder, Zypressen, Pappeln, Obstbäume, vor allem aber Weingärten ein fast paradiesisches Flair geben. Nicht umsonst gilt gerade dieses Gebiet, durchzogen von schmalen Pfaden, als das Wanderdorado schlechthin von Sámos. Die Südseite der Insel, durch die hohen Berge abgeschirmt, ist wärmer, windstiller und auch etwas trockener, wirkt deshalb mediterraner. Im Charakter ähnlich zeigt sich der Osten, der dank der Nähe zur Türkei mit ungewöhnlichen Panoramen glänzt: Gerade mal 1,2 Kilometer trennen Sámos an der engsten Stelle vom kleinasiatischen Festland – keine griechische Insel liegt der Türkei näher, an vielen Stellen scheinen die Berge von Mykale nur einen Katzensprung entfernt.

Kunst und Kultur

Die Kultur kommt auf Sámos nicht zu kurz, auch wenn manch andere griechische Insel zahlreichere Relikte des Altertums aufzuweisen hat. Die Bauten von Sámos jedoch wurden schon vom antiken Geschichtsschreiber Herodot zu den Weltwundern gezählt. Zu Recht, denn technische Meisterleistungen wie

Samos: Die Vorschau

den bei Pythagório quer durch einen Berg führenden Wassertunnel des Eupalinos sieht man nicht alle Tage. Entstanden ist er, ebenso wie der Große Hera-Tempel (von dem leider nur noch eine einzige Säule steht) im nahen Heraíon, im 6. Jh. v. Chr. unter der Herrschaft des berühmt-berüchtigten Tyrannen Polykrates, der wohl vielen durch Schillers Gedicht bekannt ist. In jener Zeit gehörte Sámos zu den reichsten Inseln der Ägäis und verfügte deshalb auch über die nötigen finanziellen Mittel für solche Großprojekte. Dass bereits damals die Handelsbeziehungen bis nach Ägypten und Persien reichten, zeigen die zahlreichen schönen Fundstücke des hervorragend ausgestatteten Archäologischen Museums der Hauptstadt. Auch die vielen reizvollen Exponate des noch jungen Archäologischen Museums von Pythagório beweisen, welcher Glanz im antiken Sámos herrschte. Die Zahl der Sehenswürdigkeiten aus späteren, we-

niger glücklichen Zeiten hält sich hingegen in überschaubaren Grenzen; auch die Klöster der Insel punkten meist eher mit ihrer reizvollen Atmosphäre als mit künstlerisch wertvollem Inventar.

Strände

Attraktive Strände aus Sand und Kies finden sich fast rund um die Insel, einzig im Gebiet der Hauptstadt sieht es nicht ganz so gut aus. Ein Mietwagen ist für die Erkundung nützlich, da gerade die schönsten Strände abseits der Ferienorte liegen; Ausnahmen mit direktem Strandzugang bilden Kokkári im Norden und Votsalákia im Südwesten. Als bester Strand im Osten gilt Psilí Ámmos, nicht zu verwechseln mit seinem gleichnamigen, ebenfalls sehr hübschen Pendant im Südwesten. Nur zu Fuß zu erreichen, aber den Weg wert sind die „Teufelsstrände" Míkro Seitáni und Mégalo Seitáni im abgeschiedenen Nordwesten der Insel.

Wichtig zu wissen: Während die Strände im Südwesten und Osten bei den im Sommer meist vorherrschenden Wetterverhältnissen recht geschützt liegen und damit auch für Kinder günstig sind, geht es an der Nordküste, die dann häufig dem frischen Meltémi-Wind ausgesetzt ist, oft etwas unruhiger zu. Da es kaum Industrie gibt, ist die Wasserqualität fast überall bestens. Und auch an den Wassertemperaturen gibt es wenig zu mäkeln – in der warmen Ägäis reicht die Badesaison von Mai bis in den Oktober. Während dieser Zeit liegen die Wassertemperaturen im Strandbereich bei Werten ab 20 Grad aufwärts, erreichen im Hochsommer sogar Spitzentemperaturen um die 26 Grad.

Wandern

Für passionierte Wanderer bildet Sámos ein wunderbares Reiseziel. Etwas Wandererfahrung ist jedoch vonnöten: Die Insel ist bergig und ihre Pfade sind oft schwer zu finden; bei längeren Wanderungen ist deshalb ein guter Orientierungssinn hilfreich. Auch Kondition und Ausdauer sollte man mitbringen. Dann belohnt Sámos den Wanderer mit seinen versteckten Schönheiten, mit den ausgedehnten Blumenteppichen des Frühjahrs, den sommerschattigen Platanenschluchten, den einsamen Kirchlein, abgelegenen Stränden und weiten Panoramen. Immer neue Perspektiven öffnen sich, und oft reicht der Blick bis zum kleinasiatischen Festland oder zu anderen Inseln. Ein herausragendes, wenn auch relativ anspruchsvolles Wandergebiet sind die Hänge der Nordküste, an denen noch viele der alten Pflasterwege zwischen den Dörfern intakt geblieben und teilweise sogar markiert sind.

Abendstimmung am Strand von Kokkári

Hintergründe & Infos

Ausgedehnt: Karlóvassi ist die zweitgrößte Siedlung der Insel

Geographie und Landschaft

Wie die anderen Inseln der Ägäis besteht auch Sámos aus den Gipfeln eines ertrunkenen, uralten Faltengebirges, das einst Kleinasien mit dem Balkan verband.

Im Jungtertiär zertrümmerten tektonische Vorgänge diese Gebirgskette, die später vom Meer verschluckt, dann erneut angehoben und dabei ein weiteres Mal in sich gebrochen wurde. Im Diluvium sank das von Rissen und Brüchen gezeichnete Gebirge wieder ab; von Süden her überschwemmte das Meer die tiefer liegenden Bereiche und ließ nur noch die Gipfel aus dem Wasser ragen. Erst diese letzte Überflutung schuf in etwa die heutige Form des Ägäischen Meeres, das von den Griechen *Aigaíon Pélagos* genannt wird.

Geographisch genau genommen, zählt Sámos zu Kleinasien, auf dessen Festlandsschelf die Insel als Fortsetzung des Mykale-Gebirges aufsitzt. Im Osten von Sámos bleibt die türkische Küste deshalb immer in Blickweite. Historisch allerdings waren Sámos und die gesamte Region der Ostägäis einschließlich der kleinasiatischen Küste seit Jahrtausenden griechisches Siedlungsgebiet. Erst 1922 zerstörte die „Kleinasiatische Katastrophe" des griechisch-türkischen Krieges die uralten Bindungen.

Ihre erdgeschichtliche Vergangenheit als Gipfel eines zerrissenen und ertrunkenen Gebirges ist der Insel anzumerken. Bergzüge prägen das Gesamtbild. Sámos teilt sich in drei Massive, die sich vorwiegend aus Kalken über Urgesteinen (Marmor, kristalliner Schiefer) mit Einlagerungen von Eruptivgestein zusammensetzen. Getrennt werden sie von jungtertiärem Hügelland. Die Höhen nehmen von West nach Ost ab: Höchste Erhebung ist der mächtige Stock des *Kérkis* im Westen, der im Vígla-Gipfel 1433 Meter erreicht; seine steil zum Meer abfallenden Hänge sind von

Schluchten und Höhlen durchzogen, die über die Jahrtausende immer wieder zur letzten Zuflucht Verfolgter wurden. Das Massiv des in der Inselmitte bis auf 1153 Meter aufragenden *Ámpelos* („Weinberg"), gelegentlich auch *Karvoúnis* („Köhlerberg") genannt, ist weitflächiger und reicht in seinen Ausläufern bis weit nach Süden und Osten. Das dritte, ältere und flachere Massiv im äußersten Osten der Insel erreicht mit dem Gipfel des Oros Theiós nur etwas über 400 Meter.

Ebenen sind auf der bergigen Insel selten. Die beiden größten liegen im Südosten um das Städtchen Pythagório: der *Kámpos Chóras* im Westen, der *Mésokampos* im Osten. Kleinere Ebenen erstrecken sich noch um Karlóvassi und Kokkári im Norden sowie östlich oberhalb von Sámos-Stadt.

Zwischen Kokkári und Karlóvassi: Tsámbou-Strand

Das Besondere aber von Sámos waren die Täler, die sich zwischen die hohen Berge einfalteten und steil nach dem Meere zu senkten. Es waren nicht viele und sie waren nicht groß. Aber sie schütteten sich wie die Füllhörner hin. Es waren kleine Paradiese in fruchtender Pracht. Wein, Wein bis an die weißen Säume des Meeres, Feigenbäume, Oliven und schwarze, vollkommen schöne Zypressen.

Erhart Kästner, „Griechische Inseln"

Natur und Umwelt

Auf den ersten Blick scheint die Welt noch in Ordnung: Industrie spielt kaum eine Rolle, qualmende Schornsteine sind eine Seltenheit. Aber auch Sámos hat seine Probleme.

Die **Müllbeseitigung** ist eines davon. Plastikflaschen und ähnlicher Einweg-Müll landen im günstigsten Fall auf der abseits gelegenen Deponie, häufig genug leider auch in der Landschaft. Werden sie verbrannt, setzen sie dabei Dioxine frei. Die beste Lösung wäre sicher die Müllvermeidung, doch werden entsprechende Gesetze oft raffiniert unterlaufen.

Die **Energiegewinnung** ist eine weitere Problemzone. Bislang verdankt die Insel ihren Strom hauptsächlich einem Dieselkraftwerk östlich von Kokkári, das enorme Mengen Kraftstoff verfeuert und so natürlich die Luft belastet. Erfreulich deshalb, dass in zwei Anlagen bei Pythagório und Marathókampos mit Windenergie experimentiert wird.

Warntafel: Immer wieder wüten Waldbrände auf Sámos

Der große Waldbrand des Jahres 2000

Waldbrände sind ein Umweltproblem, das jedem Besucher der Insel leider schnell augenfällig wird. Oft ist Fahrlässigkeit die Ursache solcher fast jährlich aufflackernder Brände, manche Feuer tragen aber auch die Zeichen von Brandstiftung. In der ersten Hälfte der 90er-Jahre verwandelten zahlreiche Brände insbesondere im Süden und Südwesten weite Waldflächen in rauchschwarze Wüsten, 2010 brannte es heftig bei Kokkári und Marathókampos. Weit verheerender noch war der Großbrand im Sommer 2000. Das riesige Feuer begann am 6. Juli bei Mytiliní, breitete sich – angefacht durch extreme Hitze und starken Wind – rasant aus und konnte erst eine Woche später unter Kontrolle gebracht werden. Betroffen war fast ein Drittel der Fläche von Sámos, insbesondere das Inselzentrum. Eine 92-jährige Frau, die sich geweigert hatte, ihr Haus zu verlassen, kam in den Flammen ums Leben. Acht Dörfer mussten evakuiert werden, Touristen wurden jedoch nicht verletzt. Schon Tage nach dem Ende des Feuers entwickelte sich unter den Freunden der Insel, gerade auch unter den deutschen Sámos-Fans, eine Welle der Hilfsbereitschaft. Spenden wurden gesammelt, Studien zur Wiederaufforstung erstellt, gebrauchte Feuerwehrautos erworben und auf die Insel gebracht. Ein neu gegründeter Verein, die Samoshilfe e.V., setzte sich nachhaltig für Natur und Umwelt der Insel ein.

Heute, mehr als ein Jahrzehnt nach der Katastrophe, sind die Spuren des Großfeuers in manchen Gebieten immer noch erkennbar. Allerdings sind die betroffenen Regionen längst keine kahlen, schwarzen Wüsten mehr – die Natur hat sich ihr Terrain zurückerobert. Auf den einst verbrannten Flächen sprießt der Unterwuchs, wachsen Büsche und Sträucher. Erstbesucher der Insel müssen deshalb schon genau hinsehen, um die Schäden überhaupt wahrzunehmen. Und immer noch ist der Waldbestand von Sámos größer als der aller Kykladeninseln zusammen ...

Waldbrände vermeiden

Viele Brände entstehen schlicht durch Fahrlässigkeit und Leichtsinn, auch von Urlaubern. Sie wären leicht zu vermeiden:

- Offene Feuer sind in Waldgebieten oder ihrer Umgebung nicht umsonst verboten und mit hohen Strafen bedroht.
- Werfen Sie keine glimmenden Zigarettenkippen weg; verzichten Sie in Waldgebieten gänzlich aufs Rauchen.
- Weggeworfene Glasflaschen und andere Behälter können unter griechischer Sonne als regelrechte Brenngläser wirken und so Waldbrände auslösen.

Der **Straßenbau** bildet auf Sámos ein Kapitel für sich. Mit Bulldozern geschobene Fahrwege haben viele der alten Fußpfade verdrängt und teilweise zerstört. Ein guter Teil dieser Pisten wurde für die Brandbekämpfung angelegt und ist dafür sicher notwendig; dennoch ist es natürlich schade um jeden der oft viele Jahrhunderte alten und von vielen Generationen begangenen Pfade. Andernorts wurde durch die Asphaltierung vormals unbefestigter Pisten wieder ein Stück Natur mehr versiegelt. Auch die neue Umgehung von Sámos-Stadt mit dem Ziel, das Hospital schneller anfahren zu können, ist zumindest um einiges üppiger ausgefallen, als notwendig gewesen wäre. Traurig genug, dass solch fragwürdige „Erschließungsmaßnahmen" auch noch durch EU-Subventionen unterstützt werden. Schließlich haben sich viele entlegene Gebiete ihren Reiz ja nur dadurch bewahrt, dass sie eben nicht von jedem Reisebus problemlos angefahren werden können …

Der **Tourismus** bringt, auch wenn mancher es nicht gerne hören wird, ebenfalls massive Umweltschädigungen mit sich. Allein die startenden und landenden Urlauberjets blasen große Mengen Schadstoffe in die Luft. Hinzu kommt der verstärkte Straßenverkehr, die Zerstörung natürlicher Lebensräume unter anderem durch den Bau neuer Hotels und natürlich auch ein erhöhtes Müllaufkommen. Zumindest ein wenig kann jeder einzelne Reisende dazu beitragen, die Belastung durch seine Anwesenheit so gering wie möglich zu halten: Belasten Sie ihre Urlaubsinsel nicht mit Sondermüll, z. B. ausrangierten Batterien – nehmen Sie diese wieder mit nach Hause. Verzichten Sie auf dubiose Wassersportarten, insbesondere auf die hoch umweltbelastenden Jet-Skis („Wassermotorräder"), die zudem eine enorme Lärmbelästigung darstellen. Schonen Sie bitte auch ökologisch sensible Zonen, indem Sie dort die Wege und Pisten nicht verlassen.

Die Pflanzenwelt der Inseln

Die äußerst reiche, mediterran geprägte Flora der Insel profitiert von den kräftigen Winterregen: Im Frühjahr grünt und blüht es allerorten. Selbst die ärmsten Böden bringen dann wahre Blumenmeere hervor.

Allein an Orchideen zählt Sámos fast fünfzig Arten, die etwa im Zeitraum zwischen März und Mai blühen. Im Sommer, wenn viele Blumen schon vertrocknet sind, zeigen manche Regionen ein ganz anderes Gesicht. Vor allem der Südwesten gibt sich dann eher karg. Die gesamte Nordküste und weite Teile der Inselmitte präsentieren sich jedoch auch im Sommer schön grün. Etwa ab Ende September folgt eine weitere Blütephase, die viele Böden mit wahren Teppichen von Herbstzeitlosen und Herbstkrokussen überzieht.

Sanfte Hänge, Weingärten, Zypressen: der grüne Norden

Vegetationstypen

Etwas vereinfacht (und von den landwirtschaftlich genutzten Flächen abgesehen) finden sich auf Sámos drei verschiedene Vegetationstypen: Wälder, Macchia und die karge Phrygana.

Bäume und Wälder: Trotz der vielen Waldbrände bilden verschiedene Kiefernarten, aber auch Laubbäume wie Eiche, Kastanie und Buche immer noch dichte Wälder. An feuchten Stellen stehen oft mächtige Platanen, die auch so manches Kafeníon in ein schattiges Idyll verwandeln.

Häufige Baumarten   Aleppokiefern: hochstämmige Nadelbäume, die mit den Pinien verwandt sind. Ihr Harz ist es, das dem Retsina seinen typischen Geschmack verleiht. Weitere auf Sámos heimische Kiefernarten sind die **Kalabrische Kiefer** und die hochstämmige **Schwarzkiefer**, die beim Bootsbau Verwendung findet.

Platanen: Sie dienen oft als Sonnenschutz für Kafenía. Die ahornähnlichen, zur Blütezeit im Frühjahr herrlich duftenden Laubbäume erreichen Höhen bis zu 30 Meter; sie benötigen viel Wasser, wachsen deshalb vor allem in Bachtälern. Berühmt für seinen ausgedehnten Platanenwald ist das „Nachtigallental" im Norden der Insel.

Kastanien: In vielen Mischwäldern zu finden. Eine Gattung für sich ist die Edelkastanie mit ihren essbaren Früchten.

Maulbeerbäume: Nicht hoch, aber breit – mit dichtem, großflächigem Blattbewuchs beschatten sie oft Dorfplätze und Kafenía.

Eukalyptusbäume: Kenntlich an der abblätternden Rinde, stammen sie eigentlich von der südlichen Halbkugel. Als schnell- und hochwüchsige Laubbäume, die mit hohem Wasserverbrauch Sumpfgebiete trockenlegen können, werden sie heute aber in vielen Mittelmeerländern gepflanzt. Gefährlich dabei: Die stark ölhaltigen Bäume brennen besonders leicht.

Olivenbäume: Wie in ganz Griechenland wird auch auf Sámos seit Tausenden von Jahren der Ölbaum kultiviert, der neben Öl auch Essoliven, Olivenseife und das harte, widerstandsfähige Olivenholz liefert. Schwerpunkt des Anbaus ist der Südwesten. Näheres unter dem Stichwort „Kulturpflanzen".

Tamarisken: Kleine Bäumchen mit nadelartigen, weichen Blättern. Da sie Salzausscheidungsdrüsen besitzen, können sie direkt am Meer wachsen und werden an Stränden auch oft als Sonnenschutz angepflanzt.

Echte Akazien: Leicht zu erkennen an ihren doppelt gefiederten Blättern mit relativ kleinen Einzelblättern. Wenn man einen Fieder abtrennt, schließt er sich nach kurzer Zeit; daher zählt man den Baum auch zu den Mimosen.

Zypressen: Spitzkegelig aufragende Nadelbäume, die ein gutes Holz und ätherisches Öl liefern; besonders ins Auge fallen sie an der Nordküste.

Macchia ist der Oberbegriff für immergrüne Krüppelbäume, Büsche und Sträucher, die häufig Rodungsgebiete oder Waldbrandflächen besetzen. Etwa zwei bis vier Meter hoch, dornig und stachelig, bildet die für das Mittelmeergebiet charakteristische Vegetationsform der Macchia ein oft undurchdringliches Hindernis.

Phrygana nennt man eine typische Erscheinung überweideter Gebiete, in denen Schafe und Ziegen alles abgefressen haben, was halbwegs verdaulich scheint – die Phrygana zählt nicht dazu,

Eine Delikatesse: Granatäpfel

wehren sich die kugeligen, höchstens kniehohen Sträucher doch durch spitze Stacheln und Dornen. Im Umfeld, durch die Waffen der Phrygana mitgeschützt, wachsen oft duftende Kräuter wie Oregano, Thymian, Rosmarin und Salbei, die vor allem im Dorf Koumaradéi, aber auch in anderen Orten zum Verkauf angeboten werden.

Arten in Macchia und Phrygana **Agaven**: Eine Sukkulentenart, die ursprünglich vom amerikanischen Kontinent stammt. Ihre auffälligen, meterhohen Blütenstände blühen im Juni; nach der Blüte stirbt die Pflanze ab.

Feigenkakteen: Große, fleischige Kakteen, deren herrlich süße Früchte von winzigen, aber sehr lästigen Stacheln effektiv geschützt werden. Wer ans Fruchtfleisch möchte, bearbeitet sie am besten unter fließendem Wasser mit einer Wurzelbürste (Fingerschutz durch Handschuhe, Gabel o. Ä.).

Erdbeerbaum: Ein immergrüner Strauch mit rötlichem Stamm, der zu den Heidekrautgewächsen zählt; die Früchte ähneln Erdbeeren nur optisch.

Keuschlammstrauch: Mythologische, auf Sámos der Göttin Hera zugeordnete Pflanze, die im Sommer rosa, weiß oder hellblau blüht. Sie wird auch Mönchspfeffer genannt, da ihre Früchte sexuelles Interesse

dämpfen sollen und deshalb den Mönchen ins Essen gemischt wurden. Der Strauch wächst vorwiegend an feuchten Standorten.

Ginster: Im Frühjahr und Frühsommer leuchtend gelb blühende Sträucher, die an Stelle von Blättern grüne Zweige und Dornen ausbilden.

Oleander: In sommertrockenen Flussbetten bildet der an den lanzettförmigen Blättern kenntliche Strauch manchmal wahre Dschungel; im Frühsommer blüht er rosa oder weiß.

Meerzwiebel: Bis zu mehr als einem Meter Höhe treibt die halb aus dem Boden ragende Knolle im Frühherbst ihren weißen Blütenstand.

Wacholder: Strauchartige, knorrige kleine Bäume mit nadelartigen Blättern, die gegenüber salzhaltiger Luft relativ unempfindlich und deshalb gelegentlich auch an Stränden zu finden sind.

Kulturpflanzen

Wichtigste Nutzpflanze der Insel ist der berühmte **Wein**, der immer noch einen guten Teil der Exporteinnahmen sichert. Heute wird er nicht mehr ausschließlich als Süßwein hergestellt – es gibt jetzt auch trockene Tröpfchen aus Sámos. Näheres zum samiotischen Wein finden Sie im Kapitel „Essen und Trinken".

Weitere Kulturpflanzen Natürlich werden auf Sámos Obstbäume (Äpfel, Birnen, Kirschen, Pfirsiche) und Gemüse wie Tomaten, Gurken, Auberginen und Paprika angebaut. Im Folgenden eine Zusammenstellung der für uns etwas ungewöhnlicheren Kulturpflanzen.

Feigenbäume: Wie der Ölbaum eine uralte Kulturpflanze. Meist stehen die weit ausladenden Bäume allein oder in kleinen Gruppen; Reifezeit ist mehrmals jährlich.

Granatapfelbäume: Krummästige, manchmal dornige Bäume, die rot, gelb oder weiß blühen. Im Inneren der gelb-roten Früchte umgibt geleeartiges, süßes Fruchtfleisch die Samenkerne.

Johannisbrotbäume: Immergrüne Bäume mit ledrigen Blättern, die an ihren länglichen, erst grünen, im Reifezustand dann schwarzen Schoten erkennbar sind. Meist wachsen sie wild, werden aber auch kultiviert; die Schoten sind essbar, werden normalerweise jedoch nur als Tierfutter verwendet.

Mandel- und Nussbäume: In höheren Lagen stehen sie, meist vereinzelt, im Umkreis der Dörfer.

Okra: Eine etwa fingerlange, grüne Frucht, die als Gemüse gegessen wird; die Zubereitung ist recht aufwändig.

Zitrusfrüchte: Sie gedeihen vor allem in der fruchtbaren Ebene westlich von Pythagório, in der Umgebung des Dorfes Míli.

Über den Ölbaum

Zur Olacea-Familie der Olivenbaumgewächse gehören auch Jasmin, Liguster und Flieder. Die kultivierten Arten des Olivenbaums, Sativa genannt im Unterschied zum wilden Oleasterbaum, zählen etwa 50 Unterarten, die sehr unterschiedliche Früchte hervorbringen. Olivenbäume, die mehrere hundert Jahre alt werden können, vertragen nur wenige Frosttage bis maximal fünf Grad unter Null. Die Sommer müssen warm und trocken sein, im Herbst und Winter jedoch brauchen die Kulturen einige kräftige Regengüsse. Im Mai und Juni zeigen sich die kleinen, gelb-weißen Blüten, Reifezeit ist zwischen September und November. Der Anbau verlangt Geduld: Je nachdem, ob aus Stecklingen oder Samen gezogen, trägt ein Baum erst nach fünf bis zehn Jahren die ersten Früchte; den höchsten Ertrag erzielt er, mit durchschnittlich 20 kg Oliven, aber erst nach 20 Jahren – dann jedoch bei guter Pflege mehrere Jahrhunderte lang.

Ernte und Verarbeitung: Die Ernte gestaltet sich arbeitsintensiv, da sorgfältig vorgegangen werden muss: Wenn die zarte Haut der Früchte verletzt wird, sinkt die Qualität des Öls drastisch. Und schnell muss es auch gehen – zwischen Ernte und Pressung dürfen nicht mehr als zwei oder drei Tage liegen. In Griechenland werden üblicherweise große Fangnetze unter den Bäumen ausgelegt; reife Früchte schüttelt der Wind herunter, störrischere Oliven werden mit Stangen und Kämmen vom Baum geholt. Nach der Ernte wandern die von Ästen und Blättern gereinigten Oliven in eine der vielen Ölmühlen, die entweder in privater Hand oder kollektiv über den Bauernverband finanziert sind. Dort wird die gesäuberte und gewaschene Ernte gemahlen und anschließend gepresst: die sog. Kaltpressung, die das beste Öl (nach EU-Verordnung: „Natives Olivenöl extra") liefert. Chemische Extraktion und Raffinierung ergeben nur minderwertiges Öl.

Gut getarnt: kleine Echse im Felsgestein

Die Tierwelt der Inseln

Wie Fossilienfunde gezeigt haben, stolzierten einst Gazellen, Giraffen und Antilopen über die Insel, ließen die Tritte von Nashörnern und Elefanten dort die Erde erzittern. Heute ist die Fauna ärmer.

Im Herbst nämlich sind sie unterwegs, die Jäger in ihren japanischen Pickups: auf der Ladefläche ein Rudel rassiger Spürhunde, im Visier die letzten jagdfähigen Vertreter der Tierwelt. Jagd ist in Griechenland ein Volkssport, auch wenn es eben deswegen kaum noch etwas zu erlegen gibt. Großwild (Reh, Hirsch, Wildschwein) ist völlig ausgestorben, auch Hasen, Kaninchen, Marder, Wiesel und Rebhühner machen sich bereits rar, erst recht der seltene Schakal – in ihrer Not ballern die Waidmänner da auch schon mal auf verwilderte Ziegen oder gar auf Spatzen. An Säugetieren findet man deshalb vorwiegend domestizierte, mehr oder minder freiwillige „Freunde des Menschen": Hunde, zahllose Katzen, Hühner, Ziegen und Schafe. Als Lasttiere sieht man noch Esel und Maulesel, seltener auch Pferde. Zahlreicher sind die Vertreter der Insekten, Reptilien und Vögel.

Insekten: Aufgrund des relativ geringen Einsatzes von Pestiziden sind Schmetterlinge noch erfreulich häufig und in großer Artenvielfalt zu sehen. Zahlreich auch die Stechmücken – ein mückenabweisendes Mittel sollte deshalb im Gepäck sein. Zikaden sind kaum zu überhören, denn die unscheinbaren, nur wenige Zentimeter großen Pflanzensauger machen mit gewaltigem Getöne auf sich aufmerksam. Das Geräusch entsteht, indem die männlichen (nur die!) Tiere eine Chitinplatte bis zu 8000-mal pro Sekunde schwingen lassen. Bei genauem Hinsehen lassen sich manchmal Gottesanbeterinnen beobachten: Die kurios geformten, räuberischen Fangheuschrecken sind etwa 4–7,5 Zentimeter lang, grasgrün, beige oder braun. Sie bewegen sich meist nur ganz langsam, fast unsichtbar, können mit ihren gefalteten, dornenbewehrten Raubbeinen (etwa in Gebetsstellung gehalten, daher der Name) aber blitzschnell zupacken und kleinere Tiere greifen. Ein schlechtes Los haben die Männchen dieser Art gezogen: Sie werden nach der Paarung gefressen. Honigbienen sind reichlich vertreten. Gelegentlich trifft man, häufig etwas abseits der Wege, auf bunt bemalte Bienenkästen, denen man sich natürlich mit gebührender Vorsicht nähern sollte. Samiotische Bienen können aus dem Vollen schöpfen – entsprechend gut schmeckt ihr vor allem im Gebiet um Pírgos zum Verkauf angebotener Honig.

Reptilien: Mit Schlangen haben Wanderer zu rechnen. Die meisten sind ungiftig, es gibt jedoch auch Vipern (Kleinasiatische Bergotter/Montivipera xanthina) mit einer Art dunklem Wellen- bzw. Zickzackmuster auf dem Rücken, deren Biss (zwei Einstichpunkte im Gegensatz zum halbmondförmigen Abdruck ungiftiger Schlangen) lebens-

gefährlich sein kann: keine Panik – Zeit zur Rettung bleibt immer noch genug – aber sofort zum Arzt oder ins Krankenhaus. Beste Vermeidungsstrategie ist in unübersichtlichem Gelände aber ein fester Schritt (Schlangen flüchten, wenn man ihnen die Chance lässt), dazu knöchelhohes Schuhwerk und lange, feste Hosen. Vorsicht insbesondere im Frühjahr (im Herbst sind sie weniger aktiv), speziell in der Nähe von Wasser, z. B. auch bei Schafstränken, ebenso bei Trockensteinmauern und Ruinen. Dort leben auch Skorpione, deren Stich schmerzhaft, jedoch nicht lebensbedrohlich ist. An freundlicheren Reptilien finden sich die possierlichen Geckos, seltener sogar Chamäleons (vom Aussterben bedroht und streng geschützt) sowie Wasser- und Landschildkröten; Achtung, alle Schildkröten sind Salmonellenträger – nicht anfassen! Unter den verschiedenen anderen Eidechsenarten lässt sich vor allem im Osten der Insel gelegentlich eine grün bis graubraun gefärbte Spezies (Agama?) beobachten, die eine Größe von mindestens 30 cm erreicht und, vielleicht wegen ihres ansehnlichen Körperumfangs, bei aller Schnelligkeit auf gewisse Weise plump wirkt.

Vögel: Zwar kreisen über den Gipfeln keine Adler oder Geier mehr, doch immerhin gelegentlich noch Falken, Bussarde und Habichte. In der Saline hinter dem Mykáli-Strand lassen sich, etwa von Januar bis April, bis zu zweihundert Flamingos sehen. Groß ist die Artenzahl der Singvögel, insbesondere an der Nordküste.

Meerestiere: Traurig – die Ägäis ist weitgehend leer gefischt. So mancher Speisefisch auf dem Touristenteller wird bereits aus Übersee eingeflogen (vgl. auch Kapitel „Wirtschaft"). An Meeressäugern sieht man gelegentlich noch Delphine; rar geworden sind die Mönchsrobben, von denen es vor allem im schwer zugänglichen Westen noch kleinere Populationen gibt.

Die Ziege des Nachbarn

Neid und Missgunst sind auch in Griechenland nicht unbekannt, doch können die Griechen immerhin darüber scherzen. Auf Sámos erzählte man mir

folgenden Witz: Eines Tages kommt Gott auf die Erde, um zu sehen, wie es seinen Menschen geht. Er trifft einen Franzosen und fragt ihn, ob alles in Ordnung sei. Im Prinzip schon, sagt der, nur habe der Nachbar ein viel schöneres Haus. „Alles klar, du sollst auch ein schöneres Haus haben", antwortet Gott, und so geschieht es. Ähnliche Sorgen plagen den Deutschen, der ein ebenso großes Auto kriegt, wie es der Nachbar besitzt. Dann kommt Gott nach Griechenland. Er fragt den erstbesten Griechen, ob er mit seinem Leben zufrieden sei. „Eigentlich ja, aber da ist die Ziege meines Nachbarn. Sie gibt viel mehr Milch als meine." „Ich verstehe", sagt Gott, „und nun möchtest du, dass auch deine Ziege soviel Milch gibt." „Aber nein", antwortet der Grieche, „mach seine Ziege tot!"

Im Bergland: Kaíkia-„Werft" in Drakéi

Wirtschaft

Die griechische Wirtschaft hat bekanntermaßen immense Probleme – ein Zustand fast schon traditioneller Art, der sich in den letzten Jahren noch erheblich zugespitzt hat. Vor diesem Hintergrund steht Sámos immer noch vergleichsweise gut da.

Schon lange hatte Griechenlands Schuldenkrise geschwelt, doch war es den Landespolitikern (auch mit Hilfe von US-Banken) über Jahre hinweg gelungen, die fatale Finanzlage zu verschleiern. Erst ab 2009 kam peu a peu die ganze Wahrheit ans Licht. Griechenland war praktisch pleite und wäre ohne die Hilfen von IWF und EU längst zusammengebrochen. Sorgen bereiteten (und bereiten bis heute) insbesondere die verheerend hohe Staatsverschuldung, das extreme Haushaltsdefizit und die starke Arbeitslosigkeit, insbesondere unter Jugendlichen und jungen Erwachsenen. Die Ursachen der Misere sind vielfältig, letztlich wurde jedoch über viele Jahre hinweg schlicht erheblich mehr ausgegeben als eingenommen. Der Beamtenapparat war bis zum Bersten aufgebläht worden, da lukrative Posten zumeist nach dem Prinzip „Wählst du mich, so helfe ich dir" vergeben wurden. Steuerhinterziehung galt nicht einmal als Kavaliersdelikt, sondern eher als selbstverständlich; mehr als ein Drittel der griechischen Wirtschaftsleistung soll sich zumindest in der Vergangenheit im Schattensektor abgespielt haben. Die Korruption in der öffentlichen Verwaltung blühte, der „kleine Umschlag" Fakelaki (so die freundliche Umschreibung für Bestechungsgeld) wanderte von Hand zu Hand. Immerhin zeigte das Vorgehen der Regierung gegen dieses Phänomen eine gewisse, wenn auch nicht durchschlagende Wirkung. So verbesserte sich Griechenland zwischen 2012 und 2014 im weltweiten Korruptionsindex von Transparency International zwar von Rang 94 auf Rang 69, belegte damit aber weiterhin (nunmehr jedoch zusammen mit Bulgarien, Rumänien und Italien) den letzten Platz innerhalb der EU.

Eine Besserung der Wirtschaftslage scheint allmählich in Sicht, doch geht es nur in sehr kleinen Schritten voran. Die zahlreichen Steuererhöhungen und die sicher nötigen Sparanstrengungen des Staats treffen natürlich weniger die Verantwortlichen, sondern vor allem die „kleinen Leute", die Arbeiter, Angestellten, Rentner und Familien, insbesondere auch die Kinder. Zwischen 2010 und 2014 fiel das verfügbare Einkommen der griechischen Haushalte um rund ein Drittel. Die Verarmung breiter Bevölkerungsschichten (fast ein Viertel aller Griechen gilt der griechischen Statistikbehörde zufolge als arm) ist in Athen deutlich sichtbar, auf Sámos fällt sie hingegen kaum ins Auge – was natürlich keinesfalls bedeutet, dass die Krise einen Bogen um die Insel macht. So mancher Einwohner ist schon froh, wenn er über einen Nutzgarten verfügt, der einen gewissen Grundbedarf abdecken kann.

Wirtschaftszweige auf Sámos

Sámos zählt prinzipiell zu den wohlhabenderen Inseln des Landes. Zu verdanken ist dies besonders einem Sektor, dem Dienstleistungsgewerbe. Gestützt vor allem vom Tourismus, hat es als wichtigste Einkommensquelle die Landwirtschaft überrundet.

Landwirtschaft: Nach wie vor ein wichtiger Wirtschaftsfaktor auf Sámos. Bedeutendstes Produkt ist mit einem jährlichen Ausstoß von knapp 80.000 Hektolitern der Wein; Näheres auch zur wirtschaftlichen Bedeutung des samiotischen Weins finden Sie im Kapitel „Essen und Trinken". Aber auch die samiotischen Winzer, schon seit den Dreißigern in der Genossenschaft E.O.S.S. zusammengeschlossen, haben mit einem grundsätzlichen Problem der griechischen Landwirtschaft zu kämpfen: Das System der Erbteilung ließ im Laufe der Jahre die Größe der einzelnen Betriebe beträchtlich schrumpfen. Zudem gestattet das bergige Profil der Insel nur kleine Anbauflächen. So stellt die Landwirtschaft für die meisten Bauern heute nur eine von mehreren Einkommensquellen dar: Einer zweiten Beschäftigung nachzugehen, häufig im Fremdenverkehr, ist für viele fast unabdinglich geworden.

Viehzucht: Massentierhaltung ist auf der Insel kein Thema. Ein paar Hühner und Schweine haben viele Bauern im Stall, Rinder gibt es kaum. Von relativ großer

Meeresbeute: Leider geht den Fischern immer weniger ins Netz

Bedeutung ist noch die extensiv betriebene Weidewirtschaft. In den steilen Bergregionen von Sámos weiden meist die „geländegängigen" Ziegen, seltener auch Schafe.

Fischerei: Die Ägäis, ohnehin ein nährstoffarmes Meer, ist mittlerweile fast leer gefischt. Dynamitfischerei und engmaschige Netze, beide Fangarten verhängnisvoll für die Fischbrut, taten ein Übriges. Eine bescheidene Rolle spielt der Fischfang aber immer noch, insbesondere in der Zeit von Oktober bis Mai, wenn der – ebenfalls zerstörerische – Fang mit Schleppnetzen erlaubt ist. Ins Netz gehen vor allem Makrelenfische (Thun, Schwertfisch, Makrele) und Heringsfische (Sardinen, Sardellen), außerdem Weichtiere wie Oktopus und Tintenfisch. Edelfische sind relativ selten geworden.

Heißer Job: Köhler im Südwesten

Schiffsbau: Auf Sámos traditionsreich – die Insel besaß große Bestände an Schwarzkiefern, die sehr gutes Schiffsholz liefern. Heute arbeiten jedoch nur mehr einige kleinere Werften in Karlóvassi und Ágios Isídoros unterhalb von Kallithéa. Da und dort werden die typischen Kaîkia jedoch auch noch im Eigenbau hergestellt, so z. B. im Bergdorf Drakéi. Ein Museum des samiotischen Schiffsbaus war zuletzt in Iraíon im Bau.

Köhlerei: Die Touristentavernen haben großen Bedarf an Holzkohle. Vor allem im Westen der Insel sieht man deshalb noch einige Meiler, in denen Zypressen- und anderes Holz in einem langen Prozess verkohlt wird.

Industrie: Bodenschätze sind rar, die eigentlich so nahe kleinasiatische Küste ist als möglicher Absatzmarkt heute Welten entfernt. Anders als noch zu Anfang des 20. Jh., als in Sámos-Stadt und Karlóvassi viele Tabakfabriken und Gerbereien arbeiteten, spielt die Industrie deshalb wirtschaftlich kaum eine Rolle.

Bauwirtschaft: Gebaut wurde zumindest vor der Krise nicht zu knapp. Das hat Gründe: Zum einen sorgte der Tourismus für wachsenden Bedarf, zum anderen legen die Griechen ihre sauer verdienten Ersparnisse schon aus Tradition lieber in einem Haus an, als das Geld der früher so horrenden Inflation (mittlerweile kämpft das Land ja eher mit Deflation) auszusetzen. Nicht zuletzt fühlt sich auch heute noch mancher Vater verpflichtet, seiner Tochter als Mitgift ein Haus oder eine Wohnung zur Verfügung zu stellen.

Tourismus: Der wichtigste Wirtschaftsfaktor auf Sámos. Dabei ist es noch nicht einmal so lange her, dass der internationale Fremdenverkehr auf der Insel Einzug hielt, denn erst 1976 landete das erste Charterflugzeug auf Sámos. Der große Aufschwung kam gar erst im Laufe der 90er-Jahre: In der ersten Hälfte des letzten Jahrzehnts verdoppelte sich die Zahl der Übernachtungen ausländischer Gäste nahezu. Längst ist Sámos das bestbesuchte Ziel der Ostägäis. Die weitaus wichtigste ausländische Besuchergruppe stellen übrigens die Deutschen, in deutlichem Abstand gefolgt von den Briten.

Wer in kurzen Hosen kommt, kriegt oft einen Leihrock verpasst

Traditionen im Umbruch

Natürlich ist auch Sámos von Internationalisierung und Amerikanisierung nicht frei geblieben: Videotheken, Internet-Spielcenter und Ähnliches finden sich mittlerweile auch in manch entlegenerem Dorf. Uns steht es nicht an, darüber die Nase zu rümpfen – zumindest die örtliche Jugend ist ganz dankbar dafür.

Die Mitgliedschaft in der EU, der zunehmende Tourismus, sicher auch das Fernsehen haben zwar uralte Werte ins Wanken gebracht. Dennoch bewegt man sich immer noch in einer Kultur, die durchaus beträchtliche Unterschiede zu unserer aufweist.

Die Orthodoxe Kirche

In Griechenland besitzt die Kirche zumindest in der älteren Bevölkerung noch großen Rückhalt. Nicht vergessen ist nämlich bis heute die bedeutende Rolle, die die Orthodoxe Kirche in türkischer Zeit als Hüterin und Bewahrerin griechischer Kultur spielte. Mutige Äbte und Mönche lehrten damals im Verborgenen die griechische Sprache und unterstützten, wie später auch im Zweiten Weltkrieg, tatkräftig den Widerstand gegen die Besatzer. Traditionell sind deshalb Staat und Kirche in Griechenland eng verbunden.

Die Orthodoxe („rechtgläubige") Kirche trägt ihren Namen nach dem Anspruch, einzig rechtmäßige Nachfolgerin der ursprünglichen römischen Kirche zu sein, sieht sich deshalb als vollkommen und immerwährend. Folgerichtig hat sie ihre Lehre und ihren Kultus, in dessen Mittelpunkt die Vergegenwärtigung der Heilsgeschichte und der Empfang des Heiligen Abendmahls steht, seit dem Siebten Ökumenischen Konzil von 787 nicht mehr grundlegend verändert.

Eine solche Grundhaltung, verbunden mit traditionell starker Position im Staat, sorgt naturgemäß für eine extrem konservative Einstellung gegenüber Reformen. Die sozialistische PASOK-Partei hat in den 80er-Jahren deshalb versucht, die Macht der Kirche zu beschneiden, was ihr teilweise auch gelungen ist: So steht seit 1982 (!) die standesamtliche Trauung der kirchlichen gleichberechtigt gegenüber, 1987 wurde gar überlegt, die immensen Reichtümer der Kirche zu verstaatlichen. Interessant ist in diesem Zusammenhang, dass die Orthodoxe Kirche keinerlei soziale Ambitionen hegt, karitative Arbeit nicht stattfindet.

Die Priester (*Papádes*) sind fester Bestandteil des Dorflebens. Bekleidet mit langen, dunklen Gewändern, das lange Haar unter der charakteristischen Kopfbedeckung im Nacken verknotet, die Bärte üppig, sieht man sie auf der Platía sitzen, aber auch auf den Feldern arbeiten: Ihr Gehalt ist gering (eine Kirchensteuer gibt es nicht), weshalb sie zum Nebenerwerb praktisch gezwungen sind. Das Zölibat betrifft in der Orthodoxen Kirche nur obere Ränge: Ein einfacher *Papás* darf verheiratet sein und Kinder haben, der Aufstieg zum Bischof bleibt ihm aber verwehrt.

> **Ikonostassia**: Die Bildstöcke, die an vielen Straßenrändern stehen, sind auf jeder griechischen Insel ein vertrauter Anblick. Im Inneren brennt vor einer kleinen Ikone oft ein Öllämpchen und erinnert an einen tragischen Unfall oder ein anderes denkwürdiges Geschehnis, das sich an dieser Stelle ereignet hat.

Familie und Gesellschaft

Traditionell ist es in Griechenland seit jeher die *Großfamilie*, die an Stelle des Staates für sozialen Schutz sorgt. Sie springt ein, wenn ein Mitglied, und sei es nur ein entfernter Vetter, seine Arbeit verliert oder auf andere Weise in wirtschaftliche Nöte gerät. Unumstrittenes Oberhaupt, oft sogar über bereits verheiratete Söhne, ist der Vater.

Die modernen Zeiten gingen jedoch auch an den griechischen Inseln nicht vorüber – langsam, aber wohl unumstößlich, naht das Ende der Großfamilie, eingeleitet meist durch den Umzug der Kinder aufs Festland oder die Emigration ins Ausland. Im Sommer jedoch, wenn alle zum Besuch in die Heimat zurückgekehrt sind, ist die griechische Familienwelt wieder in Ordnung.

Stellung der Frau: Dem griechischen Patriarchat war es lange gelungen, sich erfolgreich gegen Emanzipationsbestrebungen zu wehren: 1952 erst wurde das volle Wahlrecht für Frauen eingeführt, die Gleichberechtigung sogar erst 1975 in der Verfassung verankert. Doch hat in vielen Dörfern, allen Gesetzen zum Trotz, immer noch traditionsgemäß das Familienoberhaupt das Sagen – und das ist eben nach wie vor der Mann.

Heirat: Die standesgemäße Heirat der Söhne und Töchter hat hohe Bedeutung und wird z. T. immer noch von den Vätern arrangiert. Eine schwere Belastung für die Familien war und ist das System der Mitgift (*Príka*), das die Aussteuer der Tochter regelt: Je höher der soziale Status des Heiratskandidaten, desto höher auch die von den Brauteltern aufzubringende Aussteuer, die in Geld, Wohnraum oder einem Stück Land bestehen kann. Offiziell ist dieses Mitgiftsystem seit 1983 zwar abgeschafft, doch besteht es unter der Hand teilweise weiter. Auch heute noch gilt es als

wichtig, dass die Braut jungfräulich in die Ehe geht; zumindest der Anschein muss gewahrt bleiben.

Kriminalität: Vielleicht ist es wirklich auf die regulierende Wirkung der Groß-familie zurückzuführen – in punkto Kriminalität besitzt Sámos (wie Griechenland generell) jedenfalls einen beruhigend guten Ruf. In Touristenzentren und an viel besuchten Stränden ist zwar trotzdem etwas Vorsicht angebracht, doch muss man sich im Regelfall um sein Hab und Gut kaum sorgen. Wenn doch etwas geklaut wird, dann ist es nicht unwahrscheinlich, dass ein anderer Tourist der Missetäter war.

Vólta: Eine griechische Tradition, die in vielen anderen Mittelmeerländern ihre Entsprechung findet und besonders in größeren Dörfern und den Städten zu beob-achten ist: Die Promenade am Abend, die immer auf bestimmten Straßen stattfin-det, in Küstenorten meist entlang des Hafenboulevards. Ganze Familien, Teenager-grüppchen und Soldaten auf Ausgang schlendern gemächlich auf und ab, an den Wochenenden aufs Feinste herausge-

putzt. Zweck der Übung: Sehen und Ge-sehen werden; für die Jugend natürlich auch Gelegenheit zum Anbahnen erster zarter Kontakte – klar, dass die Eltern da ein besonders wachsames Auge auf ihre Töchter haben. Am lebendigsten zeigt sich die Vólta in der Hauptstadt und dort besonders zur griechischen Urlaubszeit.

Filoxenía: Die viel gerühmte griechische *Gastfreundschaft* gibt es in ihrer ur-sprünglichen Form kaum mehr. Wie sie früher beschaffen war, verdeutlicht die Tatsache, dass es im Griechischen für die Begriffe „Fremder" und „Gast" nur ein Wort gibt: *Xénos.* Entsprechend wurden Fremde empfangen, man bot ihnen Essen, Quartier und den Schutz der Großfamilie. Der Massentourismus hat diese uralte Art der Gastfreund-schaft praktisch unmöglich gemacht, nicht zu reden von den Schnorrern früherer Jahre, die ihre Gastgeber für ihre Uneigennützigkeit oft genug noch verspotteten. Freundlich geblieben sind die meisten Griechen jedoch noch immer; und wer eingeladen wird, sollte dieser Einladung auch Folge leisten, Speis und Trank nicht unhöflich ablehnen. Anders ist es um die an Touristinnen gerichtete Einladung durch junge Männer bestellt, siehe unten.

Urlaubsflirts: Im Gegensatz zu den Frauen sind griechische Männer keinesfalls zur vorehelichen Keuschheit verdammt. Da nun die einheimischen Mädchen zwangs-weise zurückhaltend sind, die mittel- und nordeuropäischen Touristinnen dagegen nicht unbedingt in diesem Ruf stehen, versucht so mancher eben bei diesen sein Glück. Wer nicht auf solche Bekanntschaften aus ist und dies deutlich zu verstehen gibt, hat jedoch keine Probleme.

Emigration

Auswanderung ist trotz des relativen Wohlstands der Insel immer noch ein Thema. Das hat durchaus Tradition, gründeten doch schon die Griechen der Antike Kolonien im gesamten Mittelmeerraum. Die Emigration im heutigen Sinne begann im 19. Jh., als viele ihr Glück in Amerika suchten. Weitere Auswanderungswellen folgten der „Kleinasiatischen Katastrophe" von 1922 und dem Zweiten Weltkrieg. Heute leben allein in den USA etwa 2,3 Millionen Griechen, in Deutschland sind es etwa 300.000.

Vor allem die Jungen wollen weg von ihrer Insel, nicht nur aus beruflichen und finanziellen Gründen, obwohl diese natürlich immer wichtiger werden. Oft ist es aber schlicht auch Langeweile, die sie treibt. „Im Sommer, wenn die Touristen da sind, ist ja einiges los. Die Winter aber sind entsetzlich öde": So oder so ähnlich klingt es oft, wenn man sich mit der Inseljugend unterhält. Amerika und Kanada, verstärkt auch Deutschland, sind die Traumziele.

Viele der Emigranten, die sonst in den USA, Australien, Kanada oder dem europäischen Ausland leben, kehren während der Sommersaison auf die Inseln zurück, wo sie zum Nebenerwerb ein kleines Hotel oder eine Pension eingerichtet haben. Und auch in Übersee bleiben sie ihrer Heimat treu: So gibt es in zahlreichen Großstädten der USA Vereine der emigrierten Samioten, die sich regelmäßig treffen und auf ihrer Insel und in ihrem Dorf häufig genug auch bei der Finanzierung von Schulen, Kindergärten und anderen sozialen Einrichtungen helfen.

Sámos in Kürze

Größe: 476 Quadratkilometer, achtgrößte Insel Griechenlands. Länge 45 Kilometer, maximale Breite 20 Kilometer, 159 Kilometer Küstenlänge.

Bevölkerung: Rund 33.000 Einwohner, davon insgesamt etwa 8000 in der Hauptstadt Sámos (Vathí) und dem angrenzenden Bezirk Áno Vathí.

Wichtige Orte: Sámos-Stadt – die lebendige Hauptstadt; Pythagório – die antike Kapitale, Yachthafen und Hochburg des Tourismus; Marathókampos – bescheidenes lokales Zentrum des Westens; Kokkári – ehemaliges Fischerdörfchen mit boomendem Fremdenverkehr; Karlóvassi, zweitgrößte Siedlung und zweiter Hauptfährhafen.

Hauptfeste: Ágios Panteleimon, 26./27. Juli in Kokkári; Rockfestival vom 7.–9. August in Iraíon; Samos Young Artists Festival, eine Woche in der ersten Augusthälfte in Pythagório; Marienfest, 14./15. August in Karlóvassi und anderen Orten; außerdem zahlreiche Klosterfeste.

Straßen: Sehr gut ausgebautes Straßennetz, alle Hauptrouten asphaltiert. Im Inselwesten existiert keine durchgehende Straßenverbindung: Die auf manchen Karten eingezeichnete Piste Drakéi–Potámi (bei Karlóvassi) gibt es nicht!

Entfernungen ab Sámos-Stadt: Pythagório 14 km, Pírgos 31 km, Marathókampos 46 km, Votsalákia 54 km, Kokkári 10 km, Karlóvassi 33 km.

Tankstellen: Prinzipiell flächendeckend vertreten. Im Südwesten allerdings liegt die letzte Spritstation kurz vor Votsalákia. Samstagnachmittag und Sonntag sind viele Tankstellen geschlossen.

Sámos-Highlights ...

... für Kunst- und Kulturinteressierte

Mag das Angebot insgesamt auch nicht allzu breit gefächert sein, so besitzen die einzelnen Sehenswürdigkeiten doch hohe Klasse. Der Schwerpunkt liegt auf Relikten aus der Glanzzeit der Insel im 6. Jh. v. Chr., als Sámos unter dem Tyrannen Polykrates das östliche Mittelmeer fast nach Belieben beherrschte.

Tunnel des Eupalinos: Oberhalb des Städtchens Pythagório ließ der Baumeister Eupalinos vor zweieinhalb Jahrtausenden diesen über einen Kilometer langen Tunnel quer durch einen Berg treiben. Das Meisterwerk der Ingenieurkunst sicherte über mehr als tausend Jahre hinweg die Wasserversorgung der Stadt. Ein Teilstück des Tunnels kann besichtigt werden. Ebenfalls sehenswert sind die Reste der antiken Stadtmauer im Umfeld.

Heraíon: Am südwestlichen Ende der Bucht von Pythagório liegt die wichtigste antike Stätte der Insel. Auf dem ausgedehnten Tempelbezirk, noch zur Römerzeit durch eine sechs Kilometer lange „Heilige Straße" mit der Stadt verbunden, stand einst der größte Tempel Griechenlands, von Herodot unter die Weltwunder eingereiht. Heute erinnert nur mehr eine einzige, auf kaum halbe Höhe aufragende Säule an den Monumentalbau. Dennoch lohnt sich ein Besuch des weitläufigen Geländes.

Archäologisches Museum: Die reichen Funde vor allem aus dem Gebiet des Heraíons und der Heiligen Straße sind im hervorragenden Archäologischen Museum der Hauptstadt bestens dokumentiert. Zu den besonderen Prunkstücken zählen die Figurengruppe einer wohlhabenden Familie sowie eine fast fünf Meter hohe, rund vier Tonnen schwere Jünglingsstatue (Kouros), die einst an der Heiligen Straße aufgestellt war.

Weitere Museen: Das 2010 eröffnete Archäologische Museum von Pythagório präsentiert weitere schöne Funde aus der großen antiken Zeit der Insel. Im nahen Mytiliní sind im Paläontologischen Museum nicht nur Fossilien urweltlicher Tiere zu sehen, sondern auch diverse andere Ausstellungen. Das Volkskundemuseum Nikoláos Dimitriou, untergebracht in einer Hotelanlage nahe Pythagório, dokumentiert die Lebensbedingungen, die vor den Weltkriegen auf Sámos herrschten. Ähnliche Stücke zeigt das kleinere, sympathisch altmodische Volkskundemuseum von Karlóvassi, wo es auch ein Gerbereimuseum gibt. Ein neues Museum, gewidmet dem samiotischen Schiffsbau, war zuletzt in Iraíon im Entstehen.

Kirchen und Klöster: Sie liegen über die gesamte Insel verstreut. In aller Regel besteht ihr Reiz eher in ihrer schönen Lage als in herausragenden Kunstschätzen. Am bedeutendsten sind in dieser Hinsicht noch die beiden Klöster Moní Timíou Stavroú und Moní Megális Panagías bei Koumaradéi sowie die Kirche Agía Matróna bei Vourliótes (vgl. Wanderung 7) mit ihren originellen Fresken. Wohl das ungewöhnlichste Inselkloster ist Moní Spilianís, das an eine tiefe Höhle gebaut wurde; vielleicht die schönste Lage besitzt das kleine Moní Evangelistrías, das hoch über Votsalákia an den Hängen des Kérkis thront und nur zu Fuß zu erreichen ist (→ Wanderung 5).

... für Liebhaber schöner Strände

Weit geschwungene Sandstrände, felsgerahmte Kiesbuchten, versteckte kleine Badeplätze – Sámos hat für Strandfans einiges zu bieten. Hier nur eine kleine und natürlich subjektive Auswahl unter den Favoriten des Autors.

Psilí Ámmos (Ost): Zehn Straßenkilometer südlich der Hauptstadt trifft man auf den viel besuchten „feinen Sand", so die Übersetzung, der mit einem herrlichen Ausblick auf die nahe türkische Küste glänzt. Ab Pythagório fahren Ausflugsboote. Unsere

Wanderung 3 verbindet Psilí Ámmos, der nicht mit seinem Namensvetter im Westen zu verwechseln ist, mit Sámos-Stadt.

Tsópela, Samiopoúla: Abgeschieden an bzw. vor der Südküste von Sámos liegen der Strand von Tsópela und das Inselchen Samiopoúla, das ebenfalls über einen hübschen Strand verfügt. Beide werden vornehmlich von Ausflugsbooten aus Pythagório angefahren.

Psilí Ámmos (West): Der westliche der beiden Sandstrände dieses Namens erstreckt sich in der weiten Bucht von Marathókampos noch hinter Votsalákia. So hübsch diese 800 Meter lange, flach abfallende Sandbucht auch ist, hat sie in der Umgebung doch durchaus Konkurrenten: der wenig besuchte, schöne Kiesstrand von Ballós am anderen Ende der Bucht, die nahen Strände von Votsalákia und Limniónas, ein Stück weiter die versteckte Válsamo-Bucht …

Tsamadoú: Der herrlich gelegene Paradestrand von Kokkári an der Nordküste, etwa 2 km außerhalb des Städtchens (häufige Busverbindung) gelegen, ziert fast jeden Reiseprospekt von Sámos. In der Nähe finden sich mit Lemonákia und Tsámbou weitere schöne Strände, die ebenfalls aus hellen kleinen Kieseln bestehen.

Potámi: Zwei Kilometer südwestlich des Hafenviertels von Karlóvassi trifft man auf diesen Strand, der seinen Namen ("Fluss") einem hier mündenden Bach verdankt. Etwa einen Kilometer lang und schön geschwungen, zählt er zu den beliebtesten Stränden der Nordküste.

Míkro Seitáni und Megálo Seitáni: Inmitten herrlicher Natur, im fast unzugänglichen, durch keine Straße erschlossenen Nordwesten der Insel verstecken sich zwischen dem Potámi-Strand und dem Bergdorf Drakéi die Strände des "kleinen Teufels" und des "großen Teufels". Da nur zu Fuß (→ Wanderung 10) oder per Boot zu erreichen, bieten sie auch im Hochsommer viel Platz.

… für Landschafts- und Naturgenießer

Sámos besitzt einen solchen Schatz an Naturschönheiten und faszinierenden Landschaftsräumen, dass es nicht leicht fällt, einzelne Gebiete herauszuheben. Hier deshalb nur eine kurze, subjektive und sicher auch unvollständige Auswahl.

Ost-Sámos: Das Hügelland am "Schwanz des Delphins" bietet herrliche Ausblicke auf die stark gegliederte, buchtenreiche Küste und hinüber in die Türkei. Sehr schöne Panoramen genießt man z. B. vom Profítis Ilías, dem Hausberg der Hauptstadt, vom Kloster Zoodóchos Pigí und von der Straße oberhalb der Bucht von Posidónio.

Bucht von Marathókampos: Das trockenste Gebiet von Sámos. Vielleicht sogar genau wegen des Kontrasts zum fruchtbaren Rest der Insel üben die sonnendurchglühten Hänge, die hitzeflirrenden Olivenhaine und die langen, schattenlosen Strände eine gewisse Faszination aus – nirgendwo auf Sámos wird deutlicher, dass man sich im Süden befindet.

Kérkis-Massiv: Auch die kahlen, schroffen Felsstürze des höchsten Bergs der Insel tragen ihren Teil zur besonderen Atmosphäre der Bucht von Marathókampos bei. Wer den 1433 m hohen Hauptgipfel Vígla besteigt (→ Wanderung 5), wird mit herrlichen Ausblicken über ganz Sámos und die Nachbarinseln im Süden und Westen belohnt.

Ámpelos-Massiv: Etwa in der Inselmitte erhebt sich das zweite große Gebirgsmassiv von Sámos. Seinem Namen (Ámpelos = Weinberg) macht es besonders an den grünen Nordhängen alle Ehre. Dort liegt die bevorzugte Wanderregion der Insel, locken kleine Bergdörfer wie Vourliótes zur Rast.

Tal der Nachtigallen: Unweit der nördlichen Küste, ganz in der Nähe von Ágios Konstantínos, schmiegt sich das wasserreiche Nachtigallental in die Nordhänge des Massivs. Mit seinen dichten Platanenwäldern und murmelnden Bachläufen bildet es eine wahre Oase.

Der wilde Inselwesten: Das Gebiet an den Westhängen des Kérkis ist von grandioser Schönheit. Von Karlóvassi kommend, ist am Potámi-Strand für Fahrzeuge Endstation: weiter zu den Seitáni-Stränden und ins Bergdorf Drakéi geht es hier nur noch zu Fuß. Details siehe unter Wanderung 10 – eine der reizvollsten Touren, die auf Sámos möglich sind.

Zeugen vergangenen Wohlstands: Ruinen einer Gerberei in Karlóvassi

Geschichte in Kürze

6. Jahrtausend v. Chr. Jungsteinzeit; erste nachweisbare Spuren menschlicher Existenz.

3. Jahrtausend v. Chr. Übergang zur Bronzezeit; antike Berichte nennen Pelasger, Leleger und Karer als Siedler.

Ab 2000 v. Chr. Hochblüte der minoischen Kultur Kretas; ab etwa 1500 v. Chr. Gründung einer Kolonie auf Sámos.

Ab 1400 v. Chr. Mykenische Siedler auf Sámos.

Ab 1100 v. Chr. Ionische Einwanderung.

Ab 800 v. Chr. Aufkommen der Stadtstaaten, erste Koloniegründungen an der Schwarzmeerküste und im Mittelmeerraum. Kultureller Aufschwung.

Ab 700 v. Chr. Sámos erlebt eine kulturelle und wirtschaftliche Blüte, zählt zu den mächtigsten Inseln der Ägäis. Weit reichende Handelsbeziehungen. Das Königtum wird durch die Herrschaft der Aristokratie abgelöst.

Ab 538 v. Chr. Unter dem Tyrannen Polykrates erlangt Sámos den Höhepunkt seines Glanzes und Reichtums. Grandiose Bauten entstehen. Der Philosoph und Mathematiker Pythágoras muss vor dem Tyrannen fliehen.

522 v. Chr. Sámos und die Ionierstädte Kleinasiens fallen unter persische Herrschaft.

499 v. Chr. Erfolgloser Aufstand gegen die Perser.

480/479 v. Chr. Sámos wird von den Persern zum Kampf gegen Griechenland gezwungen. Die Perser unterliegen jedoch, unter anderem 479 in einer großen Seeschlacht in der Meerenge zwischen Sámos und Mykale. In der Folge tritt Sámos dem Attischen Seebund bei.

440/439 v. Chr. Sámos schert aus dem Attischen Seebund aus und wird deshalb von Athen eingenommen. Die Adelsherrschaft wird durch die zwangsweise Einführung der Demokratie abgelöst.

Ab 404 v. Chr. Wechselnde Zugehörigkeit zu Sparta und Athen, zum Bund

der „Knidischen Liga", zeitweise auch zu Persien.

336–323 v. Chr. Herrschaft Alexanders des Großen.

323–146 v. Chr. Diadochenkämpfe um die Nachfolge Alexanders; wechselnde Herrschaftsverhältnisse. Dennoch bringt die hellenistische Zeit eine neue kulturelle Blüte.

133 v. Chr. Sámos wird Teil der römischen Provinz Asia; 88 v. Chr. erobert Rom als Folge des mithridatischen Aufstands die Insel.

Ab 40 v. Chr. Sámos entwickelt sich zum Winterziel römischer Herrscher. Kaiser Augustus verleiht der Insel die Autonomie, die ihr 70 n. Chr. von Vespasian wieder genommen wird.

395 Teilung des römischen Reiches. Sámos gelangt mit ganz Griechenland zum Oströmischen Reich, dem späteren Reich von Byzanz.

Ab 395 Jahrhunderte voller Überfälle durch Piraten, Germanenstämme, Araber und Türken.

Ab 1204 In der Folge des Vierten Kreuzzuges gelangt Sámos unter venezianische Herrschaft; ab der Mitte des 13. Jh. gelingt Byzanz die teilweise Rückeroberung.

1414 Die auf der Nachbarinsel Chíos herrschenden Genuesen übernehmen Sámos.

1453 Türkische Eroberung von Konstantinopel – Untergang des Byzantinischen Reichs.

1475 Sámos fällt unter türkische Herrschaft und wird deshalb von der Bevölkerung nahezu völlig verlassen. Knapp ein Jahrhundert lang bleibt die Insel fast menschenleer.

1562 Sámos wird unter türkischer Oberhoheit von Griechen wiederbesiedelt.

1821–1829 Griechischer Freiheitskampf gegen die Türken. 1834 erreicht Sámos als einzige der ostägäischen Inseln eine Teilautonomie.

1912 Sámos wird dem Königreich Griechenland angeschlossen.

1922 Vernichtende Niederlage Griechenlands im Kampf gegen die Türkei beim Versuch, Istanbul und Kleinasien zu erobern und ein Großgriechenland zu schaffen – die „Kleinasiatische Katastrophe".

1923 Der Vertrag von Lausanne bringt die Zwangsumsiedlung von Millionen Menschen; 1,2 Millionen Griechen müssen Kleinasien verlassen, im Gegenzug 500.000 griechische Türken in die Türkei zurückkehren. Als Folge großes Flüchtlingselend auf Sámos, die kulturellen und wirtschaftlichen Beziehungen zur nahen Küste brechen ab, die Insel gerät in eine Randlage.

1941–1945 Zweiter Weltkrieg; zunächst italienische, dann deutsche Besetzung der Insel. Die Besatzer verüben grausame Geiselmorde, an die bis heute ein Gedenktag im Dorf Kastanéa erinnert.

1946–1949 Griechischer Bürgerkrieg zwischen Kommunisten und Royalisten, den Letztere schließlich gewinnen. 1947 gelangen Rhodos und die Inseln des Dodekanes zum griechischen Staatsgebiet.

1952 NATO-Beitritt Griechenlands.

1967–1974 Militärdiktatur. 1974 stürzt die Diktatur über den Zypernkonflikt.

1975 Nach einer Volksabstimmung wird Griechenland parlamentarische Republik; bis 1981 regiert die konservative „Neue Demokratie", die Néa Dimokratía (ND).

1981 Griechenland wird Vollmitglied in der EG. Wahlsieg der „Panhellenischen Sozialistischen Bewegung" PASOK unter dem eigenwilligen Andréas Papandréou.

1990 Die ND gewinnt die Parlamentswahlen. Mit rigidem Sparkurs versuchen die Konservativen die miserable Wirtschaftslage zu bessern, doch bleiben die Ergebnisse aus.

1993 Trotz zahlreicher Skandale der Vergangenheit erneuter Wahlsieg von Papandréous PASOK.

1996 Im Januar tritt Ministerpräsident Andréas Papandréou aus Krankheitsgründen zurück. Am 23. Juni stirbt der populärste griechische Politiker des 20. Jh. im Alter von 77 Jahren. Das ganze Land trägt Trauer. Kóstas Simítis, Papandreous Nachfolger als Ministerpräsident und Parteivorsitzender, lässt vorgezogene Neuwahlen ausschreiben und gewinnt sie mit absoluter Mehrheit.

1998 Griechenland verfehlt als einziges Land der EU die Teilnahme an der ersten Phase der europäischen Wirtschafts- und Währungsunion. Am 23. April stirbt im Alter von 91 Jahren Konstantínos Karamánlis. Der konservative Staatsmann, neben Papandréou der bedeutendste Politiker des modernen Griechenlands, war sechsmaliger Premier und zweifacher Staatspräsident. Unter seiner Regie erfolgten der unblutige Übergang von der Militärdiktatur zur Demokratie 1974 und der Beitritt Griechenlands zur EG.

2000 Bei den Parlamentswahlen im April erreicht die PASOK unter Simítis nur noch einen hauchdünnen Vorsprung vor der Néa Dimokratía des

PASOK-Fahne in der Hauptstadt

Herausforderers Konstantínos Karamánlis (ein Neffe des verstorbenen Staatsmanns). Dank eines rigiden Sparkurses – vor allem aber mit Hilfe frisierter Zahlen und sehr kreativer Buchführung, wie sich Jahre später herausstellen sollte – schafft Griechenland doch noch den Sprung in die Wirtschafts- und Währungsunion und wird ab dem 1. Januar 2001 offizielles Mitglied.

2002 Auch in Griechenland wird der Euro alleiniges Zahlungsmittel. Mit ihm, so empfindet es zumindest die Mehrheit der Griechen, kommt ein kräftiger Preisschub vor allem bei Artikeln des täglichen Bedarfs. Gleichzeitig werden die neuen Münzen von den Griechen gering geschätzt. Der Gegenwert der früher wertvollsten Münze, des 100-Drachmen-Stücks, betrug nicht einmal 30 Cent. Entsprechend achtlos werden insbesondere die kleinen Cent-Münzen behandelt.

2004 Die Parlamentswahlen im März werden zur Auseinandersetzung zweier Polit-Clans. Die konservative Néa Dimokratía (ND) wird erneut von Konstantínos (Kóstas) Karamánlis angeführt, die PASOK von Geórgios Papandréou, dem Sohn des Ex-Premiers. Letztere erreicht nur mehr rund 40 Prozent der Stimmen, während die Néa Dimokratía auf etwa 45 Prozent zulegt und die absolute Mehrheit erzielt. Vier Monate später, vom 13. bis 29. August, folgt dann das erfolgreich absolvierte Großereignis, auf das das ganze Land schon seit Jahren hingefiebert hatte: die Olympischen Spiele.

2006 Am 15. Februar wird die ehemalige Athener Oberbürgermeisterin Dóra Bakogiánni (damals Néa Dimokrátia) neue Außenministerin. Sie ist die älteste Tochter des ehemaligen griechischen Ministerpräsidenten Konstantínos Mitsotákis und die erste Frau in Griechenland in diesem Amt.

2007 Ende August kommt es bei Temperaturen um 40 Grad und Stürmen von bis zu Windstärke 8 in mehreren Regionen Griechenlands (insbesondere auf der Halbinsel Peloponnes) zu einer

Serie verheerender Waldbrände; in den meisten Fällen gilt Brandstiftung als Ursache. 70 Menschen sterben. Die Feuerwehren sind überfordert und unterfinanziert, die Regierung wird heftig kritisiert.

Bei den vorgezogenen Neuwahlen vom 16. September bleibt Karamánlis' ND trotz erheblicher Verluste weiterhin am Ruder. Die PASOK verliert noch einmal deutlich und rutscht auf 38 Prozent ab.

2008 Nach tödlichen Polizeischüssen auf einen 15-jährigen bricht sich die Wut vieler jugendlicher Griechen im Dezember gewaltsam Bahn. In Athen und Thessaloniki kommt es zu tagelangen Ausschreitungen, ganze Stadtviertel werden verwüstet. Es ist wohl auch die Frustration über die kümmerlichen Zukunftsperspektiven, die die Jugendlichen auf die Straße treibt. Anständige Arbeitsplätze, gerade für gut ausgebildete junge Erwachsene, sind Mangelware, viele müssen sich mit miesen Jobs durchschlagen („Generation 700" nach dem Monatslohn in Euro).

2009 Anfang September ruft Premier Karamánlis angesichts der schlechten Wirtschaftsdaten erneut vorgezogene Neuwahlen aus. Diesmal ist wieder der andere Polit-Clan erfolgreich: Glänzender Wahlsieger am 4. Oktober wird die PASOK unter Geórgios Papandréou, die fast 44 Prozent der Stimmen einfährt. Die ND stürzt auf nicht einmal 34 Prozent ab; Karamánlis tritt noch während der Auszählung als Parteivorsitzender zurück, als Nachfolger wird Antónis Samarás gewählt. Den neuen Premier Papandréou erwartet ein in vielerlei Hinsicht schweres Erbe. Wie sich bald erweist, ist die Schuldenlast erheblich höher als von der ND bislang angegeben, der Staatshaushalt steht kurz vor dem Kollaps.

2010 Als Konsequenz aus der prekären Finanzsituation und in Sorge um die Stabilität des Euro stellt die EU den griechischen Haushalt unter ihre Kontrolle. Weil von Griechenland beschönigende Wirtschaftsstatistiken gemeldet wurden, wird zudem ein Verfahren

wegen Verletzung von EU-Verträgen in Gang gebracht. Da sich herausstellt, dass die griechische Finanzlage noch katastrophaler ist, als bislang angenommen und die Ratingagenturen das Land weiter herabstufen, beantragt Papandréou im April das von EU und IWF angebotene Rettungspaket. Das im Gegenzug geforderte harte Sparprogramm der griechischen Regierung verursacht schwere soziale Einschnitte. Es kommt zu Großdemonstrationen und mehreren Generalstreiks.

Im Sommer wüten auf Sámos wieder einmal schwere Brände, meist verursacht durch Brandstiftung oder Leichtsinn. Es brennt im Hinterland von Kokkári und bei Marathókampos. Bei letzterem Feuer ist die Rauchentwicklung so stark, dass der Ferienort Votsalákia evakuiert werden muss. Verletzte oder gar Tote gibt es zum Glück nicht.

2011 Die Finanzkrise setzt sich fort. Immer neue Sparauflagen und Steuererhöhungen, als Voraussetzung für weitere Hilfskredite gefordert von der „Troika" aus EU-Kommission, Europäischer Zentralbank (EZB) und Internationalem Währungsfonds (IWF), belasten das Volk und die ohnehin schwächliche Wirtschaft. Das Staatsdefizit nimmt noch zu, die Ratingagenturen stufen Griechenland erneut herab. Die Arbeitslosigkeit steigt in explosive Dimensionen, ebenso die Wut der Bevölkerung. Papandréou gerät immer stärker unter Druck und stellt die Bildung einer Übergangsregierung mit der ND sowie vorgezogene Neuwahlen in Aussicht.

2012 Die vorgezogenen Neuwahlen vom 6. Mai bringen kein eindeutiges Ergebnis. Die ND wird stärkste Partei, muss aber im Vergleich zu 2009 erhebliche Verluste hinnehmen. Die PASOK unter ihrem neuen Vorsitzenden Evángelos Venizélos wird noch stärker abgestraft. Zweitstärkste Kraft wird das radikal-linke Parteienbündnis SYRIZA von Aléxis Tsípras, einem strikten Gegner der Sparpolitik. Auch die neonazistische und offen rassistische Chrysí Avgí („goldene Morgenröte") wird ins

Parlament gewählt, ebenso weitere Parteien vom linken und rechten Rand. Mehrere Versuche einer Regierungsbildung scheitern. Am 17. Juni werden deshalb erneut Neuwahlen abgehalten, bei denen sowohl die ND als auch die SYRIZA kräftig zulegen, während die PASOK nochmals leichte Verluste erleidet. ND und PASOK können sich zur Bildung einer Koalition verständigen. Neuer Ministerpräsident wird Antónis Samarás – jener Mann, der als Oppositionspolitiker noch bei jeder Gelegenheit gegen die strikte Sparpolitik wetterte, muss diese nun fortführen.

2013   Die Zeiten bleiben hart für das griechische Volk. Trotz (oder wegen?) eines in dieser Radikalität noch nicht dagewesenen Sparprogramms (kein Land der EU hat sich je einem derart strikten Sparkurs unterworfen) liegt die Wirtschaft am Boden. Die Arbeitslosigkeit hat Rekordwerte erreicht. Renten und Gehälter werden bis ins Unerträgliche gekürzt, neue Steuern eingeführt und bisherige drastisch erhöht. Breiten Bevölkerungsschichten fehlt es an Geld für Essen, Medikamente, Strom und Heizöl. Immer mehr Menschen auch aus dem Mittelstand der Hauptstadt werden obdachlos oder müssen ihre Kinder in Krippen geben, da sie sie selbst nicht mehr ernähren können.

2014   Immer mehr Griechen wenden sich aus Protest von der Politik ab oder extremen Parteien aus dem linken und rechten Lager zu. Bei den Kommunalwahlen im Mai wird Réna Doúrou von der radikal-linken SYRIZA zur Gouverneurin der größten und bedeutendsten Provinz Attika gewählt, bei den gleichzeitig stattfindenden Europawahlen wird das Linksbündnis noch vor der ND stärkste Kraft. Im Juni reagiert Samarás mit einer umfangreichen Kabinettsumbildung. Um den Forderungen der SYRIZA nach vorgezogenen Neuwahlen entgegenzutreten, stellt der Regierungschef im Oktober die Vertrauensfrage und gewinnt die Abstimmung. Im Dezember geht Samarás erneut in die Offensive und kündigt überraschend

vorgezogene Präsidentschaftswahlen an, die eigentlich erst für den Februar 2015 vorgesehen waren. Er spielt damit voll auf Risiko: Die griechische Verfassung verlangt bei einem Scheitern der Präsidentschaftswahl automatisch auch eine Neuwahl des Parlaments. Und so kommt es dann auch – da die Regierung nicht die nötigen Mehrheiten besitzt, verliert ihr Kandidat Stávros Dimás alle drei Wahlgänge. Samarás ruft nun vorgezogene Parlamentswahlen aus.

2015   Die vorgezogenen Neuwahlen finden am 25. Januar statt, praktisch mit Redaktionsschluss dieser Buchauflage. Großer Gewinner ist die SYRIZA von Aléxis Tsípras, die 36,3 % der Stimmen erhält. Die ND von Samarás fällt auf 27,8 % zurück, die PASOK verschwindet mit 4,7 % fast in der Bedeutungslosigkeit. Die erst vor kurzem neu gegründete KIDISO von Ex-Ministerpräsident Papandréou scheitert an der Dreiprozenthürde. Die alten Seilschaften, von vielen Griechen längst als korrupt empfunden, sind damit geradezu spektakulär abgewählt. Griechenland steht vor einem Neuanfang.

Mit 149 von 300 Sitzen verfehlt die SYRIZA (die als Wahlsieger 50 zusätzliche Sitze erhalten hat) die absolute Mehrheit allerdings knapp und benötigt einen Koalitionspartner. In nur sechs Verhandlungsstunden einigt sich Tsípras mit den „Unabhängigen Griechen" der ANEL, einer nationalistisch orientierten und als rechtspopulistisch eingestuften Abspaltung der ND. Die neue Links-Rechts-Koalition vereint zwei Parteien, die aus fundamental unterschiedlichen politischen Lagern kommen, innen- wie außenpolitisch konträre Ansichten vertreten und als Gemeinsamkeit nur die Ablehnung der Troika und ihrer Sparpolitik aufweisen.

Die Zeit wird zeigen, ob diese ungewöhnliche Koalition hält – und ob der charismatische Tsípras die Hoffnungen der Griechen erfüllen und die zahlreichen Versprechungen, die er ihnen gemacht hat, auch einhalten kann.

Relikte: unfertige Säulentrommeln und Sarkophage auf der Nachbarinsel Foúrni

Inselgeschichte

Die Zahl der Namen, die Sámos im Altertum führte, ist Legion. Vielfach bezogen sie sich auf landschaftliche Schönheiten, vor allem auf die üppig sprießende Vegetation: Anthemis, die „Blühende", Pitioussa, die „Pinieninsel", Drioussa, die „Eicheninsel", Kyparissia, die „Zypresseninsel" und Phillas, die „Laubreiche".

Die ebenfalls gebräuchlichen Namen *Parthenia* („Die Jungfräuliche") und *Parthenoaroussa* verwiesen dagegen auf den Kult der auf Sámos hoch verehrten Göttin Hera, die der lokalen Legende zufolge hier geboren und mit Zeus verheiratet wurde. Der heutige Name leitet sich wahrscheinlich von den phönizischen und ionischen Wortstämmen „Sama" bzw. „Samo" ab, die für alles „Hohe" verwendet wurden. Eine andere Meinung sieht das vorgeschichtliche Volk der Säen als Namenspatron, wieder eine andere den Ort Sami auf Kefalloniá, den der mythische König Ankaios vor seiner Ankunft auf Sámos gegründet hatte.

Vor- und Frühgeschichte

Die ersten Bewohner der Insel waren tierischer Natur: Nijaden, Naiaden oder Miniaden nannten sie antike Schreiber. So laut hätten die vorgeschichtlichen Bestien gebrüllt, dass ein Riss durch die Erde ging. Erstaunlich die Übereinstimmungen mit wissenschaftlichen Erkenntnissen: Tatsächlich nämlich fanden sich auf Sámos Millionen Jahre alte Fossilien, und tatsächlich wurde die Insel einst durch einen „Riss in der Erde", wohl ein Erdbeben und eine anschließende Flutkatastrophe, vom kleinasiatischen Festland getrennt.

Menschliches Leben gilt auf Sámos bereits für die Jungsteinzeit des 6. Jahrtausends v. Chr. als gesichert. Ab etwa 3000 v. Chr. siedelten nach antiken Berichten die Völker der Pelasger, Karer und Leleger auf der Insel. Gegen 1500 v. Chr. ließen sich kretische Minoer auf Sámos nieder und verdrängten diese Kulturen weitgehend.

Dunkle Prophezeiungen

Ankaios, einer der Argonauten, soll der erste Herrscher von Sámos gewesen sein. Mit ihm tritt die Insel in die fassbare Geschichte ein, gilt Ankaios nach verschiedenen Theorien doch entweder als König der Leleger oder aber als Führer der mykenischen Siedler. Eine Überlieferung weist ihm auch das Verdienst zu, den Wein nach Sámos gebracht zu haben: Noch vor der Ausfahrt zur Suche nach dem Goldenen Vlies habe er die ersten Weingärten angelegt. Damals schon, so die Legende weiter, habe ihm einer seiner Sklaven düster prophezeit, dass er den eigenen Trunk nicht mehr werde kosten können. Ankaios glaubte ihm nicht und hatte nach seiner Rückkehr schon den Becher angesetzt, als der Sklave immer noch bei seiner Meinung blieb: „Zwischen Mund und Kelchesrand schwebt der dunklen Mächte Hand!" Und wirklich musste der König den Becher noch einmal absetzen, weil ein wilder Eber in den Weinberg eindrang. Im folgenden Kampf wurde Ankaios getötet. Über das weitere Schicksal des seherischen Sklaven schweigt sich die Legende aus.

Mit dem Untergang des minoischen Reiches um 1400 v. Chr. kamen mykenische Siedler auf die Insel. Sie waren es wohl, die die bereits bestehende Kultstätte einer Fruchtbarkeitsgöttin der Göttin Hera weihten und damit den Grundstock für die Jahrtausende während Sonderstellung der Göttin auf Sámos legten.

Sehenswertes: Die fossilen Knochen der „brüllenden Bestien" sind im Paläontologischen Museum von Mytiliní bei Pythagório ausgestellt.

Grabfunde aus der mykenischen Periode beherbergt das Archäologische Museum von Sámos-Stadt.

Die Menschen waren von dem Grün und der Fülle so hingerissen, dass zum Beispiel der Dichter Menander verkündete, das Federvieh in diesem Garten Eden gebe nicht nur Eier, sondern auch Milch. Aber vielleicht machte er sich auch nur über die Übertreibungen der Samioten lustig.

Lawrence Durrell, „Griechische Inseln"

Sámos in der Antike

Als Folge der Dorischen Wanderung gelangten zu Beginn des 1. Jahrtausends v. Chr. Ionier nach Sámos. Für die nächsten Jahrhunderte verschwindet die Insel nun aus der Geschichte – und taucht Anfang des 7. Jh. v. Chr. umso strahlender wieder auf. Damals war Sámos durch Seehandel zu Wohlstand gelangt und eine der reichsten und mächtigsten Inseln der Ägäis geworden. Gestützt auf eine starke, stetig ausgebaute Flotte, gründeten die Samioten zahlreiche Kolonien und unterhielten weit reichende Handelsbeziehungen bis nach Ägypten und Spanien. Mitte des 7. Jh. soll der Samiote *Kolaios* sogar durch die „Säulen des Herkules", nämlich die Meerenge von Gibraltar, bis ins sagenumwobene Tartessos an der Mündung des Guadalquivir gesegelt und mit märchenhaften Schätzen aus der andalusischen Bronzestadt zurückgekehrt sein.

Freilich sind die Annalen der damaligen Zeit auch voller Berichte über blutige Feldzüge und Seeschlachten. Und im Inneren brodelte es gleichfalls: Lange andauernde bürgerkriegsähnliche Auseinandersetzungen zwischen Adelskaste, Königshaus und erfolgreichen Militärs führten 590 v. Chr. zur Errichtung der ersten Tyrannis (Alleinherrschaft) durch den Feldherren *Sylosontas*. In jene Zeit, als Sámos dem Zenit seines Glanzes entgegenstrebte, fällt auch der Baubeginn des ersten großen Hera-Tempels durch den Architekten *Rhoikos* und dessen Sohn *Theodoros*, letzterer auch Schöpfer des berühmten Smaragdrings von Polykrates.

Große Samioten der Antike

Während ihrer antiken Blüte, aber auch noch nach der Hoch-Zeit des 6. Jh. v. Chr., brachte die Insel eine ganze Reihe großer Geister hervor. Hier die drei bedeutendsten von ihnen.

Pythágoras (um 580–496 v. Chr.), berühmt geworden durch den Pythagoreischen Lehrsatz $a^2 + b^2 = c^2$, kehrte nach langen, nicht immer freiwilligen Wanderjahren nach Sámos zurück, wurde jedoch wegen seiner adelsfreundlichen politischen Einstellung vom Tyrannen Polykrates nach Kroton in Süditalien verbannt. Dort gründete er eine ordensähnliche Schule, deren Anhängern es verboten war, Erkenntnisse des Meisters an Außenstehende weiterzugeben. Pythágoras trat nicht nur als Mathematiker, sondern auch als Philosoph in Erscheinung; seine Erkenntnistheorie sah Aristoteles zufolge die Dinge selbst als Zahlen. Gleichzeitig war Pythágoras einer der ersten Griechen, der die Unsterblichkeit der Seele und die Seelenwanderung lehrte; Empedokles berichtet, Pythágoras hätte sich an alle seine vergangenen Leben erinnern können. Als Konsequenz der Möglichkeit, auch als Tier wiedergeboren zu werden, war den Schülern das Schlachten und Essen von Tieren verboten.

Epikur (341–271 v. Chr.), als Philosoph Begründer einer nach ihm benannten Ethik, zählt ebenfalls zu den großen Söhnen der Insel. Entgegen gängiger, aber erst in römischer Zeit aufgekommener Meinung lässt sich seine Philosophie nicht auf blanken Hedonismus reduzieren, sie sieht vielmehr die Tugend als notwendige Bedingung des lustvollen Lebens. Epikur, der mehr geschrieben haben soll als jeder andere Philosoph vor ihm, erklärte die Wahrnehmung zum Fundament der Erkenntnis. Zu den höchsten Gütern seiner Ethik zählt die Freundschaft.

Richtungsweisender Philosoph:
Pythágoras in Pythagório

Aristarchos (etwa 310–230 v. Chr.), Mathematiker und Astronom, war auf seine Art ein Revolutionär: Er formulierte als erster ein heliozentrisches Weltbild mit der Theorie, die Erde drehe sich um die Sonne und gleichzeitig um sich selbst. Aristarchos' Zeitgenossen reagierten mit Anfeindungen und Häme auf diese These, die erst 1800 Jahre später durch die Lehren des Kopernikus ihre Anerkennung fand.

Die Tyrannis des Polykrates

Im Jahr 538 v. Chr. übernahm der uns wohl vor allem durch Schiller bekannte Polykrates die Macht und führte Sámos auf den Höhepunkt seiner Geschichte. Zunächst regierte er noch zusammen mit seinen Brüdern Pantagnostos und Sylosontas, ab 532 v. Chr. dann als Alleinherrscher: Den einen Bruder hatte er ermorden lassen, den anderen in die Verbannung geschickt, gefolgt von aufmüpfigen Adligen. So wenig zimperlich Polykrates seine Karriere verfolgte, so blutig mehrte er auch seinen Reichtum: „Wohin er auch in den Kampf ziehen mochte, ihm gelang alles. Er hatte hundert Fünfzigruderer und tausend Bogenschützen, und da plünderte und beraubte er alle ohne Unterschied", berichtet fast ehrfürchtig der Historiker Herodot.

Schnelle Schiffe: Vor allem dank seiner schnellen, wendigen Schiffe war Polykrates im östlichen Mittelmeer unumschränkter Herrscher. Mit bronzenen Rammspornen versehen, verbreiteten die Zweireiher vom Typ *Samaina* und die noch schnelleren *Trieren* mit ihren drei versetzt angeordneten Ruderreihen Angst und Schrecken. Als die griechische Marine eine dieser Trieren rekonstruiert hatte, erstaunte die Beweglichkeit jener Dreireiher, die als die schnellsten Ruderschiffe aller Zeiten gelten, selbst die Experten: Wie Tests ergaben, benötigte ein Wendevorgang nicht mehr als 60 Sekunden, der Bremsweg aus voller Geschwindigkeit lag, schier unglaublich, bei einer einzigen Schiffslänge.

Knabe mit lockigem Haar:
Relief im Archäologischen Museum

Den räuberisch erworbenen Reichtum nutzte Polykrates nicht nur zu luxuriösem, ausschweifendem Lebensstil. Er gründete auch eine große Bibliothek und holte sich die bedeutendsten Künstler und Wissenschaftler der damaligen Zeit an den Hof, darunter den ebenfalls von Schiller erwähnten Dichter *Ibykos*. Polykrates' besondere Liebe aber gehörte der Technik und der Architektur. Die unter ihm geschaffenen Bauten in der Umgebung der damaligen Hauptstadt Sámos, dem heutigen Pythagório, zählte Herodot zu den Weltwundern der Antike: den Tunnel des Eupalinos, die Hafenmole und den von Rhoikos errichteten Tempel. Fast zu viel des Erfolges also. Das meinte auch ein mit Polykrates befreundeter Pharao, dessen Entsetzen über das geradezu unmäßige Glück des Herrschers ebenfalls durch Herodot überliefert ist. Friedrich Schiller schuf daraus die Ballade „Der Ring des

Polykrates", die manchem vom Schulunterricht her vielleicht noch in Erinnerung ist. Wer damals verschont blieb, freut sich heute vielleicht über die folgende Kurzfassung des Inhalts.

Der Ring des Polykrates – Kurzfassung

Er stand auf seines Daches Zinnen,
Er schaute mit vergnügten Sinnen
Auf das beherrschte Samos hin
„Dies alles ist mir untertänig",
Begann er zu Ägyptens König,
„Gestehe, dass ich glücklich bin!"

Der aber bleibt zunächst skeptisch und verweist auf einen Feind des Polykrates, der dem Glück ein rasches Ende machen könnte – kaum ausgesprochen, naht schon ein Bote mit dem abgeschlagenen Kopf des Unglücklichen. Auch die ausgelaufene Flotte, von den Gefahren des Meeres bedrängt, kehrt reich beladen zurück und bringt gleich die frohe Botschaft mit, die feindlichen Kreter hätte der Sturm zerstreut. Dem ägyptischen Pharao wird so viel Glück langsam unheimlich, er befürchtet den Zorn der Götter und rät zur Selbsthilfe:

„Und wenn's die Götter nicht gewähren
So acht auf eines Freundes Lehren
Und rufe selbst das Unglück her,
Und was von allen deinen Schätzen
Dein Herz am höchsten mag ergötzen
Das nimm und wirf's in dieses Meer."

Polykrates, selbst seltsam bewegt, tut wie ihm geraten und wirft seinen Lieblingsring ins Meer, um die Götter gnädig zu stimmen. Am nächsten Tag erhält der Tyrann einen großen Fisch zum Geschenk. Als der Koch diesen zerteilt, blitzt ihm aus dem Bauch ein wohlbekannter Ring entgegen – der Ring des Polykrates. Jetzt hat der Pharao genug:

Hier wendet sich der Gast mit Grausen:
„So kann ich hier nicht ferner hausen,
Mein Freund kannst du nicht weiter sein.
Die Götter wollen dein Verderben -
Fort eil ich, nicht mit Dir zu sterben."
Und sprach's und schiffte schnell sich ein.

Wohl getan. Denn das Ende des Tyrannen war in der Tat fürchterlich. Die Perser, die Polykrates' Reichtum und Macht schon länger gierig beäugt hatten, lockten den Herrscher 522 v. Chr. aufs kleinasiatische Festland und kreuzigten ihn auf dem Berg Mykale, in Sichtweite seiner geschockten Untertanen.

Nach dem Tod des Polykrates sank der Stern der Insel. Sámos gelangte unter den Einfluss der Perser, konnte sich aber nach dem griechischen Sieg in der Seeschlacht von Mykale 479 v. Chr. wieder befreien. Bis 440 v. Chr. war die Insel Mitglied des Attischen Seebundes, geriet in Zwist mit den dominierenden Athenern und wurde von diesen schließlich erobert. Die folgenden Jahrhunderte sahen, unterbrochen

von Phasen der Selbstständigkeit, eine ganze Reihe wechselnder Völker als Herren von Sámos: Spartaner, Athener, Perser, ägyptische Ptolemäer und schließlich Pergamon, das die Insel 133 v. Chr. den Römern überließ.

Sehenswertes: In und um Pythagório sind die Reste der gigantischen Projekte des Polykrates noch sichtbar: Die Ruinen des großen Heratempels auf dem uralten Kultgelände Heraíon, die zyklopischen Stadtmauern und, als wohl beeindruckendste Attraktion, der über einen Kilometer lange, mitten durch einen Berg gehauene Wassertunnel des Architekten Eupalínos. Viele Funde aus dem Ortsgebiet zeigt das Archäologische Museum von Pythagório.

Kunstschätze aus dem Heraíon, darunter die Kolossalstatue eines Jünglings sowie eine gleichfalls berühmte hölzerne Hera-Statuette, präsentiert auch das Archäologische Museum in Sámos-Stadt; hier finden sich auch vielfältige Zeugnisse des regen Handels der Samioten mit Persien, Ägypten und dem Orient.

Römer, Genuesen und Türken

Die römische Herrschaft auf Sámos begann mit gewaltsamer Besetzung, gegen die sich die Samioten 88 v. Chr. mit einem Aufstand wehrten, der schließlich an der Übermacht der Truppen des Pompeius scheiterte. In der Folge plünderten die Römer die Insel, verschleppten zahlreiche Kunstwerke.

Etwa gegen 40 v. Chr. trafen die ersten historisch belegten Touristen auf Sámos ein: *Antonius* und *Kleopatra* feierten hier rauschende Feste. Bald etablierte sich die Insel wegen ihres milden Klimas als Winterziel der römischen Herrscher. Kaiser *Augustus*, der hier mehrere Winter verbrachte, verlieh ihr sogar die Autonomie, die später von Tiberius und Caligula bestätigt, von Vespasian dann wieder genommen wurde. Früh kam das Christentum nach Sámos. Ab 390 war die Insel Bischofssitz.

Die Teilung des Römischen Reiches im 4. Jh. n. Chr. und die Zugehörigkeit zu Byzanz brachten einen stetigen Niedergang, der von häufigen Plünderungen begleitet wurde. Mal waren es Piraten, später die Goten, Hunnen, Araber und auch die Türken, die brandschatzten und mordeten. Bereits damals ging die Bevölkerungszahl stark zurück.

In der Folge des Vierten Kreuzzuges gelangte Sámos 1204 unter venezianische Herrschaft, ab 1414 unter die Genuesen der *Giustiniani* von Chíos. Venezianer wie Genueser zeigten jedoch wenig Interesse an der Insel. Anders die Türken, die nach dem Niedergang Konstantinopels Ansprüche auf Sámos erhoben – 1475 waren die Genuesen deshalb gezwungen, fast die gesamte Bevölkerung nach Chíos umzusiedeln. Nur wenige Familien blieben auf der fast entvölkerten Insel zurück.

Sehenswertes: Aus der Römerzeit sind Grundrisse von Tempeln im Heraíon erhalten, deren bescheidene Ausmaße die geschwundene Bedeutung der Insel sichtbar machen; Kunstgegenstände jener Zeit sind

in den Archäologischen Museen von Sámos-Stadt und Pythagório ausgestellt.

Das folgende Jahrhundert war eine dunkle Periode für Sámos, weshalb Sehenswürdigkeiten aus jener Zeit praktisch völlig fehlen.

Türkische Herrschaft: Fast ein Jahrhundert war Sámos nahezu menschenleer gewesen, als der türkische Admiral Kiliz Ali Pascha 1562 die Insel „wiederentdeckte". Gemäß lokaler Überlieferung hier zum Schutz vor einem Sturm vor Anker gegangen, begeisterte ihn die Schönheit von Sámos derart, dass er eine Wiederbesiedelung ins Auge fasste, mit deren Durchführung er seinen griechischen Steuermann Sarakínis beauftragte. Den neuen Siedlern wurden reichlich Land und weit reichende Steuerprivilegien versprochen, was auch wirklich viele Inselgriechen be-

wog, sich auf Sámos niederzulassen, das in der Folgezeit eine neue Blüte erlebte. Jahrhundertelang stand die Insel nun offiziell unter türkischer Herrschaft, wurde aber fast ausschließlich von Griechen bewohnt und fast autonom verwaltet. Nie gab es eine Moschee auf Sámos.

Sehenswertes: Bei Iraíon in der Nähe von Pythagório steht noch der wehrhafte Wohnturm, den sich Sarakínis erbauen ließ. Auch die Mehrzahl der (kunsthistorisch eher unbedeutenden) samiotischen Klöster stammt aus den türkischen Jahrhunderten.

Freiheitskampf und Freiheit

Im Laufe der Zeit nahm der türkische Hof die Privilegien zurück, die er den Samioten gewährt hatte – mit ein Grund für die Begeisterung, mit der die Inselbewohner sich 1821 dem griechischen Freiheitskampf anschlossen. Ihre damaligen Anführer werden heute in zahlreichen Straßennamen geehrt, insbesondere *Likoúrgos Logothétis*, der auch das Kastell von Pythagório errichten ließ. Nach zahlreichen Kämpfen und der siegreichen Seeschlacht vom 6. August 1824 errangen die Samioten die Überhand. Das Londoner Protokoll von 1830 verweigerte Sámos dennoch den Anschluss an das neu gegründete Griechische Königreich.

Eine bescheidenere, relative Unabhängigkeit gestatteten die Großmächte Frankreich, England und Russland der Insel dann doch: Von 1834 bis 1912 regierten griechisch-orthodoxe, jedoch vom Sultan eingesetzte *Hegemonen* das teilautonome Fürstentum Sámos. Obwohl politisch weiterhin unruhig, entfaltete die Insel nun ein reges Wirtschaftsleben. Sámos war berühmt für seinen Tabak, seinen Wein und sein Leder. Als Folge entwickelte sich Sámos (Vathí) zur Hauptstadt, entstanden neue Straßen und der Hafen von Karlóvassi.

1912 war es dann endlich soweit: Unter Führung des Archäologieprofessors und späteren Ministerpräsidenten *Themistoklís Sofoúlis* (heute Namenspatron vieler Straßen) gelang es, die Türken von der Insel zu vertreiben. Am 11. November 1912 schließlich proklamierte das Samiotische Parlament den Anschluss an das Königreich Griechenland.

Zehn Jahre später versuchte Griechenland wahnwitzigerweise, Istanbul und Kleinasien zu erobern – und verlor. Die „Kleinasiatische Katastrophe" von 1922 nahm ihren Lauf, und der riesige Bevölkerungsaustausch zwischen der Türkei und Griechenland zwang Sámos, Zehntausende von Flüchtlingen aufzunehmen. Die Insel brauchte lange Jahrzehnte, um sich von den Folgen zu erholen, zumal sie mit einem Mal in eine geographische Randlage gerückt war: Die eigentlich so nahe kleinasiatische Küste, einst ein wichtiger Absatzmarkt, lag plötzlich Welten entfernt.

Im Zweiten Weltkrieg besetzten italienische Truppen die Insel, hart bedrängt von samiotischen Partisanen, den *Andartes*. Noch am 30. August 1943 erschossen die Italiener in Kastanéa siebzehn dieser Widerstandskämpfer. Nur wenige Tage später war der italienische Faschismus am Ende, nicht aber der Wahnsinn des Krieges: Im November 1943 bombardierten deutsche Fliegerstaffeln die Städte Sámos (Vathí) und Pythagório – allein in Vathí starben dabei über hundert Menschen.

Auch die Jahre nach dem Weltkrieg brachten noch keine Erholung. Wirtschaftlich war Sámos längst schwer gezeichnet: Durch den Krieg war der Absatz an Wein, vor allem aber an Tabak und Leder, völlig zum Erliegen gekommen. Die Gerbereien und die berühmten Zigarettenfabriken, die bis nach Japan exportiert hatten, mussten aufgeben und verfielen. Dann stürzte auch noch der blutige Bürgerkrieg von 1946–1949 die Insel ins Chaos.

Langsam nur ging es mit Sámos wieder bergauf. Jahrzehntelang war die wirtschaftliche Situation so schlecht, dass sich viele Samioten zur Emigration gezwungen sahen. Ein neuer Aufschwung setzte erst wieder 1974 mit dem Ende der Diktatur ein. Wenige Jahre später begann dann auch der internationale Fremdenverkehr, die Einkommensverhältnisse zu bessern. Heute zählt Sámos wieder zu den vergleichsweise reicheren Regionen Griechenlands.

Aktuelle Konflikte und Probleme

Das derzeit mit weitem Abstand drängendste Problem der Wirtschafts- und Finanzkrise wurde ja bereits mehrfach angesprochen. Es gibt jedoch noch weitere kritische Punkte.

Das Verhältnis zur Türkei: Die Geschichte lässt verstehen, warum es um die Beziehungen beider Völker nicht besonders gut steht. Bis heute sind manche der Konflikte zwischen den beiden Nato-Mitgliedern nicht gelöst. 1974 brachten Auseinandersetzungen um die Insel Zypern die Staaten an den Rand eines Krieges: Damals hatte die griechische Militärjunta durch ein Attentat auf den zypriotischen Präsidenten versucht, die überwiegend von Griechen bewohnte Insel für sich zu vereinnahmen; Ankara antwortete mit einer Invasion und der gewaltsamen, bis heute nicht beendeten Teilung der Insel. Andere Zwistigkeiten, die ebenso schnell in eine bewaffnete Auseinandersetzung hätten münden können, entzündeten sich in den Siebziger- und Achtzigerjahren an Fragen der Schürfrechte nach Erdöl und der Kontrolle des Luftraums; strittig waren in beiden Fällen die jeweiligen Grenzen in der Ägäis. Und noch 1996 entsandten Griechenland und die Türkei in einem absurden Streit um die winzige, unbewohnte Insel Imia Kriegsschiffe in die Region vor Bodrum – nur die massive Intervention der Amerikaner verhinderte Schlimmeres. Dabei wäre eine Annäherung beider Seiten von immenser Bedeutung für die Stabilität der Region.

Seit einiger Zeit ist auch deutlich Bewegung in das schwierige Verhältnis gekommen. Ein Auslöser waren die schweren Erdbeben, die im Sommer 1999 nacheinander beide Länder erschütterten und in der Bevölkerung ein Gefühl der Solidarität und Hilfsbereitschaft weckten: Waren nach dem Beben vom 17. August in der Türkei auch viele Griechen unter den Einsatzkräften, so suchten drei Wochen später in Athen türkische Helfer nach Überlebenden. Bald darauf erklärte Griechenland zur weltweiten Verblüffung, man unterstütze ab sofort den Beitritt der Türkei zur EU. In der Folge kam es zu gegenseitigen Besuchen der jeweiligen Außenminister, die durchaus eine historische Dimension hatten, waren es doch die ersten seit rund vier Jahrzehnten. Auch auf persönlicher Ebene kam man sich näher, 2004 war der damalige griechische Premier von seinem türkischen Kollegen Erdogan sogar als Trauzeuge bei der Hochzeit von dessen Tochter eingeladen. Eine ganze Reihe von bilateralen Verträgen wurde unterzeichnet, die wirklich schwierigen Probleme (vor allem die Zypernfrage und die territorialen Konflikte) blieben freilich außen vor und sind bis heute nicht gelöst. Und so stockt denn der offizielle Annäherungsprozess auch immer wieder mal. Inoffiziell ist man da schon weiter, sind türkische Touristen doch gern gesehene Gäste auf Sámos ...

Angesichts der Nähe zur türkischen Küste und der in der Vergangenheit so häufig angespannten politischen Lage zwischen den beiden Staaten verwundert es nicht, dass die Griechen starke Militärverbände auf Sámos stationiert haben. Den Reisenden braucht dies nicht zu kümmern, da die jungen Soldaten höchstens durch ihr

zurückhaltendes Wesen auffallen. Fotografierverbote in der Umgebung militärischer Anlagen sollte man freilich grundsätzlich ernst nehmen.

Fluchtziel Griechenland: Die Nähe zur kleinasiatischen Küste konfrontiert Sámos mit einem Problem, das viele grenznahe Zonen Griechenlands stark betrifft und sich seit der stärkeren Überwachung der Landgrenzen wieder mehr auf die Inseln verlagert hat: Immer häufiger versuchen Flüchtlinge verschiedener Herkunft (unter ihnen auch zahlreiche Minderjährige und Kinder ohne Begleitung) sich aus Armut, Bürgerkrieg oder vor politischer Verfolgung auf griechisches Territorium und damit in das Gebiet der EU zu retten. Wer sich in den Häfen im Osten von Sámos die etwas abseits lagernden Boote genauer ansieht, wird vielleicht einige Kähne mit türkischem Namenszug entdecken, die nach der Ankunft beschlagnahmt wurden. Doch erreichen längst nicht alle der maroden und völlig überfüllten Schiffe auch ihr Ziel. Aus Angst vor der griechischen Küstenwache und der EU-Grenzpolizei Frontex findet die Passage nachts und bevorzugt bei schlechtem Wetter statt. Viele der kleinen Boote kippen bei der Über-

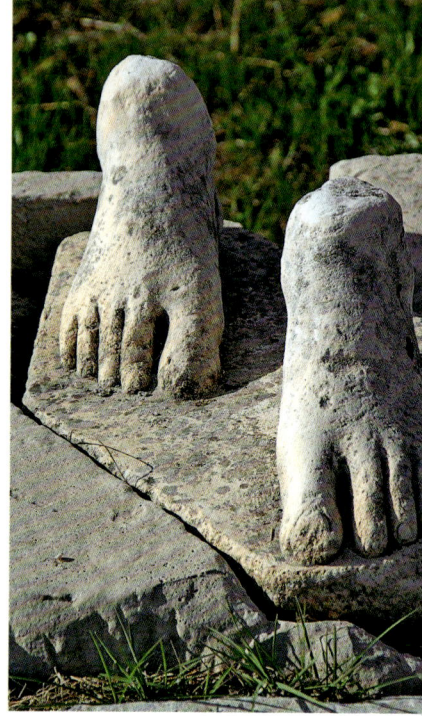

Auf großem Fuß: Relikte im Heraíon

fahrt um, keine Statistik zählt die Ertrunkenen. Auch das Schiff, das im September 2012 vor der türkischen Küste bei Ahmetbeyli kenterte, wobei 61 Menschen starben, hatte wohl Sámos zum Ziel, ebenso die beiden Boote, die im Mai 2014 mit mindestens 60 Personen an Bord (36 konnten gerettet werden) vor der Küste von Sámos kenterten. Gelegentlich, so die Berichte von Menschenrechtsorganisationen, werden Schiffe auch von der Küstenwache widerrechtlich zurückgedrängt („Push back") oder zerstört, ihre Insassen auf einsamen Inseln ausgesetzt oder auf dem offenen Meer sich selbst überlassen. Diejenigen, die es bis auf griechisches Territorium schaffen, werden teilweise monatelang in gefängnisartigen, völlig überfüllten Auffanglagern festgehalten; die neue Regierung hat jedoch bereits eine Umwandlung in „offene" Lager angekündigt. Auch oberhalb von Sámos-Stadt liegt ein solches „Erstaufnahmezentrum", das für knapp 300 Menschen ausgelegt ist. Die Chance auf ein faires Asylverfahren – es muss im Ankunftsort selbst beantragt werden, nicht in der Hauptstadt – ist mangels Übersetzern und geschultem Personal minimal, die Anerkennungsquoten sind lächerlich gering. Wer das Lager Richtung Athen verlassen darf, tut dies in der Regel mit abgelehntem Asylantrag und der Auflage, binnen 30 Tage Griechenland zu verlassen – der Weg in die Illegalität ist programmiert.

Vertiefende Informationen (Englisch): www.samoschronicles.wordpress.com.

Verbindung zu anderen Inseln und nach Athen: Fähren im Hafen von Sámos-Stadt

Anreise

Zunächst stellt sich die Frage, ob es ein Pauschalurlaub oder eine Individualreise sein soll. Nur wer auf eigene Faust loszieht, muss sich weitere Gedanken machen – konkurrenzlos schnell und bequem ist natürlich der Flug.

Alle anderen Verkehrsmittel fallen im Vergleich der Reisezeiten stark ab und sind oft auch nicht einmal preisgünstiger. Mit Auto, Zug und Schiff benötigt man für Hin- und Rückfahrt rund eine Woche, von den Mühen und Strapazen unterwegs nicht zu reden.

Pauschalurlaub oder Individualreise?

Pauschalurlaub: Die vorgebuchte Kombination von Flug, Unterkunft, Reiseleitung und meistens auch Verpflegung, ist die auf Sámos vorherrschende Form des Fremdenverkehrs. Gerade bei einer Insel ist auch für eingefleischte Individualreisende die pauschale Buchung eine Überlegung wert. Diese Urlaubsform muss schließlich keineswegs auch eine Pauschalierung der Erlebnisse bedeuten: Wählt man eine dafür geeignete Region, lässt sich Sámos sehr gut von einem festen Standquartier aus entdecken. Heutzutage bieten die Veranstalter auch längst nicht mehr nur reine Badehotels in den wichtigsten Ferienorten an: In vielen Katalogen werden auch Liebhaber kleinerer Orte fündig, ebenso diejenigen, die lieber in einer einfachen Pension oder einem Apartment nächtigen wollen. Weiterhin gibt es mit Mietwagen kombinierte Angebote, außerdem Wanderurlaub, Studienreisen etc. – die Veranstalter sind da sehr rührig. Von den Preisnachlässen, die die Reiseveranstalter vom Hotelier eingeräumt bekommen, profitieren teilweise auch die Kunden. Nicht zuletzt hat man bei dieser Urlaubsform auch die Gewähr, wirklich ein Zimmer im ge-

wünschten Quartier zu erhalten – in der Hochsaison von Mitte Juli bis Ende August kann sich die Suche nach einem freien Bett nämlich mühsam gestalten.

Individualreisen: Die Vorteile einer Reise auf eigene Faust, die Flexibilität bei der Wahl des Zeitraums, der mögliche Standortwechsel bei Nichtgefallen des Quartiers oder des gewählten Urlaubsorts, die Unabhängigkeit von eventuellen Essenszeiten etc., lassen sich auch auf Sámos ausschöpfen. Die Auswahl an Hotels, Pensionen und Privatvermietern ist relativ gut, die Busverbindungen sind es ebenfalls, Mietfahrzeuge nicht teuer. Verbunden ist diese Reiseform allerdings mit einem höheren Aufwand bei der Planung. Wichtig ist dann auch die richtige Wahl des Zeitraums. Zur absoluten Hochsaison kann es sehr schwierig sein, ein freies Zimmer zu finden. Wer ganz sichergehen will, das gewünschte Quartier zu erhalten oder längere Zeit am selben Ort verbringen möchte, sollte in Erwägung ziehen, schon ab der Heimat vorzubuchen. Telefonnummern sowie Internetadressen sind bei der Beschreibung der in diesem Handbuch vorgestellten Quartiere jeweils angegeben. Billiger als eine Pauschalreise ist eine individuell geplante Tour meist nur dann, wenn eher einfache Unterkünfte gewählt werden.

Mit dem Flugzeug

Flug ist nicht gleich Flug: Es existieren eine ganze Reihe von Möglichkeiten und Varianten der Anreise per Jet.

Am schnellsten ist der Direktflug mit einer Chartergesellschaft oder Low-Cost-Airline zum Inselflughafen Sámos (SMI), eine spontan buchbare Alternative der Linienflug mit Umsteigen in Athen. Oder soll es lieber ein Ticket nur nach Athen sein, mit Besichtigungstour und anschließender Überfahrt per Fähre? Bei der Auswahl ist, neben dem Preis und den persönlichen Vorstellungen, auch die Frage der Verfügbarkeit entscheidend.

Charter- oder Low-Cost-Flug direkt nach Sámos: Unschlagbar flott und bequem sind die Direktflüge, die ohne Zwischenstopp von vielen mitteleuropäischen Flughäfen direkt nach Sámos führen – binnen rund drei Stunden sind Sie auf Ihrer Urlaubsinsel.

Flug über Athen (oder Thessaloniki) auf die Insel: Eine gebräuchliche Variante. Nachteil ist natürlich die Umsteigeprozedur mit eventuell längerem Aufenthalt oder der nicht immer ganz unbegründeten Sorge, den Anschlussflug zu verpassen.

Flug nach Athen, weiter per Fähre: Sowohl per Charter- und Low-Cost-Flug als auch per Linie möglich. Auf den ersten Blick nur ein Kompromiss zwischen Schnelligkeit und günstigem Preis; Athen ist aber auch fast ein „Muss" in Sachen griechische Antike. Die Fähren vom Athener Hafen sind recht preiswert und halbwegs flott. Thessaloniki wäre eigentlich ebenfalls ein Kandidat, doch gab es von dieser Stadt zuletzt keine Fährverbindung mehr; eine Änderung ist nicht ausgeschlossen, die Fahrtzeit (mehr als 24 Stunden) wäre aber deutlich länger als ab Athen.

Über andere Inseln: Falls alle anderen Möglichkeiten belegt sind oder das Ticket ausgesprochen günstig ist, wäre z. B. auch ein Charterflug nach Lésbos, eventuell auch auf eine Kykladeninsel, denkbar, verbunden mit der Weiterreise per Fähre. Verglichen mit der Anreise über Athen muss man bei diesen Varianten zeitlich jedoch flexibler sein und der spärlicheren Flug- und Fährverbindungen wegen auch genauer planen.

Mitnahme von Fahrrädern Der Transport von Fahrrädern und Sportartikeln ist bei Lowcost-Carriern aufpreispflichtig (z. B. bei Air Berlin 70 € pro Strecke für ein Fahrrad); auf Linienflügen gibt es je nach Gesellschaft unterschiedliche Regelungen. Wichtig in jedem Fall, entsprechende Wünsche gleich bei der Buchung anzumelden, die Regelungen (auch für die Verpackung) sind je nach Gesellschaft unterschiedlich.

Klimabewusst reisen Bekanntermaßen trägt jeder Flug zur globalen Klimaerwärmung bei. Es gibt eine Website, auf der man mithilfe eines Emissionsrechners die Kohlendioxid-Belastung seines Flugs (z. B. München–Sámos und zurück: 830 kg) berechnen kann. Gleichzeitig besteht die Möglichkeit, für Klimaschutzprojekte zu spenden, die das durch den Flug verursachte Aufkommen an Treibhausgasen wieder kompensieren; nach Rechnung der Organisation wäre dies im genannten Fall durch eine Spende von 19 € möglich. Näheres unter www.atmosfair.de. Ähnlich arbeitet auch www.myclimate.org. ∎

Charter- und Low-Cost-Flüge

Als Direktverbindung bringen sie den Urlauber am schnellsten ans Ziel. Diese beliebteste Möglichkeit der Anreise ist für die Hochsaison allerdings schnell ausgebucht. Die Preise differieren je nach Ausgangsflughafen und Saison erheblich, liegen aber in der Regel leider fast schon prinzipiell höher als zu anderen, vergleichbar weit entfernten Zielen etwa im westlichen Mittelmeer.

Linienflüge

Die Flüge der Liniengesellschaften sind oft teurer als Charter oder Low-Cost, bieten durch die freie Wahl des Flugtages aber mehr Gestaltungsfreiheit.

Reguläre Linienflüge, buchbar bei jedem IATA-Reisebüro oder direkt bei den Fluggesellschaften, sind zwar im Normaltarif ausgesprochen teuer, doch helfen eine Reihe von Sondertarifen, den Preis auf ein erträgliches Maß zu senken, teilweise sogar in Preisbereiche, die zu denen der Chartergesellschaften durchaus konkurrenzfähig sind. Das Sitzplatzangebot dieser Sonderangebote ist allerdings begrenzt, weshalb sich rechtzeitige Buchung sehr empfiehlt.

Umsteigen ist nötig: Direktflüge nach Sámos per Linie gibt es nicht. Grundsätzlich muss auf Linienflügen nach Sámos umgestiegen werden, in der Regel in Athen oder in Thessaloniki. Nach Athen und Thessaloniki gelangt man mit Lufthansa (www.lufthansa.de) und der privaten Gesellschaft Aegean Airlines (www.aegeanair.com, günstige Preise unter „Angebote/Low Fare Calendar"), alternativ auch mit Air Berlin (www.airberlin.com). Weiter nach Sámos geht es ab Athen mit Aegean Air bzw. deren Tochter Olympic Air (www.olympicair.com), dem privatisierten und 2013 von der Aegean Air erworbenen Nachfolger der Olympic Airways, ab Thessaloníki mit Astra Airlines (www.astra-airlines.gr). Änderungen der Routen bzw. der Gesellschaften waren in der Vergangenheit nicht unüblich und werden es auch in Zukunft wohl nicht sein.

Innergriechische Flugverbindungen: Fliegen innerhalb Griechenlands ist relativ preiswert, das Flugzeug ein gängiges Transportmittel. Eben deshalb sind die meist kleinen Maschinen nach Sámos schnell ausgebucht: ratsam, sich rechtzeitig um ein Ticket zu kümmern. Dabei sollte man für das Umsteigen nach Möglichkeit ein gewisses Zeitpolster einplanen, um nicht seinen Anschlussflug zu verpassen. Leider ist die Kombination verschiedener Airlines nämlich nicht unproblematisch, da dies nicht nur beim Durchchecken des Gepäcks, sondern auch bei Verspätungen und dem damit verbundenen Verpassen des Anschlussflugs zu Komplikationen führen kann: „Änderungen von Flugzeiten bei der einen Gesellschaft interessieren die andere nicht", so der Tenor mehrerer Leserbriefe.

Etwas eng: Gönnen Sie sich ruhig eine bequemere Anreise

Fährverbindungen von Athen nach Sámos: Zur Sommersaison, etwa zwischen Mitte Juni und Mitte September, verkehren in der Regel vier Autofähren pro Woche vom Athener Hafen Piräus zu den samiotischen Häfen Karlóvassi und Sámos-Stadt; im restlichen Jahr liegen die Frequenzen bei zwei bis drei Schiffen pro Woche. Wichtig zu wissen: Die ägäische Schifffahrt ist seit Jahren in einem gewaltigen Umgestaltungsprozess begriffen, bei dem ganze Gesellschaften verschwinden oder den Eigentümer wechseln, man informiert sich deshalb besser genau. Die Fahrzeit nach Sámos-Stadt beträgt je nach Schiff, Route und Zahl der Zwischenstopps etwa 10 bis 15 Stunden. Die Ticketbüros in Piräus sind in der Saison meist Tag und Nacht geöffnet. Jede Reederei hat ihr eigenes Büro, die täglichen Abfahrten sind auf großen Tafeln vor der Tür nachzulesen.

Preisbeispiele Fahrpreis nach Sámos-Stadt je nach Gesellschaft etwa 40 € (Deck) bzw. 80 € (Kabine A-Klasse).

Vom Flughafen nach Piräus Vom Flughafen fährt die „blaue" Metro M 3 über Doukíssis Plakentías und Ethnikí Ámina zum Sýntagma-Platz und weiter zum Monastiráki-Platz; dort hat man Anschluss an die „grüne" M 1 zum Hafen Piräus. Alternativ verkehren auch Expressbusse vom Flughafen direkt nach Piräus.

Fährtipps Mit der normalen, preisgünstigsten Fahrkarte darf man an Bord der Großfähren in der Regel sowohl Deckplätze als auch Pullmansessel (eine Art Flugzeugsitze) benutzen und hat auch Zugang zu einem großen Aufenthaltsraum, dem Salon mit Snack-Bar, Fernseher oder Video. Nachts wird es auf hoher See auch im Hochsommer kühl: Ein warmer Pullover oder eine Jacke sind dann sehr willkommen, Deck-schläfer brauchen einen Schlafsack. Die teureren Kabinen können sich bei der doch recht langen Fahrt nach Sámos durchaus lohnen. Wichtig: Kaum ein Ticket-Büro verkauft Fahrkarten für alle Fähren, sondern in der Regel nur Tickets bestimmter Reedereien. Zwar informieren wohlmeinende Angestellte oft auch über Abfahrten anderer Fährgesellschaften, darauf verlassen sollte man sich jedoch besser nicht: Wenn kein Fahrttermin in Sicht ist, kann es schon lohnend sein, auch mal bei der Konkurrenz um die Ecke nachzufragen. Bei der Vorab-Recherche per Internet ist gelegentlich die Kenntnis der Hafencodes nützlich: TZE steht für Piräus, VAT (Vathí) oder SAM für Sámos-Stadt, KAR für Karlóvassi. Suchmaschinen für Fährverbindungen finden sich z. B. auf www.openseas.gr, www.greekferries.gr, www.gtp.gr und www.greekislands.gr.

Achtung: Die Ägäis ist ein stürmisches, unruhiges Meer. Vor allem im Juli und August können die oft tagelang wehenden Meltémia-Winde jegliche Schifffahrt in der Ägäis lahmlegen!

Wichtig deshalb: Legen Sie ihre Abreise von Sámos nicht auf den letztmöglichen Tag! Falls Sie zu einem bestimmten Termin in Athen oder anderswo sein müssen, dann lassen Sie sich in ihrer Planung unbedingt etwas Luft, um nicht durch Fahrplanänderungen oder schlechtes Wetter beispielsweise Ihren Rückflug zu verpassen! Auch aus anderen Gründen werden Fahrpläne häufig von einem Tag auf den anderen geändert: Ein Schiff hat Maschinenschaden, politische Widrigkeiten machen den Einsatz auf anderen Inseln erforderlich etc.

Ankunft auf Sámos

Sowohl Charter- als auch innergriechische Linienflüge landen auf dem kleinen Inselflughafen von Sámos (Flugplankürzel SMI), etwa zwei Kilometer westlich des Städtchens Pythagório gelegen.

Pauschalreisende werden am Flughafengebäude von Vertretern ihres Veranstalters mit Bussen abgeholt und zu ihren Quartieren gebracht. Eine öffentliche Buslinie verkehrt vom Flughafen via Pythagório nach Sámos-Stadt zur Saison Mo–Fr 9-mal, Sa 5-mal, So 4-mal täglich. Die Taxi-Tarife liegen z. B. nach Pythagório bei etwa 9 €, Sámos-Stadt 25 €, Kokkári 32 € und Votsalákia 50 €; bei etwaigen Nachtankünften zwischen ein und fünf Uhr morgens verdoppelt sich der Preis jeweils. Wer gleich nach der Ankunft einen Wagen mieten möchte, findet Vertreter verschiedener Firmen; bessere Chancen zum Preisvergleich bieten allerdings die großen Ferienorte und natürlich vorab das Internet.

Mit dem eigenen Fahrzeug

Sámos ist weit. Die lange Anreise durch die Staaten des ehemaligen Jugoslawien erfordert nicht nur einen beträchtlichen finanziellen Aufwand, sondern stresst auch Fahrzeug und Besatzung. Dies gilt erst recht auf den Routen via Ungarn, Rumänien und Bulgarien. Als komfortabelste Möglichkeit bleibt die Fährpassage ab Italien.

Zunächst stellt sich die Frage, ob die Mitnahme des eigenen Fahrzeugs die anfallenden Kosten und Mühen überhaupt wert ist. Sámos ist zwar relativ groß und das Straßennetz dort recht gut ausgebaut. Andererseits lassen sich viele Wege gut mit dem Bus zurücklegen, sorgen Hitze und vielleicht gelegentliche Pistenfahrten für erhöhten Verschleiß, den man bei einer Kostenrechnung nicht außer Acht lassen sollte.

Zudem: Wer beispielsweise per Charterflug anreist, spart sich gegenüber der Anreise mit dem eigenen Fahrzeug nicht nur eine wertvolle Woche Urlaubszeit, sondern normalerweise auch einiges Geld, für das man schon eine ganze Weile mit einem der zahlreich angebotenen Mietfahrzeuge die Insel erkunden kann. Überlegenswert scheint die Anreise mit dem eigenen Gefährt somit eigentlich nur für diejenigen, die auch ausgedehnte Touren auf dem griechischen Festland planen.

Routen nach Athen bzw. zum Fährhafen Piräus

Durch Ex-Jugoslawien: Der berühmt-berüchtigte „Autoput" (E 70) via Zagreb, Belgrad, Nis und Skopje erfordert eine Langstreckenfahrt über rund 2000 Kilometer und zahlreiche Grenzen, die nicht nur ihren Preis hat (Straßenbenutzungsgebühren, Benzin und andere Kosten summieren sich erheblich), sondern auch mühevoll ist. Wer diese Route dennoch in Betracht zieht, sollte sich unbedingt bei den Automobilclubs nach der gegenwärtigen Situation und nach den Einreisevorschriften der einzelnen Länder erkundigen.

Über Ungarn, Rumänien und Bulgarien: Ein Umweg auf häufig miserablen Straßen. Auch für diese Route ist es dringend geraten, sich vorab bei den Automobilclubs zu informieren.

Fähren ab Italien: Wohl die beste Anreiseroute für Fahrzeugbesitzer, auch nach Meinung des ADAC („Autoput gut, Fähre besser"). Die Fährpassage bringt Abwechslung, treibt aber zusammen mit der österreichischen Vignette, italienischen Autobahngebühren und den relativ hohen Benzinpreisen die Kosten in die Höhe. Näheres unter dem Stichwort „Fährverbindungen Italien – Griechenland".

Mit der Bahn

Die exotischere Variante der Anreise bis Athen. Mancher fliegt vielleicht nicht gern, für andere zählt die hohe Umweltverträglichkeit des Schienentransports als Argument.

Die Anreise per Bahn ist umweltfreundlich, aber keine komfortable Sache – für die Fahrt bis Athen sind mit dem nötigen Umsteigen locker 40 Stunden und mehr einzukalkulieren. Etwa zwei Tage Zeit also, dem alten Kalauer entsprechend die Anreise „in vollen Zügen zu genießen". Im Sommer nämlich sind alle Züge in Richtung Griechenland regelmäßig völlig überfüllt; Verspätungen sind die Regel. Alles in allem muss man für Hin- und Rückreise eine runde Woche Fahrzeit einkalkulieren. Dabei liegen die Kosten einer normalen Fahrkarte 2. Klasse nach Athen kaum unter denen eines Flugtickets. Die komfortabelste Möglichkeit, den zweifellos vorhandenen Umweltvorsprung der Bahn gegenüber dem Flugzeug zu nutzen, ist noch die Fahrt nach Italien mit anschließender Fährpassage. Wichtigster Fährhafen ist Ancona, das ab München in etwa zwölf Stunden zu erreichen ist, siehe unten.

Fährhafen in Ancona

Sondertarife: Die Palette der vergünstigten Tarife ist mittlerweile fast unüberschaubar; es gibt sie für Junioren, Senioren, Gruppen, als Netzkarten, Bahnpässe etc. Vor der Buchung empfiehlt sich deshalb ein Besuch in einem spezialisierten Reisebüro oder einem Serviceschalter der Bahn.

Fährverbindungen Italien – Griechenland

Für Fahrzeugbesitzer ist die Fährpassage die komfortabelste Art der Anreise nach Griechenland. Dementsprechend gefragt sind die Tickets.

Wer mit dem Ziel Sámos die Fährpassage ab Italien wählt, muss in Griechenland noch den Landtransfer nach Athen bzw. Piräus einkalkulieren und auch mit einer eventuell notwendigen Zwischenübernachtung rechnen, bevor es mit der Fähre oder einem innergriechischen Flug weiter nach Sámos geht. Von welchem italienischen Hafen man am günstigsten abfährt, hängt von vielen verschiedenen Faktoren ab: Personenzahl, Größe und Benzinverbrauch des eventuell mitgenommenen Fahrzeugs beziehungsweise anwendbare Sondertarife der Bahnen etc. Faustregel: Je weiter südlich man startet, desto günstiger die Passage, desto höher aber auch die Anreisekosten zum Fährhafen.

> **Achtung**: Der Andrang auf Fährpassagen ist immens. Vor allem Auto- und Wohnmobilfahrer sollten unbedingt weit im Voraus buchen. Ohne feste Buchung besteht kaum eine Chance auf einen Fährplatz für das Fahrzeug.

Italienische Fährhäfen nach Griechenland sind: *Venedig, Ancona, Triest, Ravenna Bari* und *Brindisi*. Teilweise ist „Camping an Bord" möglich. Ein günstiger Fährhafen ist in vielen Fällen Ancona, da die Stadt häufige Verbindungen bietet und z. B. von München aus in einem Tag zu erreichen ist.

Internet-Infos: www.greekferries.gr, deutschsprachige Site mit Abfahrtszeiten, Preisen etc. vieler Fähren nach und in Griechenland. In den meisten Fällen ist die Buchung online möglich.

Rabatte: In der Nebensaison liegen die Preise ganz erheblich unter den Tarifen der Hochsaison. Bei gleichzeitiger Buchung von Hin- und Rückfahrt gibt es oft Nachlässe von 10–30 Prozent. Jugendliche, Studenten und Interrailer erhalten bei vielen Linien ebenfalls Rabatt. Fahrräder werden in der Regel gratis transportiert! Aber: Nicht nur die Preise der einzelnen Reedereien unterscheiden sich. Vor allem differiert auch die Qualität der jeweiligen Schiffe oft erheblich: Fragen Sie bei der Buchung auch nach Alter, Komfort und Sicherheitsstandard der Fähren! Manche besitzen Swimmingpool und Disco, andere sind ausgesprochene Oldtimer.

Weitere Fährtipps: Seien Sie spätestens zwei Stunden vor Abfahrt am Hafen – Sie könnten sonst den Anspruch auf Ihren Platz verlieren (Verspätungen einkalkulieren, besonders Zugreisende!). Mit dem Ticket dann zuerst zum Büro der Fährlinie, dort gibt es die „Embarcation Card" zum Abstempeln bei der Hafenpolizei. Auto- und Motorradfahrer sollten alles Wichtige mit an Deck bzw. in die Kabine nehmen: Unterwegs darf man meist nicht ans Fahrzeug. Deckschläfer brauchen warme Kleidung und einen Schlafsack, denn auch im Hochsommer wird es kühl.

Griechische Ankunftshäfen auf dem Festland sind *Igoumenítsa* und *Pátras*. Der Fahrpreis zu diesen beiden Häfen, die von fast allen Linien nacheinander angelaufen werden, ist bei den meisten Reedereien gleich, Pátras liegt jedoch deutlich näher zu Athen und gleichzeitig verkehrsgünstiger. Autofahrer nehmen von dort gegen geringe Gebühr die gut ausgebaute Autobahn entlang des Golfs von Korinth nach Athen bzw. Piräus; einige Stichworte zu Verkehrsbestimmungen etc. finden Sie im Kapitel „Unterwegs auf Sámos". Mit öffentlichen Verkehrsmitteln geht es weiter per Bus oder Bahn, einige Fährlinien (Auskunft bei der Rezeption an Bord) offerieren selbst Anschlussbusse nach Athen.

Zentrum des Liniennetzes: die Busstation der Hauptstadt

Unterwegs auf Sámos

Das Verkehrsnetz auf Sámos ist, im Vergleich beispielsweise zu den Kykladen, gut ausgebaut. Alle wichtigen Straßen sind asphaltiert.

An öffentlichen Verkehrsmitteln stehen preiswerte Busse und Taxis zur Verfügung, für individuellere Routen kann man sich in vielen Orten ein Zweirad oder einen Kleinwagen, manchmal auch einen Jeep mieten.

Busse und Taxis

Bus: Das Busnetz der Insel ist recht effizient und funktioniert zuverlässig. Gleichzeitig sind Busse die mit Abstand preisgünstigste Möglichkeit, Sámos zu entdecken. Der Busverkehr auf Sámos wird von der Gesellschaft K.T.E.L. betrieben.

Anders als auf manch anderer griechischer Insel orientiert sich die samiotische Busgesellschaft erfreulicherweise nicht nur an den Bedürfnissen der Einheimischen, sondern berücksichtigt zumindest teilweise auch die Wünsche der Urlauber. So sind Fahrpläne auch auf Englisch erhältlich, und zur Sommersaison werden sogar zu manchen Stränden Buslinien eingerichtet. Zentrum des Liniennetzes ist Sámos-Stadt, doch bestehen auch ab Pythagório, Kokkári und Karlóvassi recht gute Verbindungen, wie überhaupt die Anschlüsse entlang der Hauptrouten wenig zu wünschen übrig lassen. Anders sieht es mit manch entlegenerem Bergdorf aus, das selbst im Sommer nur zweimal wöchentlich bedient wird – wenn überhaupt. Auch viele kleine Küstensiedlungen und Strände sind mit den Bussen nicht zu erreichen. Nähere Informationen über Frequenzen und Fahrpreise finden Sie im Kapitel über Sámos-Stadt und in den einzelnen Ortskapiteln.

Mit dem Bus zum Wandern: Für uns ungewohnt, zum Wandern aber sehr praktisch – oft kann man sich auch außerhalb von Ortschaften absetzen lassen bzw. den Bus dort durch Winken stoppen und zusteigen. Völlig verlassen sollte man sich darauf jedoch lieber nicht.

Preise/Fahrkarten Busfahren ist in Griechenland weit preisgünstiger als bei uns – die weitestmögliche Fahrt von der Hauptstadt nach Drakéi (ca. 75 km) kostete zuletzt keine 10 €. Fahrkarten braucht man sich nicht vorab zu besorgen, ein Schaffner verkauft sie im Bus.

Frequenzen/Abfahrtszeiten Generell ist das Angebot im Hochsommer am besten, da dann auch die Schulbusse für den regulären Linienverkehr eingesetzt werden können. Der vielen Urlauber wegen ist das Netz dann allerdings oft auch am Rande seiner Kapazität. Der Sommerfahrplan, auf den sich die Angaben in diesem Führer beziehen, ist mit Abstufungen etwa von Anfang Juli bis Ende September in Kraft. Am besten sind die Verbindungen von Montag bis Freitag, am Samstag gibt es schon deutlich weniger Fahrten. Am Sonntag wird das Angebot oft nochmals eingeschränkt, an den Saisonrändern und im Winter sonntags sogar völlig eingestellt. Meist sind die Busse fast schon überpünktlich – ratsam deshalb, eher etwas zu früh an der Haltestelle zu sein, mancher Bus fährt auch schon mal vor der planmäßigen Zeit ab.

Fahrpläne In der Hauptstadt hängen sie an der Busstation auch in lateinischer Schrift aus. Dort sind auch meist Fotokopien erhältlich, andernfalls empfiehlt es sich, bereits vor der ersten Fahrt die wichtigsten Linien und Zeiten abzuschreiben oder zu fotografieren. Die im Fahrplan angegebenen Zeiten beziehen sich natürlich auf die Abfahrt am Ausgangsort; wer unterwegs zusteigt, muss deshalb eine gewisse Zeitspanne hinzurechnen. Wichtig an Haltestellen unterwegs: deutliche Handzeichen geben, dass man mitfahren möchte!

Taxi: Ebenfalls preisgünstiger als bei uns. In Griechenland stellen Taxis keinen Luxus dar, sondern eine wichtige Stütze des öffentlichen Nahverkehrs; entsprechend gut ausgelastet sind sie auch. Generell empfiehlt es sich bei längeren Strecken, den Preis vorher auszuhandeln. Falls der Taxameter eingeschaltet ist: Tarif 1 gilt innerorts tagsüber, der teurere Tarif 2 außerorts und nachts. Betrogen wird normalerweise aber nur selten. Ein Trinkgeld von etwa zehn Prozent ist üblich. Taxis sind auch eine günstige Möglichkeit, um an den Ausgangspunkt von Wanderungen gebracht oder von einer solchen abgeholt zu werden; in letzterem Fall vereinbart man mit dem Chauffeur am besten schon vorher Ort und Termin. Sonst wird aber auch jeder Tavernenwirt gern ein Taxi rufen.

Fahrgemeinschaften: Falls noch Platz ist und Sie in dieselbe Richtung wollen, halten oft auch bereits besetzte Taxis an. Falls der Taxameter läuft, merken Sie sich den Stand beim Einsteigen und zahlen dann die Differenz – wenn zwei voneinander unabhängige Parteien dieselbe Strecke fahren, müssen in der Regel beide den entsprechenden Preis zahlen; das gilt natürlich nicht für Gruppen, die zusammen ein Taxi besteigen.

Mit Auto oder Zweirad

Eine hervorragende Möglichkeit, die Insel zu erobern – man bleibt unabhängig von Busfahrplänen und Linien, gelangt selbst zu den entlegensten Flecken und an die vielen fast einsamen Strände, die Sámos durchaus noch aufzuweisen hat.

Das Straßennetz ist auf Sámos gut ausgebaut, alle Hauptrouten sind asphaltiert. Das ist nicht ausschließlich ein Grund zur Freude: Schließlich ist der Ausbau von Straßen eine zweischneidige Sache, bringt er doch selbst den entlegensten Gebieten die z. T. ja durchaus zweifelhaften Segnungen des Fremdenverkehrs – und Sámos bezieht nun mal einen guten Teil seiner Reize aus der Tatsache, eben nicht so übererschlossen zu sein wie manch andere griechische Insel. Etwas unübersichtlich ist die Beschilderung der Straßen, zumal vor einigen Jahren gerade an Kreuzungen von Straßen mit Pisten Wanderschilder mit Richtungs- und Entfernungsangaben

aufgestellt wurden, die Straßenwegweisern zum Verwechseln ähnlich sehen: Lassen Sie sich nicht auf einen Feldweg locken, der nach einer Weile (vielleicht noch ohne Wendemöglichkeit) plötzlich unpassierbar wird!

Tankstellen In fast allen größeren Orten zu finden. Aufpassen heißt es jedoch im Südwesten: Dort liegt die letzte Spritstation kurz vor Votsalákia. Die meisten Tankstellen schließen abends um 19 Uhr, am Samstagnachmittag und am Sonntag ganztags. Füllen Sie also rechtzeitig Ihren Tank auf! Kreditkarten werden an Tankstellen kaum akzeptiert.

Straßenkarten Siehe Abschnitt „Wissenswertes von A bis Z", Stichwort „Landkarten".

Fahrweise: Vorsichtige und defensive Fahrweise vermeidet schlimme Folgen. Griechenland steht in der europäischen Verkehrsunfallstatistik leider an erster Stelle, die Zahl der durchschnittlich im Straßenverkehr Getöteten ist doppelt so hoch wie im Rest der Europäischen Union. Fahren Sie als Lenker eines der langsamen Mofas oder Mopeds aber nicht zu weit rechts, beispielsweise um überholenden Autos Platz zu lassen: Griechische Straßen fallen am Rand oft steil ab oder sind dort mit Schlaglöchern gespickt – Ursache für viele Unfälle. Bedenken Sie vor allem als Zweiradfahrer auch, dass die sommerliche Hitze den Teerbelag stark aufweichen kann; in Kurven besteht dann extreme Rutschgefahr. Gefährlicher noch ist aufkommender Regen nach einer langen Trockenperiode, wenn sich Wasser, Staub und Abrieb zu einer brisanten Mischung vermengen, die die Straßen glatt wie Eis werden lässt. Ein weiterer Risikofaktor sind die Kreisverkehre insbesondere um Sámos-Stadt, deren Vorfahrtsregelungen variieren und keinerlei Logik zu folgen scheinen – beachten Sie hier unbedingt genau die Beschilderung und gehen Sie gleichzeitig vorsichtshalber davon aus, dass die anderen es nicht tun. Generell gilt: Immer auf Sicht fahren, also so, dass man in jedem Fall noch rechtzeitig anhalten kann (parkendes Auto nach der Kurve, eine Ziegenherde auf der Straße etc.). Rechnen Sie zum einen mit entgegenkommenden, die Kurven schneidenden Fahrzeugen, zum andern aber auch mit anderen Verkehrsteilnehmern (Einheimischen und

Fahrspaß für Geübte: Enduros verlangen Erfahrung

Touristen), die es mit der 0,5-Promille-Grenze nicht so genau nehmen – selbst Fußgänger werden gelegentlich das Opfer alkoholisierter Fahrer. Vor sehr unübersichtlichen Kurven ist es üblich, zu hupen.

Mit dem Kraftfahrzeug unterwegs in Griechenland

Papiere: nationaler Führerschein, Fahrzeugschein. Sinnvoll ist auch der Auslandsschutzbrief und, bei Reisen mit dem eigenen Fahrzeug, eventuell eine kurzfristige Vollkaskoversicherung. Die Grüne Versicherungskarte wird empfohlen.

Höchstgeschwindigkeiten: Autobahnen 120 km/h (Motorräder 90 km/h), Schnellstraßen 110 km/h, außerhalb von Ortschaften 90 km/h (Motorräder über 100 ccm 70 km/h), innerorts 50 km/h. Es sind auch Radarpistolen im Einsatz!

Wichtige Verkehrsregeln: An gelb markierten Straßenrändern darf nicht geparkt werden. In einen Kreisverkehr einfahrende Fahrzeuge haben Vorfahrt. Benutzung von Handys ohne Freisprecheinrichtung ist verboten. Rauchverbot im Fahrzeug, falls Kinder unter 12 Jahre mitfahren. Kinder unter 3 Jahren müssen in einem Kindersitz transportiert werden, unter 12 Jahren bzw. 135 cm müssen sie mit einer passenden Rückhaltevorrichtung gesichert sein; erst ab 12 Jahren bzw. mehr als 135 cm ist der Sicherheitsgurt ausreichend. Promillegrenze 0,5; für Fahranfänger, die den Führerschein noch keine zwei Jahre haben, gilt 0,2! Darauf, dass „schon keiner kontrollieren wird", sollte man sich besser nicht verlassen, die Kontrollen wurden nochmals verschärft! Mittlerweile hat die Polizei auch auf Sámos effektive Messgeräte.

Geldbußen bei Verkehrsdelikten sind immens hoch. Wer unangeschnallt oder ohne Helm fährt, ist mit 350 € dabei. Bei Bezahlung auf der Gemeinde (Sámos-Stadt) innerhalb von zehn Tagen wird die Buße um 50 % gesenkt.

Mietfahrzeuge

Eine feine Sache, zumal Autos und Zweiräder auf Sámos nicht übermäßig teuer sind. Mountainbikes sind ideal für Tagestouren; um die bergige Insel ganz damit zu erkunden, braucht es schon sehr gute Kondition. Auch Mofas und Mopeds eignen sich eher für Ausflüge in die Umgebung. Angesichts der relativ großen Entfernungen sind Auto oder Geländemotorrad für die meisten Vorhaben die beste Wahl.

Zweiradvermietung: Prinzipiell ist das Moped oder Geländemotorrad das ideale Verkehrsmittel für die Insel: Flott und wendig, auch für Pisten geeignet, recht preiswert zu mieten und von geringem Benzinverbrauch. Auf der anderen Seite stehen der oft miserable Zustand vieler Maschinen und die Unerfahrenheit und Sorglosigkeit der Urlauber, die oft das erste Mal im Leben auf so einem Gerät sitzen.

Fahren Sie vorsichtig: Mangelnde Fahrpraxis, Alkoholkonsum (auch der der anderen Verkehrsteilnehmer!), aber auch teilweise schlechte Straßen führen alljährlich zu schweren Unfällen, manchmal sogar mit Todesfolge. Das Hospital in der Hauptstadt behandelt jährlich hunderte (!) von Touristen und Einheimischen, die einen Zweiradunfall hatten; mehrere Dutzend von ihnen müssen stationär aufgenommen werden. In fast jedem heimkehrenden Jet sitzen ein oder mehrere Opfer mit Gipsbein, gebrochenem Arm etc. Ein Reisebürounternehmer erzählt, er habe deswegen schon das Vermietgeschäft aufgegeben – seine Frau und er waren es leid, ständig die Kunden im Krankenhaus zu besuchen ... Denken Sie auch daran, dass Sie auf

der Insel kein Ambulanz- und Notarztsystem erwarten können, wie Sie es von der Heimat kennen!

Führerscheine: Ein kompliziertes Thema. Früher bekam man mit dem Autoführerschein so ziemlich jedes Zweirad ausgehändigt. Das ist zum Glück vorbei. Heute erhält man mit der allgemeinen Pkw-Lizenz zumeist nur mehr 50er-Maschinen, und selbst diese nicht immer problemlos. Zwar sind in vielen (insbesondere älteren) Autoführerscheinen auch höhere Zweiradkategorien bis hin zu 125ern eingeschlossen, doch muss man dies auch nachweisen können. Die jüngeren Führerscheine mit ihren exakten Angaben zu den erlaubten Kubikzentimeterzahlen sind deshalb vorteilhafter als die alten grauen „Lappen", in denen nur die jeweiligen Klassen eingetragen sind, Details über die zulässigen Hubräume bei Zweirädern aber fehlen.

Prüfen Sie den Zustand des Fahrzeugs: Vor der Anmietung sollte immer eine ausführliche Prüfung inklusive Probefahrt stehen. Checken Sie Reifenprofil, Luftdruck, Kettenspannung und -schmierung, Ölstand, Licht, vor allem aber die *Bremsen*! Weisen Sie auf Mängel hin; diese resultieren nicht immer aus Nachlässigkeit der Vermieter, sondern oft einfach aus der schnellen Abfolge der Kunden. Meist kann der Vermieter das Fahrzeug gleich anschließend nachbessern. Kontrollieren Sie auch die Tankfüllung und fragen Sie nach dem Fassungsvermögen, der benötigten Benzinsorte (Super oder Zweitaktgemisch) und dem Verbrauch, um rechtzeitig nachtanken zu können. Für den Fall einer *Panne* ist es nützlich, immer die Telefonnummer des Vermieters (oft am Fahrzeug angebracht) mit sich zu führen. Seriöse Vermieter holen den Kunden dann umgehend ab und stellen Ersatz; bei Reifenpannen ist allerdings oft ein Pauschalbetrag für Abholservice und Reparatur fällig. Fragen Sie Ihren Vermieter, wie er es bei einer Panne hält!

Fahrzeugtypen Roller (Scooter): Auch im Zweipersonenbetrieb recht komfortabel. Aufgrund der Führerscheinregelung zählen die meist „Scooter" genannten japanischen Automatic-Roller mit 50 ccm mittlerweile zu den gängigsten Miet-Zweirädern. Dabei sind Neulingen Scooter wegen ihres gewöhnungsbedürftigen Fahrverhaltens nicht ohne Einschränkung zu empfehlen: Die kleinen Räder rutschen in Kurven leicht weg und sind für unbefestigte Straßen wenig tauglich, die Fahrzeuge zudem recht seitenwindempfindlich. Mietpreis je nach Ort und Saison ab etwa 12–15 €/Tag für einen 50er und ab 20 €/Tag für einen 125er.

Motorräder: Straßenmaschinen werden kaum angeboten, stattdessen meist leichte Enduros (Geländemotorräder) zwischen 125 und 250 ccm, für die Sträßchen von Sámos völlig ausreichend und auf Pistenstrecken optimal – im freien Gelände haben Motorräder der Umwelt zuliebe nichts verloren. Für Neulinge sind Enduros zu „hochbeinig"; wer schon etwas Erfahrung hat und

seine Gashand zügeln kann, fährt mit ihnen jedoch sicherer als mit den kleinen Maschinen, da hier die Bremsen der Motorleistung entsprechen. Mietpreis je nach Ort und Saison ab etwa 20 € (125 ccm) pro Tag; für neuere und hubraumstärkere Modelle oft noch deutlich mehr.

Preise, Mietverträge, Kaution Motorisierte Zweiräder werden in allen größeren Ferienorten vermietet; oft sind auch Mountainbikes erhältlich. Auch innerhalb der einzelnen Ortschaften können die Preise zwischen den einzelnen Anbietern teilweise erheblich differieren, ein Vergleich lohnt sich fast immer. Handeln lässt sich am besten natürlich in der Nebensaison; bei einer Mietdauer von mehreren Tagen (die unten angegebenen Richtpreise beziehen sich auf Eintagesmiete) sollte man aber in jedem Fall schon mal nach einem „Discount" fragen. Nähere Informationen zu den Mietmodalitäten finden Sie im Anschluss an den Abschnitt „Mietwagen".

Schutzhelm   Helmpflicht besteht und wird auch verschärft kontrolliert; die Geldstrafen haben es in sich. Ohnehin gehört der Helm auch auf den Kopf des Mofafahrers, selbst wenn alle anderen ohne unterwegs wären – findet jedenfalls der Autor, der auch daheim ein Motorrad bewegt. Vielleicht hilft dieser Leserbrief mit Markus Boßhammer, Andersdenkende zu bekehren: „Zum Abschluss habe ich noch das Anliegen, stärker auf die Helmpflicht hinzuweisen ... Auf Sámos ist uns beim Transport vom Hotel zum Flughafen ein Motorradfahrer vor den Bus gefahren. Dieser Tourist hätte wahrscheinlich eine größere Überlebenschance gehabt, hätte er einen Helm getragen. Ich selber habe mir vorgenommen, nie wieder ohne zu fahren; und es wäre erstrebenswert, dass andere Leser Einsicht haben, ohne solch einen schrecklichen Anblick erlebt haben zu müssen." Die Verleiher haben Helme vorrätig; noch besser ist es natürlich, wenn man einen Helm von daheim mitbringen kann.

Schutzkleidung   Erstaunlich, welche Nachlässigkeit hier auch jene Leute an den Tag legen, die daheim immer über die leichtsinnigen Motorradfahrer wettern ... Badeschlappen, Shorts und T-Shirts jedenfalls verhelfen schon bei kleinsten Ausrutschern zu großflächigen, schwer heilenden Schürfwunden, sorgen bei längerer Fahrt übrigens auch für kapitale Sonnenbrände. Es muss ja nicht gleich eine Lederkombi sein: feste Schuhe, solide Jeans und Jeansjacken o. Ä. schützen bei niedrigeren Geschwindigkeiten auch schon ein wenig; Handschuhe sind ebenfalls sinnvoll. Laut einer Lesermeinung sollte man sich übrigens auch an heißen Sommertagen mit warmer Kleidung für den Fall wappnen, dass man in die Dunkelheit gerät: „Wir haben Mitte August (!) bei der Rückfahrt nach Sonnenuntergang so gefroren, dass wir fast in einem anderen Dorf übernachten mussten."

Mietwagen: Im Angebot sind meist Kleinwagen japanischer und südeuropäischer Herkunft, zu Preisen ab etwa 30 €/Tag weit aufwärts, je nach Typ, Saison und Mietdauer. Gelegentlich gibt es auch offene Kleinwagen in der Form eines „Halb-Cabrios" sowie Jeeps zu mieten. Wie bei der Anmietung eines Zweirads empfiehlt es sich auch beim Pkw dringend, das Fahrzeug genau durchzuchecken: Ölstand, Kühlwasser, Reifen (Ersatzrad? Luftdruck?), Beleuchtung, Unfallspuren (Unterboden!) etc.

Auto-Miete vor der Reise: Die Preise bei Buchung in Deutschland, Österreich oder der Schweiz liegen teilweise deutlich unter denen der Anbieter vor Ort. Wer also schon zuhause genau weiß, wann und wie lange er den Wagen benötigt, sollte bereits in der Heimat buchen, eventuell z. B. auch in Kombination mit dem Flug. Günstige Vermittler finden sich im Internet (z. B. www.billigermietwagen.de), in Reisebüros etc. Neben dem Preisvorteil hat man so auch in der Hochsaison die Gewähr, wirklich ein Auto zu bekommen. Außerdem offerieren die meisten Vermittler Vollkaskoversicherung ohne Selbstbeteiligung, sehr zu empfehlen, bei Anmietung auf Sámos jedoch meist nur gegen Aufpreis zu bekommen.

Vermieter vor Ort   Die international bekannten Agenturen sind meist etwas teurer als lokale Vermieter, garantieren dafür jedoch Seriosität. Allerdings arbeitet auch die große Mehrzahl lokaler Anbieter durchaus reell.

Mietverträge   (Rental contract): Meist in Deutsch und Englisch und oft so abgefasst, dass der Mieter für sehr vieles haftbar gemacht werden kann. Fast immer muss man bestätigen, dass das Fahrzeug bei Übernahme vollständig in Ordnung war und sich gleichzeitig verpflichten, es im selben Zustand zurückzubringen. Bei Schä-

den, für die der Mieter nicht verantwortlich ist, wird entweder Ersatz gestellt oder das Fahrzeug umgehend repariert. Für Schäden, die vom Fahrer verursacht wurden, haftet dieser jedoch voll! Was vom Fahrer zu verantworten ist oder nicht, kann leicht zur Streitfrage werden; auch deshalb ist eine genaue Fahrzeuginspektion bei der Übernahme ratsam. Gelegentlich findet man sogar Verträge, die den Mieter verpflichten, für alle während der Mietzeit entstandenen Schäden aufzukommen – dann besser auf den Vertrag verzichten. Ebenfalls vorab zu klären sind Tankregelungen

sowie die Preise für einen eventuellen Zweitfahrer, bei Bedarf auch die Bereitstellung von Kindersitzen.

Mindestalter Bei Pkw in der Regel ab 21 Jahre, Motorräder ab 18 Jahre, Mofas etc. ab 16 Jahre.

Kaution Bei Pkw meist Pflicht, bei Zweirädern tut es oft auch der Pass; Kreditkartenzahler sind in beiden Fällen befreit.

Steuer/Versicherung Aufpassen, dass vom Vermieter Endpreise genannt werden und nicht etwa hinterher noch Umsatzsteuer etc. fällig wird! Achtung, bei Fährüberfahrten und Betrieb auf anderen Inseln erlischt der Versicherungsschutz meist völlig.

Haftpflichtversicherung („third party insurance") ist im Preis grundsätzlich enthalten, wobei die Haftungssummen geringer sind als bei uns daheim. Was darüber hinausgeht, müsste der Fahrer im Fall des Falles aus eigener Tasche begleichen. Eine zusätzliche Haftpflichtversicherung kann man schon zu Hause bei verschiedenen Unternehmen abschließen.

Vollkasko („full collision damage waiver") mit und ohne Selbstbeteiligung ist für Motorräder gelegentlich, für Autos (dort oft schon im Preis enthalten – darauf achten) immer möglich und auch empfehlenswert: Bei einem Unfall kann es sonst sogar vorkommen, dass der Mieter von der Polizei über die vorgesehene Heimreise hinaus auf Sámos festgehalten wird, bis der Schaden beglichen ist … Bedingung bei Vollkasko ist jedoch, dass man keinen Verstoß gegen die griechische Straßenverkehrsordnung begeht – falls man also z. B. die vorgeschriebene Höchstgeschwindigkeit überschritten hat und dies aktenkundig wurde, ist der Schutz meist dahin. Vom Versicherungsschutz ausgenommen sind bei Pkw oft noch Fahrgestell, Unterboden und Reifen! Prüfen Sie diese Teile also vorher sorgfältig. Nicht versichert sind meist auch solche Schäden, die auf Pisten entstanden sind.

Mit dem Fahrrad auf Sámos

Mountainbikes gibt es ab etwa 8 € pro Tag in den meisten Ferienorten zu mieten, manchmal allerdings in beklagenswertem Zustand. Sie verfügen fast nie über eine Lichtanlage. Wer auch nachts unterwegs sein will, sollte sich deshalb aufsteckbare Batterieleuchten von daheim mitnehmen.

Generell eignet sich die Insel aufgrund des bergigen Profils vor allem für geübte Biker – und die werden ihr Rad wohl lieber selber mitnehmen. Am günstigsten sind Mountainbikes, für die es auf den vielen kleinen Pisten und Wegen zahlreiche Einsatzmöglichkeiten gibt. Ein schönes, abwechslungsreiches Revier ist der relativ flache Osten um die Hauptstadt, das Hinterland der Nordküste wegen der sehr steilen Anstiege hingegen weniger empfehlenswert. Übrigens sind einige der in diesem Führer beschriebenen Wandertouren (1–4) für geübte Fahrer auch mit dem Bike zurückzulegen, sofern man bereit ist, das Rad über kurze Distanzen auch mal zu tragen. Auf Querfeldeinfahrten sollte man jedoch – wie überall – aus Naturschutzgründen verzichten.

Ausflüge

Für organisierte Ausflüge besteht bereits ein recht breites Angebot, insbesondere bei Bustouren ab Sámos-Stadt und Pythagório. Recht unterhaltsam sind die Bootsausflüge, die ab einer Reihe von Ferienorten stattfinden, meist zu einsamen Stränden oder dem kleinen Inselchen Samiopoula führen und Aufenthalte für Badepausen und Mittagessen einschließen. Weitere pauschale Ausflüge, die sich mit mehr oder weniger Mühe auch auf eigene Faust organisieren ließen, gibt es ins türkische Ephesus oder zur reizvollen Insel Pátmos. Details hierzu sowie weitere Anregungen finden Sie im Anhang im Kapitel „Abstecher rund um Sámos".

Übernachten

Verglichen mit anderen Mittelmeerländern liegt das Preisniveau in Griechenland immer noch eher niedrig. Üppigen Komfort sollte man allerdings nicht erwarten.

Selbst viele bessere Hotels verzichten auf schmuckvolle Details, und in den einfacheren Unterkünften besteht die Einrichtung ohnehin fast grundsätzlich nur aus Bett, Tisch, Stuhl und vielleicht einem Schrank. Die fast immer weiß gekalkten Wände und das gern verwendete helle Kiefernholz lassen die Zimmer dennoch freundlich wirken. Auch die Herzlichkeit vieler Wirtsleute macht kleinere Komfortmängel schnell wett. Mangelnde Sauberkeit ist nur in ganz seltenen Fällen ein Problem – auf die Mitnahme von „Rattengift und Mausefalle", wie noch Anfang der 90er-Jahre in einem Reiseführer empfohlen, kann man getrost verzichten.

Glückliche Nebensaison: Wer auf eigene Faust reist, die lange Sucherei nach Zimmern umgehen und zusätzlich noch Geld sparen möchte, sollte nach Möglichkeit unbedingt in der Nebensaison fahren, also außerhalb der Monate Juli und August – je weiter man sich von dieser Kernzeit entfernt, desto niedriger die Preise und desto größer die Freude des Hoteliers über jeden Gast. Auch Tavernen, Strände und Museen zeigen sich abseits des sommerlichen Hochbetriebs von der angenehmeren Seite. Aber: Vor Anfang April und ab Mitte/Ende Oktober sind fast alle Hotels und viele Restaurants geschlossen!

Hotels und Pensionen

Griechische Hotels und Pensionen werden von der Griechischen Zentrale für Fremdenverkehr nach ihrer Ausstattung in Kategorien eingeteilt. Nicht immer ist diese Klassifizierung jedoch aussagefähig.

Oft genügt nämlich schon ein Radio auf dem Zimmer oder ein Quadratmeter Fläche mehr, um in die nächsthöhere Klasse aufzusteigen. Die Freundlichkeit der Wirtsleute, die ruhige Lage oder schöne Aussicht spielen bei der Bewertung keine Rolle. Einen gewissen Standard kann man aus der jeweiligen Kategorie dennoch ableiten.

Hotels: Eingeteilt sind Hotels in Kategorien von einem bis zu fünf Sternen; diese Klassifizierung ersetzt die frühere Einteilung nach Buchstaben. Gekoppelt sind die Kategorien an entsprechende Höchst- und Tiefstpreise, wobei Letztere zur Nebensaison inoffiziell häufig unterboten werden: Handeln kann sich dann auch in guten Häusern lohnen, und oft genug macht der Hotelier sogar von sich aus einen wesentlich günstigeren Tarif als in der offiziellen Preisliste angegeben. In den gehobenen Kategorien scheint man kaum mit Individualreisenden zu rechnen: Die offiziellen Preise sind hier manchmal übertrieben hoch angesetzt, auch wenn die Zimmer, selbst ohne besondere Nachfrage, in Wahrheit wesentlich günstiger abgegeben werden. In Hotels höherer Klassen wird oft auch erwartet, dass der Gast Halbpension (HP) nimmt.

***** = **Obere Luxusklasse**: Auf Sámos bislang nur zweimal vertreten – das Hotel Proteas Blu bei Pythagório verlangt für seine komfortablen DZ ab etwa 140–220 €, das ebenfalls bei Pythagório gelegene Hotel Doryssa Seaside Resort 120–210 €, Frühstück jeweils inbegriffen.

**** = **Luxus-Hotels**: Die ehemalige „A"-Klasse. Nur wenige Häuser auf Sámos. Komfortable Ausstattung für hohe Ansprüche, oft in ansprechender Architektur errichtet, Swimming-Pool etc. Die Preise beginnen mit wenigen Ausnahmen je nach Saison ab etwa 100 € pro DZ, liegen teilweise aber deutlich höher.

*** = **Gehobene Mittelklasse-Hotels**: Früher als „B" klassifiziert. Ebenfalls gehobene Häuser; Pool fast obligatorisch. Voll- oder Halbpension ist möglich, seltener Pflicht. Durchschnittspreise für das DZ etwa 60–90 €; manche Häuser liegen niedriger, wenige höher.

** = **Mittelklasse**: Die ehemalige „C"-Klasse. Das Gros der Hotels auf Sámos liegt in dieser Kategorie; entsprechend unterschiedlich können Preis, Ausstattung und Service sein. Die Mehrzahl fällt jedoch unter den Begriff „gute Mittelklasse" und kostet je nach Saison und Ort ab etwa 50–60 € mit einzelnen Ausreißern nach oben und unten. Voll- oder Halbpension ist nicht überall möglich und selten obligatorisch.

* = **Unterste Kategorie**: Häuser der ehemaligen Kategorien „D" und „E"; auf Sámos eher selten. Einfachere Hotels mit oft eher karger Ausstattung. In guten Fällen aber durchaus erfreuliche Unterkünfte; freundliche Wirtsleute und angenehme Stimmung. DZ nach Saison ab etwa 25–30 €, in neueren Häusern in Ferienorten aber auch schon mal deutlich mehr.

In den Ortskapiteln finden Sie ausführliche Beschreibungen zahlreicher Unterkünfte mit Lage, Kategorie und Ausstattung. Die genannten Preise gelten für individuelle Buchung und jeweils für zwei Personen im Doppelzimmer (DZ). Bei zwei Preisangaben bezieht sich der niedrigere Preis auf die Nebensaison (NS), der höhere auf die Hochsaison (HS). Generell können die Angaben nur als Anhaltspunkt dienen, da die Tarife natürlich Veränderungen ausgesetzt sind. Zuletzt waren die Preise („wegen Krise") eher niedriger als noch vor einigen Jahren – ob dies so bleibt, steht in den Sternen. Eine gute Hilfe bei der Buchung können Buchungsportale wie www.booking.com sein, die teilweise günstigere Preise offerieren, als die Betriebe selbst für Individualreisende anbieten.

Pensionen, Privatzimmer und Apartments

Pensionen und Privatzimmer (Domátia): Als offizielle Kategorie existiert der Begriff der Pension in Griechenland überhaupt nicht. Da jedoch sehr viele Betreiber von Privatquartieren ihre Herberge so benennen (wenn sie sie nicht gar als „Hotel"

bezeichnen), übernehmen wir den Begriff in diesem Führer auch. Pensionen bzw. Privatzimmer sind in vielen Küstenorten zu finden und stellen durchaus eine Alternative zu den Hotels dar – der Zimmerstandard ist in aller Regel einfach, aber ausreichend, die Sauberkeit kein Problem. Die Griechische Zentrale für Fremdenverkehr stuft Privatzimmer je nach Komfort in Kategorien von einem bis zu drei Schlüsseln ein. Doch sind nicht alle Vermieter offiziell registriert, manches läuft auch unter der Hand. Betriebe, die beim Fremdenverkehrsamt gemeldet sind, erkennt man an einem entsprechenden Schild am Eingang und einer Tafel mit dem Preis im Zimmer; in der Regel sind jedoch auch die nur halblegal arbeitenden Vermieter seriöse Leute. Manchmal (obwohl diese Vorgehensweise mittlerweile verboten ist) kommen die Vermieter zum Fährhafen oder zur Bushaltestelle, um potenzielle Kunden gleich bei der Ankunft abzupassen. Ob man auf solche Angebote eingehen sollte, ist eine Frage für sich: Auf der einen Seite hat mancher vielleicht Probleme, dann noch abzulehnen, falls das Zimmer nicht gefällt; andererseits ist man so immerhin sicher, ein Dach über dem Kopf zu haben, was zur Hochsaison schon für eine gewisse Beruhigung sorgen kann; im schlimmsten Fall kann man ja am nächsten Tag noch einmal auf die Suche gehen und erneut nach *Rooms*, *Rooms to rent*, *Rooms to let* oder *Domátia* (griech.: Zimmer) Ausschau halten.

Preise Je nach Saison, Ort, Standard und Aufenthaltsdauer ab etwa 25 € bis 50 €; das Gros der Privatzimmer bewegt sich jedoch im Bereich zwischen 30 und 40 € pro DZ. Die Preise werden nicht mehr vom Staat festgelegt. Stattdessen gibt der Vermieter den Behörden einen selbstgewählten Preis an, den er dann einhalten muss; dieser ist auf der Karte im Zimmer abzulesen. Zur NS gewähren fast alle Vermieter aber trotzdem Nachlässe, vor allem bei längerem Aufenthalt. Manchmal steht ein Kühlschrank oder gar eine Miniküche im Zimmer, für die, ebenso wie für eine Klimaanlage, dann gelegentlich Zuschlag zu zahlen ist; dieser ist ebenfalls auf der Karte vermerkt.

Apartments/Studios (*Diamérismata*): In vielen Küstenorten zu finden, oft auch gerade dort, wo nur wenige Hotels stehen. In der kleineren Studio-Version sind sie eine Art Privatzimmer mit Bad, Küche und Balkon/Terrasse; es gibt aber auch richtig große Ferienwohnungen für Familien. Fast immer sind sie ausreichend komfortabel; die Küche enthält einen Elektroherd, Kühlschrank, Töpfe und Geschirr – man kann sich also auch spontan zur Miete entscheiden, sollte aber vor allem in der Nebensaison auf Einkaufsmöglichkeiten in der Umgebung achten. Die kleineren Studios kosten zumindest dann kaum mehr als Privatzimmer; nach oben sind zur Hochsaison dagegen kaum Grenzen gesetzt. Vor Ort kann man Studios und Apartments über viele Reisebüros oder von privat mieten. Wer schon daheim vorbuchen möchte, findet Ferienwohnungen bei vielen Reiseveranstaltern und in den Anzeigen der großen Tageszeitungen – in jedem Fall sollte man sich vor Vertragsabschluss über die genaue Lage vergewissern, um nicht wider Willen in der Wildnis zu landen.

Jugendherbergen/Camping

Ein kurzes Kapitel: Auf Sámos existiert derzeit weder eine Jugendherberge noch ein offizieller Campingplatz. Wildes Camping ist in ganz Griechenland verboten und wird auf Sámos auch tatsächlich kaum toleriert. Verständlich wird das Verbot angesichts der Abfallmengen, die rücksichtslose Camper an den Stränden anderer Inseln hinterlassen haben. Nicht zuletzt will man so natürlich auch dafür sorgen, dass die Betten der Hoteliers und Privatvermieter nicht leer bleiben.

Typischer Anblick: Oktopusse zum Trocknen aufgehängt

Essen und Trinken

Vorspeisen in reicher Auswahl, Hauptgerichte auf kleinen Tellern, von denen man gemeinsam nascht – Essen auf griechische Art macht viel Spaß. Das reizvolle Ambiente vieler Tavernen und die unverdorbene Freundlichkeit, die griechische Wirte oft an den Tag legen, lassen das Fehlen kulinarischer Glanzleistungen verschmerzen.

Und: Die Preise, obwohl seit Einführung des Euro deutlich gestiegen, sind immer noch günstiger als in vielen anderen Mittelmeerländern. Eine komplette Mahlzeit für zwei Personen inklusive Getränken muss nämlich nicht viel mehr als 25–30 € kosten. Da lässt es sich dann schon verschmerzen, dass die Zubereitung meist nicht sonderlich phantasievoll ist. Dafür stimmen die Qualität der Zutaten und die Stimmung: Holztische auf der Platía unter Platanen oder direkt am Strand, ein laues Lüftchen weht, das Meer rauscht und die Welt ist in Ordnung ...

Besonderheiten der griechischen Küche

Die Temperatur der Speisen: Viele griechische Hauptmahlzeiten kommen aus dem Ofen oder aus großen Töpfen, werden bereits am Vormittag zubereitet und für den Rest des Tages warm gehalten. Zumindest außerhalb der Tourismuszentren sind sie deshalb nicht so heiß, wie wir das gewohnt sind; Griechen halten heißes Essen für ungesund, wie sie auch glauben, dass es diesem an Eigengeschmack fehlt. Wer auf heimische Gewohnheiten nicht verzichten will, kann jedoch zu Gerichten vom Grill und aus der Kasserolle greifen, die in mitteleuropäischer Temperatur serviert werden.

Der Gebrauch von Olivenöl und Knoblauch: Dem einen eine Delikatesse, finden andere die reichliche Verwendung von Olivenöl und Knoblauch zumindest gewöh-

nungsbedürftig. Sie mögen sich damit trösten, dass Olivenöl weit gesünder ist als jedes tierische Bratfett und dass auch dem Knoblauch gesundheitsfördernde Eigenschaften nachgesagt werden: In allen Mittelmeerländern, in denen diese beiden Zutaten eine Hauptrolle spielen, liegt die Rate der Kreislauferkrankungen weit niedriger als in Mitteleuropa.

Die Lokale Estiatórion („feines" Restaurant) und Tavérna („einfache" Taverne) unterscheiden sich heute kaum noch. Etwas seltener findet man die Psárotavérna (Fischlokal) und die Psistária (Grillstube).

Das **Kafeníon**, das Kaffeehaus, gibt es in jedem winzigen Dorf. Es ist eine Domäne der Männer, Stammlokal, Infobörse und Spielsalon für Tavli (Backgammon) zugleich; Frauen werden nur als Touristinnen akzeptiert. Im Kafeníon gibt es alle Arten von Getränken, oft auch einfache Speisen wie Salate oder Omelett.

Die **Ouzerí** ist ein Mittelding zwischen Kafeníon und Taverne, spezialisiert auf kleine Happen (Mezédes), die zum Oúzo, Wein oder Bier gereicht oder separat bestellt werden.

Essenszeiten   Liegen gut eine Stunde später als bei uns; Griechen setzen sich abends oft erst gegen 22 Uhr zu Tisch, und auch um Mitternacht kann man häufig noch bestellen. In den Ferienorten ist man jedoch auf den mitteleuropäischen Magenfahrplan eingestellt.

Speisekarten   Meist in Griechisch und Englisch – je nobler und vielsprachiger die Karte, desto mehr ist man auf Touristen eingestellt. Oft sind zwei Preise angegeben; der höhere bezieht die Steuern ein und ist maßgeblich. Falls bei einem Gericht kein Preis steht, gibt es dieses in der Regel auch nicht. Nur in wenigen Tavernen ist es noch üblich, so wie früher in der Küche in die Töpfe zu schauen; oft sind Gerichte und Rohprodukte in Vitrinen ausgestellt.

Bestellen   Zuerst wird der Tisch gedeckt und ein Korb mit Servietten, Brot und Besteck gebracht. In aller Regel stellt man sich sein Essen selbst zusammen; Menüs sind kaum üblich. Von jedem bestellten Gericht kommt ein ganzer Teller, also auch von den Beilagen, die normalerweise extra geordert werden müssen; allenfalls zu Fleischgerichten erhält man Pommes Frites oder Nudeln ohne besondere Bestellung. Gewöhnungsbedürftig am Anfang, dass immer alle Gerichte gleich einmal aufgetragen werden; wer auf die übliche Abfolge Wert legt, sollte dies entweder klar sagen oder erst nach und nach bestellen. Ein Tipp: Wenn Sie zu mehreren sind, bestellen Sie erst einmal eine Runde verschiedener Vorspeisen – niemand wird scheel schauen, wenn Sie alle zusammen kreuz und quer von den vielen Tellerchen probieren.

Bezahlen   („To logariasmo parakaló" = Die Rechnung bitte): Bezahlt wird in Griechenland in einem Schwung für die ganze, fast heilige Tischgemeinschaft (Paréa); man kann später ja untereinander abrechnen. Separates Zahlen eines jeden einzelnen ist, zumindest außerhalb der Touristenzentren, absolut unüblich.

Trinkgeld   Beim Bezahlen lässt man sich zunächst herausgeben und dann, je nach Zufriedenheit, etwa fünf bis zehn Prozent des Rechnungsbetrags auf dem Tisch liegen. Nicht vergessen sollten Sie, den Jungen zu bedenken, der die Tische deckt und abräumt, Wasser bringt usw. – das Trinkgeld ist meist seine einzige Einnahmequelle.

Frühstück: In Griechenland ist man da mit wenig zufrieden. Entsprechend langweilig gestaltet sich auch oft das gebuchte Hotelfrühstück: Zwei Brötchen, Butter, Marmelade, vielleicht eine Scheibe Käse – das war's. Da geht man besser ins nächste Kafeníon, obligatorisch ist das Hotelfrühstück nämlich selten. In Häusern der oberen Kategorie findet man mittlerweile jedoch auch Frühstücksbuffets. In den größeren Touristenorten haben sich die Kafenía und Tavernen darauf eingestellt, den morgenhungrigen Mitteleuropäern Nachschlag zu liefern, entweder pauschal als „Breakfast" angeboten oder einzeln bestellt: Ein Ei (*Avgó*), Omelett, Yoghurt (*Yaúrti*, köstlich mit Honig, *Méli*), Milch (*Gála*), Kakao (*Gála Sokoláta*) oder eine der Kaffeespezialitäten, siehe hierzu im Abschnitt „Getränke"; Brot (*Psomí*) gehört ohnehin zu jeder griechischen Mahlzeit dazu.

Vorspeisen: Die eigentliche Domäne der griechischen Küche, die bei Vorspeisen oft Erstaunliches leistet. In der darauf spezialisierten Ouzerí gibt es zu Oúzo oder Bier die *Mezédes* (Appetithäppchen) in vielen Varianten: Gurken- und Tomatenstückchen, Hackfleischbällchen, Oliven, frittierte kleine Fischchen, Tintenfischstücke und vieles mehr. Ein gemischter Teller wird *Pikília* genannt. Vorspeisen (in der Speisekarte oft unter „Salate" zu finden) serviert aber auch jede Taverne – die Auswahl ist groß und alles schmeckt viel besser, als es manchmal klingt:

Arsinósalata: Salat aus Seeigeln (selten).

Chtapódisaláta: Oktopussalat.

Dolmadákia: gerollte und mit Reis und Gewürzen gefüllte Weinblätter.

Eliés: eingelegte und damit erst essbar gemachte Oliven.

Gígantes: dicke weiße Bohnen in einer scharfen Soße aus Gemüse und Tomaten.

Koliós: ein eingelegter, sardellenähnlicher Fisch, ziemlich salzig.

Kolokithákia tiganitá: frittierte Zucchini.

Melitsánasaláta: Auberginenpüree.

Saganáki: gebratener Käse, manchmal auch mit Shrimps serviert.

Skordaliá: das berühmte und berüchtigte Knoblauchpüree.

Taramosaláta: rosafarbenes Püree aus Fischrogen.

Tirosaláta: pikant angemachter Schafskäse.

Tsatsíki: fettreicher Joghurt mit Knoblauch und Gurken.

Fleischgerichte: Rind- und Schweinefleisch sind eigentlich wenig inseltypisch, aber fast überall zu bekommen. Traditioneller ist jedoch die Verwendung von Fleisch vom Lamm (*Arnáki*) und Hammel *(Arní)*, von der Ziege (*Katsikáki*) und vom Huhn (*Kotópoulo*). Aus dem Stall und zur Jagdsaison gibt es manchmal auch Kaninchen (*Kounéli*).

Biftéki: Eine Art Frikadelle, allerdings anders gewürzt; manchmal auch gefüllt angeboten.

Gíros: Schweinefleisch vom Riesenspieß, hauchdünn geschnitten und auf dem Teller oder zwischen Fladenbrot (pítta) serviert.

Giouvétsi: Kleine Nudeln mit Kalb- oder Lammfleisch im Topf gegart.

Keftédes: Kleinere, kräftig gewürzte Bällchen aus Hackfleisch.

Kokorétsi: Innereien in Darm gewickelt und am Spieß gebraten.

Makarónia kimá: Spaghetti mit Hackfleischsoße; leider ist es selten, dass die Nudeln frisch gekocht werden.

Souvláki: Das griechische Nationalgericht

– der Fleischspieß, mit Kräutern gewürzt, wird auf dem Holzkohlengrill zubereitet.

Moussaká: Auflauf aus Auberginen, Hackfleisch und Kartoffeln.

Pastítsio: Auflauf aus Nudeln, Hackfleisch und Tomatensoße, überbacken mit Käse.

Stifádo: Zartes Rindfleisch, das zusammen mit Zwiebeln und Zimt lange gekocht wird; gelegentlich auch mit Lamm oder Kaninchen zu haben.

Sutzukákia: Hackfleischröllchen, die meist mit einer Tomatensoße serviert werden.

Tomátes jemistés: Mit Reis und Hackfleisch gefüllte Tomaten, gelegentlich auch als Paprikavariante (Piperjés jemistés) oder mit Auberginen; manchmal gibt es alle Sorten auch fleischfrei.

Fischgerichte und Meeresfrüchte: Teurer als Fleisch, da die Ägäis ziemlich leer gefischt ist. Viele Edelfische werden schon aus fernen Ländern importiert. Am besten ist das Angebot noch im Zeitraum von Oktober bis Mai, wenn die ertragreiche Schleppnetzfischerei gestattet ist – im Sommer ist sie verboten. Zum Ausgleich der geringen Fangmengen wird in letzter Zeit verstärkt Fisch aus Fischfarmen angeboten, in der Kühltheke kenntlich daran, dass alle Tiere dieselbe Größe haben. Griechen halten nicht viel von diesem Zuchtgetier: Sie monieren nicht ganz zu Unrecht, dass die Fütterung mit industriell produziertem Futter für einen faden Geschmack sorge. Tiefkühlkost muss auf der Karte als solche gekennzeichnet sein.

Traumhaft gelegen: „Taverna at the End of the World" bei Limniónas

Fast immer wird Fisch (*Psári*) nach Gewicht verkauft, die Speisekarte nennt dementsprechend auch Kilopreise: 200 bis höchstens 300 Gramm sollte man rechnen und sich den Fisch vor der Zubereitung zeigen lassen, um keinen Meeresriesen essen und vor allem bezahlen zu müssen. Einige häufigere Fischsorten, auch Tintenfische etc. werden jedoch nach Portionen verkauft – man merkt es unschwer am Preis.

Barboúnia: Rotbarben („red mullet"), ein geschätzter Edelfisch.

Chtapódi (auch Oktapódi): Der Oktopus wird nach dem Fang lange und kräftig gegen den Hafenkai oder eine Mauer geschlagen, damit das Fleisch weich wird, dann auf Leinen zum Trocknen aufgehängt. Er wird gegrillt oder in Marinade eingelegt.

Kalamarákia: Der kleinere Vetter Tintenfisch, in der Regel gegrillt oder paniert und frittiert serviert; nicht teuer.

Marídes: Kleinfische, in der Regel frittiert u. als Vorspeise gegessen, sehr preiswert.

Xifías: Schwertfisch, in große Scheiben geschnitten und gebraten oder gegrillt; ein durchaus bezahlbarer Leckerbissen.

Weitere Fische/Meeresfrüchte: Astakós (Hummer), Fángria (Zahnbrasse), Gardía (Languste), Gárides (Garnelen), Glóssa (Seezunge), Sárgos (Meerbrasse), Tónnos oder Palámida (Thunfisch).

Beilagen, Gemüse und Salate: Sind, wie erwähnt, fast immer extra zu bestellen und können oft das Hauptgericht ersetzen. Die Auswahl ist nicht schlecht; Vegetarier werden dennoch schon nach wenigen Tagen das Angebot recht gut kennen.

Bámies (Okra): ein fingerlanges, grünes Gemüse, dessen Zubereitung recht aufwändig ist.

Briám: Schmorgericht aus verschiedenen Gemüsen und Kartoffeln.

Choriátiki: der griechische Bauernsalat aus Tomaten, Gurken, Zwiebelringen, grünem

Salat und Oliven, garniert mit dem würzigen Schafskäse **Féta** – Vorspeise, Beilage oder sommerliches Hauptgericht.

Chórta: je nach Jahreszeit unterschiedliche, grüne Wildgemüse, mit Öl und Knoblauch gekocht und mit Zitronensaft beträufelt.

Fassólia: gekochte grüne Bohnen.

Fassoláda: Suppe aus weißen Bohnen.

Fáva: kleine gelbe Bohnen, meist zusammen mit verschiedenen Würzgemüsen gekocht.

Melitzánes: Auberginen, sehr beliebt und meist in Öl angebraten, bis sie weich sind.

Piperiés florines: eingelegte rote Paprika.

Pseftikeftédes: Ein Oberbegriff für „falsche" Keftédes, Fleischbällchen ohne Fleisch, aus Bohnen, Kichererbsenmehl

(Revithokeftédes) etc. Absolut lecker, leider nur selten im Angebot.

Angoúria: Gurken; **Angourosaláta**: Gurkensalat; **Angourotomáta salata**: Gurken-Tomaten-Salat, **Arakádes**: Erbsen; **Gigantes**: große weiße Bohnen; **Karóta**: Karotten; **Kolokithákia**: Zucchini; **Lachanosaláta**: Krautsalat; **Pantsária**: Rote Bete; **Patátes**: Kartoffeln (meist Pommes frites); **Piláfi**: Reis; **Piperjá**: Paprika; **Spanáki**: Spinat; **Tomátes**: Tomaten; **Tomatasaláta** – Tomatensalat, oft auch mit Gurken, Zwiebeln und Oliven serviert.

Nachspeisen/Süßes (*Glíka*): Selten im Restaurant zu haben, wie übrigens ebensowenig der Kaffee nach dem Essen. Für Süßspeisen ist das *Zacharoplastíon*, die Konditorei zuständig – dort ist die Auswahl immens, macht sich das türkische Erbe bemerkbar.

Bakláva: Eine süße Blätterteigroulade mit Honig und Nüssen gefüllt.

Lukumádes: In Öl frittierte Teigkugeln mit Honig übergossen – köstlich.

Bugátsa: Blätterteig mit Quarkfüllung, ebenfalls ein leckerer Klassiker.

Risógalo: Süßer Milchreis, allerdings nur selten angeboten.

Yaúrti: Joghurt, besonders gut mit dem feinen Honig (Meli) der Insel.

Halvá: Ein knusprig-süßes Gebäck mit Honig und Sesamkörnern.

Käse (*Tirí*): Hauptsächlich Schafs- und Ziegenkäse in breiter Auswahl; der bekannte *Féta*, der fettere *Manoúri*, der gesalzene Hartkäse *Kefalotíri* und viele andere Sorten mehr. Auf den Verzehr von Rohmilchkäse (dessen Verkauf aber ohnehin verboten ist) sollte man wegen der Gefahr einer Ansteckung mit Brucellose (Mittelmeerfieber) verzichten.

Obst (*Froúta*): Ebenfalls üppige Auswahl, allerdings eher im Laden als im Restaurant – *Achládi* (Birne), *Banánes* (Bananen), *Karpoúsi* (Wassermelone), *Kerássia* (Kirschen), *Mílo* (Apfel), *Pepóni* (Honigmelone), *Portokáli* (Orange), *Síko* (Feige), *Stafília* (Trauben) und, und, und.

Wein auf Sámos: (k)ein süßes Tröpfchen

Und Samoswein soll wieder unsere Becher füllen (Lord Byron)

Der Legende zufolge war es der Argonaut Ankaios, mythenumwobener erster König der Insel, der auf Sámos den ersten Weinstock pflanzte. Eine andere Version sieht gar den Weingott Dionysos als Spender, der so seine Dankbarkeit für samiotische Hilfe im Kampf gegen die Amazonen bekräftigte.

Fest steht jedenfalls, dass die edle Rebe auf Sámos bereits in der Antike kultiviert wurde. Auch heute prägen Terrassenhänge voller Weingärten das Bild besonders der nördlichen Küste. Dabei reichen die Anbauflächen weit hinauf: Wein wird auf Sámos bis in die ungewöhnliche Höhe von 800 Metern angebaut. Für Rot- und Roséweine werden auf Sámos hauptsächlich die Traubensorten *Fokianos* (süß bis trocken) und *Ritinos* (trocken) verwendet. Wirtschaftlich spielen beide allerdings kaum eine Rolle, ebenso wenig der einheimische Retsina. Wichtigste Sorte ist

nämlich immer noch die berühmte weiße *Moscháto*-Traube, die den Großteil der Fläche der samiotischen Weingärten bedeckt. In der Vergangenheit waren die samiotischen Muskatweine wohlbekannt für ihre schwere Süße; auf der Insel selbst sowie als Messwein und Bestandteil beruhigender und schlaffördernder Arzneiprodukte ist der süße Sámos immer noch ausgesprochen beliebt. Zunehmend werden aus der Muskattraube jedoch auch trockene Weine hergestellt.

Die Deutschen – zu sparsam für samiotischen Wein?

Seit 1934 sind die samiotischen Winzer in Genossenschaften zusammengeschlossen, die alle dem Dachverband der E.O.S.S. (www.samoswine.gr) angehören, der Union der Winzergenossenschaften von Sámos. In Karlóvassi und in Malagári bei Sámos-Stadt betreibt die E.O.S.S. zwei große Kellereien, deren jährlicher Ausstoß bei knapp 80.000 Hektoliter liegt. Wohl aufgrund der Abwanderung von Arbeitskräften in die Fremdenverkehrswirtschaft liegt die hergestellte Menge damit um einiges niedriger als früher, doch kann sich der Ertrag angesichts der relativ geringen Anbaufläche von etwa 20.000 Strémmata (griech.: Morgen), die 2000 Hektar entsprechen, immer noch sehen lassen. Etwa ein Fünftel der Produktion bleibt im Land, der Großteil jedoch geht in den Export, vor allem nach Frankreich, das 60 Prozent der Ausfuhren abnimmt, gefolgt von Belgien und Österreich. Alle diese Länder zahlen höhere Preise als Deutschland, das in der Rangfolge der ausländischen Abnehmer weit zurückgefallen ist. Die Samioten können es sich nämlich leisten, bei ihren Kunden wählerisch zu sein: Die internationale Nachfrage nach Sámos-Wein ist mittlerweile höher als das Angebot.

Sámos Nectar ist der edelste Tropfen von Sámos, ein schwerer, cognakfarbener Wein von natürlicher Süße und 14 % Alkohol. Er stammt von ausgesuchten, überreifen Trauben, die nach der Lese einige Tage an der Sonne getrocknet wurden.

Sámos Grand Cru ähnelt in Herstellung und Aroma dem „Sámos Nectar".

Sámos Doux wird aus besonders süßen Muskattrauben gekeltert; ein echter Likörwein, der durch Zusatz von Weingeist auf Alkoholgrade von 15 % und mehr gebracht wird.

Sámos Vin Doux Naturel ist dagegen nicht gar so kräftig, ein natürlicher Süßwein eben.

Samena und **Samena Gold** stammen ebenfalls aus der weißen Muskattraube, sind jedoch trocken ausgebaute Weine mit Alkoholgraden um die 12 %. Beide eignen sich bestens als Begleiter zu Fisch und Meeresfrüchten.

Doryssa, ein weiterer Weißer ähnlich Samena und Samena Gold.

Selana: ein trockener Rosé, gekeltert aus Fokianus und Ritinos, ebenfalls erst seit einigen Jahren im Angebot.

Weitere Weine: In der Taverne sind offener Fasswein (*ap to varéli*) oder der jeweilige Hauswein (*Krassí chíma*) meist preiswerter, aber nicht unbedingt schlechter als Qualitätsweine aus der Flasche.

Aspro krassí nennt sich der Weißwein, Rotwein **Kókkino krassí**; wer seinen Wein trocken liebt, bestelle ihn **ksiró**.

Retsina: Der bekannte Weißwein kommt meist vom Festland. Sein charakteristischer Geschmack resultiert aus dem Harz der

Aleppokiefer, mit dem früher die Fässer abgedichtet wurden. Heute hat man überwiegend Metallfässer; um dennoch das typische Aroma zu erreichen, wird dem Wein deshalb das Harz untergemischt.

Andere Getränke

Wasser (*Neró*): Für Griechen seit jeher eine Kostbarkeit und das wichtigste Getränk. Zum Kaffee bekommt man fast immer ein Glas Trinkwasser serviert, und auch zu einem gepflegten Mahl gehört Wasser einfach dazu. In Flaschen serviertes Wasser mit Kohlensäure bestellt man als „Soda".

Kaffee (*Kafé*): In der originalen Version wird der griechische Kaffee (*Kafé ellinikó*, nie: „Türkischer Kaffee"!) zusammen mit Wasser und eventuell Zucker in kleinen Kännchen aufgekocht und ist so kräftig, dass er in winzigen Tassen serviert wird. In Touristenorten muss man ihn mittlerweile fast schon ausdrücklich bestellen, andernfalls man die griechische Version mitteleuropäischen Instantkaffees serviert bekommt, nämlich *Neskafé sestó*. Sollten Sie jetzt vom Entsetzen gepackt werden: Probieren Sie den Instantkaffee mal kalt geschüttelt als *Frappé*, eventuell sogar mit Eiswürfeln – ungemein erfrischend.
Der Süßegrad wird immer mitbestellt: **skétto** – ohne Zucker, **métrio** – mit etwas Zucker, **glikó** – süß. Mit Milch: **me gála**.

Tee (*Tsái*) ist wenig gebräuchlich und kommt immer in der Beutelversion; Zucker und Zitrone liegen bei.

Limonaden und Säfte (*Chími*): Frisch gepresste Säfte sind mit Ausnahme von Orangensaft selten erhältlich. Die Auswahl an Limonaden entspricht dem internationalen Angebot. Die einheimischen Produkte fallen recht süß aus, besitzen jedoch – da in Pfandflaschen serviert – einen Umweltbonus.
Chymós portokalioú = Orangensaft; **Portokaláda** = Orangenlimonade, **Limonáda** = Zitronenlimonade

Bier (*bíra*): Wie in allen südlichen Ländern ist auch in Hellas der Bierverbrauch in den letzten Jahrzehnten deutlich gestiegen. Hier jedoch wurde der Gerstensaft bereits in der ersten Hälfte des 19. Jh. vom damaligen König Otto I., Sohn des Bayernmonarchen, eingeführt und somit Tradition. Vielleicht deswegen haben gleich mehrere europäische Brauereien in Griechenland Niederlassungen eingerichtet: Es gibt griechisches Löwenbräu, Henninger, Carlsberg ... und natürlich auch viele Importmarken. Am meisten verbreitet sind die ebenfalls in Lizenz produzierten Marken Amstel und, etwas hopfiger, Heineken. Mittlerweile sind jedoch auch einige rein griechische Brauereien entstanden oder auferstanden: Vorreiter war die Marke *Mýthos*, dann erschien *Álfa* auf dem Markt; die Traditionsmarke *Fix*, gegründet 1864 vom Bayern Johann Karl Fix, erlebte eine Renaissance. Die Griechen sind stolz darauf, wieder ganz „eigene" Brauereien zu besitzen (auch wenn Mythos und Fix 2014 fusionierten und unter das Dach der Carlsberg-Gruppe schlüpften) und freuen sich, wenn man deren Bier ausdrücklich bestellt. Einen Fehler macht man damit nicht: Alle drei munden wirklich fein, sind schmackhafter als so manches Lizenzprodukt. Alkoholfreies Bier (z. B. Tourtel) ist nicht überall erhältlich.

Andere Alkoholika: Griechisches Nationalgetränk ist der *Oúzo*, ein Anisschnaps, der manchmal pur getrunken, meist aber im Verhältnis 1:1 mit Wasser verdünnt wird und sich dann milchig verfärbt. Der Oúzo aus Sámos ist qualitativ hervorragend. *Souma*, ein Tresterschnaps ähnlich der italienischen Grappa, wird von den Winzern selbst gebrannt und ist unter der Marke „Giokarinis" auch in den Geschäften erhältlich.

Zu erwähnen bleiben noch der griechische Weinbrand *Metaxa* und das breite Angebot internationaler Spirituosen, das auf der Insel natürlich auch verfügbar, aber teurer ist als die nationalen Produkte.

Nicht so alt, wie es aussieht: Kastell von Pythagório

Wissenswertes von A bis Z

Antiquitäten

Schon die Römer hatten im großen Stil Kunstwerke aus dem alten Hellas verschleppt, in späteren Zeiten erwarben sich Deutsche, Franzosen und Engländer den Ruf skrupelloser Kunstdiebe. Heute sollte man von Altertümern besser die Finger lassen: Die Ausfuhr von Antiquitäten ist mit hohen Strafen bedroht. Als „antik" gilt nach dem entsprechenden Gesetz jeder Gegenstand, der vor 1830 gefertigt wurde.

Ärztliche Versorgung

Notruf: ☎ 112, eine einheitliche Rufnummer für Feuerwehr, Ambulanz und Polizei. Man spricht Englisch.
ADAC-Notruf: Deutschland, rund um die Uhr: ☎ 0049 89 222222 (Fahrzeugschaden) bzw. 767676 (Verletzung/Krankheit).

Zwar ist das Gesundheitssystem auf Sámos weit besser ausgebaut als beispielsweise auf den Kykladen, doch sollte man insbesondere bezüglich der Notfallrettung keinen mitteleuropäischen Standard erwarten. Die meisten Ärzte sprechen eine Fremdsprache, in der Regel Englisch.

Prinzipiell übernehmen die gesetzlichen Krankenkassen die Kosten ärztlicher Behandlungen im EU-Ausland, also auch auf Sámos. Erkundigen Sie sich jedoch vorab bei Ihrer Kasse über die aktuelle Verfahrens- und Abrechnungsweise und führen Sie die *Europäische Krankenversicherungskarte EHIC* (in der Regel auf der Rückseite der normalen Versicherungskarte enthalten) mit. Alle Details sind in den län-

derbezogenen Merkheften der jeweiligen Krankenkassen enthalten; dort kann man sich auch Übersetzungshilfen für den Krankheitsfall besorgen. – Wir empfehlen, gerade im Krankheitsfall aller Bürokratie aus dem Weg und direkt zum Arzt zu gehen. Die Gebührensätze griechischer Ärzte sind mäßig, im Krankenhaus zahlen Ausländer sogar nur einen geringen Pauschalbetrag pro Tag. Zu Hause kann man dann versuchen, sich die Ausgaben von der Krankenkasse zurückerstatten zu lassen; dies wird von den einzelnen Kassen jedoch unterschiedlich gehandhabt.

Um vor unangenehmen Überraschungen sicher zu sein, ist die *Urlaubs-Kranken-versicherung*, die z. B. im Gegensatz zu fast allen anderen Versicherungen auch medizinisch notwendige Krankenrücktransporte einschließt, in jedem Fall eine sinnvolle Ergänzung. Zu erhalten ist sie zu sehr günstigen Tarifen bei manchen Automobilclubs und bei fast allen Krankenversicherungen, natürlich auch für Mitglieder gesetzlicher Kassen. Vor Ort geht man dann einfach zum Arzt, bezahlt bar, lässt sich unbedingt eine genaue Rechnung (*Apódixi*) mit Diagnose und Aufstellung der ärztlichen Leistungen geben und reicht diese beim heimischen Versicherer zur Rückerstattung ein.

Apotheken, kenntlich an dem roten Kreuz auf weißem Grund, können bei kleineren Wehwehchen oftmals den Arzt ersetzen; die griechischen Apotheker sind gut ausgebildet und dürfen auch manche Medikamente abgeben, die daheim rezeptpflichtig sind. Nacht- und Sonntagsdienste sind an jeder Apotheke angeschlagen.

Baden

In fast allen Regionen der Insel finden sich schöne Strände – nur liegen sie nicht immer in direkter Nähe der Fremdenverkehrszentren, weshalb sich ein Mietfahrzeug bereits für Strandausflüge lohnen kann. Dies umso mehr, als es vor allem im Südwesten noch fast einsame Buchten zu entdecken gibt. Der Wellengang ist, insbesondere durch den Meltémi, an der Nordküste oft höher als in den übrigen Regionen der Insel.

Durchschnittliche Wassertemperaturen auf Sámos					
Mai	21 °C	Juni	24 °C	Juli	26 °C
August	24 °C	Sept.	23 °C	Okt.	20 °C

Wasserqualität: Griechenland besitzt da einen guten Ruf, die griechischen Inseln mangels Industrie einen noch besseren. Etwas Vorsicht ist allerdings im Einzugsbereich größerer Orte geboten. Insbesondere in der Bucht von Sámos-Stadt gilt die Wasserqualität nicht gerade als bestechend. Außerhalb von Ortschaften kann man jedoch von einer sehr guten Wasserqualität ausgehen.

FKK ist in Griechenland verboten. Ausgewiesene FKK-Strände gibt es auf Sámos bislang nicht, geduldet wird hüllenloses Baden einzig in einem Abschnitt des Tsamadoú-Strands bei Kokkári. In entlegenen Buchten wird zwar gelegentlich trotzdem nackt gebadet – wir meinen allerdings, dass man die Moralvorstellungen der Bevölkerung auch dort nicht einfach ignorieren sollte: Kein griechischer Familienvater sieht es gern, wenn er beim Ausflug mit seinen Lieben auf nackte Touristen stößt. „Oben ohne" ist dagegen an Urlauberstränden schon fast die Regel. Es gibt allerdings Strände, wo auch barbusiges Baden nicht unbedingt gern gesehen ist –

Manch entlegene Bucht (hier Válsamo) ist nur auf Schotterpisten zu erreichen

dies gilt besonders für den Bereich von Ortschaften. Im Zweifelsfall sollte man sich lieber an der einheimischen Damenwelt orientieren, schließlich ist man Gast.

Sonnenschutz/Badeschuhe: Sonnenschutzmittel, unter südlicher Sonne noch wichtiger als in unseren Breiten, sind in Griechenland problemlos erhältlich, aber kaum billiger als in Deutschland. Benutzen Sie sie am Strand besser auch unter dem vermeintlich schützenden Sonnenschirm: Die meisten der auf Sámos verbreiteten Modelle lassen, oft unbemerkt, nämlich noch einen beträchtlichen Teil der Strahlen hindurch. An einigen Stränden gibt es Seeigel, Badeschuhe können deshalb sinnvoll sein.

Badeunfälle vermeiden: Auch am so harmlos erscheinenden Mittelmeer kommt es jedes Jahr zu vielen tödlichen Badeunfällen. Unterströmungen beispielsweise können auch bei scheinbar ruhiger See auftreten, auflandige Winde unter Wasser Verwirbelungen hervorrufen. Ablandige Winde wiederum sind, insbesondere für Kinder, gefährlich beim Baden mit Plastikbooten oder Luftmatratzen. Nehmen Sie die Gefahren des Meeres ernst! Lassen Sie Ihre Kinder am Strand und auch am Pool nie unbeaufsichtigt, schwimmen Sie nicht allein und vermeiden Sie Alkohol und das Baden mit vollem Magen. Rettungsdienste sind an den Stränden der Insel leider vergleichsweise selten und wenn, dann meist nur zur Hochsaison aktiv.

Warnflaggen Falls an einem Strand grüne, gelbe oder rote Flaggen wehen sollten, signalisieren sie mögliche Gefahren beim Baden: Rot – Gefahr, Badeverbot! Gelb – Vorsicht! Grün – Baden erlaubt (jedoch kein Grund, den gesunden Menschenverstand abzuschalten). Bitte beachten Sie zu ihrer eigenen Sicherheit diese Flaggen unbedingt. Leider wird die Beflaggung außerhalb der Hochsaison oft eingestellt.

Giftige Meerestiere Quallen sind im östlichen Mittelmeer bislang zwar noch seltener als im westlichen Abschnitt, kommen aber dennoch vor. Ob solche Behinderungen der Badefreuden aktuell auftreten, erfragt man am besten vor Ort; eine feste Saison dafür gibt es nicht. Falls es einen erwischt hat, die betroffene Stelle mit warmem oder besser noch heißem Meerwasser abwaschen, keinesfalls mit Süßwasser! Sehr gut hilft auch Rasierschaum, den man nach dem Trocknen vorsichtig mit einer Kreditkarte, einem Messerrücken o. ä. abstreift. Einen mit Essig (deaktiviert das Quallengift) getränkten Wattebausch auf die Verbrennung drücken. Im Anschluss

mit Eis kühlen, später helfen Kortison oder Antihistamine. Viel trinken. Bei kleinen Kindern, Verletzungen im Gesicht, großflächigen Verbrennungen oder Kreislaufbeschwerden gibt es aber nur eins: sofort zum Arzt.

Petermännchen sind eine Fischart mit giftigen Flossenstacheln. Sie verstecken sich strandnah in Sand und Schlick. Falls man auf ein Petermännchen tritt und sich der Stachel in den Fuß bohrt, ist dies zwar in der Regel nicht tödlich, aber sehr schmerzhaft. Als erste Hilfe vor dem Arztbesuch empfiehlt sich eine Wärmebehandlung (lässt das eiweißhaltige Gift zerfallen), indem man den betroffenen Fuß zum Beispiel in einen Eimer mit heißem Wasser hält. Um keine Verbrühungen auszulösen, empfiehlt es sich, die Temperatur (bis etwa 45 Grad) von einer Begleitperson oder notfalls mit einer nicht betroffenen Extremität zu prüfen.

Botschaften und Konsulate

Ansprechpartner im akuten Notfall – zu viel erwarten sollte man allerdings nicht. Immerhin gibt es bei Diebstahl oder Verlust aller Finanzmittel Hilfe bei der Geldbeschaffung von zu Hause; falls dies nicht möglich ist, stellen die Vertretungen meist das Ticket in die Heimat plus Verpflegungsgeld für unterwegs. Selbstverständlich sind alle Auslagen zurückzuzahlen. Geöffnet ist in allen Büros nur vormittags von Montag bis Freitag.

Deutschland Botschaft der Bundesrepublik Deutschland, Karaoli-Dimitriou-Str. 3, 10675 Kolonáki, Athen, ✆ 210 7285111, im Notfall Mobil-✆ 693 2338153. www.griechenland.diplo.de.

Deutsches Konsulat auf Sámos, 83100 Sámos, Platía Pythágoras, ✆ 22730 25270, nur Mo/Mi/Fr geöffnet.

Österreich Österreichische Botschaft, Vassilissis-Sofía-Av. 4, 10674 Athen, ✆ 210 7257270. www.aussenministerium.at/athen.

Schweiz Schweizer Botschaft, Iassiou-Str. 2, 11521 Athen, ✆ 210 7230364. www.eda.admin.ch/athens.

Einkaufen

An Geschäften besteht in den Touristenzentren kein Mangel, vor allem Sámos-Stadt und Pythagório bieten da eine breite Auswahl. Die von der Insel stammenden Souvenirs sind oft kulinarischer Natur: in erster Linie natürlich Wein, aber auch Oúzo, Honig und aromatische Kräuter. Weitere schöne Erinnerungsstücke könnten Artikel des traditionellen Handwerks sein, z. B. Spitzen, handgewebte Teppiche oder Keramik. Eine Fundgrube für solche Mitbringsel ist insbesondere das Dorf Koumaradéi westlich von Pythagório. An dieser Stelle noch ein Tipp für Gratis-Souvenirs: An vielen Stränden kann man bunte Kiesel sammeln. Den schönen Glanz, den sie in feuchtem Zustand besitzen, verlieren sie beim Trocknen – außer, man lackiert sie oder reibt sie mit ein wenig Öl ein.

Ermäßigungen

Schüler und Studenten aus EU-Ländern erhalten in staatlichen Museen und archäologischen Stätten oft eine Ermäßigung, wenn nicht gar freien Eintritt. Oft genügt es schon, den nationalen Ausweis vorzuzeigen, obwohl eigentlich nur das internationale Papier wirklich zu solchen Wohltaten berechtigt. Wer aus einem Land kommt, das nicht der EU angehört, erhält meist noch 50 % Ermäßigung. Auch für Rentner wird ein Rabatt gewährt. Am letzten Wochenende im September ist der „Tag der griechischen Kultur", der Eintritt dann generell frei.

Feste und Feiertage

Neben den offiziellen Feiertagen, an denen alles geschlossen ist, feiert noch jedes Dorf sein Kirchweihfest mit Jahrmarkt (*Panijíri*). Wichtig: Der weltliche Teil der Feier mit Musik und Tanz findet in aller Regel bereits am Vorabend (*Paramoní*) statt. In Pythagório gibt es zudem einige Sommerfeste, in der Hauptstadt ein Weinfest; Näheres in den Ortstexten. Hinzu kommen die Namenstage, die in Griechenland ebenso wichtig sind wie die Geburtstage. Arbeitnehmer haben dann oft sogar frei – bei besonders verbreiteten Vornamen kommt der Namenstag deshalb schon fast einem Feiertag gleich. So begehen am 21. Mai alle Träger der sehr beliebten Namen Konstantin (Kostas) und Elena ihren Ehrentag.

1. Januar: Neujahr, in Griechenland statt Weihnachten der Tag der Geschenke.

6. Januar: Agía Theophánia, Fest der Taufe Christi im Jordan.

Karneval: Höhepunkt ist der „Saubere Montag" (Kathera Deftéra), 7 Wochen vor dem griechischen Osterfest und gefeiert mit Picknicks, Umzügen etc.

25. März: Griechischer Unabhängigkeits- und Nationalfeiertag zur Erinnerung an den 1821 begonnenen Freiheitskampf.

Griechisches Osterfest: Großes Fest nach christlich-orthodoxer Tradition; sein Höhepunkt mit feierlicher Messe ist die Nacht von Karsamstag auf Ostersonntag. Am Sonntag traditionelles Lammessen. Das griechische Osterfest wird nach dem Julianischen Kalender berechnet und fällt deshalb meist auf andere Termine als bei uns – Ostersonntag 2015: 12. April; 2016: 1. Mai, 2017: 16. April, 2018: 8. April.

1. Mai: Frühlingsfest und Tag der Arbeit, Blumenschmuck, Ausflüge ins Grüne.

Pfingsten: Ebenfalls ein beweglicher Termin, 50 Tage nach dem Osterfest. Pfingstmontag ist Feiertag.

15. August: Mariä Entschlafung, großes Kirchenfest im ganzen Land.

28. Oktober: „Ochi-Tag", Erinnerung an das „Nein" (= Ochi) zu Mussolinis Ultimatum 1940; Nationalfeiertag.

25./26. Dezember: Weihnachten mit Festessen, aber ohne Geschenke – die gibt es erst an Neujahr.

Panijíri: Beim Kirchweihfest putzt sich das ganze Dorf heraus

Foto und Video

Speicherkarten, Filter etc. sollte man nach Möglichkeit von zu Hause mitbringen – sie sind in Griechenland teurer als bei uns, die Auswahl ist zudem gering.

Fotografierverbote bestehen, teils weitflächig, im Umfeld von Kasernen und anderen militärischen Einrichtungen und gelten natürlich auch für Videokameras; meist wird durch ein entsprechendes Schild auf das Verbot hingewiesen. Es ist ratsam, diese Vorschrift strikt zu beachten und in den entsprechenden Gebieten nicht einmal einen Käfer abzulichten; das griechische Militär kann auf Zuwiderhandlungen sehr unangenehm reagieren.

Archäologische Stätten: Hier ist Fotografieren nur ohne Stativ genehmigungsfrei gestattet; Besitzer von Videokameras müssen in der Regel eine hohe Zusatzgebühr entrichten. **Museen** verlangen zumindest für Videoaufnahmen ebenfalls Sondergebühren, bei Fotos ist die Handhabung unterschiedlich, Blitzlicht aber immer verboten.

Personen, es versteht sich eigentlich von selbst, sollte man nicht ohne ihr Einverständnis ablichten; ein fragendes Deuten auf die Kamera und ein freundliches Lächeln genügen meist.

Geld

Dank des Euro gehört für Deutsche und Österreicher die lästige Umtauschprozedur der Vergangenheit an – Schweizer freilich müssen auch weiterhin ihre Franken wechseln. Übrigens verschwand mit der Drachme die älteste Währung Europas, als Silbermünze bereits um 700 v. Chr. geprägt, später viele Jahrhunderte lang verschwunden und im 19. Jh. wieder eingeführt durch Otto I., den bayerischen König von Griechenland.

Euro-Münzen: Die Rückseite der griechischen Euro-Münzen ist nicht nur anders, sondern auch aufwändiger gestaltet als bei uns – für jede Münze wurde ein eigenständiges Motiv entworfen. Die *2-Euro-Münze* zieren (sofern es sich nicht um eine der Gedenkmünzen für Olympia, die Römischen Verträge oder die WWU handelt) Europa und ihr Entführer, der Göttervater Zeus in Gestalt eines Stiers; das Motiv stammt von einem Mosaik aus Sparta. Auf der *1-Euro-Münze* ist eine Eule zu sehen, im alten Griechenland das Symbol der Weisheit und bereits in der Antike auf einer 4-Drachmen-Münze abgebildet. Die *50-Cent-Münze* (Cent heißen in Griechenland übrigens Leptá) zeigt das Konterfei von Elefthérios Venizélos (1864–1936), einem der bekanntesten griechischen Politiker, der sich vor allem als Sozialreformer und Modernisierer hervortat. Die *20-Cent-Münze* ehrt Ioánnis Kapodístrias (1776–1831), den ersten Staatspräsidenten Griechenlands; er führte das Land in die Unabhängigkeit. Auf der *10-Cent-Münze* ist Rígas Feréos-Velestinlós (1757–1798) abgebildet, der Vorkämpfer der griechischen Aufklärung und der Befreiung von der osmanischen Herrschaft. Als Symbol des heutigen Griechenland wurde für das Motiv der *5-Cent-Münze* ein moderner, großer Öltanker gewählt. Die *2-Cent-Münze* zeigt eine Korvette aus dem griechischen Unabhängigkeitskrieg von 1821–1827, ein dreimastiges Kriegsschiff. Die *1-Cent-Münze* (Leptó) schließlich ist mit der Abbildung einer Triere versehen, eines wendigen, sowohl mit einem Segel als auch mit zahlreichen Ruderern versehenen Kriegsschiffs des 5. Jh. v. Chr.

Bargeld: Die Mitnahme der gesamten Reisekasse in bar ist natürlich sehr bequem, aber logischerweise mit der Gefahr des Diebstahls verbunden. Ein gewisser Vorrat ist jedoch für manchen sicher beruhigend.

Geldautomaten: In der Hauptstadt sowie in den meisten größeren Fremdenverkehrsorten gibt es Geldautomaten, an denen mit der Magnetkarte und PIN-Code Geld abgehoben werden kann – die bequemste Lösung, um unterwegs an Bargeld zu kommen. Die Bedienungshinweise sind meist auf Deutsch oder zumindest in Englisch abrufbar, für eine Abhebung muss „Checking" oder „Scheck" gedrückt werden. Jede Abhebung allerdings kostet Gebühren.

Geldwechsel (für Schweizer): Banken bieten bessere Kurse als Reisebüros und private Wechselstuben; in Hotels sollte man der hohen Gebühren wegen nur im Notfall wechseln. Beim Wechsel wird eine Gebühr von 1–2 %, immer jedoch eine bestimmte Mindestsumme fällig. Zum Kurs von Schecks besteht nur ein geringer Unterschied.

Kreditkarten: Die gängigen Karten (Eurocard, Visa, American Express) werden zumindest in den Fremdenverkehrszentren von vielen der besseren Hotels und auch von manchen Fahrzeugvermietern akzeptiert. Ausschließlich auf Kreditkarten verlassen kann man sich jedoch längst nicht – bei Privatvermietern oder in den meisten Tavernen löst der Wunsch, per Karte zu zahlen, höchstens Verwunderung aus. Auch Geldabheben vom Automaten ist möglich, bei vielen (nicht allen) Karten aber nicht unbedingt preisgünstig.

Schnelles Geld: Bei finanziellen Nöten, die sofortige Überweisungen aus der Heimat nötig machen, ist die Geldüberweisung mit Western Union die flotteste Methode. Der zu überweisende Betrag wird auf dem heimischen Postamt eingezahlt und trifft schon Minuten, maximal wenige Stunden später auf der griechischen Post ein. Mit saftigen Gebühren ist bei diesem Verfahren allerdings zu rechnen, deshalb nur für den Notfall geeignet.

Sperrnummer für Bank- und Kreditkarten: 0049 116116. Diese einheitliche Sperrnummer gilt mittlerweile für die Mehrzahl der deutschen Bankkunden und ist auch für die Sperrung von Personalausweisen mit Online-Ausweisfunktion zuständig. Aus dem Ausland ist sie auch unter 0049 30 4050 4050 anwählbar. www.sperr-notruf.ev.

Haustiere

Lassen Sie Ihren Hund besser bei Verwandten oder Freunden daheim. Abgesehen davon, dass die lange Anreise und die sommerliche Hitze ihm sehr zu schaffen machen können, wird man von vielen Hotels und Privatvermietern mit Hund nicht aufgenommen. Auch Strände sind, zumindest offiziell, für Hunde Tabuzone.

Das Gefühl für Tierliebe ist im Süden weniger ausgeprägt als in mitteleuropäischen Breiten. Häufig sieht man in Griechenland Hunde, die zur Bewachung irgendwelcher Ställe an kurzen Ketten gehalten werden; auch das Auslegen von Giftködern soll gelegentlich vorkommen. Herrenlose, ausgesetzte und streunende Hunde und Katzen sind erst recht keine Seltenheit. Unten deshalb die Adresse der Organisation „Animal Care Sámos", die sich der vernachlässigten Tiere annimmt und Ihnen auch weiterhelfen kann, falls Ihnen ein Hund oder eine Katze zuläuft und Sie das Tier vielleicht mit nach Hause nehmen wollen. Natürlich sind dort auch Spenden gerne gesehen, ebenso „Flugpaten", die beim Transfer von Tieren nach Deutschland bzw. von Transportboxen nach Sámos behilflich sind.

Einreisevorschriften für Haustiere
EU-Pass, ein für Hunde, Katzen und Frettchen (Tatsache) obligatorischer „Reisepass" samt implantiertem Mikrochip (alternativ eine spezielle Tätowierung), durch den die Identität des Tiers nachgewiesen und attestiert wird, dass es gegen Tollwut geimpft ist. Über Details informiert der Tierarzt, der auch die Prozedur durchführt.

Animal Care Samos Eine 2003 gegründete Initiative, die z. B. herrenlose Hunde und Katzen nach Deutschland, England und Holland vermittelt. Das Tierheim (geöffnet täglich 10–12 Uhr) liegt zwischen Sámos-Stadt und Kédros, inseleinwärts der Straße nach Kokkári. Mobil-✆ 694 7584112; www. animalcaresamos.com.

Information

Griechische Zentrale für Fremdenverkehr (G.Z.F.): Das griechische Fremdenverkehrsamt, auch bekannt unter dem Zeichen E.O.T. (Ellenikós Organismós Tourísmo) oder unter dem englischen Kürzel G.N.T.O., hat einen Teil seiner Auslandsvertretungen geschlossen bzw. zusammengelegt. Derzeit verfügt es über ein Büro in Deutschland, das auch für die Schweiz zuständig ist, sowie über eine Vertretung in Österreich. Erhältlich sind Faltblätter zu verschiedenen Informationsbereichen, eine recht gute Griechenlandkarte und vieles mehr; auf Wunsch wird das Material auch zugeschickt. Das Personal ist freundlich und versucht, auch bei komplizierteren Anfragen behilflich zu sein.

Deutschland/Schweiz 60313 Frankfurt, Holzgraben 31, ✆ 069/2578270; info@visit greece.com.de.

Österreich 1010 Wien, Opernring 8, ✆ 01/5125317, info@visitgreece.at.

Auf Sámos finden Sie Informationsbüros in der Hauptstadt sowie in Pythagório (zuletzt geschlossen) und Votsalákia (hier nur ein Sommerkiosk); Details jeweils in den Ortskapiteln. Das Personal ist meist recht engagiert, einzelne Ausnahmen bestätigen die Regel. In Fremdenverkehrsorten, die keine Infobüros besitzen, sind örtliche Reiseagenturen fast immer gute Anlaufadressen und auch abseits wirtschaftlicher Interessen zu helfen bestrebt.

Touristenpolizei: Ebenfalls für touristische Belange zuständig sind die örtlichen Stellen der Touristenpolizei (*Touristikí Astinomía*), die entweder eigene Büros besitzen oder im zentralen Polizeigebäude mit untergebracht sind. Mit dem Engagement, aber auch den Sprachkenntnissen der einzelnen Vertreter dieser blau uniformierten Spezies lassen sich höchst unterschiedliche Erfahrungen machen.

Internet

Auch das Internet hält viele Informationen zu Samos bereit, wenn auch nicht immer topaktueller Natur. Wer von Sámos mit der Heimat elektronischen Kontakt aufnehmen will, findet kostenloses WLAN/WiFi in vielen Cafés (Passwort bei der Bedienung erfragen) und mittlerweile auch in zahlreichen Hotels und Pensionen.

Sites zu Griechenland Hier nur allgemeine Sites, spezialisierte Seiten finden Sie unter den jeweiligen Themenbereichen; Sites zu Fähren z. B. vorne im Anreisekapitel.

www.visitgreece.gr: Website des griechischen Fremdenverkehrsamts. Derzeit vor allem gute allgemeine Infos zu Griechenland. Englischsprachig.

www.culture.gr: Website über die kulturellen Highlights Griechenlands. Mit Hintergrundinfos und Detail-Fotos kultureller Sehenswürdigkeiten. Englisch.

www.in-greece.de: Die deutsche Griechenland-Community, mit zahlreichen reisepraktischen Informationen für Individualurlauber, Hunderten von Artikeln und Reiseberichten und zahlreichen Links.

www.griechenland-infos.de: Infos zu über 90 Stichwörtern rund um Griechenland (u. a. Kultur, Geschichte, Inseln, Regionen, Land und Leute); einfaches und übersichtliches Layout.

www.griechenland.net: Griechenland-Portal der „Griechenland-Zeitung" aus Athen,

das täglich einen Teil der neuesten Nachrichten und Schlagzeilen gratis ins Netz stellt. Außerdem: Hintergrundberichte und Reportagen, Kultur, Verkehrsmittel, Adressen und Links etc.

www.michael-mueller-verlag.de: Unsere Site – schauen sie doch mal rein! Unter der Rubrik „Reiseinfos" finden Sie weitere Links, unter „Reisebücher" eventuelle Updates, im Forum „Griechische Inseln" können Sie mit anderen Sámos-Reisenden diskutieren.

Sites zu Sámos www.samos-treff.de, auch über www.in-greece.de zu erreichen. Viele Infos, hunderte von Fotos und ein Forum, in dem Tipps ausgetauscht werden.

www.samos.de, eine private Site mit zahlreichen Links, vielen Tipps und Fotos und mit hübsch aufgemachten Artikeln.

www.samos.at, eine sehr schön gemachte private Sámos-Seite aus Österreich. Viele Infos, ein gut besuchtes, lebendiges Forum, zahlreiche Links und vieles mehr.

www.trauminsel-samos.de, ebenfalls eine sehr hübsche private Seite zu Sámos. Inselgeschichten, Fotoalbum, Rezepte …

www.samos.be/there, von einem in Pythagório lebenden Inselliebhaber aus den Niederlanden betrieben. Sehr viele Fotos, auch zu lokalen Festen, Veranstaltungen etc. Ebenso umfangreich mit reizvollen Fotos (und Videos) insbesondere aus dem Südwesten bestückt: www.samos-media.com.

www.limnionas.com, private Site zu dem kleinen Ferienort im Südwesten. Historisches, Klima, Wanderungen …

www.enexia.de, Internetvertrieb für Samos-Weine, Oúzo und andere kulinarische Spezialitäten der Insel.

Kioske

Zahnpasta abends um zehn, ein bunter Plastikkamm oder eine Telefonkarte, vielleicht eine Cola auf die Schnelle? Kein Problem – an der nächsten Straßenecke steht ein Kiosk (*Períptero*), in dem das Gewünschte sicher erhältlich sein wird. Wie die kleinen Kästen, die in allen größeren Orten stehen, ihr wahnwitziges Sortiment auf so geringem Raum unterbringen, bleibt das Geheimnis ihrer Besitzer. Geöffnet haben sie jedenfalls meist bis 22 Uhr, oft sogar noch länger.

Breites Angebot: griechischer Kiosk

Kirchen und Klöster

Der Besuch eines Klosters gehört einfach zur Reise auf eine griechische Insel. Meist liegen sie weitab vom Trubel, ihre gepflegten, grün bepflanzten Innenhöfe strahlen Ruhe und Frieden aus. Fast alle Mönche und Nonnen empfangen gern Gäste, schließlich werden sie auch von den Einheimischen oft besucht. Ausnahme: Die Siesta in der Mittagszeit ist auch den Klosterbewohnern heilig. Außerhalb dieser Zeiten wird man vielleicht sogar mit etwas Konfekt oder einem Oúzo bewirtet. Eine kleine *Spende* ist üblich.

Kleidung bei Klosterbesuchen: Auf freundliche Aufnahme dürfen Besucher nur hoffen, wenn sie angemessen ge-

wandet sind: *Keine Shorts oder bloße Schultern*, stattdessen *lange Hosen* und *knielange Röcke*. Manche Klöster stören sich sogar an Sandalen oder an Frauen in Hosen; manchmal sind zwar Leihröcke oder Kutten erhältlich, doch kann man sich darauf nicht verlassen. Die gleichen Vorschriften gelten für Kirchen. Dort sollte man auch nie die Hände auf dem Rücken halten und der Ikonostase möglichst nicht den Rücken kehren. Für Frauen ist der Bereich hinter der Ikonostase tabu.

Kleidung

Übertriebene Eleganz ist nicht am Platz, denn auch die Griechen kleiden sich, mit Ausnahme des Sonntags, eher zweckmäßig als schick; selbst in feineren Hotels braucht man keine spezielle Abendgarderobe. Im Gepäck sollten jedoch selbst im Sommer eine Windjacke und ein Pullover sein, da die Abende nicht nur auf den Fähren schon mal kühl werden können, besonders wenn die Nordwinde (Meltémia) wehen. Ansonsten mag man sich nach persönlichem Geschmack kleiden, sollte dabei jedoch auf die Moralvorstellungen und Gewohnheiten der Einheimischen Rücksicht nehmen: Halbnackt durch den Ort zu rennen, vielleicht nur in Shorts und Bikini-Oberteil, zeugt nicht gerade von Respekt vor den Gastgebern.

Klima und Reisezeit

Für das griechische Klima gilt unser Schema der vier Jahreszeiten nur sehr bedingt. Gebräuchlicher ist deshalb eine andere Einteilung:

- *Blüte- und Reifezeit* (März–Mai)
- *Trockenzeit* (Juni–Oktober)
- *Regenzeit* (November–Februar)

Ein Winterziel wie beispielsweise die Kanaren ist Sámos keinesfalls: Heftige Regengüsse, Kälte und Sturm erklären, warum fast alle Hotels während der Monate November bis März/April geschlossen halten. Alles wartet auf den Frühling, der im

Sámos-Stadt				
	Ø Lufttemperatur (Min./Max. in °C)		Ø Niederschlag (in mm), Ø Tage mit Niederschlag	
Jan.	6,9	13,4	133	12
Febr	6,5	13,2	105	10
Mär	7,9	15,6	88	9
April	10,5	19,5	43	7
Mai	14,3	24,6	20	4
Juni	18,6	29,7	2	1
Juli	22,2	32,5	1	0
Aug.	22,1	32,2	1	0
Sept	18,8	28,6	17	1
Okt.	15,0	23,3	33	5
Nov.	10,7	17,8	104	9
Dez.	8,5	14,9	64	14
Jahr	13,5	22,1	711	73

April zaghaft, ab Mai dann in voller Pracht einsetzt. Lang ist dafür der Sommer: Noch im Oktober kann man zumindest mittags, oft auch noch abends im Freien sitzen und meist auch noch baden. Die Tage allerdings werden ab September schon deutlich kürzer.

Meltémia: Im Frühjahr beginnen allmählich die kühlen Nordwinde zu wehen, erreichen im Juli und August ihren Höhepunkt und flauen während der Monate September und Oktober langsam wieder ab. Dem Urlauber müssen sie nicht unangenehm sein, wehen sie doch am kräftigsten zur wirklich heißen Zeit: Bleiben sie dann aus, kann das Thermometer schon mal auf Werte über 40 Grad klettern. *Annähernd alpine Wetterverhältnisse* können in den Hochlagen der Berge herrschen! Bei Wanderungen ist also Vorsicht geboten, auch im Hochsommer angepasste Ausrüstung angeraten. Bergtouren in Turnschuhen und T-Shirt sind lebensgefährlicher Leichtsinn!

Die günstigste **Reisezeit** variiert je nach Interessenlage – Wanderurlaub und Badeferien lassen sich besonders im Frühsommer und Herbst gut verbinden.

Eine Reisesaison auf Sámos April: Zwar blüht schon alles, doch sind die Temperaturen noch niedrig. Dennoch öffnen allmählich die Hotels und Tavernen.

Mai: Die Touristensaison beginnt. Die Blütezeit erreicht ihren Höhepunkt, das Wasser allmählich angenehme Temperaturen. Ein wunderbarer Monat zum Wandern!

Juni: Der Sommer zieht ein. Es wird heiß, doch hält die Blüte vieler Pflanzen an. Das Meer erreicht Temperaturen, bei denen sich auch verfrorene Gemüter wohlfühlen, und die Preise liegen noch auf dem Niveau der Vorsaison. Wandern und Baden ist angesagt.

Juli/August: Es wird eng in Hotels und Tavernen, schließlich haben auch die meisten Griechen jetzt Ferien. Im Gastgewerbe allerdings herrscht Hochbetrieb fast rund um die Uhr, denn jetzt wird Geld verdient – Hochsaisonpreise. Immerhin: Schönes Wetter ist garantiert, badewannenwarmes Meer auch.

September: Langsam kehrt wieder Ruhe ein. Auch die Preise sinken. Ein schöner Monat für Bade- und Wanderferien, mit kleinen Einschränkungen: Die Tage werden deutlich kürzer, die Landschaft ist trocken, die Freundlichkeit mancher Bedienungen etwas abgenutzt.

Oktober: Es gibt kühle Tage und vor allem Abende, manchmal regnet es auch. Zwischendurch kehrt der Sommer aber zurück, und Baden lässt es sich allemal noch. Nach und nach schließen jedoch die Hotels und entlegeneren Tavernen. Wenn die letzte Chartermaschine abgeflogen ist, hat der Winter begonnen.

Landkarten

„Papier ist geduldig – Ihr Auto auch?" spottete schon der Autor einer 1974 erschienenen Merian-Glosse über die auf griechischen Inseln erhältlichen Karten. Auch heute noch zeigen manche Kartenwerke, wie leicht es ist, in leere Flächen „mit ein paar roten Schlangenlinien anmutige Straßenornamente einzufügen". Mittlerweile gibt es aber dennoch sehr empfehlenswerte Karten zu Sámos.

Road Editions Sámos, erstellt in Kooperation mit dem militärgeographischen Institut Griechenlands. Aussagekräftiger Maßstab 1:50.000, alle Asphaltstraßen und fast alle Pisten sind verzeichnet, außerdem Höhenlinien und -schattierungen, Klöster und Kirchen, Bäche etc. Erhältlich vor Ort, aber auch bei spezialisierten Buchhandlungen daheim.

Skai Maps, Samos 1:50.000, erstellt in Zusammenarbeit mit Terrain Cartography. Durchaus eine Konkurrenz zur Road Editions, für Wanderer wegen der vielen eingezeichneten Wege vielleicht sogar die bessere Wahl, eben deshalb aber als Straßenkarte etwas weniger übersichtlich.

Beliebte Souvenirs: Honig, Olivenseife, Konfitüren …

Öffnungszeiten

Die Siesta (*Mesimeri*) ist heilig. Abends bleiben die Geschäfte dafür, gerade in Fremdenverkehrsorten, lange geöffnet.

Geschäfte Vormittags ab 8 oder 9 Uhr bis ca. 13.30/14.30 Uhr, nachmittags etwa 17/17.30 bis 20.30 Uhr. Souvenirläden haben oft den ganzen Tag durchgehend bis 22 Uhr oder länger geöffnet.

Kirchen und Klöster Hier gibt es unterschiedliche Regelungen. Bis etwa 12/13 Uhr ist die beste Zeit für einen Besuch, danach ist in vielen Klöstern bis 17 oder 18 Uhr Mittagspause. Nicht alle öffnen abends erneut.

Museen, Archäologische Stätten etc. Auch hier keine einheitliche Regelung, zudem laufende Änderungen – vor Exkursionen besser die Infostellen befragen. Faustregeln: montags meist geschlossen, sonst vormittags fast immer offen.

Banken Die Zeiten sind festgelegt auf Mo–Do 8–14 Uhr, Fr bis 13.30 Uhr.

Personaldokumente

Für den Aufenthalt in Griechenland genügt der Personalausweis. Dies gilt ebenso für Deutsche und Schweizer, die einen Türkeiabstecher machen möchten; Österreicher benötigen hierfür jedoch den Reisepass nebst Visum. Theoretisch darf man sich ohne Visum nur maximal drei Monate in Griechenland aufhalten; da man an der Grenze aber keinen Stempel erhält, spielt diese Bestimmung in der Praxis keine Rolle mehr. Achtung, auch Kinder benötigen seit 2012 eigene Personaldokumente!

Generell ist es sinnvoll, *zwei Personaldokumente* mitzunehmen – zum einen für den Fall des Verlusts, zum anderen, um noch einen Ausweis für den Fahrzeugverleih, fürs Geldwechseln etc. übrig zu haben. *Fotokopien* der Dokumente sind eben-

falls nützlich, falls das Original abhanden kommt; sie beschleunigen dann die Ausstellung eines neuen Papiers durch das Konsulat erheblich. *Auto- und Motorradfahrer* brauchen den nationalen Führerschein und den Kfz-Schein; die Grüne Versicherungskarte wird empfohlen. Zur Einreise mit einem geliehenen Fahrzeug benötigt man eine vom ADAC beglaubigte Vollmacht des Eigentümers.

Post

Postämter (Tachidromío) finden sich in jedem größeren Ort. Briefe und Karten kosten gleich viel, die Briefe sind allerdings oft etwas schneller am Ziel (Laufzeiten 7–10 Tage). Wer Pakete aufgeben will, sollte sie nicht verschließen, da der Beamte am Schalter den Inhalt kontrollieren muss.

Öffnungszeiten Mo–Fr 7.30–14 Uhr.

Briefmarken Gibt es auch am Kiosk; die Gebühren ändern sich häufig.

Poste Restante Dies ist eine Möglichkeit, sich Briefe aufs griechische Postamt schicken zu lassen. Briefe per Poste Restante werden nach folgendem Muster adressiert:

Name, Vorname; Poste Restante; PLZ, Ort; Griechenland

Tipp: Falls der Beamte nicht fündig wird, auch mal unter dem Vornamen nachsehen lassen! Nicht „Herr" oder „Frau" vor den Namen setzen – wird sonst unter „H" oder „F" abgelegt.

Rauchverbote

Das landesweite Rauchverbot für geschlossene öffentliche Räumlichkeiten und Gaststätten von 2009 wurde im Folgejahr nochmals verschärft, diverse Ausnahmeregelungen (u. a. für Kneipen unter 70 Quadratmetern) gestrichen. Verboten ist es auch, im Auto zu rauchen, sofern Kinder unter zwölf Jahren an Bord sind; die Strafen bei Zuwiderhandlung sind gesalzen.

Reisen mit Kindern

Griechen gelten als sehr kinderfreundlich, die Bewohner von Sámos machen da wahrlich keine Ausnahme. Die lieben Kleinen dürfen fast alles und müssen anscheinend nie ins Bett, schreiende Rabauken in der Taverne quittiert der Kellner nur mit nachsichtigem Lächeln. Den üblichen „Kinderbedarf" gibt es auch auf Sámos; wer zweifelt, ob er auch in kleineren Urlaubsorten fündig wird und einen Mietwagen besitzt, kann sich einige Kilometer außerhalb von Sámos-Stadt (Straße nach Pythagório) bei der Insel-Filiale von „Lidl" eindecken, in der auch Windeln, Babynahrung etc. angeboten werden. Als Badeplatz für (insbesondere kleinere) Kinder ist die Nordküste wegen des dort oft – vor allem bei Meltémi – höheren Wellengangs weniger geeignet als andere Regionen der Insel.

Sport

Organisierte Sportmöglichkeiten sind naturgemäß vor allem in den Touristenzentren zu finden. Anderswo hält sich das Angebot in relativ engen Grenzen. Fahrradfahren, Wandern, Bergsteigen lässt es sich aber überall ...

Bootssport: Tretboote, Kanus u. Ä. werden in einer Reihe von Küstenorten vermietet. Verleih von Segel- und Motorbooten findet man dagegen nur selten.

Fahrradfahren: Eigene Bikes lassen sich auf viele Arten nach Sámos transportieren, siehe dazu in den Anreisekapiteln; darüber hinaus werden in manchen Orten Mieträder angeboten. Näheres auch im Kapitel „Unterwegs auf Sámos".

Tauchen: Schnorcheln ist überall ohne Einschränkungen gestattet, das Tauchen mit Pressluftgeräten und Tauchanzügen dagegen gewissen Beschränkungen unterworfen: Zu viele Amphoren und Münzen aus antiken Schiffswracks wurden schon von Tauchern gefunden und außer Landes geschleppt. Erst seit 2006 ist das Tauchen an den Küsten von Sámos überhaupt erlaubt. Tauchbasen gibt es in Kérveli und in Pythagório.

Tennis: Nur größere Hotels gehobener Klasse besitzen Plätze, die gegen Gebühr theoretisch auch Nicht-Gästen offen stehen. Während der Hochsaison sind sie in der Praxis allerdings höchstens in der heißen Mittagszeit verfügbar ...

Windsurfen: Viele Chartergesellschaften befördern Boards gegen Gebühr; in manchen größeren Urlaubsorten gibt es sie auch zu mieten. Als bestes Revier für geübte Surfer gilt der Norden bei Kokkári, wo die Meltémia besonders kräftig blasen.

Sprache

Neugriechisch ist nicht die leichteste aller Sprachen, die andere Schrift erschwert das Verständnis zusätzlich. Echte Sprachprobleme gibt es aber nur selten – im Gastgewerbe ist Englisch fast Standard, und oft trifft man auch auf deutschsprachige Inselbewohner, die vielleicht einige Jahre in der Fremde gearbeitet haben. Spricht man ein paar Brocken der Landessprache, freut sich jedoch jeder Grieche. Einfache Grußformeln, Dankworte etc. sind nicht schwer zu lernen (siehe auch den kurzen Sprachführer am Ende des Buchs). Wichtig ist die richtige Betonung der Wörter, die deshalb in diesem Handbuch bei Ortsnamen durch einen Akzent verdeutlicht wird. Von besonderer Bedeutung kann aber auch ein Lächeln im richtigen Moment sein ... In diesem Zusammenhang: Gerade in abgelegenen Gebieten ist es üblich, dass man sich auf Wegen oder auch Landstraßen grüßt, notfalls ohne Worte – auch der stur scheinende Bauer wird sich schlagartig in einen reizenden Menschen verwandeln. Im griechischen Gastgewerbe hingegen scheint die einfache Erkenntnis, wie angenehm etwas Freundlichkeit sein kann, zwischenzeitlich etwas in Vergessenheit geraten zu sein. Vor einigen Jahren jedenfalls sah sich die Regierung genötigt, eine landesweite Anzeigenkampagne zu schalten, Tenor: „Lächeln ist gut für unsere Gesundheit und für unsere Wirtschaft". Auslöser waren Umfragen, in denen sich Touristen immer wieder vehement über mangelnden Service und die Unfreundlichkeit des Personals beklagten.

Nonverbale Kommunikation In südlichen Ländern weit ausgeprägter als bei uns.

Kopf neigen: Ich habe verstanden.

Kopf in den Nacken legen: Verneinung (!)

Zeigen der Handfläche: Üble Beleidigung (Vorsicht also, auf diese Weise „fünf Bier" zu bestellen).

Strom

220 Volt sind Standard, Elektrogeräte mit dem flachen Euro-Stecker passen normalerweise. Für andere Stecker benötigt man eventuell einen Adapter, den es notfalls aber auch vor Ort zu kaufen oder leihen gibt.

Telefonieren

Griechenland hat die Vorwahlen de facto abgeschafft bzw. in mehreren Schritten den einzelnen Teilnehmernummern zugeschlagen. Selbst innerhalb derselben Ortschaft müssen bei jedem Telefonat insgesamt zehn Ziffern gewählt werden. Im Text sind die Nummern natürlich komplett angegeben, doch falls Sie aus anderen Quellen noch eine alte, fünfstellige Telefonnummer besitzen sollten, setzen Sie für ganz Sámos einfach die 22730 davor. Die griechischen Handy-Nummern beginnen mit einer 6.

Kartentelefone sind am Aussterben, ebenso die zugehörigen Magnetkarten (*Tilekarta*) mit Guthaben, die es nur noch vereinzelt in Läden und Kiosken gibt.

Internationale Vorwahlen

Von Griechenland: Nach **Deutschland** 0049, nach **Österreich** 0043, in die **Schweiz** 0041. Immer gilt: die Null der Ortsvorwahl weglassen.

Nach **Griechenland** ab Deutschland, Österreich und der Schweiz: Vorwahl 0030 für Griechenland; dann die komplette, zehnstellige Telefonnummer.

Handys: Beim Telefonieren ist die ganz große Abzocke vorbei – durch eine EU-Verordnung wurden die Minutenpreise bei Auslandsanrufen auf maximal 19 Cent (2014), bei angenommenen Gesprächen auf fünf Cent gedeckelt, jeweils zzgl. Mehrwertsteuer. Ursprünglich sollten die Roaming-Gebühren nach dem Willen der EU-Parlamentarier zwar bis Ende 2015 ganz fallen, doch wurde eine endgültige Entscheidung leider erst einmal verschoben; unabhängig davon haben einige wenige Anbieter (u. a. Aldi Talk) sie bereits abgeschafft. Solange Roaming erlaubt ist, kann vor allem der Datenabruf über internetfähige Handys jedoch noch ganz erheblich ins Geld gehen. Es gilt deshalb eine automatische Kostensperre, die die Verbindung bei einem Betrag von 50 € (plus Mwst., wahlweise ein anderer, mit dem Mobilfunkanbieter ausgehandelter Betrag) automatisch trennt. Sind 80 % der Summe verbraucht, informiert der Betreiber den Kunden z. B. per SMS; der entscheidet dann, ob er das Limit ändern möchte.

www.teltarif.de/reise: Nützliche Seite mit aktuellen Infos und Tipps zum Thema „Telefonieren im Ausland".

Telefonieren ohne Geld: Das R-Gespräch ist ein Service der Telekom, nützlich z. B., um nach Verlust der Barschaft von zuhause Nachschub (siehe „Geld") anzufordern; die Gebühr zahlt der Angerufene.

Telefonnummer ab Griechenland, ohne jede Vorwahl: **00 800 4911**

Eine Zentrale verbindet weiter. Die Tarife liegen in erträglichem Rahmen: pro Verbindung 3,99 €, zusätzlich pro Minute 0,50 €. Der Service funktioniert nur zu Festnetzanschlüssen.

Toiletten

Auf Steh- bzw. Hocktoiletten trifft man nur noch selten, obwohl diese ja eigentlich hygienischer sind. In öffentlich zugänglichen Toiletten herrschen manchmal katastrophale Verhältnisse; etwas besser ist es meist um die WCs in Tavernen und Hotels bestellt. Toilettenpapier sollte man mit sich führen, es ist „vor Ort" nicht immer vorhanden. *Wichtig:* In jeder Toilette steht ein Papierkorb – hier, und nicht ins WC selbst, gehört das benutzte Toilettenpapier hinein! Andernfalls verstopfen die sparsam dimensionierten Abflussrohre.

Herbst: in den Bergdörfern die Zeit der Nussernte

Zeit

In Griechenland gilt die *Osteuropäische Zeit* (OEZ), die der mitteleuropäischen Zeit um eine Stunde voraus ist. Wie bei uns werden die Uhren auf Sommer- und Winterzeit umgestellt.

Zeitungen

Die internationale Presse, also auch Zeitschriften aus Deutschland, Österreich und der Schweiz, ist in Urlaubsorten erhältlich, trifft dort aber meistens einen Tag später ein und ist durch die Luftfracht relativ teuer. Mit interessanten Blickwinkeln aufs Gastland glänzt die deutschsprachige, wöchentlich in Athen erscheinende *Griechenland Zeitung*.

Zoll

Im privaten Reiseverkehr der EU, also auch zwischen Deutschland/Österreich und Griechenland, ist die Mitnahme von *Waren zum eigenen Verbrauch* unbegrenzt möglich.

Richtmengenkatalog: Zur Unterscheidung zwischen privater und gewerblicher Verwendung wurden folgende Richtmengen eingeführt:

800 Zigaretten, 400 Zigarillos, 200 Zigarren, 1 kg Rauchtabak.

10 Liter Spirituosen, 20 Liter Zwischener-zeugnisse, 90 Liter Wein (davon max. 60 Liter Sekt) und 110 Liter Bier.

Auch die Mitnahme höherer Mengen ist möglich, sofern sie dem eigenen Verbrauch dienen – was bei eventuellen Kontrollen allerdings glaubhaft zu machen wäre.

Für die *Schweiz* gelten, wie auch für den Transit durch Serbien und andere Balkanländer, weit geringere Freimengen.

Glasklares Meer an der Nordwestküste

Sámos

Versetzt: Der neue Fähranleger liegt gegenüber der Hauptstadt

Der Osten um Sámos-Stadt

In der lebendigen Hauptstadt konzentriert sich eine große Zahl an Hotels und Pensionen, Restaurants und Geschäften. Die Umgebung lockt mit Ausflugszielen vom malerischen Kloster bis zum Badestrand. Auch Wandern lässt es sich gut rund um Sámos-Stadt.

Am „Schwanz des Delphins" bestimmt die recht modern wirkende Hauptstadt *Sámos*, von der Bevölkerung immer noch nach ihrem alten Namen *Vathí* genannt, das Geschehen. In ihr findet sich, angefangen vom Souvenirladen bis hin zum voll ausgestatteten Luxushotel, die komplette touristische Infrastruktur, außerdem ein bestens bestücktes Archäologisches Museum. Im Gegensatz zu manch anderer Siedlung der Insel ist Vathí gleichzeitig jedoch ein Ort geblieben, in dem griechisches Alltagsleben spürbar wird. Nur an guten Bademöglichkeiten fehlt es, doch kann da die Umgebung aushelfen.

Jenseits der Stadtgrenzen beginnt eine andere Welt, trifft man nur mehr auf winzige Siedlungen. Wirklich hohe Berge wie die Massive weiter westlich gibt es nicht, stattdessen ausgedehnte Hügellandschaften, die in den unteren Regionen mit Zypressen und Ölbäumen, in den höheren Lagen nur noch mit kargem Buschland bewachsen sind und ein hübsches Wanderrevier abgeben. Auch zu Ausflügen per Fahrrad, Scooter oder Mietwagen lädt die räumlich eng begrenzte, dabei aber vielfältige Region durchaus ein. Zu den Hauptzielen zählen die viel besuchten Klöster *Agía Zóni* und *Zoodóchos Pigí* sowie die Strandbuchten von *Kérveli* und *Posidónio*, in denen es auch Tavernen und einige wenige Unterkünfte gibt. Geradezu ein Wallfahrtsort für Sonnenanbeter ist der südlich der Hauptstadt mit tollem Blick auf die Türkei gelegene Strand *Psilí Ámmos*, der zur Sommersaison per Bus und rund ums Jahr auch auf Wanderung 3 zu erreichen ist. Weniger häufig aufgesucht wird das Gebiet um den kleinen Weiler *Agía Paraskeví* nördlich der Stadt, obwohl sich auch hier immer wieder reizvolle Panoramen bieten.

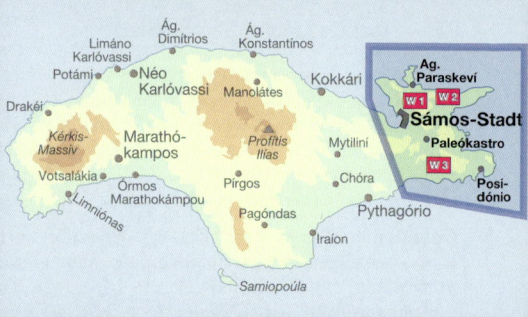

Sámos-Stadt (Vathí)

Von ihrer schönsten Seite zeigt sich die Inselhauptstadt bei der Ankunft mit der Fähre: Am Ende des tief eingeschnittenen Golfs von Vathí staffeln sich die Häuser wie ein Amphitheater, überragt von steil ansteigenden Hügeln, auf deren Gipfeln blanker Fels das dichte Grün durchbricht.

Aus der Nähe betrachtet, erweist sich zumindest das Zentrum von Sámos-Stadt als nicht mehr gar so malerisch, sondern als eher neuzeitlich, quirlig und alltagsorientiert. Tourismus findet durchaus kräftig statt; am Angebot an Hotels, Restaurants, Bars und Souvenirständen gibt es nichts zu mäkeln. Im Vergleich zu Pythagório und Kokkári, den beiden anderen Städtchen des Inselostens, stellt Sámos gleichzeitig jedoch geradezu eine Heimstatt griechischen Alltags dar. Immerhin etwa 8000 Einwohner leben in der größten Siedlung der Insel, durchaus genug, um die Uferpromenade auch außerhalb der Saison nicht völlig verwaisen zu lassen.

Auf den ersten Blick erstaunen mag die große Zahl der Besucher, die sich für ein paar Tage oder gar Wochen in der Hauptstadt einquartieren, gibt es hier doch praktisch keine brauchbaren Strände, vom winzigen Strand von Gángou einmal abgesehen. Mit Badefreuden kann Sámos-Stadt deshalb kaum dienen, zumal die Wasserqualität der Bucht insgesamt nicht die beste ist.

Als Ausgangspunkt für Inselentdeckungen bleibt das Städtchen trotz dieses Mankos aber erste Wahl: Trotz seiner geographischen Randlage bildet Sámos-Stadt das Zentrum nicht nur des Fähr-, sondern auch des Busverkehrs, eignet sich deshalb gerade auch als Standort für Wanderer. Im Ort finden sich die besten Einkaufsmöglichkeiten der Insel, außerdem das schönste und am besten bestückte Museum von Sámos. Und in der Umgebung kommen dann auch Strandliebhaber auf ihre Kosten …

Zur Benennung: Eigentlich heißt die Hauptstadt seit geraumer Zeit offiziell ja *Sámos*, doch ist im Alltagsgebrauch der alte Name *Vathí* vorherrschend geblieben.

Auf Bus- und Fährplänen wird mal der eine, mal der andere Name benutzt, wobei die offizielle Bezeichnung sicher die besseren Zukunftsperspektiven hat. Das kann schon mal zu Verwirrungen führen, zumal statt Vathí auch der Ausdruck Káto Vathí („Unter-Vathí") Verwendung findet. Er dient zur Unterscheidung von Áno Vathí („Ober-Vathí"), der auf einem Hügel im Süden gelegenen Oberstadt, die bis heute den Charakter einer eigenständigen Siedlung trägt.

Orientierung: Sámos-Stadt schmiegt sich halbrund in den Scheitelpunkt des fünf Kilometer langen und bis zu eineinhalb Kilometer breiten Golfs *Kolpos Vathéos*. Mittelpunkt des Geschehens ist die Uferstraße Themistoklí Sofoúli, die meist schlicht als *Sofoúli* (oder *Paralía*) bezeichnet wird und sich rund um das Ende des Golfs erstreckt. Zuletzt war der Boulevard in einem groß angelegten Umbau – der Autoverkehr soll eingeschränkt werden, um mehr Platz für Fußgänger, Radfahrer und Café-Terrassen zu schaffen. Das Ergebnis wird sich sehen lassen können.

Als Promenade und als erste Adresse für Fähragenturen, Hotels und Terrassencafés fungiert die Uferstraße aber nur etwa bis zur Höhe des palmenbestandenen Hauptplatzes *Platía Pythágoras*, der leicht an seiner großen Löwenstatue kenntlich ist. Parallel zur Sofoúli verläuft die Fußgänger- und Einkaufszone *Likoúrgou Logothéti*, die ganz überwiegend vom Tourismus geprägt wird. In ihrer Verlängerung jenseits der Platía Pythágoras trifft sie als *Kapetán Stamátis*, nunmehr mit Geschäften versehen, die vorwiegend den einheimischen Bedürfnissen dienen, auf das zweite Zentrum von Sámos-Stadt: den Bereich um den *Stadtpark*, in dem auch das Rathaus und das Archäologische Museum liegen. Noch weiter südlich entstand eine Verlängerung der Uferstraße in Richtung Kokkári; das immer noch recht öde Gebiet lädt jedoch zum kaum zum Bummeln ein.

Eher als Kuriosum erwähnenswert ist die große Umgehungsstraße, die vom Gebiet bei Tris Ekklisiés (an der Straße Richtung Pythagório) in weitem Bogen oberhalb von Kalámi bis weit hinter das Hospital verläuft; die schnellere Zufahrt zum Krankenhaus war auch das offizielle Argument für diese sehr „großzügig" geplante Umgehung.

Am Rand des Geschehens: der kleine Fischerhafen von Sámos-Stadt

Das alte **Áno Vathí** besetzt die Hänge im Süden des Städtchens. Hier oben lässt sich zwischen den alten, in traditioneller Bauweise errichteten Häusern noch jene Idylle finden, die man unten im betriebsamen Hauptort vielleicht manchmal vermisst. Zumindest einen Spaziergang durch die steil ansteigenden Gassen des ruhigen Ortsteils sollte man in jedem Fall einplanen. Leider entvölkert sich Áno Vathí fast zusehends – noch vor zwanzig Jahren lag die Einwohnerzahl hier um fast ein Viertel höher als heute.

Geschichte

Die Vergangenheit der Siedlung ist vergleichsweise kurz, reicht sicher nicht über die Wiederbesiedelung der Insel im 16. Jh. zurück. Die ersten Häuser entstanden damals im Gebiet von Áno Vathí, das sich in seiner Hanglage vor schnellen Piratenüberfällen einigermaßen sicher fühlen durfte. Erst zu Ende des 17. Jh. wagten sich einige Kaufleute hinunter an die Küste; vorerst nur, um dort einzelne Warenlager zu errichten. Der teilautonome Status, den die Insel ab 1832 erhielt, und der damit

verbundene kräftige Wirtschaftsaufschwung verhalfen der kleinen Küstensiedlung zu einem rasanten Boom. Vom Hafen Káto Vathí wurden die Güter des Hinterlandes verschifft, gingen Wein, Leder, Seife und der einstmals berühmte Tabak von Sámos in alle Welt. Damals und in den folgenden Jahrzehnten entstanden auch die neoklassizistischen, heute teilweise verfallenden, immer häufiger aber aufwändig renovierten Villen, die dem Ortsbild einen eigenen Reiz verleihen. Angesichts des wirtschaftlichen Erfolges war es nur folgerichtig, dass die aufstrebende Siedlung, mittlerweile die größte der Insel, 1855 zur Hauptstadt ernannt wurde.

Einen Stadtplan, dem auch die Lage der einzelnen Hotels und Restaurants zu entnehmen ist, finden Sie in der hinteren Umschlagklappe.

Basis-Infos

Information GNTO-Tourist-Office, Odós Themistoklí Sofoúli 107, an der Uferstraße unweit vom Busbahnhof. Geöffnet ist ganzjährig, die Öffnungszeiten (zuletzt Mo–Fr 8– 15 Uhr) wechseln jedoch gelegentlich. ℡ 22730 28582, ✉ 22730 28530.

Nützliche Adressen Deutsches Honorarkonsulat, direkt an der Platía Pythágo-ras; ℡ 22730 25270, samos@hk-diplo.de. Nur Mo/Mi/Fr vormittags geöffnet.

Krankenhaus: Hospital Sámos, Odós Ippokratous, im Bereich nördlich des Hafens, ℡ 22730 27407.

Post: An der Uferstraße Sofoúli, noch stadtauswärts der Infostelle. Öffnungszeiten: Mo–Fr 7.30–14 Uhr.

Verbindungen

Flug Zum Flugverkehr von/nach Sámos siehe im entsprechenden Einleitungskapitel. Reiseagenturen finden sich in breiter Auswahl entlang der Uferstraße Sofoúli.

Öffentliche Busverbindung zum Flughafen besteht ab der Busabfahrtsstelle Mo–Fr 10-mal, Sa 8-mal, So 4-mal täglich; ein **Taxi** kostet etwa 25 €.

Schiff Sámos-Stadt ist der Hauptfährhafen der Insel. Der Fähranleger (2012 verlegt) befindet sich auf der dem Ortskern gegenüberliegenden Südseite des Golfs und mithin weit entfernt vom Zentrum; ein Taxi dorthin kostet etwa 5 €. Diesen sog. „Malagári-Port" nutzt die große Mehrzahl der Fähren mit Ausnahme der Türkeiverbindungen, die auf das Zollgebäude am alten Fährhafen im Zentrumsbereich angewiesen sind. Leider kann man sich auf diese Einteilung jedoch nicht völlig verlassen (z. B. bei schlechtem Wetter), erkundigen Sie sich deshalb besser vorher genau, wo Ihre Fähre ablegt.

Reisebüros und Agenturen für Fährschiffe finden sich an der Uferstraße Sofoúli, zwischen Hafen und Platía Pythágoras. Für die Fähren nach Piräus existieren mehrere Reedereien, die jeweils nur von einer Agentur vertreten werden – Auskünfte über die Abfahrten der Konkurrenz sind dort kaum erhältlich. Es empfiehlt sich also, bei mehreren Agenturen nachzufragen. Hier nur zwei gewöhnlich sehr gut informierte Adressen:

By Ship Travel, nahe altem Fähranleger und Hotel Sámos, ℡ 22730 25065, www.byshiptravel.gr.

Samos Travel Services, gleich nebenan. Manolis kennt sich bestens aus, auch bei Türkei-Tickets. Sofoúli 7, ℡ 22733 00506, www.samostravelservices.gr.

Fähren nach Ikaría-Piräus: Zur Hochsaison 4-mal, in den Randzeiten 2- bis 3-mal pro Woche; Fahrzeit nach Ikaría ab Sámos-Stadt etwa 2,5 Stunden; nach Piräus 12–15 Stunden. Ikaría p.P. (Deck) etwa 10 €; Piräus etwa 40 € (Deck) bzw. 80 € (Zweibett-Außen-Kabine).

Fähren nach Foúrni: Ein Teil (nicht alle!) der Ikaría-Piräus-Fähren legt auch in Foúrni an, Fahrpreis etwa 8 €. Zusätzliche Lokal-Verbindungen bestehen ab Karlovassi, s. dort.

Fähre nach Chíos-Lésbos-(Kavála): Abfahrten selbst im Sommer nur 2-mal pro Woche, Deckspassage nach Chíos 13 €, Lésbos 18 €.

Weitere Fährverbindungen bestehen nach Syros, Mykonos und Kavála, nach Pátmos nur ab Pythagório.

Türkeiausflüge: Im Sommer fast tägliche Abfahrten nach Kuşadası (kein Fahrzeugtransport!), dem Ausgangspunkt für die Besichtigung von Ephesus per Taxi oder Minibus; Preis nach Kuşadası hin und zurück inklusive Hafentaxen ab etwa 50 € (die Preise wechseln leider häufig). Es gibt auch organisierte Touren nach Ephesus, p. P. etwa 75 €. Achtung, Österreicher benötigen einen Reisepass nebst Visum (erkundigen Sie sich bitte bei der Agentur genau über den aktuellen Stand), für Deutsche und Schweizer reicht der Personalausweis.

Bus   KTEL-Busbüro am südlichen Rand des Zentrums, Odós Lekati 6, nahe der Kreuzung zur Odós Kanári, ✆ 22730 27262. Personal teilweise englischsprachig, Tickets im Bus erhältlich; nur hier im Büro gibt es das „24-Hour-Ticket" (24 Stunden freie Fahrt für 9 €), das sich für Hin- und Rückfahrt zu entlegeneren Zielen (Drakéi einfach kostet bereits mehr) lohnen kann. Aktualisierte Fahrpläne hängen aus, sind manchmal auch als Fotokopie erhältlich. Die Abfahrtsstelle selbst liegt 50 m entfernt an der Uferstraße, für Wartezeiten gibt es ein nettes und preisgünstiges Café. Alle folgenden Angaben beziehen sich auf den Sommerfahrplan, der etwa von Anfang Juli bis Ende September in Kraft ist. Auch außerhalb dieses Zeitraums sind die Verbindungen zu größeren Siedlungen relativ gut, zu Stränden und Ferienorten dagegen deutlich schlechter bzw. ganz eingestellt. Eine Auswahl unter den bestehenden Verbindungen: Busse nach Pythagório und zum Airport verkehren Mo–Fr 10-mal (nach Pythagório zusätzlich 1-mal via Mytilíni), Sa 8-mal, So 4-mal täglich; nach Iraíon Mo–Fr 5-mal, Sa 3-mal täglich. Nach Karlóvassi via Kokkári und die Nordküste Mo–Fr 6-mal, Sa 5-mal, So 3-mal täglich; Votsalákia wird Mo–Fr 1-mal angefahren, weiter via Kallitheá bis zum Endpunkt Drakéi nur 1-mal pro Woche. Nach Vourliótes außerhalb der Schulzeit nur 2-mal wöchentlich (Mo/Fr), zur Schulzeit besteht Mo–Fr eine Verbindung täglich; in beiden Fällen ist keine Rückfahrt am selben Tag möglich. Nach Psilí Ámmos

Aufwändig renoviert: typisches Haus

(Ost) nur etwa Mitte Juni bis Anfang/Mitte September, dann Mo–Fr 2-mal täglich. Inselrundfahrten mit der KTEL werden zur Saison jeden Sonntag (ganztags, ca. 30 €) und Mittwoch (halbtags, 17 €) angeboten, Absprache mit dem Büro der Busgesellschaft ist jedoch nötig.

Mietfahrzeuge   Agenturen in breiter Auswahl an der Uferstraße Sofoúli und im Gebiet nördlich des Hafens. Durch die starke Konkurrenz ergeben sich recht günstige Preise, vor allem bei Zweirädern – Preisvergleiche lohnen sich immer! Einige Adressen:

Pegasus, Autos und Zweiräder, direkt beim Fähranleger; freundlich geführt. ✆ 22730 24470.

Aramis/Sixt, in der Nähe, Autos und Zweiräder, ✆ 22730 23253.

Auto Union, Autos und Zweiräder, darunter auch eine Auswahl an Fahrrädern; Sofoúli 17, ✆ 22730 27444.

Manos, Autos und Zweiräder, ein paar Schritte hinter der zentralen Uferstraße. Grammou-Str., ✆ 22730 23309.

Taxi   Taxistand bei der Nationalbank (Nähe Platía Pythágoras), ✆ 22730 28404. Preisbeispiele: Pythagório 18 €, Karlóvassi-Hafen 38 €.

Übernachten  → Karte Umschlagklappe hinten

Reiche Auswahl, Preise aufgrund der Konkurrenzsituation relativ gemäßigt.

Zentrum Die Hotels im Herzen der Stadt liegen günstig für Reisende, die Sámos mit dem Bus erkunden wollen, aber auch für alle diejenigen, die gerne städtisches Ambiente vor der Haustür haben. Ein offensichtlicher Nachteil ist natürlich, dass es hier nicht immer ruhig zugeht.

*** **Hotel Aeolis** 🔟, zentral an der Uferstraße gelegen; ein ausgesprochen komfortables, hübsch eingerichtetes Hotel mit klassizistischen Anklängen. Zimmer und Balkone teilweise mit hübscher Aussicht zum Golf; nachts weniger laut, als es den Anschein hat. Dachterrasse mit Pool. Ganzjährig geöffnet. DZ/F etwa 75 €. Sofoúli 33, ✆ 22730 28904, www.aeolis.gr.

** **Sámos City Hotel** 🔠, ebenfalls an der Uferstraße, fast direkt am Hafen. Zimmer mit Blick und Balkon zum Golf, Dachterrasse mit kleinem Pool. Beliebtes Café angeschlossen. Ganzjährig geöffnet. Ein recht großes Hotel, das teurer aussieht, als es ist. DZ nach Saison 60–75 €, und das bei durchaus ordentlichem Komfort. Sofoúli 6, ✆ 22730 28377, www.samoshotel.gr.

** **Hotel Paradise** 4️⃣, knapp außerhalb des Zentrums und sehr günstig zum Busbahn-hof gelegen. Recht großes, lang gestrecktes Gebäude, ein Teil der Zimmer mit schöner Aussicht auf Gärten und Áno Vathí; hübscher Pool. Viele Gruppen, aber auch Platz für Individualreisende. Geöffnet Mai bis Oktober. DZ/F etwa 50–70 €. Kanari 21, ✆ 22730 23911, www.samos-paradise.gr.

* **Hotel Artemis** 5️⃣, südöstlich nahe der Platía Pythágoras. Nicht gerade das jüngste und ruhigste Hotel der Stadt, jedoch saubere Zimmer und ein freundlicher Besitzer, der nach dem Motto: „Nicht verzagen, Kostas fragen" bei Problemen weiterhilft. DZ/Du etwa 25 €; Aircondition geht extra. Odós Kontaxi 4, ✆ 22730 27029 und 22730 27792, www.artemis-samos.gr.

≫ Mein Tipp: Pension Dreams 6️⃣, ein Stück oberhalb der Einkaufszone. In dieser Kategorie eine sichere Empfehlung: moderne Zimmer und Bäder, alle mit Kühlschrank, AC und TV, z. T. auch mit kleiner „Küche". Die Zimmer nach hinten bieten die schönere Aussicht und Balkone; Nummer 7 hat sogar Zugang zu einer großen Dachterrasse mit prima Blick und ist deshalb sehr gefragt. Der umtriebige, geschäftstüchtige Eigentümer Kostas spricht

Weit geschwungen: die Hafenbucht der Hauptstadt

gut Englisch und Französisch. Ganzjährig geöffnet, Heizung. Reservierung ratsam. DZ/Bad je nach Saison und Ausstattung etwa 25–35 €; Einzelreisende müssen hart verhandeln können. Odós Areos 9, ✆ 22730 24350, Mobil 697 6425195. ≪

Kalámi Ein nordwestlicher Vorort von Sámos-Stadt. Zahlreiche Hotels, die hauptsächlich von Reiseveranstaltern gebucht werden. Überwiegend ruhige Lage, vom Ortskern aber eine ganze Ecke entfernt; der Fußweg entlang der schmalen, zeitweise viel befahrenen Straße ist zudem recht unangenehm.

*** **Hotel Samian Blue** 🄳, direkt beim kleinen Strand von Gángou. Das ehemalige „Ionia Maris", 1991 errichtet und 2012 nach Renovierung unter neuem Namen wiedereröffnet. Sehr ordentlich in Ausstattung und Service; Pool, ruhige Lage. DZ nach Lage und Saison etwa 65–95 €. ✆ 22730 28428, www.samianbluehotel.com.

*** **Hotel Mirini** 🄷, mit jener fantastischen Aussicht auf den Golf, die das „Samian Blue" bei allem Komfort vermissen lässt; herrliche Terrasse, ein traumhafter Platz fürs Frühstück oder den Cocktail am Abend. Manko, wie erwähnt: Schon zum Hafen läuft man eine knappe Viertelstunde. Unterhalb der Hauptstraße Kallistratou, geöffnet etwa Mai bis September. DZ nach Lage und Saison etwa 50–70 €. ✆ 22730 28452, www.mirini.com.

Studios Melamfilo 🄴, noch etwa einen Kilometer hinter der Abzweigung zum Gángou-Strand – ohne Fahrzeug wird man hier wohl nicht glücklich. Griechisch-schwedische Leitung. Acht hübsche und gut ausgestattete Studios, alle mit Balkon/Terrasse zum Meer; Dachterrasse mit Whirlpool. Geöffnet etwa April–Oktober, auf Anfrage auch außerhalb dieser Zeit. Zweier-Studios kosten etwa 35–50 €. ✆ 22730 28261, www.samos-studios.eu.

Essen & Trinken

→ Karte Umschlagklappe hinten

Die Auswahl an Restaurants ist groß, das Preisniveau liegt vielfach unter dem anderer Orte der Insel.

Restaurants & Tavernen Taverne O Tassos 🄳, Nähe Hospital. Ein bekannter Name – die Besitzerfamilie ist seit vielen Jahren in der Gastronomie der Inselhauptstadt tätig. Fantastische Lage direkt am Ufer, schöner Blick auf den Sonnenuntergang, Meeresrauschen … Nur abends geöffnet. Gutes Preis-Leistungs-Verhältnis (Mezédes!); mehrere Leser waren sehr zufrieden.

Taverne The Steps 🄸, in einer Treppengasse oberhalb der Kountouriotou-Straße, zu erreichen über die namensgebenden Stufen. Schöne Aussicht über die Bucht, ordentliches Essen, leicht gehobene Preise. Nur abends geöffnet.

Mezedopolío Rakomeládiko 🄼, direkt in der Fußgängerzone Likoúrgou Logothéti, weshalb mancher eventuell an eine Touristenfalle denkt. Weit gefehlt: Es handelt sich um einen sympathischen Familienbetrieb, der mit guter Küche und soliden Preisen auch viele Einheimische anzieht. Gut sind besonders die Fleischgerichte und die Vorspeisen. Zweimal wöchentlich Live-Musik.

Taverne To Steki 🄼, nur ein paar Schritte weiter, versteckt in einer Art Innenhof.

Freundlich geführte Familientaverne, unter den aktuellen Besitzern seit 2004 in Betrieb. Sympathischer Service, ordentliche Küche.

Taverne The Garden 🄷, sozusagen eine Etage höher im Ort, von mehreren Lesern empfohlen. Hier sitzt man hübsch im Freien unter einem ausgedehnten Blätterdach und speist griechische Standardkost; die Küchenqualität hat nach dem Wechsel des Kochs zugelegt. Zweimal pro Woche Live-Musik.

Taverne Zen 🄸, wenn es direkt an der Hafenpromenade sein soll. Kleiner, freundlicher Familienbetrieb, gute Auswahl insbesondere an Vorspeisen, prima Fleischgerichte, recht günstige Preise. Von Lesern gelobt.

≫ **Mein Tipp:** Ouzerí Pará 5 🄳, ebenfalls an der Promenade, bei der Katholischen Kirche und neben dem Fahrzeugvermieter Auto Union. Hier steht ganz nach urgriechischer Art die große Kunst der kleinen Teller im Vordergrund. Vernünftige Preise, viele Einheimische; professioneller und freundlicher Chef, der früher das bekannte (jetzt geschlossene) Restaurant „Avlí" betrieb. Leider mit unsicherer Zukunft. ≪

Taverne Artemis 🔟, sozusagen um die Ecke, an der Uferstraße noch hinter dem Hafen. Eine solide, langjährig eingeführte Familientaverne, am Wochenende bei den Einheimischen sehr beliebt.

Taverne Ta Kotópoula 🔟, auf dem Weg nach Áno Vathí, an der Kreuzung mit der Straße nach Kamára. In dem Traditionsbau und auf der vorgelagerten Terrasse kommt reichlich gutes Essen auf den Teller; Spezialität ist, wie der Name schon sagt, Hühnchen. Auch bei den Einheimischen beliebt.

Cafés und Snack-Bars Reiche Auswahl um die Platía Pythágoras, tagsüber und auch abends ein beliebter Treffpunkt zum Sehen und Gesehenwerden.

Café Museum 🔟, im Stadtpark, ein Lieblingsplatz fürs Frühstück oder einen Frappé am Nachmittag – schöner als unter dem dichten Grün des wuchernden Pflanzendschungels kann man in Sámos kaum sitzen.

Ex-Café Europa 🔟, in strategischer Lage direkt an der Hafenpromenade, prima beispielsweise für einen frühen Happen oder einen letzten Schluck am Abend. Zuletzt geschlossen, soll jedoch unter neuem Besitzer und neuem Namen wieder öffnen.

Bar Ta Filarákia 🔟, im Gassengewirr von Áno Vathí bei der Kirche Agía Matrona. Rustikale Kneipe der alten Schule, Terrasse unter Weinblättern, Inneneinrichtung mit kuriosen Details. Zu essen gibt es meist nur Kleinigkeiten, doch die Atmosphäre ist erlebenswert. Früh kommen, die Bar schließt oft schon vor 22 Uhr.

Kneipen/Nachtleben

Traditionell beginnt der Abend mit der Vólta, einem Bummel entlang der von zahlreichen Cafés und Bars gesäumten Uferstraße. Auch an der Platía Pythágoras finden sich viele Music-Cafés.

Bar Escape, im Gebiet hinter dem Hafen, in Richtung Hospital linker Hand. Kleine, romantische Freiluftbar in toller Lage über dem Meer. Die Musik nimmt leider nicht immer Rücksicht auf das lauschige Ambiente. Innen kann getanzt werden. Beliebt bei der griechischen Jugend, vergleichsweise günstige Getränkepreise. Im Umfeld liegen weitere, ähnliche Bars wie **Banana**, **1898** oder **Mezza Volta**.

Cine Olympia, an der Gymnasiarchou Katveni, nicht weit vom Archäologischen Museum. Im Sommer laufen die Filme (wie in Griechenland üblich meist Originale mit Untertiteln) auf der Dachterrasse.

Cine Rex, bei den Einheimischen als Ausflugsziel beliebtes Open-Air-Kino im Dorf Mytiliní, siehe dort.

Einkaufen

Haupteinkaufsstraßen sind die Fußgängerzone Likoúrgou Logothéti und ihre Verlängerung Kapetán Stamátis. Neben Souvenirshops, Fotohandlungen und Schuhgeschäften finden sich hier auch diverse Bäckereien und kleine Lebensmittelläden. Obwohl nicht mehr gesetzlich verpflichtet, schließen viele kleinere Geschäfte im Zentrum am Montag-, Mittwoch- und Samstagnachmittag.

Markt Von Montag bis Samstag werden vormittags bei der Kirche Ágios Spyrídon Stände aufgestellt. Im Angebot sind Obst und Gemüse, aber auch guter Honig, Kräuter, im Herbst getrocknete Feigen etc.

Supermärkte Carrefour, die einzigen großen Supermärkte im Stadtgebiet selbst; einer liegt im Gebiet hinter dem Rathaus unterhalb der Odós Kanari, der andere an der Odós Kanari 22, ein paar Blocks stadtauswärts vom Busbüro und dem Hotel Paradise.

Chatzikostas, auf dem Gelände der E.O.S.S.-Weinkellerei, nahe der Straße Richtung Kokkári, etwa zwei Kilometer außerhalb der Stadt. Natürlich gibt es hier auch die gleich nebenan gekelterten Weine.

Bazaar, südlich außerhalb der Stadt Richtung Pythagório, im Gebiet von Trís Ekkli-

Frische Produkte der Insel: Markt bei der Spyrídon-Kirche

siés („Drei Kirchen") an der Abzweigung nach Posidonio/Psilí Ámmos.

Lidl, eine Filiale der bekannten Kette, ein paar hundert Meter von Bazaar in Richtung Pythagório. Die hiesigen Tiefpreise machen der alteingesessenen Konkurrenz schwer zu schaffen.

Wein, Oúzo   Frantzeskos an der Platía Pythágoras. Gute Auswahl an Wein und Spirituosen. Der Oúzo ist sozusagen hausgemacht, stammt von der größten Oúzo-Fabrik auf Sámos. Eine Filiale liegt an der Sofoúli 109, neben der Infostelle.

Giokarini, an der Südseite des Stadtparks. Auch hier Verkauf von Oúzo aus eigener Herstellung, nach Meinung vieler Einheimischer der beste der Insel.

Baden: Wie erwähnt, sind die Möglichkeiten um den Stadtbereich leider sehr bescheiden. Das Wasser im Golf von Vathí steht zudem nicht gerade im Ruf besonderer Sauberkeit. Viele Einwohner und Besucher fahren deshalb zum Baden lieber nach Psilí Ámmos (→ „Umgebung") oder auch an die Strände von Kokkári, s. dort.

Gángou-Strand: Noch im nördlichen Stadtbereich, etwa eineinhalb Kilometer vom Hafen. Kleine Bucht mit grobem Kies (Badeschuhe!), Sonnenschirmen und Taverne, von den Gästen der umliegenden Hotels dicht belagert.

Sehenswertes

An Sehenswürdigkeiten bietet Sámos-Stadt mehr Klasse als Masse. Altehrwürdige Bauten wird man in der vergleichsweise jungen Siedlung natürlich vergebens suchen. Höhepunkte eines Stadtbummels sind das hervorragend bestückte Archäologische Museum und der romantische Ortsteil Áno Vathí.

Sofoúli/Platía Pythágoras: Die von Hotelbauten, neoklassizistischen Häusern und einer katholischen Kirche gesäumte Uferpromenade zwischen Hafen und Platía ist der Lebensnerv der Stadt. Am Abend ab etwa zwanzig Uhr füllen sich die Terrassen-

Bewacht vom „Löwen der Freiheit": die Platía Pythágoras

cafés mit Einheimischen und Touristen. Alle Stühle sind so postiert, dass jeder den Boulevard im Blick behalten kann: Hier nämlich spielt sich die allabendliche Vólta ab, der fast rituelle Spaziergang. Auf und ab flanieren die herausgeputzten Pärchen, Teenagergruppen und Familien, die Wendepunkte bilden der Hafen und die Platía Pythágoras. Auch die Cafés des Hauptplatzes sind am Abend dicht belagert. Über die Platía wacht der 1930 aufgestellte Marmorlöwe, der an den griechischen Freiheitskampf erinnert.

Byzantinisches Museum: Früher im Bischofspalast untergebracht, dann ins Gebiet hinter der Einkaufsstraße Logothéti umgezogen, präsentiert das Byzantinische Museum praktisch ausschließlich kirchliche Kunst des 15.–19. Jahrhunderts, darunter kostbare Ikonen und Messgewänder, üppig versilberte Kruzifixe und Gefäße, reich mit Gold und Silber verzierte Bücher etc. Lange geschlossen, hat das Museum seit einigen Jahren zumindest offiziell wieder geöffnet (Mo–Sa 9–14 Uhr; Eintrittsgebühr 1,50 €); falls man dennoch vor verschlossenen Türen steht, lohnt sich eventuell eine Anfrage bei der Kirchenverwaltung um die Ecke.

Mitrópolis: Die große Kathedrale der Stadt, dem Heiligen Nikolaus geweiht, erhebt sich an der Platía Agiou Nikoláou, nur einen Katzensprung vom geschäftigen Treiben der Einkaufszone entfernt. Sie entstand zwar erst Mitte des 19. Jh. und birgt auch keine herausragenden Kunstschätze, ist aber innen recht üppig ausgestattet und sehr farbenprächtig mit byzantinisch inspirierten Fresken bemalt.

Stadtpark: Mit dem hübschen Café ein angenehmes Plätzchen für eine Rast. Entstanden ist der kleine, aber sehr vielfältig mit Büschen und hohen Bäumen begrünte Park im 19. Jh. als Palastgarten des von den Türken eingesetzten, jedoch griechisch-orthodoxen Hegemonen. Der zugehörige Palast hat die Bombardierungen des Zweiten Weltkriegs leider nicht überstanden.

Ágios Spyrídon: Schräg gegenüber dem Park steht die in üppigem Marmor gehaltene Kirche des Hl. Spyrídon, Stiftung des reichen Tabakhändlers Paschális aus dem

Jahr 1909. Auch die Innenausstattung wurde überwiegend aus Spenden dieser Zeit bestritten; einige Ikonen sind allerdings älteren Datums. Stolz sind die Einwohner auf die geschichtliche Bedeutung der Kirche: 1912 wurde hier offiziell der Anschluss der Insel an Griechenland gefordert.

Rathaus: Nordöstlich der Kirche und direkt hinter dem Stadtpark gelegen, bildete das alte Rathaus zur Zeit der Autonomie den Tagungsort der Nationalversammlung. Ein Blick in das zu den Bürozeiten zugängliche Gebäude lohnt sich.

Archäologisches Museum

Die beste archäologische Sammlung von Sámos, gleichzeitig eine der schönsten Sammlungen dieser Art, die man auf griechischen Inseln überhaupt bewundern kann, verteilt sich auf zwei Gebäude im Umfeld des Rathauses.
Di–So 8–15 Uhr; Eintrittsgebühr 3 €, Studenten und Rentner 2 €.

Neubau: Er wurde aus Mitteln der Volkswagenstiftung errichtet; bei der Einweihung war denn auch der damalige Bundespräsident Richard von Weizsäcker persönlich zugegen. Ausgestellt sind hier Skulpturen aus dem Gebiet des bedeutenden, nahe Pythagório gelegenen Heiligtums *Heraíon*. Ein Plan dokumentiert die Ausgrabungsstätte, Erklärungen gibt es auch in deutscher Sprache. Zu den berühmtesten Exponaten zählt die (kopflose) *Figurengruppe des Geneleos*, entstanden um 560/540 v. Chr. und benannt nach dem Bildhauer, der sie schuf. Frontal stehen die verbliebenen Mitglieder der sicher wohlhabenden Familie zum Betrachter. Ursprünglich waren es, den Aussparungen im Sockel nach zu schließen, sechs Personen; ganz rechts außen und im Gegensatz zu den anderen liegend dargestellt, befand sich wohl der Vater, der auch der Auftraggeber gewesen sein dürfte. Den Höhepunkt der im Heraíon gemachten Funde bildet jedoch eine riesige Jünglingsstatue aus archaischer Zeit, ein Kouros. Wie alle Jünglingsfiguren (Kouroi) jener Epoche ist sie nackt, im Gegensatz zu den Mädchenfiguren (Koren), die immer bekleidet dargestellt waren. Eines aber hatten beide Geschlechter gemeinsam: Alle erhalten gebliebenen Köpfe tragen den Ausdruck eines feinen Lächelns.

Altbau: Wie die Kirche des Hl. Spyrídon vom Tabakhändler Paschális gestiftet und deshalb auch Paschálion genannt, birgt der Altbau des Museums eine Vielzahl kleinerer, dabei dennoch sehr bedeutender Stücke.

Im *Erdgeschoss* werden im Nordraum prähistorische, geometrische und archaische Funde ausgestellt; im Südraum stammen sie vor allem aus dem Heraíon des 6. Jh. v. Chr., als Sámos seine Blütezeit erlebte. Zu sehen sind außerdem kunstvoll gestaltete Gegenstände aus ägyptischen, persischen und orientalischen Werkstätten, die die vielfältigen Handelsbeziehungen der Insel verdeutlichen. Bereits ab dem 7. Jh. v. Chr. beeinflusste dieser rege Austausch die samische Kunst.

Importierte Kunstobjekte sind zusätzlich im *Obergeschoss* ausgestellt, darunter zahlreiche sehr schöne Stücke aus Zypern und aus Ägypten: Skarabäen, Katzen, Ibisse, Horusfalken und der füllige Fruchtbarkeitsgott Bes. Der Schwerpunkt im Obergeschoss liegt jedoch auf zwei besonders ungewöhnlichen und bemerkenswerten Sammlungen: Die eine umfasst sehr seltene *Votivgaben* aus Holz und Elfenbein, die sich im immerfeuchten, luftundurchlässigen Boden des Heraíon gut erhalten haben und durch ein spezielles Präparationsverfahren nach ihrer Entdeckung geschützt werden konnten. Die andere Sammlung zeigt zahlreiche *Greifenköpfe*, die an Weihkesseln und Haustüren des 8.–6. Jh. v. Chr. angebracht waren und zur Abwehr von Bösem dienen sollten.

Der Osten um Sámos-Stadt → Karte S. 93

Der kolossale Kouros von Sámos

Schon seit langem besaß das Museum den linken Oberschenkel und Arm einer offensichtlich riesigen Jünglingsstatue archaischer Zeit. 1973 fand man dann den rechten Oberschenkel. 1980 erhielten die drei einsamen Körperteile des 6. Jh. vor Christus unerwartete Gesellschaft: Im Heraion stießen deutsche Archäologen auf den zugehörigen, massiven Körper aus geädertem

Marmor. Dem Aufstellen des Kouros stand jetzt eigentlich nichts im Wege; nur ein für solche Ausmaße und Gewichte geeigneter Raum fehlte. Nachdem der Boden extra um zwei Meter abgesenkt worden war, fand sich im Museumsneubau doch ein geeignetes Plätzchen. Allerdings musste erst eine Mauer eingerissen werden, um den mächtigen Leib überhaupt in das Gebäude hineinzubringen. 1984 folgte die nächste Sensation, als Grabungen auch den Kopf des Kolosses zutage förderten. Um ihn richtig zu platzieren, wurde diesmal die Decke des Raums angehoben.

Und so steht er nun fast vollständig im Museum, der größte seiner Art überhaupt, gute vier Tonnen schwer, fast fünf Meter hoch – und lächelt.

Áno Vathí

Südlich oberhalb der Hauptstadt, an einem Hang zwischen zwei Hügelkuppen gelegen, war Áno Vathí ab dem Ende des 17. Jh. Ausgangspunkt der Küstenbesiedelung. Auch heute noch erinnert hier vieles an alte Zeiten, zeigt sich die Atmosphäre entspannt und fast dörflich. Ein Bummel durch das romantische Ensemble aus traditionellen Häusern, bunten Blumenkanistern, sehenswerten Kirchen und hübsch gepflasterten Treppengassen lohnt sich trotz des anstrengenden Aufstiegs, der vom Zentrum aus eine gute Viertelstunde in Anspruch nimmt. Einen Hauptplatz gibt es in Áno Vathí nicht, stattdessen vereinzelte, oft hübsch weinüberrankte Kafenía und Bars. In den engen, steilen Gassen kann man sich leicht einmal verlaufen, doch gehört dies zu einem Ausflug hierher fast dazu. Auffällig ist die Bauweise der Häuser, deren oberes Stockwerk, von Holzbalken gestützt, balkonartig den Grundriss überragt – so schuf man Wohnraum und ließ gleichzeitig Platz in den Gassen. Obwohl das ganze Gebiet unter Denkmalschutz steht, verfällt leider ein Teil der oft noch bis ins 18. Jh. zurückgehenden Bauten, doch werden auch wieder einige der alten Häuser restauriert.

Felsinseln im Meer: Ausblick vom Kirchlein Profitis Ilías (→ Wanderung 1)

Richtung Kokkári

Museum of Sámos Wines: Auf dem Gelände der Winzergenossenschaft E.O.S.S., in Ufernähe ganz im Süden der Bucht und etwa 2,5 Kilometer vom Zentrum entfernt gelegen, wurde 2005 ein Weinmuseum eröffnet. Erläuterungen gibt es bislang nicht, und auch die Menge der Exponate ist überschaubar. Beeindruckend sind das alte Gebäude und die riesigen Fässer jedoch allemal. Abgerundet wird der Besuch durch eine Verkostung diverser Sorten von Sámos-Wein.

Lage und Öffnungszeiten: Von der Uferstraße kommend dem Supermarkt-Schild auf das Gelände folgen, dann gleich rechts. Geöffnet ist Mo–Fr 8–20 Uhr, Sa 9–16.30 Uhr, Eintrittsgebühr 2 €.

 Wanderung 1: Zur Aussichtskapelle des Propheten Elias   → S. 216
Hoch über der Hauptstadt

Die Umgebung von Sámos-Stadt

Der Osten der Insel erschließt sich am besten mit dem eigenen oder geliehenen Fahrzeug, die nähere Umgebung der Hauptstadt auch zu Fuß – die Distanzen sind gering.

Nach Norden bis Agía Paraskeví

Nicht unbedingt ein Badeausflug, da die Strände unterwegs überwiegend von eher gebremstem Reiz sind. Dafür jedoch eine schöne Fahrradtour, als Teilstrecke auch ein angenehmer Spaziergang. Stolze Besitzer frisch gemieteter Fahrzeuge sollten etwas Vorsicht walten lassen oder die neue Umgehungsstraße benutzen: Der Verkehr ist zwar mäßig, das Sträßchen aber arg schmal und der Sinn der Entgegenkommenden für das Rechtsfahrgebot oft wenig ausgeprägt.

Vom Hafen geht es in nördlicher Richtung zunächst durch die locker gebaute Hotelsiedlung Kalámi, danach durch eine ruhige, fruchtbare Gartenlandschaft, in der nur mehr vereinzelte Villen stehen. Unterwegs bieten sich immer wieder schöne Ausblicke auf den Golf, besonders reizvoll gegen Abend. Beim *Kap Kótsikas*, knapp fünf Kilometer vom Hafen entfernt, wandelt sich die Landschaft und wird herber. Vorgelagert sind einige spärlich bewachsene Felsinseln. Kurz danach trifft man auf das in Militärbesitz befindliche Kloster *Panagía Kótsika* (Fotografierverbot!). Der Strand *Asprochóri*, etwa drei Kilometer weiter, ist über eine Piste linker Hand zu erreichen; die scharfkantigen Felsen und groben Steine sind den kurzen Abstecher kaum wert. In der Nähe der Abzweigung zum Strand führt ein rechter Hand ansteigendes, zunächst asphaltiertes Sträßchen südlich um Agía Paraskeví herum zur steinigen Bucht von *Galázio* und im weiteren Verlauf als Piste bis nach Kamára auf der Hochebene von Vlamári, siehe auch weiter unten.

Livadaki-Strand: Dieser kleine, erschlossene Strand lohnt einen Umweg schon eher, auch wenn die kurz vor Agía Paraskeví nach Norden abzweigende, beschilderte Zufahrt über eine gut 2,5 Kilometer lange, eher mäßige Piste führt. Die Betreiber haben eine Bar eröffnet und offerieren Sonnenschirme und Liegen; der Strand aus Kieseln und Sand erstreckt sich in einer engen Bucht und fällt im Wasser nur langsam ab.

Vlamári und die Klöster Agía Zóni und Zoodóchos Pigí

Die beiden Klöster Zoodóchos Pigí und Agía Zóni, beide östlich von Sámos-Stadt gelegen, bilden beliebte Ausflugsziele, werden aber auch auf Wanderung 2 berührt. Von Urlaubern abgesehen, ist das Verkehrsaufkommen sehr gering.

Enge Gassen, alte Häuser: Áno Vathí

Vlamári-Hochebene: Östlich oberhalb der Stadt, zu erreichen über ein kurvenreich ansteigendes Sträßchen, das zwischen dem Ortszentrum und Áno Vathí an der Kreuzung bei der Taverne Ta Kotópoula beginnt, erstreckt sich eine fruchtbare kleine Hochebene. Vlamári war einmal die Kornkammer und das Gemüsebeet der Stadt Sámos, doch ist auch hier die Landflucht spürbar: Nur vereinzelt noch werden die Felder bestellt, viele liegen brach.

Moní Agía Zóni (Do 10–12, 17–20 Uhr, sonst 10–14, 17–20 Uhr): Kurz nach Erreichen der Hochebene gabelt sich das von Sámos-Stadt kommende Sträßchen. Geradeaus geht es zum Weiler Kamára und zum Kloster Zoodóchos Pigí, nach rechts zunächst zum kleinen Dorf Agía Zóni und zum gleichnamigen Kloster. Agía Zóni, gegründet 1695, macht mit seinen hoch angesetzten Fenstern einen

wehrtüchtigen Eindruck, zeigt sich aber im Innenhof von friedlichem Grün. Die wertvollen Fresken, mit denen die Kirche fast komplett ausgemalt ist, sind leider in Mitleidenschaft gezogen. Sehenswert ist auch die schön geschnitzte Ikonostase von 1801, die Szenen aus dem Alten und dem Neuen Testament zeigt. Nach Süden zu ließe sich der Ausflug über die Verbindungsstraße hinüber zu den Buchten von Kérveli und Posidónio ausdehnen, das in nördliche Richtung verlaufende Sträßchen führt hingegen weiter nach Kamára und Zoodóchos Pigí.

Feste: Panijiri, Kirchweihfest der Klosterkirche, alljährlich am 31. August.

Kamára: Der kleine Weiler, auf direktem Weg etwa fünf Kilometer von der Hauptstadt entfernt gelegen, wirkt oft halb entvölkert. Vor allem Ausflügler sind es wohl, die die gute, traditionsreiche Taverne „O Kriton" (man spricht Deutsch) am Leben erhalten.

Mourtiá ist über ein asphaltiertes Sträßchen zu erreichen, das am östlichen Rand der Ebene, kurz vor dem Anstieg der Serpentinenstraße zum Kloster Zoodóchos Pigí, rechter Hand meerwärts abbiegt. Viel geboten ist in der Bucht jedoch nicht: Es gibt ein paar Unterstände von Fischern, jedoch nur einen unscheinbaren Kieselstrand und keine Taverne. Immerhin finden sich ein ganzes Stück südlich, relativ abgelegen und schlecht zu erreichen, die beiden Láka-Buchten, die eben wegen ihrer abgeschiedenen Lage selten überlaufen sind.

Moní Zoodóchos Pigí (10–13.30, 18–20 Uhr, Fr geschlossen): Die fantastische, beherrschende Lage in rund 300 Meter Höhe über dem Meer hat den wehrhaft wirkenden und ab 1756 tatsächlich auch als eine Art Festung errichteten „Lebensspendenden Quell" zu einem beliebten Ausflugsziel gemacht. Schade, dass Schilder im hübschen Innenhof auf die dem Ort angemessene Kleidung verweisen müssen – also: „No shorts!" Erst recht nicht in der 1782 erbauten Kirche, deren kunstvoll geschnitzte, vergoldete Ikonostase mit dem hochverehrten Marienbild einen Blick wert ist, ebenso wie die vier Säulen, die die Kuppel stützen: Sie stammen aus einem antiken Tempel der kleinasiatischen Stadt Milet. Der detaillierte Türkeiblick vom Kloster begeistert übrigens auch das Militär, das hier einen ständigen Posten eingerichtet hat. Beim Fotografieren in der Umgebung sollte man deshalb zurückhaltend sein.

Feste: Panijiri, das Kirchweihfest der Klosterkirche, findet am Wochenende nach dem griechischen Osterfest statt.

🚶 **Wanderung 2: Klosterrundtour ab Sámos-Stadt**   → S. 218
Ausgedehnte Wanderung im Hinterland

Kérveli und Posidónio

Die beiden kleinen, als Ausflugsziel beliebten, aber selten überlaufenen Buchten liegen in reizvoller Landschaft südöstlich von Sámos-Stadt. Zu erreichen sind sie über die oben erwähnte Straße von Agía Zóni oder, die gebräuchlichere Route, über eine Seitenstraße, die im Gebiet von Trís Ekklisiés von der Hauptstraße nach Pythagório abzweigt. Ihren Namen Trís Ekklisiés („Drei Kirchen") trägt die Gabelung übrigens nach den drei aneinander gebauten Kapellen, die jeweils einem anderen Heiligen gewidmet sind – wohl die einzige derartige Dreierkirche der Insel.

Paleókastro liegt auf der Strecke, wenn man die zweite Variante wählt, ein auf den ersten Blick eher modern wirkender, im alten Kern jedoch noch sehr urtümlicher

Der Osten um Sámos-Stadt → Karte S. 93

Ort. Der Name („Alte Burg") des kleinen, landwirtschaftlich orientierten Dorfs erinnert an eine ehemalige Festung. Tatsächlich sind etwas außerhalb, bei einem Gehöft ein paar hundert Meter südwestlich der Siedlung, noch antike Steinquader zu sehen, die heute die Grundmauern einer kleinen Kapelle bilden. Glaubt man den Erzählungen älterer Samioten, so genossen die Einwohner von Paleókastro gegen Ende des 19. Jh. einen inselweiten Ruf als „Diebe im Auftrag der Nation": Nachts setzten sie von Posidonio in kleinen Booten über in die nahe Türkei, stahlen dort Pferde und Kühe und zwangen die Tiere, durch die Meerenge nach Sámos zu schwimmen.

Essen & Trinken Taverne Ouzeri Triadáfilos, an der kleinen Platía (Mikrí Platía), wenige Schritte oberhalb des Dorfplatzes. Spezialisiert auf Fisch und Meeresfrüchte, hübsch unter einem Blätterdach gelegen und beliebt bei den Einheimischen.

Snack Bar To Steki, an der Durchgangsstraße, mit Tischen auf dem Dorfplatz. Hier gibt es vor allem die leckeren Kleinigkeiten Mezédes. Schräg gegenüber und eine Empfehlung für Fischgerichte: **Taverne Jimakos**.

Kérveli liegt etwa neun Kilometer südwestlich von Sámos-Stadt, am Ende der Straße, die sich in Serpentinen hinab zu der kleinen Strandbucht windet. Kaum ein Dutzend neuere Häuser wurden bislang im landwirtschaftlich genutzten Hinterland errichtet, doch sind weitere Gebäude im Entstehen. Der schmale Ortsstrand besteht aus Kieseln und bietet etwas Schatten durch Tamarisken; das Wasser ist meist ruhig. Im Sommer kann man Tretboote und sogar Surfbretter leihen, außerdem gibt es eine Taverne („Haravgi", von Lesern gelobt), einen freundlich geführten Minimarkt und Privatvermieter. Eine weitere, einem Strandbad ähnelnde Bademöglichkeit liegt kurz vor dem Hotel Kérveli Village unterhalb der Straße (oben parken), genannt „Platanaki Beach"; auch hier finden sich Schirme und Liegen, die recht hübsch auf verschiedene Höhenstufen des Geländes verteilt sind, eine kleine Bar ist ebenfalls vorhanden. Öffentliche Verkehrsverbindungen nach Kérveli bestehen nicht. Auch ein weiterer kleiner Nachteil der Siedlung soll nicht verschwiegen werden: Je nach Jahreszeit verschwindet die Sonne hier schon relativ früh am Nachmittag, spürbar besonders im Herbst.

Übernachten *** Kérveli Village Hotel & Luxury Villa, luxuriöse Villensiedlung in toller Lage über dem Meer. Reizvolle Bauweise – der Besitzer ist Architekt und hat den Komplex selbst geplant. Aller Komfort inkl. Klimaanlage, schön gelegenem Swimmingpool etc. Im Programm verschiedener Veranstalter, Vorbuchung ratsam, oft voll belegt. Es besteht zwar ein Hotelbus nach Sámos-Stadt, angesichts der abgeschiedenen Lage sollte man aber wohl dennoch einen Mietwagen gleich ins Budget einplanen. Eine Tauchschule (s. u.) ist angeschlossen. Geöffnet Mai–Okt. DZ/Bad/F etwa 55–120 €, mit Halbpension nicht viel teurer. Es gibt auch ganzjährig geöffnete Luxus-Apartments (90–220 €). ✆ 22730 23006, www.kerveli.gr.

Apartments Sunwaves, strandnah hinter dem Minimarkt. Insgesamt zehn Apart-

ments à zwei Zimmer, Küche, Bad. Pool. Geöffnet Mitte April bis Ende Oktober. Preis für zwei Personen je nach Saison etwa 40–65 €, Aircondition 5 € extra. ✆ 22730 24080, www.sunwaves-apartments.gr.

Taverne Ouzeri I Krifí Foliá, herzige Gartentaverne etwas oberhalb der Siedlung. Spezialitäten des hübsch gelegenen Lokals sind Mezédes und Ofengerichte. So-Nachmittag oft Live-Musik. Am Wochenende auch im Winter geöffnet. Beschilderte Zufahrt nach links etwa 600 Meter vor Kérveli, noch 100 Meter sehr schmale Asphaltstraße; großer Parkplatz.

Sport   **Aegean Scuba**, Tauchcenter im Kérveli Village Hotel; Tauchen, Schnorcheln und Bootsausflüge. Mobil-✆ 697 8481554, www.aegeanscuba.gr.

Von Kérveli kann man in etwa eineinhalb Stunden zur Bucht von Posidónio wandern. Der Weg beginnt am südlichen Strandende und führt über einen mit Olivenbäumen und Kiefern bestandenen Hügelrücken.

Schöne Bucht, „sieben Stadien" von der Türkei entfernt: Posidónio

Posidónio ist mit dem Fahrzeug über einen Abzweig der Straße nach Kérveli zu erreichen. Hinter dieser Gabelung sind es noch etwa sieben Kilometer durch schöne Landschaft, die allmählich karger und felsiger wird; streckenweise löst Macchia die schattigen Kiefern und Ölbäume ab. Seinen Namen soll Posidónio daher tragen, dass hier einst der Meeresgott Poseidon eine Kultstätte besaß. Die Strandsiedlung selbst ist in fantastischer Lage errichtet, an einer nach Südwesten geöffneten, durch weit vorspringende Landzungen aber sehr abgeschlossen wirkenden Bucht. Die türkischen Mykale-Berge scheinen hier nur einen Katzensprung entfernt: Sieben Stadien („Eftástadios") maßen die alten Griechen am nahen Kap, etwa 1350 Meter. Es verwundert nicht, dass sich der landschaftlich so begünstigte kleine Fischerhafen zum beliebten Ausflugsziel gewandelt hat und dass hier auch eine Reihe von Unterkünften entstanden sind. Gemessen an der Besucherzahl von Psilí Ámmos beispielsweise ist es aber noch regelrecht ruhig – vielleicht liegt es an den bescheidenen Dimensionen des aus feinem Kies aufgeschütteten Strandes. Aber auch wenn die Bademöglichkeiten nicht umwerfend sind, lohnt sich ein Abstecher auf jeden Fall; für Ruhe suchende Romantiker mag Posidónio zumindest in der Nebensaison auch als Quartier interessant sein – ein eigenes Fahrzeug scheint dann jedoch unabdinglich, denn zuletzt gab es in den kleinen Ort keinerlei Busverbindungen mehr.

Siderás: Östlich von Posidónio liegt die kleine Bucht von Siderás mit einem winzigen Kiesstrand. Im Hinterland stehen einige wenige Sommerhäuser, eine Taverne existiert nicht.

Übernachten/Essen   ≫ Lesertipp:
Apartments & Studios Kassandra, „die Unterkünfte sind sauber, Balkone z. T. mit Meerblick; Klimaanlage und Küche vorhanden. Hervorzuheben ist die Eigentümerfamilie. Eine solche Gastfreundschaft und Lebensfreude ist uns bisher selten begegnet.

Ihre Sprachkenntnisse sind eher mager, was aber das Zusammensein durchs Gestikulieren noch lustiger macht" (Marina und Christian Wanura). Geöffnet etwa Mai bis September, zwei Personen zahlen etwa 25–35 €. Von der Zufahrt zum Meer beim Minimarkt Cava rechts ab, der Beschilderung

„Posidonio Beach/Pool Bar" folgen, ☎ 22730 23582 (Posidónio) und 22730 27017 (Sámos-Stadt). **≪**

Zwei weitere Vermieter: „Marien", ☎ 22730 28538, „Sunset", ☎ 22730 28763.

Taverne Posidónio, mit einer stimmungs-voll ins Meer gebauten Terrasse. Zur hiesi-gen Preispolitik freilich gab es mehrere weni-ger begeisterte Leserbriefe. Eine Speise-karte wird nicht immer ausgehändigt.

Klima heißt die Bucht etwa einen Kilo-meter westlich von Posidónio. Zu errei-chen ist sie zu Fuß am Meer entlang, mit dem Fahrzeug über eine Abzwei-gung von der Straße nach Sámos. Hier geht es noch wesentlich ruhiger zu als in Posidónio – um den Strand aus gro-ßen Kieseln stehen bislang nur wenige Häuser und zwei Sommertavernen. Von Klima führt eine steinige, aber panora-menreiche Jeep-Piste immer etwa pa-

rallel zur Küste bis ins Hinterland des Strands Psilí Ámmos, wendet sich dort je-doch wieder landeinwärts (vgl. Wanderung 3); Wanderer können hier zum Strand absteigen, eine Fahrzeugzufahrt gibt es jedoch nicht.

🚶 Wanderung 3:
Von Sámos-Stadt zum Strand Psilí Ámmos und zurück   → S. 220
Zu Fuß zum schönsten Strand des Ostens

Psilí Ámmos

Der „feine Sand" (so die Übersetzung), zehn Kilometer südlich von Sámos-Stadt, wird manchmal als schönster Sandstrand der Insel bezeichnet. Im Westen allerdings gibt es vielleicht noch Besseres, unter anderem einen weniger besuchten Strand gleichen Namens.

Immerhin, der beste Sandstrand des Ostens ist Psilí Ámmos sicher. Und der meist-frequentierte auch: Die Zahl gebührenpflichtiger Parkplätze an der Zufahrtstraße lässt ahnen, was sich hier zur sommerlichen Hochsaison abspielt. Für den Ansturm gerüstet zeigen sich Bars, mehrere Tavernen (gut z. B. „Psilí Ámmos" und „Dol-phin") und verschiedene Verleiher von Sonnenschirmen. Zur Nebensaison geht es ruhiger zu. Die Besucher erwartet etwa dreihundert Meter mit Bims durchsetzter Sand und ein wunderbares Panorama der zum Greifen nahen türkischen Küste. Das Wasser fällt sehr flach ab (natürlich gut für Kinder) und ist aufgrund der Strö-mungsverhältnisse manchmal recht kalt. Die Strömung lässt es auch ratsam er-scheinen, beim Hinausschwimmen zu dem kleinen Inselchen Vorsicht walten zu

Schönster Strand im Osten: Psilí Ámmos

lassen (besser noch, dies ganz zu unterlassen) und auch nicht auf der Luftmatratze einzuschlafen – mancher Träumer soll erst in der Türkei wieder aufgewacht sein ...

Verbindungen   Busse ab Sámos-Stadt fahren nur zur Saison, etwa von Mitte Juni bis Anfang/Mitte September, dann Mo–Fr 2-mal täglich. Ab Pythagório verkehren Ausflugsboote, Näheres siehe dort.

Übernachten   Elena's Apartments, direkt an der Westseite des Strands. Studios und Apartments mit Küche, Balkon und weitem Meerblick. Elena spricht Englisch. Geöffnet ist April bis Oktober. Preis für zwei Personen im Studio ca. 35–50 €, Vierer-Apartment 50–70 €.   ✆ 22730   23645,   www.elena apartments.gr.

Apts. Psili Ámmos, ein kleines Stück weiter, in Lage, Ausstattung und Preisen ähnlich wie Elena. ✆ 22730 25140.

Mykáli-Strand: Kilometerlang und in manchen Bereichen fast menschenleer erstreckt sich dieser Strand neben der Straße, die auf Psilí Ámmos zuführt. Verstreut liegen Tavernen und bewirtschaftete Strandabschnitte, an denen Sonnenschirme Schatten bieten. Der saubere Strand besteht aus Kieseln, im Wasser jedoch meist aus Sand; sehr reizvoll ist der Blick hinüber in die Türkei. Das spärlich bewachsene und lange völlig unbesiedelte Hinterland verunstalten einige rücksichtslos in die Landschaft geklotzte große Hotelanlagen, deren Gäste ihren Urlaub in der Mitte von Nirgendwo verbringen müssen. Beim Knick der Straße landeinwärts liegt linker Hand das Becken einer im Sommer ausgetrockneten großen Saline (Alíki), die nach den winterlichen Regenfällen häufig von Wildgänsen, Reihern, Störchen und sogar von Flamingos besucht wird.

Essen & Trinken   Snack Bar Mykali Beach, etwa in der Mitte des Strands, zu erreichen über zwei Zufahrten von der Straße nach Psilí Ámmos. Für den gemütlichen Drink direkt am Strand; freundliche Führung, angenehmes Ambiente, Liegestuhlservice.

»» Lesertipp: Taverne Kalypso, ganz in der Nähe. „Hier kommen auch Vegetarier auf ihre Kosten, denn auf der Karte finden sich sowohl einige vegetarische Vorspeisen als auch Hauptgerichte (Reis mit Gemüse, Nudeln ohne Fleisch etc.). Das Preis-Leistungs-Verhältnis ist sehr gut und der Service war vorzüglich" (Evelyn Köder und Rolf Kilchert). ««

Von oben betrachtet: Das Ortsbild von Pythagório kann sich sehen lassen

Der Südosten um Pythagório

Nicht umsonst bildet der Südosten von Sámos die beliebteste Urlaubsregion der Insel, kann er doch mit einer ungewöhnlichen Vielfalt an Ausflugszielen aufwarten. Hübscher Hauptanziehungspunkt und ein gutes Standquartier ist das malerische, viel besuchte Ferienstädtchen Pythagório.

Als Heimat des Tyrannen Polykrates wie auch des Philosophen und Mathematikers Pythágoras blickt es auf eine jahrtausendelange Geschichte zurück. Heute stellt Pythagório die touristische Hauptstadt der Insel dar, hat sich rundum auf den Fremdenverkehr ausgerichtet. Diese einseitige Orientierung mag vielleicht nicht jedermanns Sache sein, doch ist das Städtchen wirklich nett anzusehen, drängt sich mit seinen zahlreichen Unterkünften zudem als Standquartier geradezu auf. In jeder Hinsicht kleineren Maßstabs ist die Strandsiedlung *Iraíon* am südwestlichen Ende der Bucht, vom Ortsbild her weniger attraktiv als Pythagório, jedoch ebenfalls ein guter Ausgangspunkt für Erkundungen der Umgebung.

Und dort wird auch wirklich eine ganze Menge geboten. Zu bewundern gibt es vor allem Monumente der Antike, denn hier im Südosten lagen die ältesten Siedlungsplätze der Insel. Die zeitliche Skala reicht von den Urweltfunden im Museum des Dorfs *Mytilini* über das berühmte Heiligtum *Heraíon* und den ebenso berühmten antiken *Tunnel des Eupalinos* bis zum Höhlenkloster *Moní Spilianís*, dem wohl ungewöhnlichsten der zahlreichen Klöster der Region. Hinzu kommen kleine Dörfchen, an deren schattigen Plätzen es sich trefflich ausruhen lässt.

Auch die Landschaft zeigt sich vielfältig: Um Pythagório erstreckt sich die weite Ebene des Kámpos, begrenzt vom langen Strand Tigániou. Im Westen trifft man zunächst auf ausgedehnte Obstgärten, die allmählich in Ölbaumhügel und mit Kiefern bewaldete Bergregionen übergehen. Zwar wird der landschaftliche Reiz an einigen Stellen durch die (erheblich schwächer gewordenen) Spuren früherer Waldbrände geschmälert, doch bleibt das Gebiet um *Pagóndas* und *Pírgos* immer noch ein Dorado besonders für Motorradfahrer und Mountainbiker.

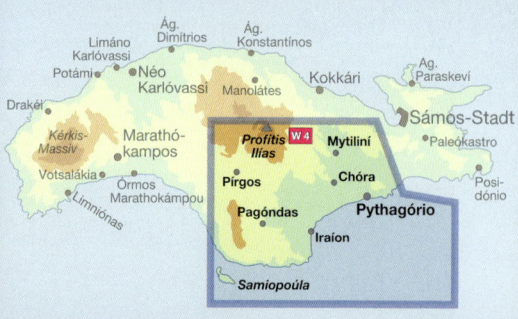

Pythagório

Ein in sich fast geschlossener Hafen, in dem elegante Yachten schaukeln. Enge Pflastergassen, von Oleanderstämmchen gesäumt, steile Treppenwege. Darüber die pittoresken Mauern eines Kastells – Pythagório ist, neben Kokkári vielleicht, das schönste Städtchen der Insel.

Ein solch malerisches Ensemble fand natürlich seine Liebhaber, und so entwickelte sich Pythagório ab Ende der 70er-Jahre fast zwangsläufig zur touristischen Hochburg von Sámos, zumal auch der Flughafen in unmittelbarer Nähe liegt, die Transferwege somit kurz sind. Erfreulicherweise ging man die Entwicklung behutsam an, weshalb bis heute kein Großhotel, kein moderner Apartmentblock das intakte Ortsbild um den Hafen stört.

Durch den Fremdenverkehr hat sich dennoch vieles verändert. Kaum ein Quadratmeter, der nicht von Reiseagenturen, Fahrzeugvermietern, Boutiquen oder Souvenirgeschäften in Beschlag genommen wird. Traditionelle Kafenía, althergebrachte Geschäfte und Handwerksbetriebe bringen viel weniger Geld – es gibt sie also nicht mehr. Bei weitem übersteigt die Zahl der Fremdenbetten, fünftausend sind es etwa, die der Einwohner. Entlang der Hafenpromenade ein Restaurant, ein Café neben dem nächsten; und dennoch ist es an Sommerabenden nicht leicht, einen Platz auf den Polsterstühlen zu ergattern. Neon leuchtet, Musikfetzen aus zahllosen Lautsprechern dröhnen gegeneinander an, ein folkloristisch aufgemachter Seebär verkauft Schwämme. Überstrapazierte Griechenlandklischees an jeder Ecke – selbst die Toilettenhäuschen am Strand sind blauweiß lackiert.

Dennoch, für manchen vielleicht auch deswegen: In Pythagório lässt es sich schon gut aushalten, vorzugsweise natürlich in der Nebensaison. Das Städtchen hat einfach Stimmung und Ambiente, es gibt gute Unterkünfte und eine solche Vielzahl von Ausflugsmöglichkeiten, dass auch nach ein paar Tagen keine Langeweile aufkommen muss. Wem der Rummel zu viel wird, der mag sich damit trösten, dass der hiesige Fremdenverkehr in gewissem Sinn historische Dimensionen hat – bereits das Traumpaar Marcus Antonius und Kleopatra frönte hier einst dem süßen Müßiggang.

Romantisch: abendlicher Blick auf Städtchen und Hafen

Orientierung: Kein Problem – die von Sámos-Stadt kommende Straße führt im Bogen am Zentrum entlang und stößt dann, bei ihrem Knick nach Westen, auf die Hauptstraße des Städtchens. *Likoúrgou Logothéti* genannt, führt diese linker Hand zum Hafen, den sie nach kaum mehr als zweihundert Metern erreicht. Hier links, wahlweise die nächste oder übernächste wieder links, trifft man auf den ruhigen Hauptplatz mit dem sympathischen Namen *Platía Irínis* („Platz des Friedens"), der im Vergleich zur hochsommerlichen Hafenpromenade in der Tat als friedvoll empfunden werden kann. Östlich außerhalb der Stadt liegt der moderne Yachthafen *Samos Marina*, der auf Funktionalität getrimmt wurde und keinerlei Flair aufweist.

Geschichte

Bereits in ferner Vorgeschichte, nämlich ab etwa dem 3. Jahrtausend v. Chr., war der Kastellhügel westlich des Hafens besiedelt. Um das 10. Jh. v. Chr. ließen sich dann Ionier oberhalb der geschützten Hafenbucht nieder. Unter dem Namen *Sámos* nahm die junge Siedlung raschen Aufschwung, begünstigt vor allem durch eine große Handelsflotte und wendige, waffenstarrende Kriegsschiffe. Sámos wurde reich.

Die Bauten des Polykrates: Im 6. Jh. v. Chr. setzte ein Machtkampf zwischen der herrschenden Adelskaste und wohlhabenden Handelsherren ein, der Folgen haben sollte: Um 538 v. Chr. gelangte ein gewisser *Polykrates* ans Ruder, der nach blutigen innenpolitischen Auseinandersetzungen wenige Jahre später zum Alleinherrscher, zum Tyrannen wurde. Bis dahin hatte dieses Wort noch keine negative Bedeutung besessen ... Unter Polykrates erlebte Sámos eine außerordentliche Blüte, war, wie der Geschichtsschreiber Herodot sie nannte, „die berühmteste Stadt ihrer Zeit" und soll (sicher weit übertrieben) rund 300.000 Einwohner beherbergt haben. Polykrates selbst scheint ein höchst widersprüchlicher Charakter gewesen zu sein, nicht zimperlich mit seinen Gegnern, gleichzeitig ein großer Förderer der Wissenschaften. Die Beutezüge seiner rasanten, wendigen Kriegsschiffe – heute würde man von

Seeräuberei sprechen – versorgten den Tyrannen mit unermesslichen Reichtümern, die seinem Finanzbedarf jedoch immer noch nicht genügten. Polykrates verfiel auf eine Idee, die von heutigen Politikern stammen könnte: Er ließ die Silbermünzen, die damals im Umlauf waren, einziehen, einen bestimmten Anteil des Silbers durch Blei ersetzen und danach die Münzen wieder in den Verkehr bringen.

Nach diesem raffinierten Trick waren jetzt endlich die Mittel für die gigantischen Projekte des Tyrannen vorhanden, technische Meisterleistungen der Antike und „die gewaltigsten Bauwerke, die sich in ganz Hellas befinden" (Herodot). Polykrates ließ eine riesige Stadtmauer errichten, deren Umfang über sechs Kilometer betrug und die damit eine Fläche umschloss, die diejenige der heutigen Siedlung weit übertraf; eindrucksvolle Reste sind noch erhalten. In dieses Bollwerk eingebettet war der Hafen, auch er fast doppelt so groß wie der heutige, der teilweise noch auf den alten Fundamenten ruht: Die nördliche Mole wurde direkt auf den Quadern ihrer antiken Vorgängerin errichtet. Den Hafen schützte ein Damm, der 300 Meter weit ins dort 25 Meter tiefe Meer reichte – eine bravouröse Leistung. Ebenfalls ein Glanzstück antiker Ingenieurskunst war der über einen Kilometer lange Tunnel des Eupalinos, durch den die Stadt auch während einer Belagerung mit Wasser versorgt werden konnte; er ist heute noch begehbar und zählt zu den großen Sehenswürdigkeiten der Insel. Schließlich wollten auch noch die Götter günstig gestimmt werden: Polykrates ließ auf dem Gebiet des Heraíons mit dem Bau eines Tempels beginnen, der sicher eine der größten Kultstätten überhaupt geworden wäre. Doch kam es dazu nicht mehr. Im Jahr 522 v. Chr. lockten die Perser den Tyrannen unter dem Vorwand von Verhandlungen aufs Festland und kreuzigten Polykrates auf dem Berg Mykale, in Blickweite seiner Stadt und der von ihm errichteten Wunderbauten: „Noch keinen sah ich fröhlich enden, auf den mit immer vollen Händen die Götter ihre Gaben streun" (Schiller, Ring des Polykrates).

Der Südosten um Pythagório → Karte S. 113

Nach dem Tod des Polykrates schwand allmählich die Macht der Stadt. Erst in römischer Zeit errang die Siedlung wieder gewisse Bedeutung, nämlich als Winterziel römischer Herrscher: Um 40 v. Chr. feierten hier Marcus Antonius und Kleopatra wilde Feste, knapp zehn Jahre später fühlte sich Augustus offenbar so wohl, dass er der Insel autonome Rechte verlieh; auch Tiberius war für einige Zeit zu Besuch. Den Römern folgte ein jahrhundertelanger, allmählicher Abstieg, bis Sámos schließlich völlig verlassen wurde.

Nach der Wiederbesiedelung wurde der Ort wegen der Form der Hafenbucht *Tigáni* getauft, „Bratpfanne". Ab 1821 geriet Tigáni als Zentrum des Aufstands gegen die Türken noch einmal in den Blickpunkt. Aus jener Zeit stammen die Mauern der Burg auf dem Kastellhügel. Handel mit Kleinasien brachte dem Städtchen hinfort bescheidenen Wohlstand, der mit der Unterbrechung der Kontakte nach 1922 abrupt zurückging. Seit 1958 trägt das Städtchen seinen heutigen Namen, der an den Mathematiker und Philosophen *Pythágoras* (siehe im Kapitel zur Inselgeschichte) erinnert, den großen Sohn der Insel. Etwa zwei Jahrzehnte später begann dann der touristische Aufschwung wieder für prallere Geldbeutel zu sorgen. 1992 wurde Pythagório zusammen mit dem Heraíon in die UNESCO-Liste des Weltkulturerbes aufgenommen.

In Tigani gibt es mehrere kleine Tavernen mit ausgezeichneten Fischgerichten, und wenn man dem Lokalpatriotismus der Leute schmeicheln will, sollte man um das lieblichste aller griechischen Volkslieder bitten: Samiotissa („Kleines samiotisches Mädchen").

Lawrence Durrell, „Griechische Inseln"

Basis-Infos

Informationen Municipal Tourist Office, städtisches Infobüro an der Hauptstraße L. Logothéti. Zuletzt leider geschlossen und mit unklarer Zukunft.

Einkaufen Pythagórios, Werkstatt und Laden des Bouzouki-Bauers Yannis Loulourgas. Neben handgefertigten Musikinstrumenten gibt es hier auch Keramik, Kunsthandwerk, Kräuter und andere inseltypische Produkte. Odós Metamorfósis Sotíros (auch: 6th of August), nicht weit von der Hauptstraße.

Sesame, an der Hauptstraße L. Logothéti bei der Kreuzung nach Sámos, neben dem Reisebüro By Ship Travel. Kleiner Laden, der vorwiegend lokale Produkte und Bioware offeriert, z. B. Bio-Wein und Bio-Waldhonig aus Ikaría, ätherische Öle und Kräuter aus Sámos etc. Die Schwämme vor der Tür stammen übrigens von der Schwammtaucherinsel Kalymnos. ■

Feste & Veranstaltungen Irea, Sommerfestival mit Theater und Musik in den Resten des Amphitheaters. Wechselnde Termine zwischen Juli und September.

Ágios Giannis Klydonas, am 24. Juni bzw. dessen Vorabend, mit Live-Musik und Tanz auf der Platía Irínis.

Fest des 6. August, zur Erinnerung an den Freiheitskampf von 1824. Schwimmwettbewerb, traditionelle Tänze etc. Schwerpunkt ist bereits der Abend des 5. August mit Feuerwerk und der geschichtsträchtigen Verbrennung eines Bootes.

Samos Young Artists Festival, eine Woche in der ersten Augusthälfte. 2010 begründetes Festival, das internationale junge Künstler einlädt, im alten Amphitheater Konzerte zu geben. www.samosfestival.com.

Fisherman's Party, an wechselnden Terminen im August. Die Fischer spenden ihren Fang, der zusammen mit Oúzo und Wein

Hauptstadt der Bootsausflüge: Pythagório

gratis verteilt wird; in der Nacht großes Fest mit Musik.

Hafenamt   Nördlicher   Hafenbereich, ✆ 22730 61225.

Internet-Zugang   Café Pythagoras, am Hafen.

Sport   Samos Dive Center, Tauchcenter im Ort, Konstantinou Kanari 1, Mobil-✆ 697 2997645, www.samosdiving.com.

Verbindungen

Flug   Zum Flugverkehr von/nach Sámos siehe im entsprechenden Einleitungskapitel.

Öffentliche Busverbindung zum Flughafen besteht Mo–Fr 10-mal, Sa 8-mal, So 4-mal täglich; die Busse kommen aus Sámos-Stadt, Abfahrt in Pythagório etwa 15 min. später. Ein Taxi kostet offiziell etwa 9 €.

Schiff   By Ship Travel, an der Hauptstraße L. Logothéti bei der Kreuzung nach Sámos; ✆ 22730 62285. Hier gibt es u. a. alle Arten von Schiffstickets und diesbezügliche Auskünfte.

Fähren: Früher war das Städtchen der wichtigste Inselhafen für Tragflügelboote (Hydrofoils, Flying Dolphins), doch wurden diese Fahrten eingestellt. Eventuell könnte es stattdessen künftig Schnellboot-Verbindungen (z. B. nach Pátmos oder Ikaría) geben, gesichert war dies bei Redaktionsschluss jedoch nicht.

Pátmos mit Linienfähren 3-mal wöchentlich, p. P. rund 8,50 €. Außerdem 2-mal wöchentlich Ausflugsfahrten (35 €).

Weitere Fährverbindungen: nach Léros, Arkí, Kálymnos, Agathoníssi und Lipsí jeweils 3-mal pro Woche.

Türkeiausflüge nach Kuşadası zur HS 1-mal täglich, zur NS 3-mal wöchentlich, p. P. etwa 45 €. Siehe hierzu auch den Text unter Sámos-Stadt.

Bus/Taxi   Die Bushaltestelle der KTEL liegt kaum zehn Meter westlich der Kreuzung der Hauptstraße mit der Durchgangsstraße von Sámos-Stadt zum Flughafen. Alle folgenden Angaben beziehen sich auf den Sommerfahrplan, der etwa von Anfang Juli bis Ende September in Kraft ist. Nach Sámos-Stadt Mo–Fr 10-mal, Sa 9-mal, So 4-mal, Iraíon Mo–Fr 5-mal, Sa 3-mal täglich; nach Chóra/Mytiliní Mo–Sa 4-mal täglich. Inselrundfahrten zur Saison nach Absprache

mit der Busgesellschaft, So ganztags (30 €),
Mi halbtags (17 €).

Taxi Standplatz an der Hauptstraße L. Logothéti beim Hafen; ℘ 22730 61440.

Mietfahrzeuge Breites Angebot an der Hauptstraße L. Logothéti und ihren Seitengassen. Die starke Konkurrenz sorgt für günstige Preise, ein Vergleich lohnt sich.

Aramis/Sixt, Autos und Zweiräder, L. Logothéti, ℘ 22730 62267.

John's, Zweiräder, L. Logothéti, ℘ 22730 61405.

Nico's, Zweiräder, L. Logothéti, ℘ 22730 61094. www.nicos-rentals.gr.

Yes, Autos, freundliche niederländische Führung durch Sandy, L. Logothéti, Mobil-℘ 697 4840060, www.idrive.gr.

Bootsausflüge Am Hafen schaukelt eine ganze Reihe von Booten, die Tagesausflüge nach Kérveli, Posidónio oder zum Strand Psilí Ámmos anbieten, aber auch zu Stränden der Südküste, die mit dem Fahrzeug nur schwer erreichbar und deshalb, wie der Strand von Tsópela, viel leerer sind. Die Ziele sind auf Kreidetafeln an den Booten angeschrieben. Abfahrten nach Psilí Ámmos etwa von Mai bis Mitte Oktober, Start gegen 9 Uhr, Rückkehr gegen 17 Uhr; Preis p. P. etwa 14 €.

Ausflug nach Samiopoúla

Etwa eine Stunde dauert die Fahrt mit dem aufgeschlossenen, aber nicht aufdringlichen Vassilis zu der Mini-Insel Samiopoúla vor der Südküste von Sámos, auf der eine kleine, romantische Kirche steht. Unterwegs gibt es Sámos-Wein, Oúzo und ein paar Häppchen. Das Inselchen, wegen des der großen Schwester ähnlichen Umrisses „Klein-Sámos" genannt, wird nur von etwa 70 Ziegen bewohnt; der Klang ihrer Halsglocken ist neben Wind und Wellen das einzige Geräusch. Der Strand hier ist nicht breit, reicht aber V-förmig weit in die Insel hinein und liegt wunderbar am türkisfarbenen Meer; ein paar Strohdächer spenden etwas Schatten. Zur Hochsaison, wenn auch aus dem Südwesten um Órmos Marathokámpou Boote kommen, kann es schon mal etwas enger zugehen, in der Nebensaison dagegen ist das Inselchen ein echter Traum. Die Tour mit Vassilis kostet mit Essen (Fleisch oder Fisch vom Grill) etwa 32 €, ohne Essen etwa 16 €; es gibt auch noch andere Anbieter.

Das „kleine Sámos" vor der Südküste: Samiopoúla

Übernachten → Karte S. 119

Trotz des breiten Angebots und hohen Preisniveaus ist zur Hochsaison oft jedes Bett belegt. Wer sein Hotel lieber vorab pauschal bucht, braucht sich deshalb natürlich keine Sorgen zu machen, sei aber gewarnt: So manches Quartier, das im Prospekt unter Pythagório firmiert, liegt in Wahrheit ein ganzes Stück außerhalb – zum abendlichen Hafenbummel sind dann weite Wege zurückzulegen.

***** **Hotel Proteas Blu Resort** ∎, einige Kilometer östlich der Stadt. Das bislang einzige Quartier der Luxusklasse auf Sámos, entsprechend komfortable Ausstattung. Schöne Aussichtslage am Hang bis hinunter zum eigenen Strandbereich, vier Restaurants, Pool, Spa mit Hallenbad etc. „Adults only": keine Kinder bis 16 Jahre. Geöffnet etwa Mai bis Mitte Oktober, Meerblick-DZ/F nach Saison im Haupthaus etwa 140–220 €, man kann über die Bungalows im „Village" bis hin zu den geplanten neuen Suiten mit Privatpool aber noch erheblich mehr anlegen. ✆ 22730 62144, www.proteasbluresort.gr.

***** **Hotel Doryssa Seaside Resort** ∎, westlich außerhalb des Ortes, am Strand von Potokáki. Ebenfalls eines der besten Hotels der Insel, jeder Komfort selbstverständlich. Ein Manko ist die Lage weit außerhalb der Stadt in der Einflugschneise des Flughafens. Besonderer Clou: das bereits mit einem Tourismuspreis ausgezeichnete Bungalowdorf („Village") neben dem Hauptgebäude, das eine Vielzahl von griechischen Baustilen vereinigt. Jedes der Häuser ist anders; errichtet wurden sie teilweise unter Mitwirkung alter Handwerksspezialisten: mit Kirche, Hauptplatz, Werkstätten und sogar einem Waschhaus ein griechisches Dorf en miniature. Geöffnet ist April bis Oktober. Preis für das Standard-DZ/F im Haupthaus nach Lage und Saison 120–210 €, im „Dorf" 140–270 €; Suiten jeweils noch mehr. ✆ 22730 61360, www.doryssa.gr.

Wer nicht über den entsprechenden Geldbeutel verfügt, darf sich das künstliche Dorf trotzdem ansehen: Besucher sind willkommen, insbesondere zur Besichtigung des Volkskundemuseums, das dem Komplex angeschlossen ist; Details siehe unten unter „Sehenswertes".

≫ Mein Tipp: ** **Hotel Samaina** ∎, in den Gassen oberhalb der Platía Irínis und damit recht ruhig, aber trotzdem zentral gelegen. Ein familiär und sehr freundlich und hilfsbe-

reit geführtes, traditionsreiches Ferienhotel, viele Stammgäste, gutes Frühstück. Geöffnet Mai bis Mitte/Ende Oktober. DZ etwa 55–80 €, bei längerem Aufenthalt verhandelbar. Odós Damos, ✆ 22730 61024, www.samaina.com. ≪

Von Oleander gesäumt:
Gasse in Pythagório

** **Hotel Belvedere** ∎, sozusagen eine Etage tiefer. Passable Zimmer mit Klimaanlage und TV; der Name „Belvedere" trifft auf diejenigen fünf der insgesamt zehn Zimmer zu, die in Richtung Meer liegen. Freundliche Führung, keine Bindung an Reiseveranstalter. Geöffnet Ostern bis Oktober. DZ 30–40 €. Odós Aisopou, ✆ 22730 61218.

** **Hotel Pegasus** ∎, in einer ruhigen, zentral gelegenen Seitengasse, zu erkennen an der überwucherten Terrasse und den Pegasus-Darstellungen an den Balkonen. Freundlich geführtes Haus, schlicht-solide

Der Südosten um Pythagório → Karte S. 113

Zimmer mit Aircondition und TV; es gibt auch Familienzimmer mit Durchgang. Geöffnet Mai bis Oktober. DZ/F etwa 45–60 €. Odós Roikou, ✆ 22730 61455, www. pegasus-hotel-samos.gr.

Pensionen/Studios Geradezu gebündelt zu finden im Gebiet hügelwärts der Platia Irínis und in den Treppengassen oberhalb des nördlichen Hafenbereichs. Vieles ist von Veranstaltern belegt, die Preise unterscheiden sich zudem wenig von den Hotels unterer Kategorien.

Studios Aréli 🄍, in einer nördlichen Seitenstraße der Hauptstraße, nicht weit vom Zentrum. Fünf hübsche und moderne, gut ausgestattete Studios mit Aircondition; freundliche Vermieterfamilie. Geöffnet April bis Oktober. Zweierstudio nach Saison 50–60 €, zwei günstigere DZ gibt es auch. Odós Efpalinus, ✆ 22730 61245, www. studios-areli.com.

** Studios Zorbas 🄌, in den Treppengassen oberhalb des Hafens, nur ein paar Schritte vom Trubel und dennoch ruhig. Hübsche Studios mit Balkon und teilweise reizvollem Blick, den man auch von der Terrasse genießt. Geöffnet etwa April bis Mitte November, Zweier-Studio nach Lage und Saison 35–50 €. Odós Damos, ✆ 22730 61009, www.zorbas-samos.com.

》》 Lesertipp: Pension Filippe 🄖, um die Ecke vom Taxistand. „Im Zentrum, den

noch eher ruhig. Kleiner Garten, viele Blumen, Zimmer mit kleinem Kühlschrank. Sehr freundliche Pensionswirtin" (Manuela Müller). Odós Theodorou, ✆ 22730 61311. 《

Pension Despina 🄖, fast direkt an der Platía Irínis, weshalb in manchen Räumen mit nächtlicher Lärmbelästigung durch den „Club Mythos" zu rechnen ist. Ordentlich eingerichtete Zimmer, fast alle mit Aircondition, viele mit Küche; im hübschen Hinterhof kann man frühstücken. Geöffnet April–Oktober/November. Elf Zimmer, DZ/Bad im Dreh 30–35 €; auch zwei Apartments. ✆ 22730 61677, pensiondespina@yahoo.gr.

》》 Lesertipp: Pension Fisherman´s House 🄖, gleich nebenan. „Die Gastgeberin Efi ist unschlagbar freundlich, und es liegt ihr am Herzen, dass man sich wie zu Hause fühlt. Eine perfekte Unterkunft!" (Regina Lamberz). Stimmt, Efi ist wirklich sehr nett. Preise wie in der Pension Despina, es gibt auch zwei Studios. ✆ 22730 62543, fishermanshouse@hotmail.com. 《

Pension Boulas 🄘, südlich der Hauptstraße. Saubere Pension, freundliche Vermieter; Zimmer mit Aircondition und Kühlschrank, viele auch mit Küche. Geöffnet Mai bis Sept./Okt., für mehrere Tage auf Anfrage auch im Winter. DZ/Bad etwa 25–35 €. Odós Despoti Kyrilou, ✆ 22730 61277, privat und im Winter: 22730 62603.

⌒ Essen & Trinken

Wer in Pythagório Einheimische nach Restaurants oder Tavernen fragt, in denen sie selbst essen gehen, erntet oft nur ein mildes Lächeln – „zu teuer, zu touristisch". Viele empfehlen, in die umliegenden Dörfer auszuweichen, z. B. nach Chóra oder Míli, wo man auch wirklich hübsch speisen kann. Dennoch gibt es, meist etwas abseits der Hafenpromenade, auch im Ort selbst einige ganz brauchbare Adressen.

Rest. Elia 🄕, im nördlichen Hafenbereich. Mit gutem Ruf auch unter Einheimischen, ein leicht gehobenes Lokal mit feiner Küche und gutem Service. Die Preise sind dabei durchaus angemessen und nicht überhöht. Geleitet wird die „Olive" von einem schwedisch-griechischen Paar.

Taverne Esperides 🄗, von mehreren Lesern wegen der freundlichen Bedienung und der guten Küche gelobt. Ein Klassiker mit jahrzehntelanger Tradition. An der nördlichen Odós Pythágora, Ecke Aigaiou.

》》 Mein Tipp: Taverne Irodion 🄍, etwa hundert Meter oberhalb in derselben Straße, dann rechts ins Gässchen. 2011 eröffnete Gartentaverne, betrieben von den ehemaligen Eigentümern des seinerzeit sehr renommierten El Grecó in Sámos-Stadt. Gute, teils auch ungewöhnlichere griechische Gerichte, prima Preis-Leistungs-Verhältnis. 《

Taverne Symposium 🄕, beim „Friedensplatz" Platía Irínis. Recht ausgedehntes Lokal, umfangreiche Speisekarte, solide Kü-

che und ordentliche Portionen. Normales Preisniveau. In der Nachbarschaft liegt direkt am Friedensplatz ein weiteres, noch recht junges Lokal mit guter, traditioneller Küche (am Wochenende z. B. manchmal Zicklein am Spieß): **To Tigáni tis Platías** 13.

≫ Lesertipp: Taverne Aphrodite 19, jenseits der L. Logothéti. „Hübscher Garten, leckeres Essen, und der Hauswein ist auch super" (Bettina Körfer). In der Tat eine gute Adresse mit breiter Auswahl. Odós Pythágora, südlicher Bereich. ≪

Taverne Maritsa 20, direkt gegenüber der Taverne Aphrodite. Auch hier sitzt man schön in einem schattigen Gärtchen. Dank des hauseigenen Fischerboots sind besonders die Fischgerichte zu empfehlen.

≫ Mein Tipp: Kafeníon Ouzerí Thanasis Sister 13, an der Hafenzeile. Das Lokal der

Familie von Jocelyn ist ein wenig anders als die meisten übrigen Tavernen hier – serviert werden insbesondere exzellente griechische Vorspeisen (Mezédes) aus verschiedenen Regionen des Landes. Häufig gibt es abends Livemusik. Beliebt auch bei Einheimischen. ≪

Pizzeria La Strada 17, kein besonderes Ambiente, aber seit vielen Jahren bekannt für gute Pizza aus dem Holzofen. Metamorfósis Sotíros, nahe der Hauptstraße.

Taverne Faros 8, jenseits der Mole beim östlichen Ortsstrand Remataki. Eines von mehreren Restaurants hier, schnörkelloses Ambiente, hübsche Lage am Meer.

Kafeníon To Gentéki 18, nahe der Pension Boulas und vom Sohn der Familie betrieben. Ein kleines Café-Restaurant mit hübsch gestaltetem, gemütlichem Interieur,

Der Südosten um Pythagório → Karte S. 113

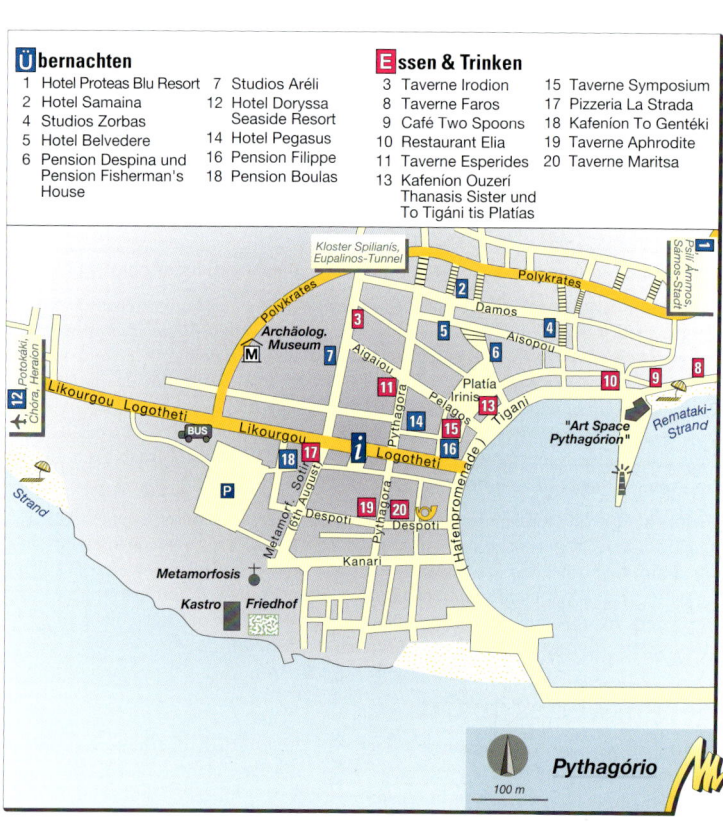

Übernachten

1 Hotel Proteas Blu Resort
2 Hotel Samaina
4 Studios Zorbas
5 Hotel Belvedere
6 Pension Despina und
   Pension Fisherman's
   House
7 Studios Aréli
12 Hotel Doryssa
   Seaside Resort
14 Hotel Pegasus
16 Pension Filippe
18 Pension Boulas

Essen & Trinken

3 Taverne Irodion
8 Taverne Faros
9 Café Two Spoons
10 Restaurant Elia
11 Taverne Esperides
13 Kafeníon Ouzerí
   Thanasis Sister und
   To Tigáni tis Platías
15 Taverne Symposium
17 Pizzeria La Strada
18 Kafeníon To Gentéki
19 Taverne Aphrodite
20 Taverne Maritsa

Pythagório

ein paar Tische auch vor der Tür. Freundlicher Service, traditionelle Küche; das Olivenöl (Bio) und das Gemüse stammen aus eigenem Anbau.

>>> **Mein Tipp:** Café Two Spoons **9**, kurz vor dem Remataki-Strand. Neu eröffnet und bereits die erste Adresse im Ort für wirklich guten Espresso, Cappuccino & Co., außerdem hausgemachte Kuchen und andere Köstlichkeiten. Nette, entspannte Atmosphäre. <<<

Nachtleben

Zur Saison breites Angebot, wohl das umfangreichste der Insel. Im Hochsommer herrscht in den zahlreichen Music-Bars am Hafen natürlich reichlich Jubel, Trubel, Heiterkeit. Die Clubs liegen etwas versteckter.

Live Music Club Amadeus, beliebte Bouzouki-Bar, in der es oft bis in den Morgen rund geht; vorwiegend griechisches Publikum. Eingang in der Odós Despóti, nur zur Saison geöffnet.

>>> **Lesertipp:** Efzin Café Bar, über dem Remataki-Strand. „Wein- und Cocktailbar über den Dächern des Hafens, superschönes Ambiente" (Martina Teutloff). <<<

Club Mythos Reloaded, an der Platía Irínis. Richtig interessant wird es auch in dieser Music-Bar oft erst spät in der Nacht, denn geöffnet ist bis zum Morgen.

Beyond, an der Hafenzeile nahe Kafeníon Ouzerí Thanasis Sister. Gute Cocktails.

Café Bistrot Iera Odós, an der Hauptstraße nahe der Kreuzung mit der Straße nach Sámos, im ersten Stock. Nettes Interieur, manchmal Live-Musik.

Baden: Im Ort selbst zwei kleinere Strände, am südlichen Rand des Zentrums, gleich am Ende der Hafenpromenade, und östlich der Mole. Letzterer, Remataki genannt und aus hellen Kieseln und Steinen aufgeschüttet, bildet sicher die bessere Alternative, auch wenn das Baden in Hafengebieten ja immer mit etwas Vorsicht zu genießen ist. Schön, aber viel besucht ist der Strand von *Psilí Ámmos*, der im Kapitel „Umgebung von Sámos-Stadt" näher beschrieben wird. Er liegt etwa elf Kilometer östlich und wird von Ausflugsbooten angefahren; eine Busverbindung besteht nicht.

Tigániou-Bucht: Der Hauptstrand des Ortes liegt noch in Fußentfernung. Er beginnt westlich des Kastellhügels und reicht in einem weiten Bogen über etwa sechs Kilometer bis zum Gebiet von Iraíon. Die Mischung aus Sand, Kies und kleinen Steinen ist kein „Traumstrand" – dafür wirkt das Hinterland mit der Landepiste des Flughafens zu öde –, bietet jedoch reichlich Platz und sauberes Wasser. Liegen- und Sonnenschirmverleiher finden sich im stadtnahen Bereich und um die Siedlung Potokáki mit dem benachbarten Hotel Doryssa Bay. Dort werden auch diverse Sportmöglichkeiten angeboten.

Potokáki: Die Küstensiedlung beim Flughafen, einige Kilometer westlich von Pythagório, besteht praktisch nur aus Hotels, Pensionen, Bars und Vermietstationen für Sonnenschirme und Liegestühle; ein Fahrradweg führt entlang der Küste bis zum Heraíon. Dass gerade hier soviele Hotels entstanden, mutet seltsam an – die zersiedelte Ebene ist ohne Reiz, nebenan dröhnt der Lärm der startenden und landenden Jets. Vielleicht sind es ja die kurzen Transferwege …

Sehenswertes im Ort

Kástro-Hügel: Die Vergangenheit dieser Anhöhe westlich oberhalb des Hafens spannt einen Bogen über viele Jahrtausende der Inselgeschichte. Zwar ist das Areal noch längst nicht völlig erforscht, doch bewiesen verschiedene Funde eine Besied-

lung bereits im 3. Jahrtausend v. Chr. Im Laufe der Jahrtausende standen hier die Akropolis der Ionier, wohl auch der völlig verschwundene Palast des Polykrates, römische Villen und eine frühchristliche Basilika – uralter Boden also. „Christus rettete Sámos am 6. August 1824" steht über dem Treppenweg, der zum Kástro hinauf führt. Der Satz erinnert an einen weiteren Meilenstein der Inselgeschichte, als die Truppen der samischen Freiheitskämpfer eine türkische Übermacht besiegten. Für die orthodoxe Kirche war es der Jahrestag der Verklärung Christi. Das Gotteshaus, das als Zeichen der Dankbarkeit ab 1831 hier errichtet und 1907 erweitert wurde, ist deshalb auch der Metamorfósis geweiht. Nur wenige Jahre mehr auf den Mauern hat das restaurierte Kastell: Der griechische Freiheitskämpfer Lykoúrgos Logothétis ließ die Burg von 1822–1824 erbauen; in der Eile achtete man wenig auf sorgfältige Ausführung, weshalb sie bald wieder verfiel. Gut zu erkennen ist an vielen Stellen, dass beim Bau antike Steinquader Verwendung fanden. Im Turm ist ein kleines, aber nett gemachtes *Museum* (Di–So 8–15 Uhr; gratis) untergebracht, das beispielsweise archäologische Funde und Info-Tafeln zur Rolle des Kastells im Freiheitskampf präsentiert. Das Ensemble des Kástro-Hügels vervollständigen ein über dem Meer thronender Friedhof und eine kleine Ausgrabungsstätte mit Resten der frühchristlichen Basilika und eines Vorgängers des Kastells.

Archäologisches Museum: An der Hauptstraße Richtung Sámos-Stadt wurde 2010 ein neues Archäologisches Museum eröffnet, das erheblich großzügiger ausgefallen ist als das frühere Museum an der Platía Irínis. Im Erdgeschoss ist, chronologisch geordnet, vor allem Keramik zu sehen, daneben auch Schmuck, Münzen und Figurinen. Interessant auch ein Modell eines Brunnenschachts, in dem über viele Jahrhunderte zerbrochene Keramik entsorgt worden war – je tiefer die Schicht, in der die Funde lagen, desto älter waren sie auch. Das Obergeschoss zeigt insbesondere Skulpturen in beeindruckender Vielfalt und Pracht, daneben eine Rekonstruktion eines Felsheiligtums der Muttergöttin Kybele, Sarkophage und Grabmonumente etc. Ein Besuch lohnt sich unbedingt.
Di–So 8–15 Uhr, Eintrittsgebühr 4 €.

Großzügig konzipiert: das Archäologische Museum

Der Südosten um Pythagório → Karte S. 113

Art Space Pythagórion: Seit 2012 beherbergt das ehemalige, umgestaltete Hotel Pythagoras im nördlichen Hafenbereich ein Kulturzentrum, das jeden Sommer wechselnde Ausstellungen international bekannter Künstler (zuletzt waren es Werke der türkischen Bildhauerin Nevin Aladağ) präsentiert. Die Initiatoren sind auch die Gründer des „Samos Young Artists Festival", Infos über das Programm deshalb auch auf der Website www.samosfestival.com.

Kloster Spilianís und der Tunnel des Eupalinos

Die beiden Hauptsehenswürdigkeiten im Umfeld der Stadt. Vor der Besichtigung empfiehlt es sich, beim Fremdenverkehrsbüro (sofern geöffnet) die aktuellen Öffnungszeiten des Tunnels zu erfragen, da diese sich in der Vergangenheit sehr häufig geändert haben. Sinnvoll auch, auf festes Schuhwerk zu achten: Die Grotte des Klosters und der feuchte Tunnel sind für Stöckelschuhe etc. denkbar ungeeignet.

Kloster wie Tunnel liegen in bequemer Fußentfernung am Hang des nördlich von Pythagório ansteigenden Ámpelos-Bergs. Beide sind über ein Sträßchen zu erreichen, das im Ortsbereich von der Hauptstraße nach Sámos-Stadt nordwärts abzweigt. Etwa 500 Meter hinter dieser Kreuzung gabelt sich der Weg: rechts geht es hinauf zum Kloster Spilianís, geradeaus zum Tunnel des Eupalinos. Ganz nahe der Gabelung liegt das alte *Amphitheater*, von dem eigentlich nicht allzu viel erhalten blieb, das jedoch vor einigen Jahren wieder zur Bühne umgebaut wurde.

Moní Spilianís: Beeindruckend ist bereits das Panorama von der Terrasse der kleinen Klosteranlage. Die Hauptattraktion jedoch bildet die Höhle (Spiliá), die dem Kloster den Namen gab: Vor vierhundert Jahren etwa sollen in der feuchten, dunklen Grotte zwei auf Marmor- und Schieferplatten gemalte Ikonen entdeckt worden sein, deren Motive heute leider nicht mehr erkennbar sind. Die kleine Kapelle existiert aber noch, und bis heute gilt den Gläubigen das von den Höhlenwänden tropfende Wasser als wundertätig. Die Grotte selbst ist eigentlich ein antiker Steinbruch, aus dem wohl so mancher Quader der alten Stadtmauer und Hafenmole stammt.
Täglich 9–20 Uhr (Sommer), manchmal wird auch früher geschlossen; Eintritt frei.

Die kleine Kapelle in der Grotte

Eupalinos-Tunnel: Für die Zeitgenossen war er ein Weltwunder, vom Historien-schreiber Herodot wurde er gefeiert, und selbst noch aus heutiger Sicht stellt der zweieinhalb Jahrtausende alte, über einen Kilometer lange Wassertunnel durch den Ámpelos-Berg eine bewundernswerte Leistung der Ingenieurkunst dar. Von Polykrates persönlich hatte der Baumeister Eupalinos aus Megara den Auftrag, eine Wasserleitung zu errichten, die auch während einer langen Belagerung die Versor-gung der über 20.000 Einwohner der antiken Stadt sicherstellen sollte. Eine entsprechend starke Quelle gab es, doch lag sie jenseits des Berges Ámpelos, beim heutigen Dorf Agiádes. Eupalinos entschied sich für einen Tunnel. Durch eine ver-deckte, fast 900 Meter lange Leitung wurde das Wasser zur Nordseite des Berges geführt, ebenfalls unterirdisch verlief die Leitung von der Südseite in die Stadt.

Ausgrabungen des Deutschen Archäologischen Instituts ergaben in den 70er-Jahren, dass der Tunnel vom 6. Jh. v. Chr. bis zum 5. Jh. n. Chr., also über mehr als tausend Jahre hinweg, in Betrieb war. Später diente er wahrscheinlich als Fluchtpunkt, wie Keramikfragmente, Münzen und andere Funde aus dem 7. Jh. n. Chr. vermuten lassen.

Baugeschichte: Die größte Schwierigkeit lag in der Koordinierung des 1036 Meter langen Baus durch den Berg, da aus Zeitgründen die Grabungen an beiden Seiten gleichzeitig begonnen werden sollten – schließlich kamen die Arbeiten im harten Fels pro Tag nur etwa 15 cm voran. Zunächst musste Sorge getragen werden, dass Eingang und Ausgang auf der gleichen Höhe la-gen. Dieses Problem wurde mit Hilfe einer horizontalen Reihe von Stangen rund um den Berg gelöst, die mittels Wasserwaage und Peilungsgerät ex-akt die gleiche Höhe platziert wurden; eine weitere, diesmal vertikale Fluchtlinie über den Ámpelos hinweg legte dann die genaue Position der Öffnungen fest. Im Inneren des Berges wurde der exakte Tunnelverlauf mit-tels eines scharfen Lichtstrahls bestimmt. Von der Südseite her funktionierte dies auch exzellent, von Norden musste man aufgrund des hier lockereren Gesteins jedoch von der Ideallinie abweichen. Um etwaige Fehler bei der nötigen Korrektur auszugleichen, ließ Eupalinos die Querschnitte kurz vor dem errechneten Treffpunkt vergrößern und beide Stollen nach Osten abknicken – letztlich betrug die Abweichung nur drei Meter in der Höhe und fünf Meter in der Breite. Der so entstandene Tunnel allerdings war völ-lig eben, weshalb man nun ans Graben einer etwa 60 cm breiten Rinne ging, die am Anfang etwa drei Meter, am Ausgang im Süden aber acht Meter un-ter dem Tunnelniveau liegt und so ein Gefälle von 0,5 % aufweist. In dieser Rinne wurde schließlich die Wasserleitung verlegt, die aus Tonröhren mit ei-nem Durchmesser von etwa 25 Zentimeter bestand. Da die Röhren sich im Laufe der Zeit mit Mineralien zusetzten, wurden sie später zur Reinigung oben geöffnet.

Besichtigung: Mancher kehrt sehr bald wieder um – Menschen mit Neigung zur Klaustrophobie sollten auf die Exkursion besser verzichten. Der Querschnitt des Tunnels beträgt nur 1,80 x 1,80 Meter; wer größer ist, wird sich nie ganz strecken können. Die Beleuchtung ist schummrig, von der Decke tropft es gelegentlich, da-für ist es hier auch im Hochsommer schön kühl. Gut zu erkennen sind noch die

Weltwunder der Antike: der Eupalinos-Tunnel

Spuren der Spitzhacken an Wänden und Decke, an manchen Stellen auch die in Rötel gezeichneten Nivellierungsmarken mit dem Namen des verantwortlichen Aufsehers. Leider wurde schon vor längerer Zeit ein guter Teil der früher begehbaren 500 Meter für die Öffentlichkeit gesperrt – danach waren gerade mal noch die ersten 150 Meter zugänglich, weshalb der Ausflug unter Tage schon nach wenigen Minuten beendet war. Dabei hatte man ursprünglich sogar vorgesehen, den Tunnel irgendwann auf ganzer Länge zu öffnen. Dann könnte man auch zum antiken Quellhaus auf der anderen Seite weiterspazieren, das unter einer kleinen Kapelle verborgen liegt und wie der Tunnel selbst erst im 19. Jahrhundert wiederentdeckt wurde. Bleibt abzuwarten, wie sich die Situation nach der gegenwärtigen Restaurierung entwickelt.

Zuletzt wegen umfangreicher Arbeiten geschlossen, Wiedereröffnung frühestens 2016. Öffnungszeiten vor der Schließung: Di–So 8–15 Uhr; letzter Einlass eine halbe Stunde vor Schluss; Eintritt 4 €, Rentner 2 €, EU-Studenten mit Ausweis gratis. Es gab auch für 6 € ein Kombi-Ticket mit dem Heraion.

Weitere Sehenswürdigkeiten im Umfeld

Stadtmauern: Die zyklopischen Mauern der antiken Stadt, bis über viereinhalb Meter breit und sechs Meter hoch, liefen vom Hafen über den östlich gelegenen Kastéli-Hügel und den anschließenden Kamm des Ámpelos wieder hinab zum Meer, bewacht von insgesamt zwölf Toren und 35 Türmen. Von der Zufahrtsstraße zum Kloster und Tunnel führen hinter einer scharfen Kurve Mauerreste den Hang hinauf zum Grat des Ámpelos. In der westlichen Umgebung des Tunnelausgangs sind weitere Reste des Mauerwerks deutlich sichtbar; ihnen folgend, gelangt man zur Straße vom Flughafen nach Pythagório. Gut zu erkennen sind auch die Mauern im Nordosten der Stadt; die Zufahrt zweigt von der Straße Richtung Sámos-Stadt etwa einen Kilometer hinter Pythagório nach links ab, beschildert „Ancient Fortification Walls".

Römische Thermen: Meerwärts der Straße nach Westen liegen, nur etwa einen Kilometer vom Stadtzentrum entfernt, die Reste einer römischen Badeanlage aus der zweiten Hälfte des 2. Jh. n. Chr. Sie war Teil eines Sportgeländes, zu dem auch ein großes Stadion zählte. Sichtbar sind noch bis zu drei Meter hohe Mauerreste, Becken und die Rohre der Fußbodenheizung, die einst mit heißem Wasser gefüttert wurden. Am rechten, unscheinbareren der beiden Eingänge finden sich eine Skizze des Geländes sowie Erläuterungen zu einem markierten Rundweg durch die Ausgrabungen. Der nördliche Bereich der Ausgrabungsstätte beherbergte die Kaltbäder und ein achteckiges Schwimmbecken, im südlichen Teil gab es fußbodenbeheizte Hallen mit Warmbädern sowie ein Dampfbad, das im 5. Jh. in eine frühchristliche Basilika inkorporiert wurde und als Taufbecken diente.
Zuletzt leider geschlossen.

Glifada-Seen: Die ummauerten Süßwasserseen liegen ein ganzes Stück weiter westlich. Erwähnt werden die Mauern, die wie Reste eines Hafenbeckens wirken, erstmals Anfang des 19. Jh., doch ist ihre Herkunft unklar; möglicherweise sind sie weit älter.

Museum Nikoláos Dimitriou: Das „Village" des Doryssa Bay Hotels (→ „Übernachten") beherbergt auch ein Museum für Volkskunde. Die informative Ausstellung erinnert an das bäuerlich geprägte Sámos der Zeit vor den Weltkriegen. Gezeigt werden unter anderem das originalgetreu eingerichtete Innere eines Bauernhauses sowie die Gerätschaften der Schuster, Fischer, Korbmacher, Schäfer und Bienenzüchter. Seinen Namen verdankt das Museum übrigens dem Vater des Hotelbesitzers, der sich seinerzeit sehr um die Bewahrung alter Traditionen bemühte und mehrere Bücher zu diesem Themenkreis verfasste; er ist auch auf dem Prospekt des Museums abgebildet.
Di–So 10–14 Uhr, Eintrittsgebühr 2 €.

Umgebung von Pythagório

Auch im erweiterten Umfeld des Städtchens findet sich eine bunte Vielfalt interessanter Ziele. Am bekanntesten ist sicher das Tempelgelände des Heraíon, doch lohnt auch das Paläontologische Museum von Mytilíni einen Besuch. Für kulinarische Abstecher empfehlen sich Chóra und besonders Míli mit seinem charmanten Dorfplatz.

Chóra

Die verschachtelte Siedlung, knapp fünf Kilometer nordwestlich von Pythagório gelegen, war von 1560 bis Mitte des 19. Jh. die Hauptstadt (Chóra heißt „Stadt") der Insel Sámos, ist heute aber ein eher ruhiges Dorf. Bei einem Streifzug durch die engen, steilen Gassen oberhalb der Hauptstraße nach Pírgos lassen sich jedoch hie und da noch einige Relikte der einstigen Bedeutung entdecken, unter anderem mehrere aufwändig gebaute Kirchen.

Essen & Trinken   Taverne O Antonis, an der winzigen Platía Mesakis, oberhalb der Hauptstraße nach Pírgos; eigentlich nur eine Kreuzung von Gassen. Die Tavernenterrasse liegt hübsch über dem Waschhaus des Ortes, sacht plätschert das Wasser, Blumen ranken sich um eine große Kiefer – ein lauschiges Plätzchen. Ganz hervorragend sind hier insbesondere die Vorspeisen Mezédes.

Taverne Sinadisi, großes Lokal an der Hauptstraße, das von Pythagório kommend noch vor der großen Kreuzung im Ort liegt. Hiesige Spezialitäten sind Pizza und selbstgebackenes Brot, doch gibt es natürlich auch griechische Gerichte.

Mytiliní

Ebenfalls ein verhältnismäßig großer Ort, der sich etwa vier Kilometer landeinwärts von Chóra in einem weiten, fruchtbaren Tal erstreckt. Das ausgedehnte,

landwirtschaftlich geprägte Dorf wurde,
wie der Name schon vermuten lässt,
durch Einwanderer von der Insel Lésbos
gegründet, deren Hauptstadt Mytilíni
heißt. Recht ursprünglich geblieben ist
die hübsche, westlich der Durchgangsstraße gelegene Platía mit ihren originellen Kafenía. Ein weiteres Argument
für einen Besuch ist das Paläontologische Museum des Dorfes.

Verbindungen Busse lt. Sommerfahrplan von Sámos-Stadt nur Mo–Fr 1-mal
morgens, via Pythagório 4-mal täglich,
auch am Samstag. Sonntags generell keine Anschlüsse.

Feste Panijíria (Kirchweihfeste) am 23. April und 27. Juli.

Unterhaltung Cine Rex, schnuckeliges
kleines Open-Air-Kino linker Hand am Ortsausgang Richtung Sámos, vor allem an
Wochenenden beliebtes Ausflugsziel der
Einheimischen. Gemütliche Tische und
Stühle, die meist amerikanischen Filme laufen in der Regel im Original mit griechischen Untertiteln. Spielzeit etwa Mai–September, Beginn gegen 21 Uhr. Der Eintritt
(inklusive Lukumádes-Süßigkeiten) liegt
niedriger als bei uns.

Leere Stühle, weiße Leinwand:
das Open-Air-Kino tagsüber

Paläontologisches Museum: Die Hauptattraktion des Dorfes ist in einem Neubau
am südlichen Ortsrand untergebracht, aus Richtung Pythagório kommend gleich
linker Hand der Straße. Das großzügige, von einer Stiftung errichtete Gebäude bewahrt eine Reihe hochinteressanter Fossilien. Sie stammen überwiegend aus einer
Schlucht außerhalb des Dorfes, die nach verschiedenen früheren Funden erst 1963
näher untersucht wurde. Etwa eine Tonne Zähne, Knochen, Hörner und Hufe wurde damals innerhalb nur weniger Tage ausgegraben, darunter auch ein versteinertes
Pferdegehirn einer bislang unbekannten Pony-Art. Die aus dem Pliozän datie-
renden, rund 13 Millionen Jahre alten Fossilien stammen von Antilopen, Nashörnern, verschiedenen Pferderassen, Gazellen, Hyänen, Vorfahren unserer Giraffen
und Elefanten und anderen, allesamt im asiatisch-indischen Raum heimischen
Arten. Sie beweisen, dass Sámos einst mit dem kleinasiatischen Festland verbunden war und erst später, vielleicht durch eine verheerende Naturkatastrophe, von
ihm getrennt wurde – interessant in diesem Zusammenhang ist die von verschiedenen antiken Dichtern überlieferte Meinung, Sámos sei in der Vorgeschichte „von
Bestien bewohnt gewesen, die so laut brüllten, dass ein Riss in der Erde entstand".
Plutarch sah die schon damals bekannten Fossilien poetischer: Er hielt sie für die
Knochen von Amazonen, die im Kampf gegen Dionysos getötet wurden.

Wie das Kaplani in die Vitrine kam

Der Glaskasten mit der ausgestopften, mittlerweile ziemlich ramponierten Raubkatze, die einer Leopardenart angehört, zählt zu den Hauptattraktionen des Museums – viele (vor allem griechische) Besucher kommen nur, um das von der heimischen Bevölkerung „Kaplani" genannte Tier zu sehen. Es war in der Zeit zwischen 1870 und 1880 von Kleinasien durch die Meerenge nach Sámos geschwommen. Lange hatte die Großkatze dort die Gebirgsregionen unsicher gemacht, immer wieder Lämmer und Schafe gerissen. Alle Versuche, sie zu erlegen, schlugen fehl. Bis ein besonders starker und tapferer Jäger kam ... So mancher ältere Samiote kennt noch aus Erzählungen seiner Großeltern die Geschichte des wilden Kampfes, den sich das Kaplani mit seinem Bezwinger lieferte, bevor es diesem gelang, es zu töten. Und die Schriftstellerin Alki Zei, die als Kind das ausgestopfte Tier gesehen und wohl auch mit großen Augen die Berichte vom heldenhaften Jäger gehört hatte, benannte später eines ihrer Bücher nach dem „Kaplani in der Vitrine".

Die Ausstellung der Stiftung wurde nach und nach vergrößert und um andere Abteilungen erweitert. So gibt es unter anderem eine Ausstellung präparierter Tiere (nicht nur von Sámos), eine Mineralogische Abteilung, im Untergeschoss ein kleines Volkskundemuseum sowie im Obergeschoss eine Geschichtsabteilung mit Dokumenten und Kostümen – schade, dass nicht alle Erläuterungen zumindest in Englisch gehalten sind.

Di–Sa 9–14 Uhr, So 10–14 Uhr; Eintrittsgebühr 3 €.

Moní Agías Triádas: Etwa einen Kilometer jenseits der Ortsgrenze von Mytilíni, in Richtung Chóra und Pythagório, zweigt bei einer kleinen Kapelle ein Sträßchen in südöstlicher Richtung ab, das nach etwa drei Kilometern das wehrhaft wirkende, 1824 gegründete Kloster Agías Triádas erreicht.

 Wanderung 4: Von Mytilíni nach Vourliótes   → S. 221
Panoramatour mit Abstecher für Schwindelfreie

Das Heraíon

Obwohl weitgehend zerstört, zählt die ausgedehnte antike Stätte, etwa sechs Kilometer südwestlich von Pythagório gelegen, zu den ganz großen Sehenswürdigkeiten der Insel.

Kurz vor der Strandsiedlung Iraíon, fast schon am Ende der weiten Tigániou-Bucht, lag bereits in vorarchaischer Zeit eine Kultstätte, die später der Göttin *Hera* gewidmet wurde. Zur Blütezeit der Stadt Sámos, des heutigen Pythagório, verlief eine sechs Kilometer lange Heilige Straße, gesäumt von zahlreichen Statuen, zwischen der antiken Stadt und dem Heiligtum; sie blieb nur im Bereich der Stätte selbst erhalten.

Leider bedarf es einer guten Portion Phantasie, um sich heute die ganze wuchtige Größe und Schönheit des antiken Heiligtums vorzustellen. Bereits die Römer hatten Statuen und Kunstgegenstände en gros geraubt, spätere Jahrhunderte missbrauchten das Areal als Steinbruch. Vor einer Besichtigung nützt es als Einstimmung deshalb sehr, sich mit dem samischen Hera-Kult und der Baugeschichte dieses Heiligtums vertraut zu machen, dessen Tempel einst der größte Griechenlands war. Sinnvoll ist auch ein Besuch in den Archäologischen Museen von Sámos-Stadt und Pythagório. Mit weiteren Funden ist übrigens zu rechnen: Bis heute wird am Heraíon durch das Deutsche Archäologische Institut gegraben und geforscht.
Geöffnet ist Di–So 8.30–15 Uhr; letzter Einlass bis 14.15 Uhr; Eintritt 3 €, Rentner 2 €, EU-Studenten mit Ausweis gratis.

Der Hera-Kult: Bereits in der vorgriechischen Zeit des 3. Jahrtausends v. Chr. bestand im sumpfigen Mündungsgebiet des Imbrásos eine Siedlung, deren Spuren im nördlichen Bereich der Ausgrabungsstätte entdeckt wurden. Angegliedert war wohl bereits damals die Kultstätte einer später von den Mykenern übernommenen Fruchtbarkeitsgöttin. Einleuchtend erscheint dies auch angesichts des heutigen Geländes: Im Frühjahr schießt hier die Vegetation so schnell aus dem Boden, dass die Archäologen mit dem Graben kaum nachkommen.

Für die mykenische Zeit des 2. Jahrtausends v. Chr. gilt bereits ein kleines Heiligtum als gesichert, das sich um einen einfachen Altar und einen Keuschlammstrauch (Lygos) konzentrierte, wie er heute noch hier wächst. Verehrt wurde ein hölzernes, der Göttin selbst entsprechendes Kultbild der Hera, die der örtlichen Sage zufolge unter einem solchen Keuschlammstrauch geboren worden war. Freilich handelte es sich auf Sámos um eine ganz anders geartete Hera als jene der späteren griechischen Götterwelt, die dort vor allem als eifersüchtige Gemahlin des Zeus in Erscheinung trat. Nicht nur die immensen Ausmaße der ihr errichteten Tempel beweisen die hohe Verehrung, die die Hera von Sámos als Natur- und Fruchtbarkeitsgöttin genoss. Die Opfergaben, die Wissenschaftler am Heiligtum fanden, stammten aus der gesamten antiken Welt, kamen bis aus Andalusien, dem Iran und Äthiopien.

Höhepunkte des Kultes waren die beiden jährlichen großen Feste im Heiligtum. Gefeiert wurde zum einen die Hochzeit mit Zeus (*Hieros Gamos*), die der Sage nach ebenfalls unter einem Lygosstrauch vollzogen worden sein soll; das Kultbild wurde bei dieser heiligen Hochzeit wie eine Braut geschmückt. Das andere jährliche Fest ist als *Tonaia* überliefert, als rituelle Waschung des Kultbildes im Meer, womit die Göttin ihre Jungfräulichkeit wieder erlangte. Anschließend wurde die Figur gesalbt, neu eingekleidet, mit Opferkuchen gespeist und bis zur nächsten Hochzeitsfeier mit Keuschlammzweigen umwickelt. Begleitet wurden beide Feste von der rituellen Opferung von Rindern, deren Fleisch teils von den Teilnehmern gegessen, teils auf dem Altar der Göttin verbrannt wurde.

Baugeschichte: Vor dem uralten Altar wurde im 8. Jh. v. Chr. aus Lehmziegeln ein sog. *Hekatompedos* errichtet, ein etwa 33 Meter langer „Hundert-Fuß-Tempel". Ihm folgte an derselben Stelle um 670 v. Chr. ein deutlich veränderter Bau, der bereits von einer Ringhalle umgeben war.

Im 6. Jh. v. Chr. war Sámos eine wirtschaftliche Großmacht geworden, deren Reichtum manifestiert werden wollte: Ab 570 v. Chr. entstand der *Rhoikos-Tempel* der Baumeister Rhoikos und Theodoros, der mit einem Grundriss von 105 x 52,5 Meter alle bisherigen Dimensionen griechischer Bauten sprengte – als Vorbild vermuten viele Historiker die riesigen Tempel Ägyptens, zu dem ja damals enge Handels-

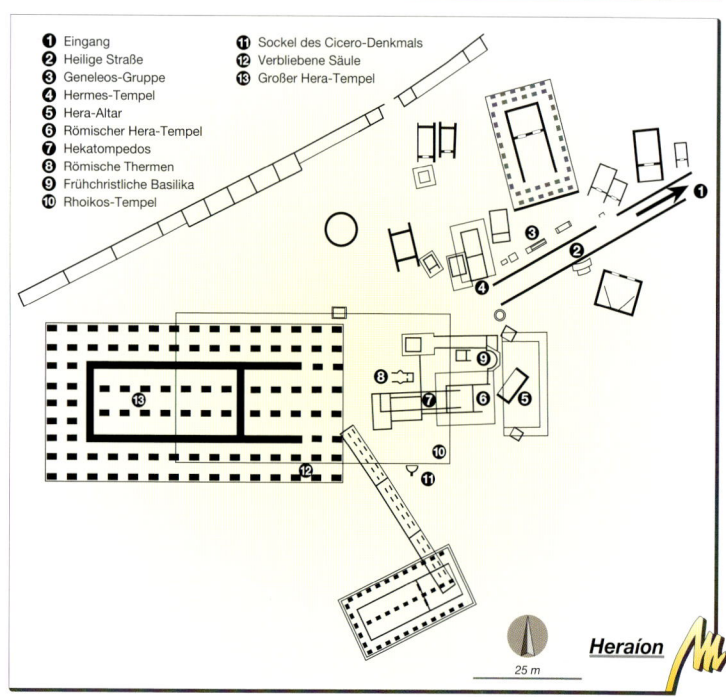

beziehungen bestanden. Allerheiligstes (Cella) und Vorhalle (Pronaos) waren dreischiffig, der Tempel von einem doppelten Kranz aus mehr als hundert etwa 18 Meter hohen Säulen umgeben. Den Hera-Altar, immer noch an derselben Stelle wie seine Vorgänger, richteten die Architekten auf den Tempel aus und vergrößerten ihn um ein Vielfaches auf etwa 36 x 16 Meter. Ein langes Dasein war dem Monumentaltempel allerdings nicht beschieden: Um 540 v. Chr. wurde er zerstört, vielleicht durch ein Erdbeben, vielleicht aber auch durch einen Brand – mancher Historiker vermutet durchaus schlüssig einen Zusammenhang mit der unsanften Machtergreifung des Polykrates.

Eben dieser ließ auch bald mit dem Bau eines noch gigantischeren Tempels beginnen, heute als *Großer Hera-Tempel* bezeichnet. Er wurde um 40 Meter nach Westen versetzt, stand also teilweise über dem Grundriss seines Vorgängers, dessen Materialien auch für den neuen Tempel Verwendung fanden. Mit einem Grundriss von etwa 112 x 55 Meter nahm der neue Tempel etwa die Fläche des Kölner Doms ein; auch ihn umgab ein doppelter Kranz von gut 150 etwa zwanzig Meter hohen Säulen, der an den Frontseiten sogar auf drei Reihen erweitert wurde. Völlig fertig wurde dieser Riesentempel nie, doch muss auch die Baustelle beeindruckend genug gewesen sein: Herodot sprach vom „gewaltigsten Tempel, von dem wir wissen" (meinte dabei allerdings wohl Griechenland, denn er war in Ägypten gewesen) und ordnete den Monumentalbau unter die Weltwunder ein. Im Umfeld entstanden zu Polykrates' Zeiten eine Reihe weiterer, deutlich kleinerer Tempelbauten, die anderen Göttern geweiht waren – ganz auf Hera verlassen wollte man sich also nicht.

Die wirtschaftliche und politische Talfahrt der Insel nach dem Tod des Polykrates machte es unmöglich, den Großen Hera-Tempel je fertig zu stellen; noch die Römer bauten an ihm, doch gaben auch sie es irgendwann auf und errichteten der Hera lieber ein neues, vergleichsweise winziges Tempelchen direkt vor ihrem Altar.

Besichtigung: Der heutige Zugang verläuft parallel zum Pflaster der *Heiligen Straße*. Einst reichte sie bis zur sechs Kilometer entfernten antiken Stadt, beiderseits und auf ihrer ganzen Länge von gestifteten Weihestatuen und Kolossalfiguren gesäumt. Hier entdeckten Archäologen jene große Jünglingsstatue (Kouros), die im Museum von Sámos-Stadt steht. Heute vermittelt nur noch die Kopie der *Geneleos-Gruppe* eine Ahnung von der einstigen Eleganz dieser Prachtstraße. Dort, wo sie endet, sind Überreste jener Tempel erkennbar, die ab der Zeit des Polykrates dem *Hermes* und anderen Göttern geweiht wurden.

Ein Stück südlich liegen die Grundmauern des großen *Hera-Altars* über der Stelle, an der seit den uralten Anfängen das Heiligtum der Göttin stand. Sieben ältere Bauschichten haben Archäologen hier nachgewiesen. Der Altar an sich stammt aus römischer Zeit, doch wurde der Bau der Architekten Rhoikos und Theodoros damals bis hin zur Dekoration genau kopiert. Geradezu mythisch scheint das Kontinuum über die Jahrtausende: Auf dem Altar blüht ein Keuschlammstrauch, wie er der Göttin heilig war, gut zu erkennen an seinen gefingerten Blättern.

Die letzte ihrer Art: Kolóna

Westlich des Altars erstrecken sich Reste des *römischen Hera-Tempels* (dessen bescheidene Dimensionen den Niedergang des Kultes verdeutlichen) und des *Hekatompedos*. Im Umfeld ebenfalls sichtbar sind Reste einer *römischen Therme* des 3. Jh. und einer komplett aus antikem Baumaterial errichteten *frühchristlichen Basilika* des 5. oder 6. Jh. – man darf vermuten, dass sie dem Heiligen Dimitrios geweiht war, dessen Kirchen gerne auf „heidnische" Stätten gesetzt wurden, um sie so für das Christentum zu vereinnahmen.

Ein Stück südlich erkennt man den Statuensockel eines *Cicero-Denkmals*, das die Stadt Sámos im 1. Jh. v. Chr. dem berühmten römischen Politiker und seinem Bruder stiftete. Der große Redner hatte sich dem Heiligtum als Ankläger des räuberischen Provinzverwalters Verres verdient gemacht, der nicht nur auf Sámos an Kunstschätzen stahl, was er wegschleppen konnte. Dank Ciceros Plädoyers verurteilte der römische Senat Verres dazu, wenigstens einen Teil seiner Beute zurückzugeben.

Nun ist es nicht mehr weit bis zum Wahrzeichen des Heiligtums, der *Kolóna*: Die einzig verbliebene Säule des

Großen Hera-Tempels, dessen Grundmauern noch zu erkennen sind. Die Kolóna wurde wohl als Orientierungshilfe für Seefahrer stehen gelassen. Dabei misst auch sie, obwohl von durchaus beeindruckenden Dimensionen, gerade mal die Hälfte ihrer einstigen Höhe!

Iraíon

Es ist noch nicht einmal so lange her, da standen hier, am südwestlichen Ende der Tigániou-Bucht, nur ein paar einfache, direkt ans Meer gebaute Fischerhäuser. Heute ist Iraíon auch ein Ferienort von freilich immer noch bescheidenen Ausmaßen.

Im Wesentlichen besteht das schachbrettartig aufgebaute Dorf aus einigen wenigen Parallelstraßen zum Strand und einer kleinen, zentralen Platía. Angenehm sind die vielen Bars und Restaurants an der sehr hübsch gestalteten Uferfront und die kleinen Strände im Süden. Mit seiner ganz ordentlichen Infrastruktur eignet sich Iraíon deshalb auch als Standquartier, zumal die Preise hier oft einen Tick niedriger liegen als in Pythagório. Mancher Stammgast schätzt auch die dörfliche Atmosphäre von Iraíon. Schließlich ist der Ort nicht nur ein Touristenziel: In den letzten Jahren sind viele Einwohner der umliegenden Bergdörfer hier heruntergezogen, weshalb die Siedlung auch außerhalb der Saison ein gewisses Eigenleben aufweist.

Verbindungen Bus: Von/nach Sámos-Stadt über Pythagório (Sommerfahrplan) Mo–Fr 5-mal, Sa 3-mal täglich.

Mietfahrzeuge: Verschiedene Vermieter für Autos und Zweiräder im Ort, z. B. „Friendly", ✆ 22730 95261.

Einkaufen „Agricultural Products", an der Zufahrt von Pythagório etwa 600 Meter vor dem Ort linker Hand. Früher wurden hier Weintrauben zur Presse angeliefert, heute betreibt Kostas (der gut Deutsch spricht) in dem winzigen Häuschen einen Verkauf selbst erzeugter Produkte wie Wein, Retsina, Olivenöl und -seife, Souma-Tresterschnaps, Honig und manches mehr. ■

Veranstaltungen Rockfestival, 2004 gegründetes und seitdem sehr erfolgreiches Festival, jährlich vom 7. bis 9. August. Dann spielen hier schon mal Klassiker wie die Stranglers, aber auch weniger bekannte nationale und internationale Bands. www. ireon-music-festival-samos.gr.

Übernachten/Essen *** Hotel Sunrise, im hinteren Ortsbereich. Früher von Reiseveranstaltern geblockt, arbeitet das sehr solide, von der freundlichen Popi (die auch etwas Deutsch spricht) geführte Haus seit einigen Jahren auch mit Individualgästen, und das sehr erfolgreich: Reservierung ratsam. Pool hinter dem Haus. Geöffnet Ende April bis Oktober. DZ/F nach Lage und Saison 45–60 €. ✆ 22730 95369, www.sunrise-hotel-samos.com.

** Hotel Niki, gleich am Ortseingang. Schlichte, aber sehr saubere Zimmer mit Balkon und Kühlschrank, ordentliche Betten. 2007 renoviert. Sehr freundliche, gut englischsprechende Chefin. Geöffnet Mai bis Oktober. DZ/F 35–40 €. ✆ 22730 95336, niki_hotel_samos@hotmail.com.

** Spiti Hotel, weiter hinten im Ort, an einer Parallelstraße zur Uferstraße. Solides Quartier, geführt von der griechisch-deutschen Familie Kottoros. Nur Privatgäste, in der Regel ganzjährig geöffnet (Klimaanlage, die auch heizt). DZ mit gutem Frühstück etwa 45 €. ✆ 22730 95346, www.spiti-samos.de.

》》 Mein Tipp: Pension Ermioni, ein Stück südwestlich, nicht weit vom kleinen Hafen des Ortes. Mit persönlicher Atmosphäre betrieben von der freundlichen, griechisch-deutschen Familie Jannis und Ulrike Taleporou, die auch viele Wander- und Ausflugtipps parat hat. Gepflegte Zimmer mit Aircondition und guten Betten, Nichtraucher (Innen- und Außenbereiche). Nur Privatgäste, kein Veranstalter. Geöffnet etwa April bis Ende Oktober/Anfang November. DZ mit umfangreichem Frühstück 65 €. ✆ 22730 95364, www.pension-ermioni-samos.de. 《《

Impressionen vom „Pappa Beach"

Pension Galini, etwa 100 Meter westlich. Sieben gut in Schuss gehaltene Zimmer und zwei Studios, alle mit Balkon und Klimaanlage. Freundliche Leitung durch die engagierte Englischlehrerin Maria Moschovaki. Geöffnet Mai bis Mitte/Ende Oktober. DZ/F etwa 50–60 €. ✆ 22730 95238, www.galini-samos-ireon.com.

»» Mein Tipp: Pension und Taverne Cohyli, gleich meerwärts. Zimmer und Bäder fallen eher schlicht aus, besitzen jedoch alle Balkon bzw. im obersten Geschoss Zugang zu einer großen Terrasse. Sehr freundliche Führung durch Christina und ihren Bruder Yannis, viele Stammgäste. Eine Empfehlung ist besonders das zugehörige Gartenrestaurant, in dem u. a. Mezédes, Grillgerichte und Fisch serviert werden; Yannis betreibt sein eigenes Fischerboot. Zur Saison gibt es hier gelegentlich (anfragen!) auch eine „Mezédes-Party" zum Festpreis sowie zweimal wöchentlich Live-Musik. Geöffnet April bis Oktober, das Restaurant ganzjährig. DZ/F nach Saison 45–50 €. ✆ 2273 95282, www.hotel-cohyli.com. **««**

Taverne Taurus, deutsch geführtes Lokal, dessen Fleischgerichte (Steaks & Co.) sich in den wenigen Jahren seit seiner Eröffnung einen exzellenten Ruf erworben haben und ihren etwas höheren Preis allemal wert sind. Auch griechische Küche. Früher am Hauptplatz, mit Erscheinen dieser Auflage aber wohl bereits in eine der Parallelstraßen zur Uferfront (Ex-Taverne Agkira) umgezogen, nahe Spiti Hotel.

Taverne Akrogiali, linker Hand beim kleinen Hauptplatz am Meer. Eins der besten Restaurants an der Uferzeile, gute Fisch- und Grillgerichte sowie gemischte Vorspeisen – so war es zumindest bislang, denn wahrscheinlich wird das Lokal den Besitzer wechseln.

Taverne Aegeon – Bei Markos, ein weiteres Lokal der Uferzeile, betrieben von den Eigentümern des Spiti Hotel. Auch bei griechischen Gästen beliebt, zu den Spezialitäten zählen frischer Fisch und Zicklein aus dem Ofen.

»» Lesertipp: Taverne To Kyma, an der Uferzeile. „Tolle Terrasse direkt am/im Meer, frischer Fisch (auch mittags), flotte und freundliche Bedienung" (Reinhold Brunat). **««**

Taverne Karavópetra, in der Nähe vom Hauptplatz. Beliebt vor allem wegen der

großen und sehr guten, wenn auch nicht billigen Pizza aus dem Holzofen.

Café-Bar Anemos, am Hauptplatz, ein Café mit sehr gutem Service.

Taverne Panorama, einige Kilometer außerhalb in Richtung Pagondas. Die Lage macht dem Namen alle Ehre, die Aussicht ist fantastisch. Sehr nette Besitzer. Im Angebot vor allem Grillgerichte, Samstagabend gab es zuletzt Live-Musik.

Baden: Der Strand beim Ort ist sandig bis kiesig, im Dorfbereich gibt es Liegestühle, Sonnenschirme und Ähnliches zu mieten. Im Nordosten reicht der Strand bis Pythagório, sodass sich in einiger Entfernung auch ruhigere Plätzchen entdecken lassen. Zu erreichen ist dieser Strand zu Fuß vom Ortsrand über die Hauptstraße Richtung Pythagório, hinter der Brücke dann rechts bzw. geradeaus in den Feldweg; in ungefähr 30 min. gelangt man so auch zur Strandbar *Mare Deus* (Autozufahrt via Heraíon, dann links herum immer am Strand entlang; Liegestuhlservice), die mit Musik und Beachvolleyball vor allem das junge Publikum anzieht. Von hier gibt es einen Fahrradweg, der parallel zur Küste bis nach Potokáki führt.

„**Pappa Beach**": Südlich von Iraíon, zu erreichen über eine Piste, ändert die Küste ihr Gesicht. Hier finden sich sehr hübsche, kleine bis kleinste Kiesbuchten, die sich zum türkisfarbenen Meer öffnen und von Kreidefelsen flankiert werden. Einsam ist es jedoch auch hier nicht. An den Buchten des bewirtschafteten „Pappa Beach" sind Liegestühle aufgestellt, und sogar sehr eine freundlich geführte Sommertaverne ist in Betrieb.

Sehenswertes

Museum of Maritime and Shipbuilding Arts of Sámos: Ein großer Gewinn für Iraíon – mitten im Ort entsteht derzeit ein spektakuläres Museum, das wohl noch während der Laufzeit dieser Auflage des Reisehandbuchs eröffnen und sich der Kunst des samiotischen Schiffsbaus widmen wird. Im Außenbereich sollen restaurierte traditionelle Schiffe präsentiert werden, sogar eine eigene Werft wird das neue Museum erhalten. Man darf gespannt sein …

Umgebung von Iraíon

Pírgos Sarakínis: Etwas östlich der Straße, die Iraíon mit der Hauptstraße Pythagório–Pagóndas verbindet, steht auf Höhe einer Kaserne ein alter, dreigeschossiger Wehrturm. Errichtet wurde der wuchtige Bau 1577 von Nikólaos Sarakínis, einem aus Pátmos stammenden Seemann, der sich unter türkischer Herrschaft um die Wiederbesiedelung von Sámos verdient gemacht hatte und deshalb vom türkischen Admiral mit ausgedehnten Ländereien bedacht wurde. Diese vererbte er seinem Sohn mit der Auflage, sie dem Johanneskloster von Pátmos zu hinterlassen, falls er ohne Erben bliebe – was auch geschah. So ist heute noch das Kloster auf Pátmos Besitzer des umliegenden Landes, des Turmes und des weiß gekalkten Doppelkirchleins, das dem hl. Johannes (rechts, 1577 erbaut) und dem hl. Georg (links, 1615) gewidmet ist.

Míli

Das Dorf liegt zwei Kilometer nördlich der Hauptstraße, die Pythagório mit Pagóndas verbindet, etwa elf Asphalt-Kilometer von Pythagório entfernt. Míli war eines der ersten Dörfer, die nach der Wiederbesiedelung der Insel angelegt wurden, und trug damals einen türkischen Namen. Die heutige Bezeichnung erinnert an die Wassermühlen, die hier früher am Fluss Imbrásos in Betrieb waren. Zentrum von

Der Südosten um Pythagório → Karte S. 113

Míli ist eine gemütliche, schattige Platía, an der zwei Tavernen auf Gäste warten. Ein Blick lohnt sich auch in die noch traditionelle Töpferwerkstatt „Fidias" von Sakis; sie liegt an der Straßenkreuzung vor dem Ortskern. – In der Ebene östlich des Dorfes erstreckt sich eine wasserreiche, fruchtbare Gartenlandschaft, die vor Orangenplantagen geradezu strotzt. Auch Quitten und andere Fruchtbäume wachsen hier; ein wunderbares Revier für Spaziergänge.

Von Míli führt eine breite, asphaltierte Straße vorbei am Kloster Megális Panagías nach Koumaradéi an der Hauptroute in den Westen; Näheres zu Kloster und Dorf im Text weiter unten.

Westwärts nach Pírgos

Jenseits der Schwemmlandebene um Pythagório erstrecken sich die Höhenzüge und Ausläufer des über 700 Meter hohen Berges *Vourniás*, die in der Vergangenheit gleich mehrfach Opfer verheerender Brände wurden. Dennoch bleibt das Gebiet ein hervorragendes Revier für Ausflüge; die Busverbindungen allerdings sind mäßig, weshalb ein Fahrzeug von Vorteil ist. Unterwegs kann man sich auch gleich mit Souvenirs eindecken: In verschiedenen Dörfern werden Kräuter und einheimischer Honig verkauft, und in Koumaradéi gibt es mehrere Werkstätten mit teilweise recht originellem Angebot.

Über Pagóndas nach Pírgos

Die Alternative zur Inlandsroute verläuft mit schöner Aussicht weit oberhalb der Küste. Eine Tankstelle allerdings gab es bis zuletzt unterwegs nicht.

Pagóndas: Das große Bergdorf besetzt einen Osthang des Vourniás, etwa zwölf Kilometer von Pythagório entfernt. Wie das nahe Míli schon bald nach der Wiederbesiedelung im 16. Jh. gegründet, lebt Pagóndas in erster Linie vom Olivenanbau – und das nicht schlecht, nach den großen Herrenhäusern und der Zahl der hiesigen Kirchen zu schließen: Eine ganze Reihe blauer Kuppeln ragt in und um das Dorf in den Himmel. Die ansehnliche Platía macht einen sehr dörflichen Eindruck. In der Nähe gibt es seit 2008 wieder ein *Folklore Museum* (leider keine festen Öffnungszeiten; 3 €), das in fünf Räumen die Wohn- und Lebenssituation in einem samiotischen Wohnhaus an der Schwelle des 19. zum 20. Jahrhundert dokumentiert.

Hinter Pagóndas steigt die Strecke zunächst nach Südosten an, durchquert dabei immer wieder ehemalige Waldbrandgebiete. Betroffen waren auch die wertvollen Bestände der hochstämmigen Schwarzkiefer, deren Holz beim Bootsbau sehr gesucht ist. Von den Flammen eines solchen Feuers gerade noch verschont blieb das Kloster *Moní Evangelistrías* unterhalb der Straße, das nicht mit dem gleichnamigen Kloster bei Votsalákia zu verwechseln ist.

Tsópela-Strand: An der Küste tief unterhalb des Klosters Evangelístrias erstreckt sich der Kieselstrand von *Tsópela*, nur auf einem steilen Fahrweg zu erreichen – ganz so menschenleer, wie man deshalb meinen sollte, ist der Strand jedoch nicht, bildet er doch das Ziel sommerlicher Bootstouren ab Pythagório. Unten gibt es zur Saison einen Stand, an dem hübsche, selbst gefertigte Keramik verkauft wird, ebenso einen Liegestuhlservice; Essen muss man selbst mitbringen.

Im weiteren Verlauf der Route bieten sich immer wieder weite Ausblicke auf das vorgelagerte Inselchen *Samiopoúla,* im Sommer ebenfalls ein beliebtes Ziel von

Abgeschieden: der Kieselstrand von Tsópela

Bootsausflügen, und auf die Westküste, bei entsprechendem Wetter bis zu den Inseln Foúrni, Ikaría und Pátmos.

Spatharéi: Auch um dieses verschlafene Bergdörfchen am Westhang des Vourniás sind die Spuren der Brandkatastrophen vergangener Jahre noch erkennbar. Der Legende zufolge soll Spatharéi von einem Priester namens Pappapetros o Spathas gegründet worden sein, der es auf die beachtliche Zahl von 18 Nachkommen brachte. Das Dorf lebt vor allem von der Landwirtschaft, wie die terrassierten, steil zum Meer abfallenden Hänge deutlich zeigen; weit reicht von hier der Blick übers Meer. Fischfang wird nur am Rande betrieben; die Boote liegen in der winzigen Küstensiedlung *Limnonáki*, die nur über kleine Wege zu erreichen ist. Von Spatharéi sind es noch etwa fünf Kilometer Asphaltstraße bis Pírgos.

Fest des Kadis, am letzten Sonntag des Karnevals; eine spöttische Zeremonie, die an die Rechtsprechung der Türkenzeit erinnern soll. Panijíri, Kirchweihfest am 27. Juli.

Über Koumaradéi nach Pírgos

Die Standardroute, ebenfalls durchgehend asphaltiert, flotter befahrbar und kürzer als die Variante über Pagóndas und Spatharéi.

Moní Timíou Stavroú

Etwa einen Kilometer oberhalb der Hauptstraße steht dieses sehr sehenswerte Kloster (Di–So 9–13, 18–20 Uhr) aus dem späten 16. Jahrhundert. Der Abzweig aus Richtung Chóra, an einer ansteigenden Geraden etwa drei Kilometer hinter dem Ort, ist leicht zu übersehen; Busreisende können den Fahrer bitten, sie hier aussteigen zu lassen.

1592 wurde das Kloster zum Heiligen Kreuz durch den Mönch Neílos gegründet; ein Traumgesicht, so heißt es, habe ihm den Platz gewiesen, an dem er dann eine

uralte Ikone vergraben fand. Die heutige Klosteranlage stammt allerdings aus dem 19. Jh.; ehemals ein Geviert, brannte ihr Südflügel 1950 ab. Hübsch ist die Lage mit weiter Aussicht auf die Ebene, ebenso der blumengeschmückte Innenhof, in dessen Brunnen beruhigend das Wasser plätschert. Das Hauptinteresse gilt jedoch der zentralen Kirche: Im Inneren der dreischiffigen Kuppelbasilika ist eine wundervoll gearbeitete *Ikonostase* zu sehen, die Mitte des 19. Jh. von zwei Holzschnitzern aus Chíos gefertigt wurde und wertvolle Ikonen des 17.–19 Jh. bewahrt. Sehenswert sind weiterhin das Triptychon (17. Jh.) im Altarraum und die leider nur an wenigen Stellen erhaltenen Fresken, die einst das gesamte Innere der Kirche bedeckten.

Besonders reizvoll gestaltet sich ein Besuch des Klosters am 14. September und seinem Vorabend, wenn die jährliche Kirchweih abgehalten wird, zu der Pilger von der ganzen Insel anreisen.

Mavratzéi liegt knapp zwei Kilometer oberhalb des Klosters am Rand einer Schlucht und kann auf einem Schlenker Richtung Koumaradéi besucht werden. Das kleine Dorf, früher durch seine Töpfereien bekannt, lebt heute vor allem von der Landwirtschaft, produziert unter anderem Rosinen und Olivenöl. Die Straße, die kurz vor dem Ort nach Norden abzweigt, führt zwar Richtung Mytilíni, verwandelt sich aber bald in eine Piste.

Koumaradéi

Koumaradéi liegt in über 300 Meter Höhe an einem Hang mit weiter Aussicht über den Kámpos. Da die Hauptstraße in den Westen der Insel mitten durch den Ort führt, entwickelte sich das Dorf im Lauf der Jahre zu einem beliebten Ausflugsziel.

Maßgeblichen Anteil daran haben die verschiedenen Geschäfte von Koumaradéi, die sich entlang der Durchgangsstraße reihen. Sie offerieren einen Querschnitt traditioneller Handwerkserzeugnisse, darunter insbesondere Keramik und Webwaren, aber auch Kräuter und Honig. Erstaunlich dabei, dass die Besitzer der einzel-

Bekannt durch seine Handwerksläden: Koumaradéi

nen Läden kaum Konkurrenzneid zu kennen scheinen. Ganz im Gegenteil verstehen sich die Dorfbewohner als große Familie, haben vor Jahren auch schon mal einen gemeinsamen Prospekt drucken lassen.

Dikéa Koúpa: Dieses Tongefäß ist eine besondere Spezialität der hiesigen Töpfereien: Der „gerechte Becher" läuft über, wenn eine bestimmte Füllhöhe überschritten wird. An halbfertigen Exemplaren lässt sich gut studieren, wie das funktioniert: Der Hohlraum in der Mitte füllt sich wie der Becher selbst; ist erst einmal die Höhe einer im Inneren angebrachten Röhre überschritten, saugt diese das Gefäß in einem Zug leer. Erfinder des gerechten Bechers soll der Mathematiker und Philosoph Pythágoras gewesen sein, der auf diese Weise seinen Schülern die Lehre des richtigen Maßes demonstrieren wollte.

Verbindungen Bus: Koumaradéi liegt an der Linie von Sámos-Stadt via Chora nach Pírgos, Verbindungen (Sommerfahrplan) aber nur Mo–Fr 1- bis 2-mal täglich.

🌿 **Einkaufen** Der Webstuhl, etwa in der Ortsmitte auf der linken Seite. Die nette, kommunikative Gründerin Eva Eleftheriou hat zwei Jahre in Berlin gelebt und spricht perfekt Deutsch. Breites Angebot an Kunsthandwerk: Teppiche, Stickereien, Pullover, Töpferwaren, aber auch Marmeladen etc., vieles davon im Ort oder in den Bergdörfern der Umgebung produziert. Mittlerweile wird Eva von weiteren deutschsprachigen Damen unterstützt. ∎

🌿 **Klironomou**, rechter Hand am Ortsausgang Richtung Pírgos. Hier findet sich wohl die breiteste Auswahl an Bio-Kräutern, daneben aber auch Öl und Honig sowie hoch konzentrierte ätherische Öle für kulinarische und medizinische Zwecke, die in einer eigenen Destillieranlage hergestellt werden. Seit einigen Jahren gibt es auch eine Filiale in Kokkári. ∎

Hydria, am Ortsausgang noch hinter Klio Klironomou. Spezialität dieser Töpferei ist die sog. „Raku"-Keramik, die Kupfer- und Silberelemente einbezieht und auf spezielle Weise gebrannt wird.

Feste Panijíria, Kirchweihfeste, am 7. Juli und 27. Juli.

Essen & Trinken ⟫ **Mein Tipp:** Taverne Balkoni, am Ortsrand unterhalb der Straße nach Míli. Die Terrasse mit ihrem Prachtpanorama, das über Kámpos und Meer bis zur Türkei reicht, ist ein echter Logenplatz, von dem man prima die landenden Flugzeuge beobachten kann, beliebt auch an Vollmondabenden. Die deutsch-griechischen Pächter sind Gastronomen aus Leidenschaft und haben sich in den letzten Jahren ein Stammpublikum geschaffen, das von der ganzen Insel kommt. Variantenreiche Küche, prima Mezédes, selbstgebackener Kuchen und Brot sowie andere Köstlichkeiten; gute Weine. ⟪

Snack-Bar Café Panorama, im Ort neben dem „Webstuhl". Die Dorftaverne serviert traditionelle Gerichte, u. a. Tiganítes-Pfannkuchen, sonntags auch Lukumádes-Süßigkeiten; Samstagabend gibt es Live-Musik. Ein Keramikgeschäft ist angeschlossen.

Der Südosten um Pythagório → Karte S. 113

Von Koumaradéi windet sich die schmaler werdende Asphaltstraße ins vier Kilometer entfernte Pírgos. Unterwegs gibt es auch eine *Tankstelle*, eine Seltenheit in dieser Gegend. Vor der Fahrt nach Pírgos lohnt sich jedoch ein Abstecher zu dem Kloster Megális Panagías; alternativ kann man von dort auch über Míli (s. o.) mit seinen hübschen Tavernen nach Pythagório zurückkehren.

Moní Megális Panagías

Am Ortsausgang von Koumaradéi zweigt links die Asphaltstraße nach Míli ab; etwa einen Kilometer weiter steht unterhalb der Strecke das schöne Kloster der Großen Allheiligen (geöffnet Mi–Mo 10–13, 17.30–20 Uhr; Di geschlossen). Lange Zeit fast verlassen, wird das renovierte Kloster nun wieder von einigen Mönchen bewohnt und fleißig besucht, auch von Busbesatzungen. Besonders viele Besucher kommen am 23. August, der jährlichen Kirchweih.

Von wehrhaften Mauern umgeben: Kloster Megális Panagías

Wie Timíou Stavroú wurde auch dieses Kloster Ende des 16. Jh. von Neílos gegründet, hier allerdings zusammen mit dem Mönch Dionísos. Dieser war es auch, der der Legende zufolge nach einer Lichterscheinung eine vergrabene Marienikone entdeckte. An der Fundstelle, die nach Meinung von Historikern in Wahrheit wohl ein uraltes Heiligtum der Artemis war, errichteten die beiden Mönche zunächst ein kleines Kirchlein, später das Kloster. Bald schon zählte es zu den reichsten der Insel: Nach einem Brand sollen, so erzählt man sich zumindest, ganze Bäche aus flüssigem Gold und Silber talwärts geströmt sein. Ein Brand war es auch, der im 18. Jh. die legendenumwobene Ikone zerstörte. Beim großen Feuer im Jahr 2000 wurde das Kloster erneut in Mitleidenschaft gezogen, später jedoch aufwendig restauriert.

Die im Geviert angelegten Nutzgebäude beschützen einen schönen Innenhof; aus einem Brunnen fließt Wasser, das als wundertätig gilt. Die Kreuzkuppelkirche im Zentrum stammt noch von 1593, also aus den Anfängen des Klosters, und ist völlig mit gut erhaltenen *Fresken* ausgemalt. Bereits im Vorraum erkennt man das Jüngste Gericht und andere Motive; auch Gemeinde- und Altarraum sind über und über mit Malereien geschmückt. Dargestellt werden u. a. das Leben Christi und der Gottesmutter, das Heilige Abendmahl, Apostel und Propheten, in der Kuppel schließlich Christus als Pantokrator (Weltenherrscher). Ebenfalls beachtenswert sind die Kanzel und der Bischofsthron, beide geschnitzt und vergoldet, vor allem aber die fantastisch detailliert gearbeitete *Ikonostase* von 1740. Nicht versäumen sollte man auch, jenes kleine Kirchlein neben der Hauptkirche zu besuchen, das die beiden Mönche noch vor Gründung des Klosters den Aposteln Petrus und Paulus weihten; auch sein Inneres ist komplett mit Fresken ausgemalt.

Pírgos

In einer außergewöhnlich fruchtbaren Umgebung gelegen, in der sich Olivenhaine mit Weinfeldern, Gemüsegärten mit Obstplantagen abwechseln, lebt das Dorf naturgemäß überwiegend von der Landwirtschaft, aber auch von der Imkerei: Eine ganze Reihe von Geschäften bieten neben Kräutern auch den örtlichen Honig an.

Abseits der Hauptstraßen erweist sich Pírgos als schmuckes Örtchen, das zum gemütlichen Spaziergang einlädt. Die engen Gassen sind noch nach der Breite eines beladenen Maulesels angelegt, der platanenbestandenen Platía verleihen die Ruinen einer alten Kirche einen Hauch von Romantik.

Verbindungen Bus: Busse von Sámos-Stadt via Chora Mo–Fr 1-mal täglich.

Feste Panijíri, Kirchweihfest am 27. Juli.

Essen & Trinken Mehrere Tavernen an der Kreuzung der Hauptstrecke mit der Nebenstraße nach Mesógi/Pándroso.

Taverne O Tassos, etwas versteckt östlich der Straße nach Spatharéi. Hübsch und ruhig in einem Gartenbaugebiet gelegen, aber nicht immer geöffnet.

Taverne Koutouki, ein paar hundert Meter weiter in Richtung Spatharéi, noch im Ortsbereich und unter einem Blätterdach. Salat, Gemüse, Wein und Obst stammen aus eigenem Anbau. Freundlicher Service, von Lesern gelobt. Im Winter oft Live-Musik, dann sehr gut besucht.

Mesógi und Pándroso: Die beiden hübschen Öl- und Weinbaudörfer liegen oberhalb von Pírgos am Hang des Ámpelos-Massivs und werden bislang von Fremden nur selten besucht. In Pándroso gibt es ein kleines Kafeníon. Kurz vor dem Ort beginnt eine Jeep-Piste, die sich später mehrfach gabelt und über die Höhen des Ámpelos-Gebirgszugs zum Kloster Moní Vrontá sowie nach Manolátes und Stavrinídes führt.

Auf den Profítis Ilías: Der Profítis Ilías, nicht zu verwechseln mit dem viel kleineren Gipfel bei Sámos-Stadt, bildet mit 1153 Metern den höchsten Punkt des Ámpelos-Gebirgszugs und ist wegen der guten Sichtverhältnisse auch ein Tipp für Hobbyastronomen. Mit dem Jeep oder einer Enduro ist der Gipfelsturm leicht zu schaffen; natürlich könnte man auch zu Fuß über den breiten, knapp sechs Kilometer langen und beschilderten Fahrweg laufen, doch ist die Strecke als Wanderroute nicht sonderlich attraktiv. Die Piste zweigt, zunächst als Betonweg, kurz vor Pándroso bei einer Kapelle so hart nach links ab, dass Autofahrer

Das Kirchlein auf dem Profítis Ilías

eventuell erst ein Stück weiter wenden und dann rechts aufwärts fahren müssen. Nach etwa vier Kilometern hält man sich an einer Gabelung links (rechts geht es zum Kloster Moni Vrontá und nach Vourliótes), etwa 600 Meter weiter muss man auf einer Art Sattel dann rechts hoch (geradeaus käme man nach Manolátes und Stavrinídes). Nun sind es nur noch wenige hundert Meter bis zur kargen, steinigen Hochfläche des Gipfels, dessen höchsten Punkt ein kleines, blau-weißes Kirchlein markiert. Lohn der Auffahrt ist eine fulminate Aussicht, die über den gesamten Inselosten bis in die Türkei reicht. Im Nordosten erkennt man die markante „Nase" des 1025 m hohen Lázarus, und im Westen erhebt sich das wuchtige und viel höher erscheinende Massiv des Kérkis, begleitet von den Nachbarinseln Foúrni und Ikaría.

Westlich von Pírgos wird das Bild dramatischer, öffnet sich gar eine große Schlucht. Kurvig schlängelt sich die Straße aus dem Waldbrandgebiet hinaus, zwei hübsche Ausflugstavernen bieten Gelegenheit zum erfrischenden Stopp. Dann weitet sich die Landschaft zum Blick auf die sanft geschwungene Bucht von Marathókampos. Wichtig zu wissen für Reisende, die in die Strandsiedlungen der Bucht möchten: Die direkte Verbindung über Kouméika nach Órmos Marathokámpou erspart einen erheblichen Umweg landeinwärts und ist komplett ausgebaut.

Morgenstimmung am Strand von Votsalákia

Der Südwesten

Der Südwesten von Sámos unterscheidet sich deutlich vom Rest der Insel. Die Vegetation sprießt hier nicht überall so üppig, dafür locken ausgedehnte Strände. Wuchernde Hotelkomplexe und raumgreifende Bungalowsiedlungen gibt es bislang kaum.

Beherrschendes Landschaftsmerkmal im Südwesten ist das wuchtige *Kérkis-Massiv*, das im Gipfel Vígla bis auf 1433 Meter ansteigt und somit zu den höchsten Bergen der Ägäis zählt. Im Westen fallen die Hänge steil, fast dramatisch zur Küste hin ab. Die beiden einzigen Dörfer hier, *Kallithéa* und *Drakéi*, lagen lange fernab aller Verkehrswege. Nach Süden hin gibt sich das wilde Gebirge sanfter. Hier öffnet sich ein weit geschwungener, lichter Ausläufer, der in der *Bucht von Marathókampos* in einem Meer von Olivenbäumen die Küste erreicht. Im Windschatten der Berge ist das Klima in der „Fenchel-Ebene", so die Übersetzung von Marathókampos, trockener und wärmer als in jeder anderen Region der Insel, die Vegetation mithin spärlicher. Was den Badegast freut, ist des Landwirts Last, zumal sich die Niederschläge nach der Beobachtung Einheimischer in den letzten beiden Jahrzehnten zusätzlich um rund ein Fünftel reduziert haben sollen.

Lange Jahrhunderte war der Westen entlegenes, schwer zugängliches Gebiet, mit seinen vielen Höhlen und Grotten Geburtsort zahlreicher Mythen und gleichzeitig ein idealer Schlupfwinkel für Verfolgte. In dem schluchtenreichen Bergland soll sich schon Pythágoras vor den Schergen des Polykrates versteckt gehalten gehaben, im Zweiten Weltkrieg tauchten hier Partisanen unter. Bis heute hat sich an der Abgeschiedenheit im Grunde nicht viel geändert. Kaum zweitausend Einwohner leben in der größten Siedlung, dem Bergdorf *Marathókampos*. Die übrigen Dörfer zählen ihre Einwohner nach Hunderten, oft nur nach Dutzenden.

Zwar hat der Pauschaltourismus auch im Westen mittlerweile Fuß gefasst, die Gästezahlen liegen jedoch immer noch deutlich unter denen des Ostens. Dabei zählen die Kies- und Sandstrände westlich der Hafensiedlung *Órmos Marathokámpou* zu den besten der Insel: In *Votsalákia*, *Psilí Ámmos* (nicht zu verwechseln mit dem gleichnamigen Strand im Osten) und in *Limniónas* finden Badelustige hervorra-

gende Möglichkeiten, zumal auch das Meer hier meist viel ruhiger ist als z. B. an der Nordküste. Im östlichen Bereich der Bucht sind die Strände nicht ganz so gut, die winzigen Küstendörfer wie *Bállos* und *Péfkos* vielleicht deshalb nur wenig besucht: Ein Gebiet, in dem sich noch Entdeckungen machen lassen. Nicht mehr unbekannt, aber sehr reizvoll ist das Bergdorf *Plátanos* mit seiner schönen Platía.

Die Busverbindungen sind immer noch relativ spärlich, weshalb Reisende, die sich dieses Gebiet als Urlaubsziel wählen, zumindest zeitweise einen Mietwagen ins Budget einkalkulieren sollten.

Bereits vor Jahren deutlich verbessert wurden die Straßen der Region. Die in Meeresnähe ostwärts von Órmos Marathokámpou verlaufende Straße ist komplett asphaltiert und ermöglicht aus Richtung Sámos-Stadt und Pythagório die Zufahrt zu den Küstenorten über die Straße nach Kouméika. Zusätzlich wurde eine Art Ortsumgehung von Marathókampos geschaffen, die auch den aus Karlóvassi kommenden Reisenden die Fahrt durch die schmale Hauptstraße des Bergdorfs erspart.

Hinweis für Auto- und Motorradfahrer: Tankstellen sind rar. Sprit gibt es nur an den Stationen bei Ágii Theódori (Kreuzung der Hauptstraße Pythagório–Karlóvassi mit der Straße nach Marathókampos) und an der Verbindung von Marathókampos nach Órmos Marathokámpou sowie ein kleines Stück weiter kurz vor Votsalákia. Ebenfalls wichtig: Die auf manchen Karten eingezeichnete Verbindungsstraße von Drakéi nach Karlóvassi **existiert nicht** – Drakéi ist für Fahrzeuge Sackgasse.

Marathókampos

Das ausgedehnte Bergdorf bildet das bescheidene lokale Zentrum des Südwestens; der Tourismus spielt hier oben, gut vier Kilometer von der Küste entfernt, jedoch keine Rolle. Marathókampos bezieht seinen Wohlstand, wie schon seit der Gründung im 16. Jh., immer noch vorwiegend vom Ölbaum und seinen Produkten Olivenöl und Olivenseife sowie aus den Erträgen der Küstensiedlung Órmos Marathokámpou. Unterkünfte gibt es nicht, Tavernen nur wenige.

Eben wegen der Abwesenheit des Fremdenverkehrs ist das stille, wie ein antikes Theater am Hang klebende Dorf weitgehend ursprünglich geblieben. Es macht Spaß, die versteckten Schönheiten des Ortes zu entdecken, gemächlich durch die engen Treppengassen und Torbögen zu schlendern, an einem der schattigen kleinen Plätze zu verweilen oder in einem der wenigen Kafenía einzukehren. Vielleicht versteht man dann, weshalb Marathókampos manchem als das reizvollste Dorf der Insel gilt.

Verbindungen **Bus**: Von/nach Sámos-Stadt via Karlóvassi Mo–Fr 1-mal täglich (recht häufige Änderungen), von/nach Kallitheá und Drakéi nur 1-mal (Mo) wöchentlich. **Taxi**: Warteplatz bei der Abzweigung der Hauptstraße zur Platía nahe der großen Kirche, ✆ 22730 31000.

Feste „Osterschlacht" – auf den Hängen um das Dorf findet ein großes Feuerwerk statt, dessen kriegerischer Hintergrund deutlich hörbar ist.

Umgebung von Marathókampos

Kastanéa: Einige Kilometer nordöstlich von Marathókampos zweigt von der Hauptstraße eine inzwischen asphaltierte Straße nordwärts ab, die am Dorf Kastanéa vorbeiführt und über Léka schließlich Karlóvassi erreicht. Kastanéa war im Zweiten Weltkrieg Schauplatz einer scheußlichen „Vergeltungsaktion" der italienischen Besatzer, die eine ganze Reihe Gefangener ermordeten; eine viel besuchte Gedenkfeier am 30. August, dem Jahrestag der Gräueltat, erinnert noch heute an das Massaker. Von jenem Gedenktag abgesehen, zeigt sich Kastanéa von einer sehr ruhigen Seite, wird aufgrund seiner abgeschiedenen Lage kaum von Fremden besucht. Eine riesige Platane beschattet die zentrale Platía mit dem großen Waschhaus.

Pan. Sarantaskaliótissa/„Pythágoras-Höhle": Von Marathókampos führt eine teilweise betonierte Piste (ein Ausbau ist prinzipiell geplant, der Termin aber noch unsicher) westwärts, über die man zwei Kirchlein und mehrere Höhlen an den Hängen des Kérkis-Massivs erreicht. Nach etwa fünf Kilometern in leichtem Auf und Ab trifft man auf die steile Schlucht Kakopérato Farági. Auf ihrer nordwestlichen Seite stehen die beiden Kirchlein *Agía Triáda* und *Panagía Sarantaskaliótissa*. Letztere ist, wie auch der Name sagt, über vierzig steil ansteigende Treppenstufen (gutes Schuhwerk!) zu erreichen. Gleich bei der kleinen, halb in den Fels gebauten Kirche öffnen sich zwei Eingänge zu einem Höhlensystem, das bislang erst teilweise erforscht ist. Gemeinhin gilt eine der beiden als *Spiliá Pythagóra*, also als die Höhle, in der der Überlieferung zufolge Pythágoras Zuflucht nahm, als er sich vor der Ungnade des Polykrates verbergen musste. Einheimische, die auch eine entsprechende Beschilderung angebracht haben, versichern allerdings, die echte Pythagoras-Höhle sei eine andere und verstecke sich schwer zugänglich (nur für fitte Besucher erreichbar) am Hang rechts des Kirchleins. Doch selbst unter der Annahme, die Geschichte sei tatsächlich so passiert, dürfte die Lokalisierung der „wahren" Höhle in dem von zahlreichen Grottensystemen durchzo-

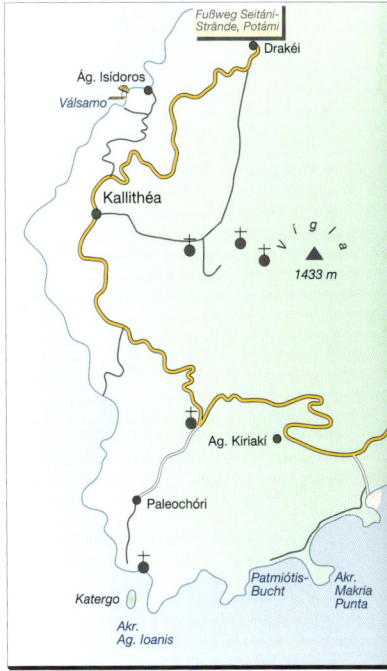

genen Gebiet keine leichte Aufgabe darstellen. Unterhalb der Höhlenkirchen gibt es eine Bar namens „Pythágoras Cave", deren dreieckige Form natürlich an das Pythágoras-Dreieck erinnern soll.

Anfahrt: Die Route beginnt im unteren Bereich der Durchgangsstraße, etwa auf Höhe der großen Kirche. Hier zweigt halbrechts eine ansteigende Piste ab, die zunächst südwestlich führt, im weiteren Verlauf aber die Richtung mehrfach ändert. Eine weitere Pistenverbindung besteht ab Votsaláika, siehe dort. Leider wurde die Region 2010 durch einen großen Brand getroffen, die Spuren sind noch sichtbar.

Achtung: Lassen Sie sich nicht verleiten, die Höhlen auf eigene Faust zu erforschen: Mehrere Menschen verschwanden hier schon spurlos! Im Höhlensystem bei der Kirche fällt der Grund hinter der Barriere des linken Eingangs sofort äußerst steil und tief ab, am rechten Eingang ist ein Geländer angebracht, dem man etwa 15 m weit ins Innere folgen kann – und dabei sollte man es dann auch belassen.

Órmos Marathokámpou

Die kleine Küstensiedlung, vier Asphaltkilometer vom Hauptort entfernt und seit einigen Jahren dank einer neuen Umgehungsstraße noch ruhiger als früher, wird überall nur kurz Órmos genannt.

Das Dorf war einst besonders für die Werften *Tarsánades* bekannt, die aus dem hochwertigen Holz der heimischen Schwarzkiefer große, zwei- und dreimastige

Der Südwesten → Karte S. 142/143

Schmuckes Küstendorf: Órmos Marathokámpou

Kaíkia zimmerten. Heute werden in Órmos nur mehr Fischerboote repariert. Dem (zuletzt umgebauten) Hafengebiet sieht man an, dass es nicht für den Fremdenverkehr herausgeputzt wurde: Boote, Winden, Holzstapel und Maschinen bilden ein buntes Sammelsurium.

Auch abseits des Hafens ist, zumal in der Nebensaison, griechischer Alltag spürbar. Internationalen Tourismus gibt es in Órmos allerdings durchaus, wenn auch in erfreulich bescheidenem Rahmen – fast scheint es, als sei die einsetzende Entwicklung durch den Aufschwung der weiter westlich gelegenen Siedlungen gebremst worden. Diese nämlich verfügen über deutlich bessere Bademöglichkeiten als Órmos mit seinem groben Kieselstrand. Als Standquartier ist der Ort trotzdem gut geeignet, zumal er doch mehr Atmosphäre besitzt als die reinen Strandsiedlungen im Westen.

Verbindungen   Bus: siehe oben unter Marathókampos.

Mietfahrzeuge: Mirtó, an der Durchgangsstraße; ✆ 22730 37135; Dimitri, zweimal im Ort, ✆ 22730 37800.

Ausflugsboote: Im Sommer werden mehrmals pro Woche Badeausflüge zum Inselchen Samiopoúla (→ Kapitel Pythagório) angeboten, inklusive Essen p. P. etwa 30 €. Gefahren wird mit dem Schiff Panagía Spilianís unter dem freundlichen Captain Apóstolos (Mobil-✆ 698 1233323). Daneben gibt es, je nach Nachfrage, auch Fahrten nach Klíma.

Übernachten   Die Preise in Órmos liegen z. T. deutlich unter denen von Votsalákia.

*** Hotel Kérkis Bay, hauptsächlich über Veranstalter gebuchtes Haus in Hafennähe, Zimmer und Balkone jedoch ohne direkten Meerblick. Davon abgesehen, ist das familiär geführte, vor einigen Jahren renovierte Hotel durchaus hübsch, das angeschlossene Restaurant am Hafen beliebt. Geöffnet etwa Mai bis Oktober. DZ/F nach Saison etwa 35–50 €. ✆ 22730 37202, ✆ 22730 37372, www.kerkis-bay.gr.

》 Mein Tipp: Studios Kallisto, in sehr schöner Aussichtslage hoch über dem Ort bei der Kirche. Betreiber ist das nette, deutsch-griechische Paar Birgit und Nikos, das viele Tipps auf Lager hat und auch mal mit seinen Gästen auf Wandertour geht. Prima ausgestattete Studios und Apart-

ments mit guten Betten. Ganzjährig geöffnet (einige Apartments besitzen eine Klimaanlage, die auch heizt), zwei Personen zahlen je nach Größe der Einheit etwa 40–45 €. Mobil-📞 694 8135949, www.samos-ormos-holidays.com. **«**

Studios Kleopatra, hinter der Taverne „Pizza Cave" an der Uferfront, Anfragen ebendort. Der nette Besitzer Jimmy (der die Betriebe eines Tages an Tochter Kleopatra und Sohn Manolis übergeben wird) spricht gut Englisch. Innen zweistöckige Studios mit kleinem Balkon oder Terrasse, geöffnet etwa April–Oktober. Zwei Personen nach Saison etwa 20–30 €. 📞 22730 37443.

Studios Kleopatra II, ein paar hundert Meter östlich, Anfragen wie oben. Mit AC und TV ausgestattet, Platz für bis zu sechs Personen. Preis bei Zweier-Belegung etwa 30–40 €. 📞 22730 37443.

Essen & Trinken Taverne Lekatis, das letzte Lokal im östlichen Bereich der eigentlichen Uferpromenade, zu erkennen an der blauen Pergola. Fisch, Fleisch und Mezédes gut und günstig, gern von Einheimischen besucht. Der Service kann manchmal etwas mürrisch sein.

The Pizza Cave, wiederum an der Promenade. Pizzas im amerikanischen Stil in sehr unterschiedlichen Größen, daneben auch Burger und mehr. Ein beliebter Treffpunkt.

Feste Weinfest mit griechischer Musik an einem (wechselnden) Tag etwa zwischen dem 10. und 16. August. Für 5 € erwirbt man einen Becher, den man nach Belieben nachfüllen lassen kann; Süßigkeiten sind gratis.

Die Dörfer im Osten der Bucht

Die Siedlungen im Osten der Bucht von Marathókampos sind klein und bisher nur in geringem Maße auf den Fremdenverkehr eingestellt. Umso mehr Platz bieten die Strände, die hier vor allem aus Kies bestehen.

Kouméika und Bállos

Das hübsche, traditionelle Inlandsdörfchen **Kouméika** besitzt eine reizvolle, von einer riesigen Platane beschattete Platía mit einem Kafeníon, in dem es sich angenehm rasten lässt. Und wer schon hier ist, sollte auch dem benachbarten,

Fein gearbeitet: Brunnen in Kouméika

Meerverbundenes Dörfchen: Bállos

sehenswerten alten Brunnen einen Blick gönnen. Darüber hinaus ist Kouméika nur als Durchgangsstation von Belang.

Bállos dagegen, in vielen Karten als Órmos Kouméikon eingezeichnet, verdient einen Abstecher. Die Zufahrt, eine mittlerweile fast absurd breit ausgebaute Straße von Kouméika, führt in gewagten Serpentinen durch heitere, lichte Landschaft. Das kleine Dorf hat sich völlig dem Meer zugewandt. Entlang der Uferstraße steht Haus an Haus, bereits eine Reihe hinter der Küste ist aber Schluss mit der Bebauung. Der Strand hier ist durchaus ansehnlich und schwingt sich in einer Bucht von mehreren hundert Meter Länge am glasklaren Meer entlang; überwiegend besteht er aus flachen Kieseln von etwa Faustgröße, doch finden sich besonders nach Osten hin auch sandige Abschnitte. Wer Ruhe vertragen kann, ist in Bállos wohl auch für längere Zeit gut aufgehoben. Die entspannte Atmosphäre des Dörfchens scheint zwar Jahr für Jahr mehr Reisende anzuziehen, doch sind die Besucherzahlen insgesamt immer noch recht gering.

Kurz vor dem Ortseingang von Bállos beginnt linker Hand ein holpriger, steiniger Feldweg, auf dem Fußgänger, Moutainbiker und Endurofahrer den Küstenweiler Péfkos (s. u.) erreichen können; für Pkw ist diese Strecke aber wohl nicht geeignet.

Übernachten Studios Princess Tia, östlich schon etwas außerhalb der eigentlichen Siedlung, praktisch direkt am Strand, Anfahrt über die Uferstraße. Gepflegte Anlage mit Pool und Bar, von mehreren Lesern gelobt. Auch Verkauf von selbst produziertem Olivenöl. Geöffnet etwa Mai bis Mitte/Ende Oktober. Studio mit Aircondition für zwei Personen je nach Saison ca. 55–70 €. ✆ 22730 36331, 📠 22730 36342, www.princesstia.gr.

Studios Enalion, direkt im Zentrum von Bállos, im Besitz der nahen Taverne Akrogiali (s. u.). 2003 erbaute und 2011 vergrößerte Anlage mit sieben Apartments und drei Maisonettes, komplett ausgestattet mit Küche, Aircondition etc. Geöffnet etwa Mai bis Mitte Oktober. Preis für zwei Personen 45–55 €. ✆ 22730 36444, www.enalionsamos.gr.

Studios Sofia, ein kleines Stück westlich, gegenüber der Schiffsanlegestelle mit klei-

nem Leuchtturm. Zwei Gebäude, ein neues weißes Haus mit blauen Fensterläden vorne am Meer sowie ein etwas älteres, aber schön kühles Hinterhaus mit überwachsener Veranda. Besitzer Manolis Efstathiou spricht gut Englisch. Geöffnet Mai–Oktober. Preis für zwei Personen etwa 35–45 €. ✆ 22730 36328, mobil 697 2846012; www.sofiabalos.gr.

》》 Lesertipp: Studios Katina, in Hügellage oberhalb des östlichen Strandbereichs, Abzweigung hinter den Studios Princess Tia. „Eine wunderschöne, typisch griechische Unterkunft mit Traumblick aufs Meer" (Iris Schaal). 2er-Studio etwa 35–45 €; es gibt auch Apartments und Maisonettes. ✆ 22730 36336, villakatina@yahoo.gr. 《《

Essen & Trinken Taverne Akrogiali, beim Ende der Zufahrtsstraße am Meer, sozusagen das Ortszentrum von Bállos. Gemütliche Atmosphäre, gute und traditionel-le Küche und sehr freundlicher, effizienter und englischsprachiger Service; Extrawünsche werden gerne erfüllt. Preisgünstig.

》》 Mein Tipp: Taverne Stella, ganz im Westen der Siedlung, landeinwärts etwas zurückversetzt vom Strand, vorbei an der dortigen Taverne Ballos. Schon ein Klassiker mit weit über 20 Jahren Tradition; mittlerweile werden die Eltern Stella und Nikos vom deutschsprachigen Sohn Kyriakos unterstützt, der als weitgereister Koch neue Akzente setzt. Lauschige Gartenatmosphäre, zypriotische Küche mit Schwerpunkt auf Ofengerichten, täglich wechselndes, frisch zubereitetes Angebot, Gemüse aus eigenem Anbau, selbst gebackenes Brot. Zwischen 16 und 18 Uhr ist geschlossen. 《《

Taverne Esperos, bei der kleinen Kapelle ganz am östlichen Ende der Uferstraße. Sehr ordentliche Küche, tolle Aussicht auf die Küste.

Küstenweiler bei Skouréika

Abgeschiedener als Skouréika, das auf einem allerdings sehr schmalen, steilen und kurvigen Betonsträßchen auch über *Neochóri* zu erreichen ist, liegen nur wenige Dörfer auf Sámos. In der Umgebung, die überwiegend nur durch schmale Betonpisten (nicht alle für Pkw geeignet!) und Erdwege erschlossen ist, kann man Stunden verbringen, ohne einen Menschen zu sehen – ein reizvolles Wandergebiet der Olivenhaine, Kiefernwälder, Weingärten und kleiner Quellplätze unter Platanen. Ähnlich entlegen und einsam zeigen sich die winzigen Hafensiedlungen unterhalb von Skouréika.

Péfkos, auf kaum einer Karte eingezeichnet, ist der nördlichste dieser Küstenweiler und auch über ein teilweise asphaltiertes Sträßchen zu erreichen, das von Kouméika kommend noch vor Skouréika meerwärts abzweigt. Gerade mal ein halbes Dutzend Häuser steht im Umfeld des kleinen Kieselstrandes, doch ist zur Sommersaison immerhin ein sehr schön gelegenes Lokal in Betrieb.

Essen & Trinken 》》 Mein Tipp: Ouzerí Bar Bella Vista, in ungewöhnlicher Architektur und traumhafter Aussichtslage über dem Meer errichtet. Hervorragendes Essen zu erfreulichen Preisen, auch von mehreren Lesern sehr gelobt. Exzellent sind hier insbesondere die Mezédes, viele Grundprodukte wie Gemüse, Obst und sogar Fleisch kommen von der eigenen Farm. 《《

Kámpos, die nächste der Küstensiedlungen, ist nur über einen Umweg landeinwärts zu erreichen, noch kleiner und deutlich einsamer als Péfkos, der hiesige Kiesstrand allerdings wenig ansprechend.

Pérri schließlich, die südöstlichste der drei kleinen Siedlungen, besitzt immerhin ein gutes Dutzend Sommerhäuser, bislang aber ebenfalls keine Taverne. Von Kámpos kommend, führt kurz vor dem Ort ein Feldweg zu einem netten Kieselstrand. Pérri ist Endstation entlang der Küste, und auch ins Hinterland führen von hier nur noch Feldwege.

Der Südwesten → Karte S. 142/143

Plátanos

Steil aufwärts windet sich ein Serpentinensträßchen von der Hauptstraße Pythagório–Karlóvassi in das drei Kilometer entfernte Bergdorf, das in erster Linie vom Weinanbau lebt. Der kurvige Abstecher lohnt sich. Auf 520 Meter eines der höchstgelegenen Dörfer der Insel, bildet Plátanos geradezu den Balkon von Sámos. Von hier reicht der Blick nicht nur über die gefältelte Bucht von Marathókampos im Süden, auch gen Norden sieht man bis zur Küste von Karlóvassi. Die fruchtbare, von Weingärten geprägte Landschaft um das Dorf lädt zu Spaziergängen und Wanderungen ein, von denen man sich anschließend aufs Feinste erholen kann: Die urgemütliche Platía, deren drei schattige Platanen dem Ort den Namen gaben, zählt zu den schönsten der Insel. Hier haben sich gleich mehrere Tavernen angesiedelt, mit denen Leser allerdings unterschiedliche und nicht immer gute Erfahrungen gemacht haben – ob das daran liegt, dass Plátanos auch häufig von Ausflugsbussen angefahren wird?

Verbindungen   Bushaltestelle an der Kreuzung mit der Hauptstraße; die restlichen drei Kilometer geht es allerdings nur noch zu Fuß weiter.

Feste   Ágios Geórgios, am 23. April, mit traditionellem Tanz auf der Platía. Weitere Festtermine in Plátanos sind der 27. Juli und 15. August.

Essen & Trinken   Taverne Orizontas, von der Hauptstraße kommend noch vor der Platía selbst. Solide Küche und eine fantastische Aussicht, oft allerdings auch viel Wind.

Kondéika: Ein schmales Asphaltsträßchen führt von Plátanos nordwärts in das drei Kilometer entfernte, entlegene Weinbauerndorf Kondéika, auf dessen kleiner Platía Ortsfremde noch sehr neugierig, aber freundlich beäugt werden. Von dort könnte man bis Karlóvassi weiterfahren und unterwegs das Elias-Kloster (→ „Umgebung von Karlóvassi") besuchen.

Eines der am höchsten gelegenen Dörfer der Insel: Plátanos

Westlich von Órmos Marathokámpou

Strandparadiese, wildromantische Berglandschaft und nahezu einsame, kaum erschlossene Dörfer – was will man mehr.

Votsalákia (Kámpos)

Offiziell heißt die größte Feriensiedlung des Südwestens gar nicht Votsalákia: Agrilionas („Wilder Ölbaum") war ihr alter Name, Kámpos („Ebene") ist ihr heutiger.

Die Bezeichnung Votsalákia („Kleiner Kiesel") ist nämlich gewissermaßen Privateigentum des gleichnamigen Hotels und eine Erfindung des Großvaters der heutigen Eigentümer, der bereits 1960 hier eine Taverne eben dieses Namens errichtete. Wir bleiben dennoch beim gebräuchlichen Votsalákia, das seinen Weg bis auf die Busfahrpläne gefunden hat.

Am kilometerlangen Strand aus Sand und feinem Kies, der gleich westlich eines kleinen Kaps hinter Órmos beginnt, standen früher nur einige Sommerhäuser. Mit dem Hotel Votsalákia als Ausgangspunkt begann dann die touristische Erschließung, die noch längst nicht abgeschlossen scheint. Ganz im Gegenteil entstehen immer neue Häuser, Hotels und Geschäfte, die Siedlung wächst und wächst. Immerhin lockern Felder und kleine Olivenhaine zwischen den einzelnen Bauten das Gesamtbild angenehm auf. Zumindest außerhalb der Hochsaison hält sich der Rummel in engen Grenzen – wer ausgedehntes Nachtleben à la Pythagório sucht, ist in Votsalákia immer noch an der falschen Adresse, auch wenn schon einige Music-Bars eröffnet haben. Wohlfühlen dürften sich hingegen Freunde langer Strände. Ruhesuchende sind ebenfalls gut bedient, gibt es doch kaum Durchgangsverkehr. Und wer schöne Landschaften liebt, wird mit der Lage zu Füßen des imposanten Kérkis-Massivs mehr als zufrieden sein …

Das Zentrum der langgestreckten Siedlung, wenn man es denn als solches bezeichnen will, liegt um das Hotel Votsalákia, an dem auch die Busse halten. Im Umfeld findet sich alles Nötige: Tavernen, kleine Supermärkte, mehrere Reiseagenturen und Fahrzeugvermieter, mittlerweile auch schon Boutiquen und Schmuckgeschäfte. Natürlich wird auch der Strand hier am stärksten frequentiert. Geht man aber nur wenige hundert Meter weiter, findet man wieder reichlich Platz.

Der Südwesten → Karte S. 142/143

Basis-Infos

Information Touristeninformation, ein Kiosk an der Hauptstraße im östlichen Ortsbereich, ✆ 22730 37503. Nur zur Saison geöffnet, dann meist Mo–Fr 11–15 Uhr. Karen spricht Deutsch.

Verbindungen Bus: Verbindungen von/nach Sámos-Stadt via Karlóvassi Mo–Fr 1-mal täglich, von/nach Kallitheá und Drakéi nur 1-mal (Mo) wöchentlich.

Taxi: Standplatz an der Hauptstraße, ✆ 22730 37600. Preisbeispiele: Strand Psilí

Ámmos 6 €, Limnionas 10 €, Drakéi 40 €, Karlóvassi 25 €, Flughafen 50 €.

Mietfahrzeuge: Mittlerweile recht breites Angebot. Beispiele: Action, vor allem für Autos, hundert Meter westlich des Hotel Votsalákia, ✆ 22730 37177. Mirto, insbesondere für Zweiräder, ✆ 22730 37226. Star, ein Stück östlich des Hotels Votsalákia, Autos und Zweiräder, ✆ 22730 37103.

Bootsausflüge: Abfahrten wie Órmos Marathokámpou (siehe dort), das Schiff legt in der Regel auch in Votsalákia an.

Baden Über mehrere Kilometer erstreckt sich ein breiter, flach abfallender Strand in östliche Richtung. Er besteht überwiegend aus Sand, an einigen Stellen aus feinem Kies. Liegen und Sonnenschirme gibt es z. B. im Umfeld des Hotels Votsalákia zu mieten, zur Saison auch Kanus und Tretboote.

Einkaufen **Evzin**, kleiner Laden mit überwiegend lokalen, traditionellen Produkten, darunter Kräuter, Seife, Olivenöl, Marmeladen etc. An der östlichen Zufahrtsstraße, unweit der Taverne Evinos. ■

Übernachten

In den unteren Kategorien relativ hohes Preisniveau. Zur Hochsaison können die immer noch nicht allzu zahlreichen hiesigen Hotels schon mal ausgebucht sein.

**** Hotel Sirena, im mittleren Ortsbereich, ein paar hundert Meter landeinwärts der Küste. 2010 eröffnetes, gut ausgestattetes Hotel mit diversen Formen von großzügig geschnittenen und bestens eingerichteten Studios und Apartments. Pool, Spa, Fitnessraum etc. Zum Haus gehört die „Tortuga Beach Bar" am Strand, die Liegen dort sind für Gäste gratis. Geöffnet etwa Ende April bis Mitte/Ende Oktober. Zweipersonen-Studio ab etwa 90–110 €, zur NS gibt es auch Sonderangebote. ✆ 22730 31035, www.sirena.gr.

*** Kampos Village, etwa 300 m westlich des Hotels Votsalákia. Ein architektonisch recht gelungenes Feriendorf aus kleineren, reihenhausähnlichen Wohneinheiten, zusammengesetzt aus den drei offiziell ehemals eigenständigen Hotels Orpheus, Poseidon und Anthemis. Gemeinsame Rezeption, mehrere Pools, Bars und Restaurants. Praktisch ausschließlich pauschal gebucht. ✆ 22730 38356, 37185, www.kamposvillage.gr.

》 Mein Tipp: * **Hotel Votsalákia**, bereits 1970 eröffnet und weit besser, als die Einstufung vermuten lässt. Mehrere schön eingegrünte Gebäude unterschiedlicher Zimmerausstattung, teilweise mit Balkon zum Meer, besonders schön und ruhig aber im hinteren Bereich mit Blick aufs Bergland. Pool. Sehr serviceorientiert geführt, viele Stammgäste. Mit etwas Glück trifft man an der Rezeption den deutschsprachigen und freundlichen, sehr hilfreichen Panagiotis. Das angeschlossene Restaurant (auch als Café beliebt) liegt sehr hübsch über dem Meer und bietet gute Qualität; viele Produkte hier stammen aus eigenem Anbau. Geöffnet Mai bis Oktober, auf Nachfrage auch ganzjährig. DZ/F nach Saison zuletzt etwa 30–40 €. ✆ 22730 37432 o. 37355, www.votsalakiahotel.gr. 《

Studios Sie sind die in Votsalákia absolut vorherrschende Form der Privatvermietung – den Vorteilen des eigenen Herds stehen

Abendliches Farbenspiel: am Strand von Votsalákia

dann die ausgesprochen satten Preise der hiesigen Supermärkte entgegen. Viele der Studios sind schon durch Reiseveranstalter komplett vorgebucht. Wer die Lauferei entlang der Küstenstraße vermeiden möchte, kann sich auch an die hiesigen Agenturen wenden, was zur HS ohnehin ratsam ist. Die Preise sind stark abhängig von der Nachfrage, Richtwert für zwei Personen zur NS etwa 30–35 €, zur HS etwa 35–45 €.

Apartments Agrilionas Beach, kurz vor dem Hotel Votsalákia, im Gebiet oberhalb des Taxistands und der Bushaltestelle. Große Anlage mit mehr als 30 Studios, Apartments und Maisonettes, z. T. durch Reiseveranstalter geblockt, oft aber auch freie Kapazitäten; Pool. Zwei Personen zahlen je nach Saison etwa 30–50 €, Aircondition inkl. ✆ 22730 37379, www.agrilionashotel.gr.

》》 Mein Tipp: Studios Popi, etwa 100 Meter westlich der Zufahrt zum Hotel Kampos Village, etwas inseleinwärts der Straße. Hübscher Garten, neun mit Aircondition, Sat-TV und Balkon oder Terrasse gut ausgestattete Studios für zwei bis vier Personen. Die nette, kommunikative Amanda spricht ausgezeichnet Englisch und kümmert sich sehr um ihre Gäste, darunter viele Wiederholer. Keine Veranstalterbindung. Geöffnet Mai bis Oktober, Mindestaufenthalt zwei Tage. Zwei Personen zahlen je nach Saison etwa 35–40 €, es gibt auch ein Apartment für bis zu vier Personen à 50–60 €. ✆ 22730 37071, mobil 697 7291162, www.studiopopi.com. 《《

Studios-Apartments Tiki, ebenfalls im westlichen Ortsbereich, etwa 500 Meter hinter dem Hotel Votsalákia und gleich hinter der Abzweigung zum Kloster Evangelistrías und der Pythagoras-Höhle. Neun sehr ordentliche Apartments und ein Haus mit zwei Schlafzimmern, von der Familie der freundlichen Besitzerin Elisabeth errichtet. Keine Veranstalterbindung, aber relativ viele Stammgäste. Geöffnet April–Oktober. Preis für zwei Personen etwa 35–40 €. ✆ 22730 37423, 22730 37140, www.tiki.gr.

Sunflowers Studios, am westlichen Ortsende, Zufahrt bereits jenseits des Trockentals, dann rechter Hand. Geführt von der freundlichen Vivi Tzaneti nebst Gatten. Hügellage mit schöner Aussicht, hübscher Pool, zwölf Studios und großzügige Apartments. Zwar im Programm eines Veranstalters, aber mit Platz auch für Individualgäste. Geöffnet etwa Mai bis Oktober. 2er-Studio rund 40–50 €. ✆ 22730 37378, mobil 694 6144493, www.sunflowers.gr.

》》 Lesertipp: Rooms Chrisopetro & Studios Thalina, weit im Osten Richtung Órmos, der Taverne Chrisopetro zugehörig. „Unter der Taverne gibt es im gleichen Gebäude einige zwar einfache und daher preisgünstige Zimmer (30–40 €), die direkt über dem Meer liegen, das man fast vom Bett aus sehen kann. Etwas weiter oben am Hang haben Koula und ihr Mann Dimitris sehr geschmackvolle Studios und Wohnungen mit wunderbarem Blick errichtet, die den Namen ‚Thalina' tragen. Auch wenn der Preis – der gehobenen Ausstattung entsprechend – etwas höher liegt, wärmstens zu empfehlen (Christiane Diehl). Studio Thalina 55–65 €, Wohnung 65–80 €. ✆ 22730 31304, www.hotelthalina.gr. 《《

Essen & Trinken/Nachtleben

Essen & Trinken 》》 Mein Tipp: Taverne Argo, im östlichen Bereich der Zufahrtsstraße, fast schon einen Kilometer vom „Zentrum" entfernt; Tische auch auf der Strandseite. Traditionelle, sehr schmackhafte griechische Küche (auch Fisch und Meeresfrüchte) mit fantasievollen Akzenten. Das Gemüse stammt überwiegend aus dem eigenen Garten. Liebenswürdiger Service, faire Preise. 《《

Taverne Evinos, wenige hundert Meter östlich des Hotels Votsalákia, direkt an der

Straße. Relativ klein und optisch eher unscheinbar, jedoch mit einer breiten Auswahl auch etwas ungewöhnlicherer Gerichte. Leicht gehobenes Preisniveau.

Taverne Muses, ebenfalls in diesem Gebiet, etwa 400 Meter vor dem Hotel Votsalákia. Etwas versteckt gelegen und deshalb oft übersehen, die Küche ist jedoch gut. Landeinwärts der Hauptstraße, die Abzweigung in den Betonweg ist beschildert.

Taverne Akrogiali, nahe der Taverne Argo. Hierher kommt man vor allem wegen der guten Pizzas, die es in 20 Sorten gibt. Beliebt und oft voll besetzt.

Taverne Agelos (an der Straße mit „Angelos" beschildert), in ähnlicher, jedoch strandseitiger Lage im östlichen Ortsbereich, etwa 800 Meter vor dem Hotel Votsalákia. Netter Familienbetrieb, auf Fleischgerichte spezialisiert. Sehr reelles Essen in ordentlichen Portionen, günstige Preise.

》 Mein Tipp: Taverne Chrisópetro, ganz im Osten des Gebiets, das allerletzte Lokal in dieser Richtung. Gute griechische und samiotische Küche, darunter auch manche etwas ungewöhnlichere Kreationen. Sehr schöne Aussicht aufs Meer, freundlicher Service. **《**

Taverne Nick the Greek, ein Stück vorher, mit Leuchtturm und schiffsähnlicher Aufmachung kaum zu übersehen. Schwerpunkt auf qualitativ hochwertigen Fischgerichten. Freundliche, deutschsprachige Leitung. Samstagabend zur Saison Live-Musik.

Pizzeria Nostos, etwa 300 Meter westlich des Hotels Votsalákia. Beiderseits der Straße, gute Pizza aus dem Holzofen sowie Nudelgerichte. Nicht ganz billig, jedoch noch im Rahmen. Von Lesern gelobt.

》 Lesertipp: Anna's Restaurant, nicht weit entfernt, in der Nähe der Abzweigung zum Evangelistrías-Kloster. „Was das Lokal reizvoll macht, ist dass dort noch nach alter Sitte alle Speisen angesehen werden können. Das meiste ist im Ofen gegart" (Beate Marquardt). Auch von anderen Lesern gelobt. Viele vegetarische Optionen. **《**

Nachtleben   New Center of Campos, Music-Bar an der Hauptstraße unweit östlich des Hotels Votsalákia. Die Musik hier ist mitunter Geschmackssache; laut ist sie auf jeden Fall. Gegenüber auf der Strandseite liegt die ganz ähnlich gestrickte Bar **Flavour**.

Weg zur „Pythágoras-Höhle": Die unter Marathokámpos beschriebene „Höhle des Pythágoras" ist auch von Votsalákia aus zu erreichen. Der Weg ist nicht besonders schwer und dauert zu Fuß einfach etwa eine Stunde. Man folgt der Beschreibung unter Wanderung 5, bis die Piste zum Kloster Evangelistrías links abzweigt; zur Höhle geht es auf die rechte Piste.

 Wanderung 5: Zum Moní Evangelistrías (und auf den Kérkis)   → S. 224
Kerniger Aufstieg, belohnt mit prächtiger Aussicht

Psilí Ámmos

Etwa drei Kilometer westlich von Votsalákia liegt dieser Strand, der nicht mit dem gleichnamigen „Feinen Sand" im Osten zu verwechseln ist – manche Inselbewohner nennen ihn deshalb auch *Chríssi Ámmos*, „Goldener Sand". Zwar haben sich an der etwa 800 Meter langen Bucht einige Unterkünfte und Tavernen etabliert, die Besucherzahlen blieben bislang aber noch gering. Per Bus ist Psilí Ámmos, wie auch die Strände und Siedlungen weiter westlich, mit der Linie nach Kallithéa bzw. Drakéi zu erreichen, Autofahrer sollten oben an der Straße parken.

Golden Sand Studios, architektonisch zurückhaltende, gut eingegrünte und komfortable Anlage im Besitz des Hotels Votsalákia, Infos bei Bedarf dort. Komplett ausge-

„Feiner Sand": Psilí Ámmos

stattet mit Küche und Bad; Geöffnet Mai–Oktober. Studio für zwei bis drei Personen etwa 30–40 €. ☎ 22730 37355 o. 22730 37432.

Studios Blue Horizon, mit schönem Blick oberhalb der Straße gelegen, Tavernen in der Nähe. Freundliche Vermieter, Studios und Apartments unterschiedlicher Größe, von Juni bis September meist durch Veranstalter belegt. Geöffnet April–Oktober. Zwei Personen nach Saison ca. 30–40 €, vier Personen 45–50 €; Aircondition 6 € extra. ☎ 22730 37520, mobil 693 2604058. www.hotel-blue-horizon.de.

Taverne Psilí Ámmos, etwa 400 m vom Strand Richtung Votsalákia, in schöner Panoramalage neben der Straße und hoch über dem Meer. Gute Küche, viele Zutaten aus dem eigenen Garten, Leser lobten die gefüllten Zucchiniblüten. Seit der Übernahme durch die Tochter vor einigen Jahren sogar noch besser geworden; die Preise sind jedoch leicht gestiegen.

》》 Lesertipp: Taverne Flisvos, „in unmittelbarer Strandnähe und über das Golden Sand zu erreichen. Die Lage im kleinen Kiefernwald ist traumhaft, das Essen schmeckt sehr gut. Emmanouel war lange Zeit Schiffskoch; die meisten Speisen bereitet er in einem traditionellen Ofen frisch zu. Wir haben uns hier immer sehr wohlgefühlt" (Frank Dittmar). 《《

Limniónas

Weitere zweieinhalb Kilometer westlich erstreckt sich diese bildhübsch anzusehende Bucht, an die sich südlich eine Halbinsel anschließt. Auch hier hält sich der Andrang zumindest zur Nebensaison in recht engen Grenzen. Zwar entstehen im Olivenhain über dem Strand mehr und mehr neue Häuser; das Silbergrün der Ölbäume wird aber wohl noch für eine ganze Weile die Szenerie bestimmen. Der Sand- und Kiesstrand (Vorsicht: im Wasser teilweise auch Felsplatten) misst etwa fünfhundert Meter. Zur Saison werden hier Sonnenschirme und Boote vermietet, die Felsen am Rand sind ein ideales Schnorchelrevier.

Übernachten/Essen Viele Privatvermieter, die z. T. aber an Reiseveranstalter gebunden sind. Angeboten werden meist Studios mit Küche.

Apts. Limnionas Bay Village, an der Zufahrt zum Strand. Recht ausgedehnte, von einer griechisch-deutschen Familie geführte Anlage mit Pool und Platz für rund 130 Personen. Trotz Veranstalterbindung meist freie Kapazitäten. Im Angebot: Studios, Apartments, Maisonettes, Suiten und sogar eine Villa, viele mit schönem Blick. Geöffnet Mai bis Mitte/Ende Oktober. Restaurant angeschlossen. 2er-Studio je nach Saison etwa 60–70 €, Frühstück inkl., Klimaanlage kostet kräftige 10 € Aufpreis. ☎ 22730 37057, www.hotel-limnionas-bay-village.de.

Limnionas Village, schräg gegenüber und längst nicht so groß. Ein richtiges kleines „Dorf" aus acht verwinkelten Bungalows, die jeweils Platz für bis zu fünf Personen bieten und mit leichtem Hippie-Flair schlicht-mediterran eingerichtet sind. Privatweg zum nahen Strand. Zwar im Programm eines Reiseveranstalters, der Großteil der Besucher sind jedoch Individualreisende. Viele Stammgäste. Die Besitzer leben in Österreich. Geöffnet ist etwa von April/Mai bis Oktober. Vermietung i. d. R. wochenweise, bei zwei Personen etwa um die 700 €. ☎ 22730 37274, in Österreich mobil 0043 676 3224592, www.limnionas-village.net.

》》 Lesertipp: Doukissa Houses & Maisonettes, „mit herrlichem Blick an der Hauptstraße kurz vor der Abzweigung zur Limniónas-Bucht. Nitsa kümmert sich immer besonders aufmerksam um ihre Gäste und Pflanzenliebhaber Kostas pflegt seine Anlage so, dass man sich einfach wohlfühlen muss" (Monika Hermann-Jaschke). Einheiten für bis zu 6 Personen, 2er-Studio etwa 25–35 €. ☎ 22730 37040, im Winter 22730 38344. 《《

》》 Mein Tipp: Taverne Galini, im oberen Bereich des Olivenhügels. Ausgesprochen gutes Essen; stolz ist die Familie des freundlichen und aufgeschlossenen Dimitri insbesondere auf ihren traditionellen Holzofen, in dem noch manche der Gerichte zubereitet werden. Geöffnet ist April bis Oktober. Im Angebot sind auch sieben Studios, für zwei Personen nach Saison etwa 35–45 €, Aircondition inkl. ☎ 22730 37483, mobil 694 2401657, www.galini-limnionas.com. 《《

Vom Kérkis überragt: die Bucht von Limniónas

Studios Ioanna, gleich gegenüber. Sechs einander benachbarte, ordentlich ausgestattete und geräumige Studios mit Veranda, zum Teil sogar mit Blick aufs Meer. Englischsprachige Leitung durch Ioanna, die z. B. auch bei der Automiete hilft. Geöffnet ist Mitte April bis Oktober; 2er-Studio nach Saison etwa 35–45 €, Aircondition kostet allerdings 8 € extra (es gibt auch Ventilatoren). ℡ 22730 37320, www.studios ioanna.com.

Limniónas, weiterer Privatvermieter in sehr schöner Lage am Rand der Bucht. Unterkunft in zwei verschiedenen Häusern, auch in etwas größeren Räumen, die z. B. für ein Paar mit Kind geeignet sind. Zwei Personen nach Saison, Lage und Größe des Studios 30–60 €. ℡ 22730 37341, mobil 697 8113883, studioslimnionas@yahoo.com.

≫ Mein Tipp: Studios Katina, wenige hundert Meter westlich der Bucht, von dort über ein zunächst ansteigendes Betonsträßchen zu erreichen. Traumhafte Lage über dem Meer, prima Aussicht, unterhalb ein kleiner, fast privater Strand. Freundliche Vermieterin Tamara Kondogiannis, viele Stammgäste, keine Veranstalterbindung. Ganzjährig geöffnet. Insgesamt acht Studios/Apartments, zwei Personen nach Saison etwa 35–40 €, Klimaanlage 5 € Aufpreis. ℡ 22730 31735, www.limnionas.com/katina.html. ≪

≫ Mein Tipp: Taverna at the End of the World, ein wunderschönes Plätzchen hoch über der Patmiótis-Bucht, etwa drei Kilometer von Limnionas entfernt. Man erreicht sie über die anfangs steile und betonierte Piste, die vom Strand westlich bergan steigt, vorbei an den Studios Katina und einer ersten Bucht. Die Taverne liegt über der folgenden Bucht und ist schon weithin sichtbar. Gute Küche, frischer Fisch und selbst gebackener Kuchen. Preiswert. Wirt Andreas spricht prima Englisch (seine Frau als Österreicherin natürlich Deutsch), seine Gästebücher sind voll begeisterter Kommentare; für das „Bauprojekt" nebenan können beide nichts. Unterhalb der Taverne gibt es einen kleinen Kiesstrand, an dem es sich wunderbar schnorcheln lässt; manchmal sind Delfine zu sehen. Sogar Seehunde sollen hier in der Bucht leben. Geöffnet ist etwa Mai/Juni bis Ende Oktober, zu den Randzeiten ist vorheriger Anruf ratsam: Mobil-℡ 6977 664437, www.kohili.com. ≪

Taverne O Limniónas, angenehmes Lokal direkt am Strand von Limniónas selbst, nett für die Mittagspause vom Strand. Hübsche Terrasse, ordentliche Küche, zivile Preise.

≫ Lesertipp: Taverne Epiouzion, in Hügellage am Sträßchen Richtung Studios Katina. „Unserer Meinung nach das beste Essen in Limnionas" (Jörg Pfitzner). Auch von anderen Lesern gelobt. ≪

Korrekte Lagebeschreibung: „Taverna at the End of the World"

Geschützte Bucht westlich von Limniónas: Makriá Poúnta

Westlich von Limniónas

Einsam und landschaftlich großartig präsentiert sich der äußerste Inselwesten an den bewaldeten Hängen des Kérkis. Jenseits von Limniónas entfernt sich die Straße zunächst vom Meer, passiert den winzigen, etwas abseits liegenden Weiler *Ágios Kiriakí* und windet sich dann in Serpentinen aufwärts. Etwa sechs Kilometer westlich von Limniónas steht an exponierter Stelle eine kleine Kapelle mit toller Aussicht auf Ikaría und den Küstensaum.

Paleochóri: Das halb verlassene Dorf ist über ein Sträßchen zu erreichen, das bei der Kapelle abzweigt. Biegt man kurz vor dem Ort links auf eine Piste ab, so gelangt man zu zwei kleinen Kiesbuchten mit vorgelagerter Felsinsel und Blick auf Foúrni. Etwas abseits steht einsam das kleine Kloster *Ágios Ioánnis*.

Die Hauptstraße wendet sich an der Kapelle nordwärts und steigt mit fantastischen Ausblicken bis auf mehrere hundert Meter über dem Meer an. Unterwegs zweigt noch einmal ein allerdings schwer zu befahrender Feldweg küstenwärts ab, der zu der entlegenen und deshalb kaum besuchten Kiesbucht von *Plaka* führt.

Kallithéa

Etwa sieben Kilometer nördlich der oben beschriebenen Kapelle erreicht die Straße das alte Dorf Kallithéa. Zur Zeit der türkischen Besetzung wurde der Ort Kalabachtas genannt, „Steinerner Ausguck". Und auch der jetzige Name verweist auf die balkonähnliche Lage hoch über dem Meer: Kallithéa heißt nichts anderes als „Schöne Aussicht". Tatsächlich sind die hiesigen Sonnenuntergänge legendär. Den Ortskern, der oberhalb der Hauptstraße liegt, durchziehen enge Gassen, die man mit dem Fahrzeug besser meidet – immer wieder bleiben hier Touristenautos stecken. Es gibt ein Kafeníon und am Hauptplatz die renovierte Taverne „Kallithéa", die sogar ganzjährig geöffnet ist.

Uralte Höhlenkirche: Panagía Makriní

Höhlenkirche Panagía Makriní: Hoch über dem Ort, etwa eineinhalb Wanderstunden von Kallithéa entfernt, versteckt sich das weiße Kirchlein an den geheimnisumwitterten Westhängen des Kérkis, von denen in nebligen Nächten unheimliche Lichterscheinungen ausgehen sollen. Wegen ihrer Fresken des 14. Jh. (Taschenlampe mitnehmen!) ist Panagía Makriní die berühmteste der uralten Kirchen, von denen es im Umfeld von Kallithéa gleich mehrere gibt; vom Vorplatz bietet sich eine herrliche Aussicht. Der örtlichen Überlieferung zufolge hat sich hier der Heilige Johannes aufgehalten, bevor er auf Pátmos die Apokalypse schrieb. Am 15. August findet bei der Höhlenkirche eine Feier statt, die schon am Vorabend als großes Fest beginnt. Noch etwas höher steht die (nicht ganz so eindrucksvolle) Höhlenkapelle *Agía Triada*. Für gut ausgerüstete Bergwanderer wäre von hier auch der Aufstieg zum Kérkis-Gipfel möglich, doch ist diese Variante ohne alpine Erfahrung gefährlich und deshalb nicht ratsam.

Anfahrt/Fußweg: Der größte Teil der recht gut beschilderten Strecke lässt sich per Enduro oder Jeep zurücklegen, alternativ natürlich auch zu Fuß. Man folgt zunächst der breiten Piste, die am Ortsanfang rechts am Friedhof von Kallithéa vorbei und weiter aufwärts führt. Nach gut vier Kilometern bzw. etwa einer Wegstunde trifft man auf eine Kapelle und eine von großen Platanen beschattete Quelle. Hier geht es auf die rechts aufwärts abzweigende Piste, die nach knapp einem Kilometer endet. Weiter kommt man nur noch zu Fuß. Der Aufstieg auf dem schmalen Felspfad (gutes Schuhwerk ist Pflicht) nimmt etwa 15–20 Minuten in Anspruch; kurz bevor man auf die Höhlenkirche Panagía Makriní trifft, führt eine Abzweigung nach rechts oben zur fünf Minuten entfernten Kapelle Agía Triada.

Válsamo-Bucht und Ágios Isídoros

Válsamo-Bucht: Ein kurzes Stück nördlich von Kallithéa zweigt eine in vielen Kurven steil abfallende Piste ab, die hinunter in den Weiler Ágios Isídoros führt. Folgt man dem beschilderten Fahrweg, der von dieser Piste später linker Hand abzweigt, so ist nach insgesamt rund 3,5 Kilometern die ruhige kleine Bucht von Válsamo er-

reicht. Wegen der beschwerlichen Anfahrt ist der hübsche Kieselstrand meist nur wenig besucht. Leider gab es zuletzt hier keine Einkehrmöglichkeit mehr, die Snack-Bar Balsamos wurde geschlossen.

Ágios Isídoros liegt eine Bucht weiter. Heute noch sind in dem kleinen Weiler drei Werften in Betrieb, die Kaíkia fabrizieren – oft sind die orangefarbenen Schiffsskelette bei der Anfahrt schon von weitem sichtbar. In den 60er-Jahren war der winzige Hafen noch bedeutender: Damals bildete er die einzige richtige Verkehrsanbindung von Kallithéa und Drakéi, die auf dem Landweg seinerzeit nur über Eselspfade zu erreichen waren.

Drakéi

In dem hübschen, entrückten Bergdorf ist nun wirklich das Ende der Welt erreicht, zumindest für Fahrzeugbesitzer. Wanderer können jedoch über die beiden schönen Seitáni-Buchten zum Strand von Potámi bei Karlóvassi laufen; der Weg ist in Wanderung 10 in der Gegenrichtung beschrieben. Vorher empfiehlt sich vielleicht noch eine Stärkung in einer der hiesigen Sommertavernen. Erstaunlicherweise werden auch in diesem Bergdorf gelegentlich Kaíkia gebaut; eine „Werft" liegt am Ortseingang, eine weitere am Ortsausgang in Richtung Seitáni-Strände. – Etwas unterhalb von Drakéi, zu erreichen über einen hinten im Dorf talwärts abzweigenden Betonweg, bewahrt das Friedhofskirchlein *Ágios Geórgios*, einst die Kirche eines aufgegebenen Klosters, Fresken unbekannten Datums.

Essen & Trinken   Taverne Kostas, die mittlere der insgesamt drei Tavernen vor Ort. Täglich wechselnde Gerichte, Gemüse aus eigenem Garten und Wein aus eigenem Anbau; größtes Plus ist die Aussichtsterrasse, von der sich ein wirklich weiter Blick bietet, besonders reizvoll bei Sonnenuntergang. Wirt Kostas, der lange in Deutschland lebte, ist leider 2008 verstorben, doch spricht auch die Schwiegertochter Katerina sehr gutes Deutsch.

Taverne The Spring, die erste Taverne, im Besitz des örtlichen Popen, der gerne einmal versucht, Passanten „abzufangen".

Taverne Omonia, etwas weiter hinten im Ort, rechter Hand. Schön begrünt und mit bekannt guter Küche.

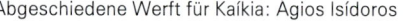
Abgeschiedene Werft für Kaíkia: Ágios Isídoros

Die Nordküste

Die Nordküste ist das Weinbauzentrum der Insel: Auf ihren steilen, terrassierten Hängen wachsen die meist weißen Trauben, aus denen die viel gerühmten Tröpfchen von Sámos gewonnen werden.

Der wasserreiche Norden, mit häufigeren und stärkeren Niederschlägen gesegnet als der Süden, ist eine Symphonie in Grün. Dies gilt auch noch nach dem großen Waldbrand des Jahres 2000, der zwar im Gebiet inseleinwärts von Kokkári und vor allem um das Kloster Moni Vrontá erhebliche Schäden anrichtete, die weiter westlich gelegenen Gebiete sowie die Küstenzonen jedoch größtenteils verschonte. Und auch in den damals betroffenen Gebieten hat sich zumindest die bodennahe Vegetation längst wieder kräftig erholt.

An den steil zum Meer abfallenden Ausläufern des *Ámpelos-Massivs* (Ámpelos = Weinberg), mit 1153 Metern zweithöchster Berg der Insel, wächst nicht nur der berühmte Wein. Prachtvoll gedeihen in dieser alten Kulturlandschaft auch Obstbäume, Zypressen, Pappeln, lichte Olivenhaine und ganze Platanenwälder. Hoch oben an den Hängen ragen Kiefern und Eichen in den Himmel. Ein Geflecht enger Fußpfade verbindet die kleinen Bauerndörfer untereinander und mit ihren Hafensiedlungen an der Küste. Für Wanderungen also ein ideales Gebiet, zumal viele der Wege markiert sind, was auf griechischen Inseln eine Seltenheit darstellt. Zu heiß wird es trotz des steil ansteigenden Geländes auch im Hochsommer kaum: Oft sorgen die kühlen Nordwinde *Meltémia* für Erfrischung.

Was den Wanderer und den Surfer freut, kann dem Badegast zum Graus werden. Ist schon das Meer im Norden meist kühler als im Süden, so senken die Meltémia auch die Lufttemperaturen, werfen zudem hohe Wellen auf, die an den offenen Kiesstränden nicht unbedingt ein Vergnügen sind. Von dieser zeitweisen Beeinträchtigung abgesehen, finden Liebhaber des geruhsamen Strandlebens jedoch recht gute Möglichkeiten, besonders um Kokkári und am Potámi-Strand.

Letzterer liegt westlich von *Karlóvassi*, der zweitgrößten Stadt der Insel. Die sehr weitläufige Siedlung zählt zwar auch zu den Favoriten der Reiseveranstalter, ist aber – trotz eines gewissen „griechischen" Flairs – nicht gerade der reizvollste Ort

der Nordküste. Dieses Attribut gebührt ganz sicher *Kokkári*, das sich eben deshalb zum Hauptziel des Nordens entwickelt hat. Zwischen beiden Städtchen liegen nur kleinere Siedlungen, in denen, wie beispielsweise im sympathischen *Ágios Konstantínos*, der Tourismus allmählich auch in bescheidenem Maß Einzug gehalten hat. Erschlossen sind sie durch eine gut ausgebaute Verbindungsstraße, die fast immer in Meeresnähe verläuft. Unbedingt zu einem Besuch des Nordens gehören Abstecher in die Bergdörfer: Vor allem *Vourliótes*, mit der schönsten Platía in weitem Umkreis, und *Manolátes*, das am Hang hoch über dem Platanenwald des „Nachtigallentals" schwebt, sollte man keinesfalls auslassen.

Von Sámos-Stadt bis Kokkári

Herausragende Attraktionen werden auf den zehn Kilometern zwischen der Hauptstadt und dem wichtigsten Ferienort der Nordküste nicht geboten. Für Freunde des samischen Weins lohnt sich ein Stopp bei der Kellerei und dem Weinmuseum der Winzergenossenschaft. Badelustige finden einige passable und immerhin meist nur recht wenig frequentierte Möglichkeiten, doch liegen die eindeutig schöneren Strände hinter Kokkári.

Malagári: Am Rand der Hauptstadt bleibt die vom Zentrum kommende neue Straße zunächst auf Küstenniveau, trifft dann bei Malagári auf die Zufahrt aus Richtung Vathí und Pythagório. Der Name „Malagári" steht in erster Linie für den ausgedehnten Kellerei-Komplex der samischen Winzergenossenschaft E.O.S.S., der direkt vor dem Kreisverkehr liegt, an dem sich beide Straßen vereinigen. Im Herbst warten hier oft Dutzende schwer mit Trauben beladene Pickups vor den Waagen. Den Kellereianlagen angeschlossen ist ein Supermarkt, der für jedermann zugänglich ist und neben vielen anderen Produkten natürlich auch samische Weine offeriert, sowie ein Weinmuseum; siehe hierzu den Text unter der Beschreibung von Sámos-Stadt.

Kédros liegt etwa auf halbem Weg zwischen Sámos-Stadt und Kokkári. Die kleine Streusiedlung am Kiesstrand besteht nur aus dem Hotel gleichen Namens und einigen wenigen Häusern; im Sommer öffnet hier eine Strandtaverne. In der Umgebung sind an verschiedenen Stellen Reste frühchristlicher Gotteshäuser zu finden, beispielsweise nahe der modernen Kirche Agía Paraskeví, die auf einem kleinen Hügel im Osten des Strandes steht.

Kokkári

Sicher eine der schönsten Siedlungen der Insel. Aber auch dank der guten Strände und der vielfältigen Ausflugsmöglichkeiten in der Umgebung bildet Kokkári ein ideales Standquartier für die Erkundung des Nordens.

Kokkári ist eine junge Siedlung, wurde erst in der zweiten Hälfte des 19. Jh. gegründet. Heute noch eher Dorf als Städtchen, merkt man Kokkári an, wie bescheiden die Dimensionen früher hier gewesen sein müssen: Die Platía kurz vor dem Meer ist kaum als solche zu erkennen, hat gerade mal die Größe eines besseren Wohnzimmers. Auch die sich anschließende Hafenpromenade, der eine ganze Reihe von Terrassentavernen mediterranes Flair verleiht, misst nicht mehr als vielleicht zweihundert Meter. Klein sind die Häuser, die Gassen eng. Tatsächlich vermerkt die letzte Volkszählung kaum über tausend ständige Bewohner.

Mit dem touristischen Aufschwung, der in den Neunzigerjahren einsetzte, entwickelte sich Kokkári zu einem bedeutenden Urlaubsort. Heute lebt das Dorf praktisch ausschließlich vom Fremdenverkehr. Ohne Folgen blieb diese Entwicklung

Kokkári, immer wieder bezaubernd

natürlich nicht. Landeinwärts und westlich des Ortskerns entstanden neue Häuser. Leicht über dreitausend Gästebetten soll die „Steckzwiebel", so die Übersetzung von Kokkári, mittlerweile besitzen. Erfreulicherweise wurde die Attraktivität des Ortskerns selbst bislang kaum beeinträchtigt, sind architektonische Entgleisungen die Ausnahme geblieben. Die viel fotografierte Visitenkarte Kokkáris, seine reizvoll zwischen zwei felsigen Halbinseln geschwungene Hafenbucht, ist immer noch so hübsch anzusehen wie vor zwanzig Jahren.

Orientierung: Eine Umgehungsstraße entlastet das Zentrum vom Durchgangsverkehr. Die Abzweigung aus Richtung Sámos-Stadt führt direkt ins Zentrum um die renovierte Kirche *Ágios Nikoláos*, mit ihrer prächtigen Ausstattung die einzige Sehenswürdigkeit des Ortes. Aus Richtung Karlóvassi kommend, verläuft die Zufahrt zunächst entlang des westlichen Strandbereichs, um dann nach einem Knick nach rechts ebenfalls auf die Kirche zu treffen. In deren Umfeld finden sich alle wichtigen Einrichtungen, darunter die Bushaltestelle und der Taxistand. Meerwärts erstreckt sich der alte Ortskern.

Basis-Infos

Information/Reisebüro Sophie′s Tours, an der Hauptstraße unweit der Kreuzung mit der Strandstraße, gegenüber der Apotheke. Seit das städtische Info-Büro von Popi geschlossen wurde, versteht sich Sophie als Ersatz und erteilt gern Auskünfte. Natürlich gibt es auch den üblichen Service eines Reisebüros, organisierte Touren und (insbesondere zur Hochsaison sehr nützlich) Vermittlung von Zimmern, Studios und Apartments, außerdem Verleih von Autos und Fahrrädern. Geöffnet 9–14, 17–22 Uhr, zur HS durchgehend. ☎ 22730 92367, www. sophiestours.com.

Einkaufen Pinocchio, gegenüber der Kirche, führt Landkarten und Wanderführer (s. u.), daneben aufwändiges Kunsthand-

werk aus Olivenholz und andere schöne Souvenirs. Freundliche deutsch-griechische Leitung von Astrid und Alekos Koumalatsos.

🌿 Bio House Klironomou, an der westlichen Strandstraße, fast schon an deren Zusammentreffen mit der Ortsumgehung. Ein Ableger des Kräutergeschäfts aus Koumaradéi, im Angebot deshalb natürlich Bio-Kräuter und hochkonzentrierte ätherische Öle, aber auch Marmelade, Honig, Wein, Essig, Olivenseife etc. ∎

Feste Ágios Panteleimon, am 26. und 27. Juli. Gefeiert wird jeweils abends mit Musik, Kostümen und Tanz bei freiem Wein. Am 27. morgens findet bei der Kapelle des Heiligen ein Festgottesdienst statt.

Internet-Zugang Café Profile, an der westlichen Strandstraße nahe dem Restaurant Mythos.

Post Im Fahrzeugverleih Easy Rider an der westlichen Strandstraße.

Sport Surf and Bike Station, etwas außerhalb des Ortes kurz hinter der Kreuzung der Strandstraße; Zufahrt schräg gegenüber Restaurant Marina. Familienfreundliches Wiesengelände mit Spielplatz, Schirmen, Liegen und kleinem Kiesstrand; aktuelle Boards und Riggs; diverse Kurse. Außerdem Verleih von Schnorchelausrüstung, Kajaks und MTBs. Geöffnet April–Oktober; ✆ 22730 92102 oder 22730 92744, im Netz unter www.samoswindsurfing.gr.

Wandern Dank der guten Busverbindungen und der zahlreichen Pfade und Wege im nahen Bergland bildet Kokkári ein sehr gutes Standquartier für Wanderungen.

Sámos zu Fuß entdecken, deutschsprachiger und regelmäßig aktualisierter Wanderführer, als Einzelblattsammlung mit mehr als 60 Wandervorschlägen, von Lesern empfohlen. Erhältlich u. a. bei Pinocchio, s. o.

Verbindungen

Auto Die Gassen und Treppen im alten Ortskern sind für Autos natürlich unbefahrbar. Im Umfeld der Kirche liegen beiderseits der Hauptstraße mehrere Parkplätze, die beste Option.

Bus/Taxi Dank des recht dichten Busverkehrs lässt sich die Nordküste mit öffentlichen Verkehrsmitteln gut bereisen; auch deshalb ist Kokkári ein empfehlenswerter Standort. Die Bergdörfer allerdings werden nur selten oder gar nicht bedient.

Bus: Zentrale Haltestelle gleich östlich der Kirche; ein weiterer Haltepunkt liegt an der westlichen Strandstraße. Abfahrten (Sommerfahrplan) auf der Linie von Sámos-Stadt über Kokkári zum Tsamadoú-Strand und nach Karlóvassi Mo–Fr 6-mal (Gegenrichtung 7-mal), Sa 5-mal, So 3-mal täglich. Verbindung mit Vourliótes außerhalb der Schulzeit nur an zwei Wochentagen (Mo, Fr), zur Schulzeit besteht Mo–Fr 1x täglich eine Verbindung; in beiden Fällen ist jedoch am selben Tag keine Rückfahrt mehr möglich.

Taxiplatz schräg gegenüber der Kirche, ✆ 22730 92585. Preisbeispiele: Vourliótes 15 €, Manolates 17 €, Sámos-Stadt 14 €.

Mietfahrzeuge Auto- und Zweiradvermieter sind in breitem Angebot vorhanden, hier nur einige Beispiele – Preisvergleich lohnt sich. Die meisten Büros liegen entlang der westlichen Strandstraße.

Aramis/Sixt, an der Hauptstraße Nähe Kirche, ✆ 22730 92385.

Duck Bikes, etwas weiter in Richtung Sámos-Stadt, recht günstige Zweiräder, ✆ 22730 92519.

Savvas, westl. Strandstraße, ✆ 22730 92107.

Inter Hermes, westl. Strandstraße, ✆ 22730 92401.

Übernachten

Im Sommer kann es für Individualreisende trotz des eigentlich breiten Angebots schwer werden, ein freies Bett zu finden – die Konkurrenz vor allem durch Reiseveranstalter ist groß. Dabei liegen die Preise alles andere als niedrig. Ärgerlich zudem: In vielen Häusern sind schon im Mai und noch im September Hochsaisonpreise zu zahlen. Pauschalurlauber sollten auf den Standort ihres Quartiers achten, wenn sie nicht für jeden Hafenbummel weite Märsche zurücklegen wollen: Viele Hotels und Pensionen liegen eine ganze Ecke vom Ortskern entfernt.

Hotels **** Hotel Arion [20], erstes Haus am Platz, überwiegend pauschal gebucht. Architektonisch angenehmes, auf mehrere Gebäude verteiltes Hotel in schöner Aussichtslage am Hang hoch über dem Ort. Komfortable Zimmer, Süßwasserpool, zahlreiche Sportmöglichkeiten. Zum Zentrum knapp 2 km, Hotelbusverbindung. Geöffnet etwa von Mai bis Mitte/Ende Oktober. DZ/F rund 80–120 €. ✆ 22730 92020, www.arion-hotel.gr.

*** Hotel Armonia Bay [21], ein elegantes und modern gestaltetes Haus mit Pool und

teilweise herrlichem Blick über die Tsamadoú-Bucht. Zum Strand dort sind es nur hundert Meter, nach Kokkári allerdings zwei Kilometer. Von Lesern gelobt. Geöffnet Mai bis Mitte Oktober. DZ/F etwa 80–140 €; es gibt auch Superior-Zimmer und Suiten. ✆ 22730 92279, www.armoniabay.gr.

*** Hotel Olympia Village 15, eigentlich ein Aparthotel. In der Tat fast wie ein kleines Dorf konzipiert, noch dazu schön eingegrünt. Zentrale und ruhige Lage unweit der Kirche (dort auf dem Parkplatz parken, dann das Sträßchen nach rechts und wieder rechts). Freundliches Management, exzellent ausgestattete Apartments mit allem Nötigen. Geöffnet etwa Mitte April bis Mitte/Ende Oktober. Zwei Personen zahlen nach Saison und Ausstattung (Standard/Superior) rund 85–150 €. ✆ 22730 92420 oder 92324, www.olympia-hotels.gr.

** Hotel Olympia Beach 14, quasi ein (wesentlich kleinerer) Ableger an der westlichen Strandstraße, im Besitz derselben Familie. Zwölf Zimmer; ein Traum sind die Balkone zum Meer. DZ/F kosten nach Saison etwa 50–80 €. ✆ 22730 92420 oder 92324, www.olympia-hotels.gr.

** Hotel Lemos 3, am Anfang des westlichen Stadtstrands, nicht weit von der Halbinsel, also ausgesprochen zentral. Geschmackvoll errichtete und gut geführte Anlage, alle Zimmer mit Balkon zum Meer. Geöffnet Mai–Oktober. DZ nach Saison etwa 50–65 €, auch Apartments. Ein einfacheres und günstigeres Schwesterhotel (Lito) liegt im Ortskern. ✆ 22730 92250, www.llsamoshotels.com.

** Hotel Tsamadoú 18, ein Stück westlich des Hotels Olympia Beach. Britische Eigentümer. Die Zimmer sind nicht gerade groß, aber ordentlich ausgestattet, u. a. mit Aircondition. Keine Veranstalterbindung; Snack-Bar mit vorwiegend asiatischer Küche angeschlossen. Geöffnet Mai bis Oktober. Ein Blick auf die Homepage zeigt übrigens schnell die aktuelle Wetterlage in Kokkári, denn dort ist eine Live-Webcam mit Strandansicht zu sehen. DZ nach Saison und Lage 45–60 €. ✆ 22730 92314, www.tsamadou.com.

Hotel Cattleya 12, auf Basis eines älteren Quartiers neu eröffnetes Boutiquehotel, in ruhiger Lage hoch über der Hafenbucht. Die Besitzerin Renée Karetsou lebte lange in Südafrika und hat das Haus mit viel Ge-

Übernachten

2 Pension Corali-Beach
3 Hotel Lemos
5 Hotel Long Beach
9 Pension Eleni
12 Hotel Cattleya
14 Hotel Olympia Beach
15 Hotel Olympia Village
17 Green Hill Studios

18 Hotel Tsamadoú
20 Hotel Arion
21 Hotel Armonia Bay
22 Pension Stella Bay

Platía

Sophie's Tours

BUS

Stände Lemonákia & Tsamadoú, Karlóvassi. Wanderung 6: Fußweg nach Vourliótes

Samos-Stadt

Essen & Trinken

1 Rest. Basilico
4 Taverne Sophia's Place
6 Taverne Ámmos Plaz
7 Rest. Girasole
8 Taverne Meltémi

10 Tav. Ouzeri I Bira
11 Taverne Mythos
13 Taverne Niréas
16 Taverne Akrogiali
19 Taverne Samia
23 Taverne Marina

Kokkári

200 m

Der Ortsstrand am Morgen: Nicht immer ist das Meer so ruhig

schmack umgebaut und dekoriert. Neues Mobiliar, sehr gute Betten; die Bäder stammen noch vom Vorgänger, sind aber gut in Schuss. Acht Zimmer unterschiedlicher Größe, alle mit Balkon und Aussicht. Keine Kinder unter 16 Jahren. Ambitionierte Preisgestaltung: DZ/F nach Saison und Größe etwa 90–145 €. ✆ 22730 92809, www.hotel cattleya.com.

Hotel Long Beach , fast am Ende der westlichen Strandstraße, noch hinter deren Zusammentreffen mit der Hauptstraße. Ausgesprochen zentral und trotzdem ruhig. Sehr empfehlenswertes, gemütliches kleines Haus direkt am Strand, geführt vom freundlichen und weitgereisten Charlie Paraskeva. Fast alle Zimmer zum Meer, die Bar- und Frühstücksterrasse ebenfalls. Viele Stammgäste. Geöffnet etwa Mai–Oktober. DZ rund 50–60 €, Frühstück inklusive. ✆ 22730 92151, www.samos-longbeach.de.

Pensionen und Privatzimmer Zur Hochsaison lässt man sich am besten bei Sophie's Tours beraten. Wer auf eigene Faust loszieht, findet vor allem entlang der westlichen Strandstraße viele Privatquartiere, oft mit Balkons direkt zum Meer. Richtwerte je nach Ausstattung und Saison für Privatzimmer ab etwa 30 €, für Studios ab etwa 35 € aufwärts, jeweils für zwei Personen.

Pension Corali-Beach , im Zentrumsbereich am westlichen Stadtstrand. Ordentliche Ausstattung mit Aircondition, Sat-TV und Kühlschrank. Buchung bzw. Infos über den Belegungsstand etc auch bei der Weinhandlung „Cava Kokkári", die praktischerweise direkt gegenüber der Bushaltestelle liegt. DZ/Bad je nach Lage und Saison etwa 35–50 €. ✆ 22730 92316 oder 92105, ✉ 22730 92672.

Pension Eleni , zu erreichen von der westlichen Strandstraße, ein Stück landeinwärts versetzt und relativ zentral; Zugang nahe der kleinen „Bäckerei". Schlichte, aber ordentliche und recht preisgünstige Pension mit Kochmöglichkeit und Kühlschrankbenutzung, betrieben von einer älteren Dame. Geöffnet Mai–Oktober, DZ/Bad etwa 25–35 €, Studios 35–45 €; Aircondition 5 € extra. ✆ 22730 92317.

》 Lesertipp: Pension Stella Bay , „ruhige, leicht erhöhte, ideale Lage, von der Straße getrennt durch ein Weinfeld, zehn Gehminuten zum Lemonakia-Beach oder zur westlichen Strandstraße. Alle zehn Zimmer mit Balkon/Terrasse und Meerblick, innen und außen sehr gepflegt" (Ulrich Orschel und Beate Kuhlbusch-Orschel). Die Preise liegen allerdings etwas höher als in den oben genannten Quartieren. Zu suchen außerhalb von Kokkári nahe der Straße Richtung Karlóvassi, hinter dem unten beschriebenen Restaurant Marina. ✆ 22730 92289. 《

Green Hill Studios , auf dem Dorfhügel, nur etwa 200 Meter östlich des Ortskerns. Studios und Apartments mit Aircondition in

zwei Gebäuden. Zwar mit Veranstalterbindung, dennoch gibt es häufig auch Platz für Individualgäste. Und auch wenn hier alles belegt ist, weiß der englischsprachige Eigentümer George (Yorgos) Michelios fast

immer noch eine Möglichkeit anderswo. Vorheriger Anruf ratsam, George holt dann z. B. am Bus ab. Zwei Personen zahlen je nach Saison um die 30–40 €. ☎ 22730 92456, mobil 697 7619356, http://greenhill.kokkari.biz.

Essen & Trinken   → Karte S. 165

Am Hafen reichlich Tavernen, in denen es sich auch sehr schön sitzt. Die Mieten sind allerdings hoch, der Konkurrenzdruck lässt entsprechende Preise jedoch nicht immer zu – da kann schon mal die Qualität leiden.

Rest. Basilico ∎1, an der nördlichen Hafenmole mit Blick auf die Restaurantzeile und gut geschützt bei Nordwind. Angenehmes Ambiente; italienische Küche inklusive Pizza, Pasta und einer guten Salatauswahl, als kulinarische Abwechslung sehr gefragt. Die Preise liegen leider ähnlich wie in Italien – wirklich gerechtfertigt fand dies nicht jeder Leser.

》》 Mein Tipp: Taverne Sophia's Place ∎4, im nordöstlichen Bereich des Hauptstrands. Erst 2014 eröffnete die patente Sophia ihr winziges, einer Garage ähnelndes Lokal, das eine echte Bereicherung der hiesigen Gastroszene darstellen. Frische lokale Küche, Mezédes und Tagesgerichte mit exzellentem Preis-Leistungs-Verhältnis. Auch bei den Einheimischen sehr beliebt. Ganzjährige Öffnung geplant. 《《

Taverne Ámmos Plaz ∎6, unweit der Kreuzung der zentralen Hauptstraße mit der westlichen Uferstraße, viele Stammgäste. Kleine Veranda zum Meer, die durch verschiebbare Glaswände vor der Wut des Meltémi geschützt werden kann, authentische griechische Küche, Spezialität Lamm.

》》 Mein Tipp: Taverne Meltémi ∎8, ein Stück westlich. Auf der Strandseite mit verglaster Front zum Meer, prima Küche (sehr guter frischer Fisch und Fleisch vom Grill) und relativ günstige Preise. Guter Service, auch bei den zugehörigen Liegen am Strand. Zu Recht so beliebt, dass man häufig auf einen Tisch warten muss. Auch von Lesern sehr gelobt. 《《

Rest. Girasole ∎7, an der westlichen Strandstraße zwischen Ámmos Plaz und Méltemi. Zum Teil von ehemaligen Mitarbeitern des „Basilico" betrieben, gute italienische Küche mit Pizza (preislich okay), hausgemachter Pasta (nicht wirklich billig) und Salaten.

Taverne Mythos ∎11, ebenfalls in diesem Gebiet, landeinwärts der Strandstraße. Großes, gepflegtes Gartenlokal mit engagierter Küche und umfangreicher Speisenauswahl; der Schwerpunkt liegt auf Fleischgerichten, doch gibt es auch einige vegetarische Optionen.

》》 Lesertipp: Taverne Akrogiali ∎16, „direkt am westlichen Strand idyllisch mit einem Schatten spendenden Baum gelegen. Die Brüder Nikos und Stamatis bekochen und bewirten ihre Gäste seit 20 Jahren persönlich. Salat und Gemüse stammen aus dem eigenen Garten, Fisch- und Fleischgerichte sind frisch. Sehr gutes Preis-Leistungs-Verhältnis" (Sabine Marquardt). 《《

Taverne Samia ∎19, von mehreren Lesern empfohlen. Einfache Einrichtung, freundliche Bedienung und gute, vielfältige Küche; Terrasse zum Meer. An der westlichen Strandstraße unweit des Hotels Tsamadoú.

》》 Mein Tipp: Taverne-Ouzerí I Bira („The Beer") ∎10, bei der Bushaltestelle. Eine authentische alte Taverne, bereits 1925 gegründet und das erste Lokal Kokkáris, das Bier ausschenkte. Zu Recht sehr beliebt und oft besetzt; abends frühes Kommen oder Reservierung ratsam. Einfache, gute und preiswerte Tavernenküche, prima Mezédes. Freundlicher Chef. 《《

》》 Lesertipp: Taverne Niréas ∎13, in Traumlage oberhalb der kleinen Badebucht im Osten. „Wirtin Roberta, gebürtige Italienerin, aber seit Langem auf Sámos, bietet gute griechische Küche und stets fangfrische Fische. Super Preis-Leistungs-Verhältnis, besonders abends romantische Atmosphäre abseits des großen Rummels" (Jutta und Franz Röhrig). 《《

Taverne Marina ∎23, in etwas ungünstiger Lage westlich außerhalb des Zentrums an

Die Nordküste → Karte S. 162/163

der Straße Richtung Karlóvassi, noch hinter der Kreuzung mit der Strandstraße. Die Küche ist jedoch (prinzipiell) gut, die Speisekarte vielfältig; Spezialitäten sind Ziege, Lamm und Huhn aus dem großen Ofen, der natürlich nur bei entsprechender Nachfrage in Betrieb ist. Manchmal scheinen Küchenleistung und Service jedoch etwas zu schwanken. Auch im Winter geöffnet, dann jedoch nur an Wochenenden.

Kneipen/Nachtleben

Manos Bar, an der kleinen Platía. Zusammen mit den umliegenden Bars trotz des offiziellen nächtlichen Musikverbots ein Fixpunkt des Nachtlebens. In der Nähe und mit Tanzmöglichkeit im oft dicht gedrängten Inneren: **Bar Vagelis**.

Café del Mar, **Alfa Bar** und **Café Sailing** heißt eine Reihe von Musik-Cafés, die an der westlichen Strandstraße unweit des Restaurants Girasole liegt; ein netter Fleck z. B. am späten Nachmittag.

Café Cavos, im nordwestlichen Hafenbereich. Beliebter, deutsch-griechisch geführter Treffpunkt; neben Cocktails und anderen Getränken gibt es hier auch kleine Gerichte und hausgebackenen Kuchen. Freundlicher Service.

Baden: Überall um Kokkári bestehen die in der Regel gut gepflegten Strände aus hellen kleinen Kieseln. Das Wasser ist klar, störend kann nur der gelegentlich starke Wind werden, der wiederum die Surfer freut.

Ortsstrände: Gleich östlich der Promenade erstreckt sich eine reizvolle, zur Saison allerdings oft überfüllte kleine Bucht mit hübsch gelegener Taverne etwas oberhalb. Am langen Strand westlich des Zentrums ist mehr Platz.

Lemonákia-Strand: Etwa 1,5 Kilometer westlich des Ortes, tief unterhalb der Straße nach Karlóvassi. Gute Busverbindung, viele Sonnenschirme und Liegen, Bar.

Essen & Trinken   Taverne Andreas' Place, am westlichen Strandende, Terrasse fast direkt am Meer, von einigen Tischen schöner Blick auf Kokkári. Breite Auswahl, ordentliche Küche, zu empfehlen besonders die Fischgerichte. Nicht teuer. Im Osten des Strands, ebenfalls gut und erfreulich preisgünstig: **Taverne Lemonákia Beach**.

Tsamadoú-Strand: Nochmals einen halben Kilometer westlich und ebenfalls in lärmmindernder Entfernung von der Küstenstraße. Endpunkt der Strandbuslinie ab Sámos-Stadt via Kokkári. Sehr hübsch von Olivenbäumen und Weinhängen umgeben, eines der beliebtesten Motive des Fremdenverkehrsamts. Taverne, Sonnenschirm- und Liegenvermietung sind vorhanden, teilweise ist FKK üblich.

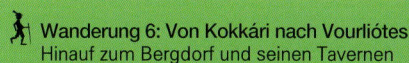

Wanderung 6: Von Kokkári nach Vourliótes   → S. 228
Hinauf zum Bergdorf und seinen Tavernen

Zwischen Kokkári und Karlóvassi

An der Küstenstraße zwischen den beiden Städtchen liegen überwiegend kleine und kleinste Siedlungen, die in der Regel nur bescheidene Strände aufzuweisen haben.

Reizvoller als die manchmal recht verbauten Küstenorte sind die traditionellen Weindörfer an den Hängen im Hinterland. Auf Besucher ist man hier gut eingestellt, Tavernen finden sich in fast jedem Örtchen. Dies nicht nur wegen der Urlau-

ber von Kokkári: Auch die Einheimischen besuchen am Wochenende gern die hübschen, oft in herrlicher Landschaft gelegenen Gasthäuser.

Avlákia, etwa zweieinhalb Kilometer westlich des Abzweigs zum Tsamadoú-Strand, ist das Kokkári am nächsten gelegene der kleinen Küstennester. Kaum zwei Dutzend Häuser säumen die Durchgangsstraße und den schmalen Kiesstrand. Weit bessere Bademöglichkeiten bietet der nahe Tsábou-Strand.

Übernachten/Essen   ** Hotel Avlákia, meerwärts der Durchgangsstraße gelegen, eine der wenigen Möglichkeiten vor Ort. Im unteren, küstennahen Bereich unerwartet lauschig, mit Kieselstrand und Privat-Kapelle. Geschmackvolle Einrichtung; logisch, dass die Zimmer zur Meerseite bei weitem vorzuziehen sind. Geöffnet ist Mai–Oktober, das DZ/Bad kostet je nach Saison und Lage etwa 35–50 €. ✆ 22730 94230, www.hotel-avlakia.gr.

Taverne Dolphin, in schöner Lage unten am Meer, Zugang von der Hauptstraße. Terrasse mit Blick auf Kokkári und Sámos-Stadt; Spezialität sind Fischgerichte, z. B. die frittierten, „Gónos" genannten kleinen Fischchen. Weitere Tavernen hier sind **Doña Rosa** (viele vegetarische Optionen und Nudelgerichte) und **Kosmos** (feine Küche und gute Salate).

Tsábou-Strand: Einen knappen Kilometer hinter Avlákia und noch vor dem Abzweig nach Vourliótes, unterhalb der Straße; Busse der Linie von und nach Karlóvassi halten bei Bedarf. Der etwa 300 Meter lange Kieselstrand mit Sommertaverne, gerahmt von hohen Felsen, ist durchaus eine Konkurrenz zu den Stränden bei Kokkári. „Velentza" war sein alter Name, „Tsábou" ist sein heutiger. Der Strandpächter, der einen großen Parkplatz angelegt hat, vermittelt auf Schildern den Eindruck, wer hier parke, müsse gleich Schirme und Liegen mit anmieten, doch gibt er sich auf Nachfrage meist auch mit einer (moderaten) Parkgebühr zufrieden. Der Zugang zum Strand steht natürlich ohnehin jedermann frei.

Kámpos Vourliotón: Westlich des Tsábou-Strandes, bereits hinter der Abzweigung hinauf nach Vourliótes, durchquert die Hauptstraße Richtung Karlóvassi die ausgedehnte, fruchtbare „Ebene von Vourliótes", wie das Gebiet offiziell heißt. Die Häuser der Siedlung liegen weit verstreut, ein echtes Zentrum ist nicht erkennbar. Weiter westlich führt die Hauptstraße durch das

Schmuckstück westlich von Kokkári: der Tsábou-Strand

teilweise verfallene Siedlungsgebiet von *Sodóma* und erreicht dann *Platanákia* am Eingang zum Nachtigallental.

Sválas-Strand: Der lange, schmale Grobkieselstrand ist über ein kleines Sträßchen zu erreichen, das schräg gegenüber dem Einstieg zur Wanderung 7 von der Straße Richtung Karlóvassi abzweigt. Er wird nur wenig besucht und ist an windigen Tagen der Wut des Méltemi ausgesetzt. Im Sommer öffnet hier eine hübsche Taverne, siehe unten.

Übernachten/Essen Amphithéa, empfehlenswerte Privatpension in ruhiger, reizvoll ländlicher Umgebung, geführt von der freundlichen, deutschsprachigen Winzerfamilie Kamniotis, die viele Tipps auf Lager hat, besonders auch für Wanderer. Viele Stammgäste. Verkauf von Öl und verschiedenen Weinsorten, auf Vorbestellung gibt es auch traditionelles Essen aus dem Backofen. Zufahrt von Kokkári kommend Richtung Karlóvassi, etwa 1,2 km hinter der Kreuzung nach Vourliótes, kurz hinter einer rechter Hand bei einem Baum gelegenen Kapelle und bei einer kleinen Brücke dem Schild „Amphithea" folgend landeinwärts (links) in den schmalen Weg abbiegen, noch ein paar hundert Meter, vorbei an einer weiteren Privatpension. Ganzjährig geöffnet. 13 Zimmer und 4 Studios, zwei Personen zahlen etwa 35 €. ℘ 22730 94374, www.amphithea.gr.

≫ Lesertipp: Villa Kámpos, von Kokkári kommend 50 m vor der Abzweigung zu Amphithéa, linker Hand der Straße. „Sehr ansprechendes Haus, das mehrere Zimmer sowie ein Vier-Personen-Apartment bietet. Die Besitzer Alda Vink (Anmerkung: aus den Niederlanden) und Jorgo Giavassis sind sehr gast- und tierfreundlich" (Evelyn Köder und Rolf Kilchert). DZ/F etwa 55–60 €. ℘ 22730 94570, www.villa-kambos.com. ≪

Taverne Svála, ganz hinten am östlichen Ende des Sválas-Strands. Urige Strandtaverne, geführt von Eleni und Angelo, einem Sohn der „Amphithéa"-Besitzer. Ein hübsches Plätzchen, das auch Liegen und Schirme vermietet; die Preise liegen günstig.

Wanderung 7: Über die Pnakas-Quelle nach Vourliótes   → S. 230
Fresken, Weingärten und eine Quelloase

Vourliótes

Schon die Anfahrt macht Laune: Vier steile Kilometer schlängelt sich das Serpentinensträßchen durch fruchtbare, von Weingärten, Zypressen und Obstbäumen geprägte Hänge hinauf zu dem urwüchsigen Bergdorf.

Oben angekommen, müssen Autos und Zweiräder am Ortsrand parken. Mit ihrer schönen Platía, den guten Tavernen, erkergeschmückten Steinhäusern, malerischen Gassen und dem nahen Kloster Vrontá avancierte die erst zu Anfang des 17. Jh. gegründete Ortschaft zum viel besuchten Ausflugsziel. Umso erfreulicher, dass der sommerliche Andrang weder dem Dorf noch der Freundlichkeit seiner Bewohner geschadet hat, die gerne und geduldig Auskunft geben über die zahlreichen Wandermöglichkeiten in der Umgebung. Vielleicht ist die Ursache ja in der wirtschaftlichen Unabhängigkeit des Dorfes zu suchen, das auf den Tourismus nicht angewiesen ist: Hier, auf rund 320 Meter Höhe, liegt nicht nur das Zentrum des samiotischen Weinbaus, auch die üppigen Obstplantagen der Umgebung sorgen für Wohlstand.

Verbindungen Busse von/nach Sámos-Stadt via Kokkári zur Sommersaison nur an zwei Wochentagen (Mo/Fr), zur Schulzeit besteht hingegen Mo–Fr je 1-mal täglich eine Verbindung; in beiden Fällen gibt es allerdings keine Rückfahrtmöglichkeit am selben Tag. Vourliótes ist jedoch auch auf den Wanderungen 6 und 7 zu erreichen.

Feste Panijíria (Kirchweihfeste) am 26./27. Juli, 15. August und 7./8. September.

Übernachten Pension Mary's House, am meerseitigen Ortsrand, ab der Platía gut markiert. Inmitten grüner Felder, krähender Hähne und gelangweilter Esel hat Maria in ihrem Bungalow einige geräumige und modern ausgestattete Gästezimmer eingerichtet. Geöffnet ist von Mai bis in den Oktober. Autofahrer seien übrigens davor gewarnt, dem Hinweisschild an der Auffahrt nach Vourliótes folgen zu wollen, denn der

Weg wird bald arg eng und steil. DZ kosten je nach Größe und Saison etwa 40–50 €; es gibt auch einige wenige Apartments à 50–60 €; Klima kostet 6 € extra. ☎ 22730 93291, www.marys-house-samos.com.

Die Tavernen von Vourliótes

Allein für ein Essen hier würde sich der Weg lohnen. Da wäre zunächst einmal die schöne, gepflasterte Platía. Völlig von hübschen Steinhäusern umschlossen, ist der gepflegte kleine Platz Wohnzimmer und Visitenkarte des Dorfes. Ein Genuss, sich an lauen Sommerabenden von den umliegenden Tavernen verwöhnen zu lassen ... Anhand der verschiedenfarbigen Stühle kann der Gast wählen, in welchem Lokal er sich niederlässt – die größte Taverne nennt sich sinnigerweise auch gleich „Blue Chairs", bei den grünen Stühlen von Eleni und Diamantis gibt es z. B. prima vegetarische Vorspeisenplatten. Prinzipiell jedoch sind die Spezialitäten überall gleich: diverse Omeletts sowie Revithokeftédes, frittierte Frikadellen oder Bällchen aus Kichererbsenmehl, die es auch in Varianten aus Spinat, Zucchini oder Tomaten gibt. Danach schmeckt ein Glas vom Muskateller Moskáto, der wegen seiner extremen Süße hier gern mit Soda verdünnt getrunken wird. Von Lesern wegen ihrer großen Vorspeisenplatte („Mix Starters") gelobt wurde auch die Taverne „Galazio Pigadi", die unter einem Blätterdach etwa 50 Meter hinter der Platía liegt.

Ein weiterer Tipp ist die Taverne „Pera Vrissi" (Mo Ruhetag) kurz vor dem Ortseingang. Unter schattigen Platanenbäumen und bei einer kleinen Quelle mit bestem Trinkwasser (der Kellner bringt es gerne im Krug an den Tisch) werden auf der Terrasse selbstgekelterte Weine (auch zum Kauf vor Ort) und ländliche Gerichte serviert. Von der Lage her noch reizvoller präsentiert sich die romantische, von netten jungen Pächtern betriebene Taverne „I Pnaká" bei der Quelloase unterhalb von Vourliótes (→ Wanderung 7), die auch über eine Abzweigung der zum Ort hinauf führenden Asphaltstraße zu erreichen ist und sehr gute Küche bietet. Leider ist hier gelegentlich mit Stechmücken zu rechnen.

Idylle unterhalb von Vourliótes: Taverne I Pnaká

Moní Vrontá

Etwa zwei Kilometer südwestlich von Vourliótes, auf mehr als 450 Meter Höhe und über ein schmales Betonsträßchen bergwärts zu erreichen, steht das Kloster Vrontá, auch *Moní Vrontiáni* genannt. Leider wurde das Kloster, ebenso wie seine einst

waldreiche Umgebung, beim großen Brand im Sommer 2000 besonders stark in Mitleidenschaft gezogen. Bis die Restaurierungsarbeiten anliefen, dauerte es eine ganze Reihe von Jahren. Mittlerweile sind sie aber doch relativ weit fortgeschritten und das Kloster ist wieder regulär zu besuchen; auch ein Pope wohnt wieder in Moní Vrontá und betreibt dort sogar einen kuriosen kleinen Gemischtwarenladen.

Moni Vrontá wurde 1566 fertiggestellt und ist damit das älteste Kloster der Insel. Ihren Namen „Kloster des Donners" verdankt die Anlage wahrscheinlich dem starken Echo, das bei Gewittern von dem nahen Berg Lazarus zurückgeworfen wird. Die Klosterkirche in Form einer Kuppelbasilika birgt noch die Reste von Fresken, mit denen sie einst vollständig ausgemalt war, darunter im Altarraum eine Darstellung von Christi Himmelfahrt. Ein wertvolles Stück ist das fein gearbeitete Holzschnitztémplon mit Szenen des Alten und Neuen Testaments; beachtenswert

Kostbares Wasser: Gemälde am Eingang zum Kloster Moní Vrontá

auch die Ikonen, die aus dem 18. und 19. Jh. stammen. Eine Besonderheit versteckt sich im ersten Geschoss des Klosters: Die kleine Kapelle in der Südostecke stammt vermutlich bereits aus dem 11. Jh. und besitzt eine sehr schön geschnitzte Altarwand. Ein großer Feiertag ist das Jahresfest, das am 7./8. September stattfindet.

Täglich außer Do 9–13, 17–20 Uhr; „dezente" Kleidung wird erwartet, steht aber notfalls auch leihweise bereit.

 Wanderung 8: Von Vourliótes nach Manolátes und Platanákia → S. 231
Durchs tiefe Tal von Dorf zu Dorf

Platanákia und das Tal der Nachtigallen

Hinter Kámpos und der anschließenden, küstennahen Siedlung Sodóma wendet sich die Hauptstraße von Kokkári nach Karlóvassi wieder etwas landeinwärts und erreicht bei einem Platanenwäldchen schließlich eine Kreuzung mit Bushaltestelle.

Platanákia heißt dieser auch auf manchen Karten verzeichnete Weiler, der praktisch unmittelbar an die größere Siedlung von Ágios Konstantínos (s. u.) angrenzt. Hier nämlich beginnt der Platanenwald des Nachtigallentals, der sich inseleinwärts bis zu den Hängen von Manolátes erstreckt.

Verbindungen Die **Busse** der recht gut bedienten Linie Sámos–Kokkári–Karlóvassi stoppen bei Bedarf an der Kreuzung.

Übernachten ** Hotel Daphne, mit schöner Aussicht am Hang oberhalb von Platanákia. Schön und ruhig gelegenes Quartier, das vom Besitzer, einem Hotelier aus Leidenschaft, selbst gestaltet wurde. 35 ordentliche Zimmer mit Aircondition, Pool mit Blick; Restaurant. Geöffnet Mai bis Mitte Oktober. DZ/F nach Saison etwa 60–70 €. ✆ 22730 94003, www.daphne-hotel.gr.

Valeondades Houses, auch bekannt als „Aidonokastro", ein herziges Ensemble restaurierter alter Häuser direkt im Nachtigallental oberhalb der Taverne Aidonia, von der ein kurzer Pflaster-Fußweg zu dem ehemaligen Weiler führt. Internet-Buchung; Infos auch bei Manolis in der Taverne Paradisos in Ágios Konstantínos. Derzeit werden sechs Apartments à 35–55 € vermietet. Geöffnet April bis Oktober. ✆ 0031 610 497019, www.valeondades-houses.de.

Tal der Nachtigallen: Beim Ortsrand von Ágios Konstantínos zweigt die Stichstraße nach Manolátes ab. Sie durchquert auf mehreren Kilometern eine wahre Oase aus oleanderbestandenen, murmelnden Bächen und einem riesigen, hochstämmigen Platanenwald. Im Frühjahr hört man die Nachtigallen hier bereits am frühen Nachmittag schlagen. Dann ist auch der Weg unter den duftenden Platanen eine besondere Freude. Früher gab es hier zwei Tavernen, doch ist leider nur die hintere (Aidonia) verblieben, die stark von Reisebussen angesteuert wird. Wer durch das Tal hinauf nach Manolátes wandern möchte, geht die erste Viertelstunde entlang der Straße, biegt direkt hinter einer Flussbrücke jedoch nach links von ihr ab und folgt dann in Gegenrichtung Wanderung 8.

Nightingale Walks nennt sich ein rühriger Naturfreundeverein, der im Gebiet zwischen Kokkári und Ámpelos tätig ist. Seine internationale Mitgliederschaft sammelt herumliegenden Müll ein, schneidet alte Wanderwege frei, beschildert und markiert sie mit Kürzeln wie „K1" (Kokkári–Vourliótes) und hat auch eine passende Wanderkarte verfasst. Kontakt über den Laden To Museo in Manolátes, ✆ 22730 94025, oder unter nightingalewalks@gmail.com.

Manolátes

Am Ende des Nachtigallentales schwingt sich die Straße in vielen Serpentinen hinauf in ein Bergdörfchen wie aus dem Bilderbuch. Auf 350 Meter Höhe gelegen, lebt Manolátes vom Wein und besonders vom Apfelanbau, durchaus aber auch von den recht zahlreich strömenden Besuchern, die im Sommer die hiesigen Tavernen bevölkern und in den Kunsthandwerksgeschäften (in denen sich erfreulicherweise kaum Fabrikware findet) stöbern. Etwas herausgeputzt mag einem das kleine Dorf mit seinem reichen Blumenschmuck, den blitzsauberen, geweißelten Pflastergassen und originellen Häusern schon erscheinen – bildhübsch ist es allemal. Sehenswert ist auch die Dorfkirche, die zwar erst aus dem 19. Jh. stammt, deren Ikonostase aber zahlreiche ältere Ikonen birgt.

Eindrücke aus Manolátes

Übernachten/Essen Studios Angela, am östlichen Ortsrand nahe der Kirche. Wunderbare Lage mit herrlicher Aussicht, zwar im Programm eines Reiseveranstalters, zur NS aber meist Platz. Geöffnet Mai bis Anfang November. Studio für zwei Personen etwa 35–45 €. ✆ 22730 94478, mobil 693 2968309.

Taverne Lukas, ein Stück oberhalb des Ortes, der Zugang ist mehr als ausführlich beschildert. Tolle Lage mit herrlicher Aussicht, freundlicher Empfang.

🌿 **Taverne AAA** („Triple A"), im Ort neben der Kirche. Hübsche kleine Taverne, in der auch etwas ungewöhnlichere Gerichte auf den Tisch kommen. Selbst hergestellte Weine und Olivenöle, auch viele Küchenzutaten stammen aus eigener Produktion. Erfreulich günstiges Preisniveau. Von mehreren Lesern sehr gelobt. ■

》 Lesertipp: Taverne Kallisti, praktisch im Durchgang zur Taverne Triple A. „Ist zu meiner Stammtaverne geworden. Hier gibt es sehr gutes Essen zu einem angemessenen Preis; man bekommt auch Filterkaffee" (Hanno-Horst Gottwald). 《

Einkaufen To Museo, gegenüber der Taverne AAA. Der Name passt, ist einer der beiden Räume doch tatsächlich als eine Art kleines Volkskundemuseum eingerichtet; im anderen verkaufen Restaurator und Künstler Nikitas Kyparissis und seine deutsche Geschäftspartnerin Dorothea handgemachte Kopien samiotischer Gebrauchs- und Schmuckkeramik und anderes Kunsthandwerk, aber auch Honig aus dem Ort, Marmeladen, Öl etc. Hier auch Kontakt zur Naturfreundegruppe „Nightingale Walks".

Ágios Konstantínos

Die langgestreckte Küstensiedlung, etwa zehn Kilometer westlich von Kokkári gelegen, lebt nur zu einem geringen Teil vom Fremdenverkehr und ist deshalb noch ziemlich ursprünglich geblieben.

Dass der internationale Tourismus nur allmählich in Ágios Konstantínos einzieht, hat seine Gründe. Der Grobkieselstrand östlich des Ortes wirkt wenig reizvoll, und die Hafenpromenade ist der Wucht des sommerlichen Meltémia fast völlig ausgesetzt. Die Mehrzahl der rund 300 Einwohner ernährt sich deshalb immer noch von der Landwirtschaft, in geringerem Maße auch vom Fischfang. Der Fremdenverkehr bietet nur ein Zubrot. Für Individualreisende hat die Zurückhaltung der großen Touristikkonzerne durchaus ihre Vorzüge. So kann man Ágios Konstantínos zugute halten, dass die Atmosphäre hier noch vergleichsweise authentisch, der Rummel gering und das Preisniveau niedriger ist als beispielsweise in Kokkári. Für Liebhaber weitgehend „griechisch" gebliebener Orte und als Standquartier für Wanderungen gibt das Dorf deshalb eine gute Adresse ab.

Verbindungen Busse von Sámos-Stadt via Kokkári nach Karlóvassi Mo–Fr 6-mal (zurück 7-mal), Sa 5-mal, So 3-mal täglich.

Taxi: An der Uferstraße, ✆ 22730 94349, mobil 697 3787373.

Übernachten/Essen Vgl. auch die Tipps zu Platanákia (siehe oben), das direkt an Ágios Konstantinos angrenzt. Im Ort selbst mehrere Hotels und Studios, die aber z. T. durch Veranstalter vorgebucht sind.

** Hotel Apts. Villa Ágios, hundert Meter landeinwärts der Uferstraße, Richtung Platanákia. Hübsche Anlage mit großzügig geschnittenen Studios, Apartments und Maisonettes für bis zu 6/7 Personen; kleiner Pool. Geöffnet April bis Oktober. 2er-Studios kosten etwa 40–50 €, die Maisonettes 60–80 €. ✆ 22730 94000, www.hotelagios.gr.

》 Mein Tipp: Hotel Atlantis, etwa auf der Mitte der Durchgangsstraße (die empfindsamere Gemüter eventuell schon stören könnte), gleich oberhalb davon. Sympathisches, familiär und herzlich vom deutsch-griechischen Paar Gabi und Dimitri geführtes Quartier. Ordentliche Zimmer; Benutzung der Küche und des großen Gartens, durch den ein Bächlein fließt. Dimitri keltert seinen eigenen Wein, Gabi war lange Zeit Reiseleiterin und kennt sich auf Sámos bestens aus. DZ mit reichhaltigem Frühstück

(viele Zutaten selbst produziert, hausgemachtes Brot und Marmeladen, selbst die Eier stammen von eigenen Hühnern) 35–45 €. ✆ 22730 94514, www.hotel-atlantis-samos.de. **《**

** **Studios Apollonia Bay**, ein Stück weiter östlich, landeinwärts neben der Durchgangsstraße. Freundliche Leitung, besonders zur NS viele Stammgäste, im Hochsommer bestehen bessere Chancen. Netter kleiner Pool. Hunde erlaubt. Elf eher einfach ausgestattete, aber recht geräumige Studios mit Aircondition und TV à etwa 30–40 €, es gibt auch Apartments und zweigeschossige Maisonettes. Die Anlage stand zuletzt zum Verkauf, war aber noch in Betrieb. ✆ 22730 94444.

Taverne To Kyma, an der Uferpromenade. Wohl das beste Lokal von Ágios Konstantínos, auch von den Einheimischen viel besucht. Hier speiste auch schon (kein Scherz!) Bill Clinton, als er einen Freund in Manolátes besuchte. Breites Angebot, zu empfehlen sind besonders der stets frische Fisch und die Grillgerichte – „das beste Souvláki der Insel", so eine Einheimische. Preisgünstig, keine Karte, Auswahl in der Küche. Sa-Abend Live-Musik.

Taverne Paradisos, etwa in der Mitte der Uferstraße. Nettes Lokal, das sich vor allem durch seine Atmosphäre von den anderen abhebt. Do-Abend Live-Musik.

Taverne Akrogiali, zwischen To Kyma und Paradisos. Jahrzehntealte Taverne, die mit gutem Preis-Leistungs-Verhältnis glänzt; Sa-Abend oft Live-Musik.

Taverne Aeolos, am kleinen Hafen des Ortes, mit Tischen auf der Mole oder, noch schöner, direkt am Kiesstrand. Gute Küche, Spezialitäten sind Fisch und Meeresfrüchte. Mittlerweile von den Söhnen übernommen und seitdem etwas peppiger als früher.

Kafenío Barbagiannakákis, zwischen Paradisos und Akrogiali. Süßes kleines Lokal, bewusst im traditionellen Stil gehalten. Die beiden Betreiberinnen Dimitra und Katerina offerieren auch zwei, drei wechselnde Tagesgerichte; gute Küche, günstige Preise. Ganzjährig.

Café North Star, an der Uferpromenade unweit des „Aeolos". Eins von mehreren Cafés hier, beliebter Treffpunkt auf einen oder zwei Cocktails.

Áno Ágios Konstantínos: Der kleine Weiler, in schöner, fruchtbarer Landschaft etwas inseleinwärts der Hauptstraße versteckt, bildet das Mutterdorf von Ágios Konstantínos. Erst im 19. Jh. zogen die Menschen von hier herunter an die Küste. Áno Ágios, wesentlich kleiner als die Siedlung am Meer, besitzt schöne alte Häuser und ein weiß gekalktes Kirchlein, das auf vielen Prospekten und Reiseführern abgebildet ist. Ein Kafenío oder gar eine Taverne gibt es hier allerdings nicht mehr.

Ámpelos und Stavrinídes

Die beiden abgelegenen Bergdörfer sind über eine steile (bis zu 18 % Steigung), sehr kurvenreiche Nebenstraße zu erreichen, die kurz hinter dem westlichen Ortsrand von Ágios Konstantínos abzweigt. Die Hänge hier fallen unglaublich steil zum Meer hin ab; besonders Ámpelos, in wunderbarer Aussichtslage hoch über der Küste errichtet, klebt geradezu am Berg. Beide Dörfer sind vom Weinbau geprägt (Ámpelos = Weinberg) und mehr als ruhig; Leben zieht nur zu den Jahresfesten der Kirchen ein, die in Ámpelos am 23. September, in Stavrinídes am 20. Juli stattfinden.

Taverne Irida, in Stavrinídes, von Ámpelos kommend das erste Lokal des kleinen Dörfchens, rechter Hand. Eigentlich eher ein Kafeníon im alten Stil als eine Taverne, das Essen (sehr lecker: die hausgemachten Dolmadákia) ist gut und ausgesprochen günstig.

Kurúnteri: An der Straße von Ágios Konstantinos in Richtung Karlóvassi liegt die winzige Siedlung Kurúnteri, die praktisch nur aus einer (nicht immer geöffneten) Sommertaverne und einem Antiquitätengeschäft besteht. Direkt neben der Straße liegt ein kleiner Kieselstrand.

Meerverbunden: die kleine Küstensiedlung Ágios Nikoláos

Ágios Dimítrios und Umgebung

Die Streusiedlung, knapp zwanzig Kilometer westlich von Kokkári und noch etwa fünf Kilometer vor Karlóvassi gelegen, ist an sich wenig interessant. Im Umfeld, auch an der hier stark gegliederten Küste, bietet sich jedoch die Gelegenheit zu kurzen Abstechern.

Ágios Nikoláos: Nur über steile Betonpisten zu erreichen ist diese ehemalige Fischersiedlung am Meer unterhalb von Ágios Dimítrios. Einige Fußminuten östlich des Örtchens findet sich ein ganz passabler Badestrand, ansonsten zeigt sich die Küstenlinie hier von der eher felsigen Seite. Zwar werden seit einigen Jahren verstärkt Ferienhäuser und Studios gebaut, doch ist deren Zahl insgesamt gesehen immer noch sehr gering. Wer es ausgesprochen ruhig liebt, dürfte hier an der richtigen Adresse sein, sollte aber wohl besser ein Mietfahrzeug ins Budget einplanen. Ein weiterer Grund für einen Besuch in Ágios Nikoláos sind die hiesigen Fischrestaurants.

Übernachten Studios Alkioni, von Kokkári kommend über die erste oder die mittlere der drei Zufahrten zu erreichen und bereits von der Betonstraße aus zu erkennen. Schöne Lage, die freundlichen Besitzer sind Lehrer und sprechen gut Englisch. Im Programm eines Veranstalters, für Individualreisende ist jedoch meist auch Platz; viele Stammgäste. Die Studios liegen alle zur Meerseite, am reizvollsten Nr. 7 und 11. Bestellung von Mietwagen möglich. Geöffnet Mai–Oktober, evtl. auch außerhalb dieser Zeit. Studios für zwei Personen kosten etwa 25–35 €. ✆ 22730 34317, mobil 694 6567252, http://alkioni-samos.com.

≫ Lesertipp: Villa Violetta, „unserer Meinung nach die schönste und gastfreundlichste Unterkunft in dieser Bucht. Die kleine Anlage, die auch über einen Pool verfügt, wird vom Besitzerpaar liebevoll geführt. Alle Zimmer verfügen über Balkon bzw. Terrasse und fast alle über Meerblick. (Ingrid Behrend und Franz Meisner). Zweier-Studio etwa 55–65 €, gutes Frühstück gegen Aufpreis; es gibt auch Apartments. ✆ 22730 25419, www.violetta.gr. ≪

Essen & Trinken Psarotaberna I Psarades, eine von mehreren Tavernen hier unten, aus Richtung Kokkári kommend am

besten über die letzte, die westliche Zufahrt zu erreichen. „Die Fischer" liegen reizvoll direkt am Meer, mit einer Terrasse, die schöne Aussicht auf die bizarr geformten Felsen der Umgebung gewährt. Bei den Griechen aus Karlóvassi ist das rustikale Restaurant aber vor allem der exquisiten Fischgerichte wegen berühmt, die hier fangfrisch zubereitet werden – entsprechend voll wird es an Wochenenden.

Kondakéika: In den Bergen oberhalb der Küste, ist ebenfalls von Ágios Dimítrios aus zu erreichen. Ein Besuch des Bauerndorfs lohnt sich in erster Linie am 9. November, dem Jahrestag des hiesigen Heiligen Ágios Nektários. Kondakéika besitzt jedoch auch eine reizvoll gelegene Platía mit Kafenía und einer guten Taverne.

Ydroúsa: Erst kurz vor Karlóvassi, am Ostrand des Ortsteils Órmos, zweigt die Stichstraße in dieses abgelegene Bergdorf ab. Ydroúsa liegt etwa fünf Kilometer weit im Inselinneren, auf einer Anhöhe über einem Flüsschen. Hübsch sind die Häuser des Dörfchens, traditionell die Kafenía, die Atmosphäre ist ruhig bis verschlafen.

Karlóvassi

Mit gut sechstausend Einwohnern ist Karlóvassi die zweitgrößte Stadt der Insel. Der erste Eindruck mag abschreckend wirken, denn ein geschlossenes Ortsbild kann man der flächengreifenden Siedlung beim besten Willen nicht attestieren. Der zweite Blick registriert erfreut eine gewisse Authentizität.

Bezeichnend für den Aufbau des Städtchens ist die von den Einwohnern verwendete Pluralform *Ta Karlovássia*: „Die Karlovássis" nennen sie ihre Heimat, und das mit gutem Grund. Karlóvassi ist aus fünf grundverschiedenen Ortsteilen zusammengesetzt, die sich über ein ausgedehntes Gebiet verteilen und von Feldern und Brachflächen getrennt werden. Angesichts dieses insgesamt nicht unbedingt attraktiven Erscheinungsbildes mag es verwundern, dass die Stadt überhaupt in den Katalogen der Reiseveranstalter auftaucht. Die Mehrzahl der Hotels liegt im Hafenviertel, das durchaus reizvoll, dabei aber doch recht klein und weitgehend auf den Fremdenverkehr zugeschnitten ist. Für den, der etwas Abwechslung sucht, wird Karlóvassi schnell zum Ferienort der langen Wege. Ähnliches gilt für die Strände: Der Kiesstrand neben dem Hafen mag für einen schnellen Sprung ins Wasser allemal ausreichen, doch bis zum nächsten wirklich schönen Strand, nämlich dem von Potámi, sind es rund zwei Kilometer. Wer Karlóvassi als Urlaubsort wählt, sollte sich mithin überlegen, zumindest für einen Teil der Reisezeit ein Mietfahrzeug einzukalkulieren, auch wenn die Busverbindungen ab Néo Karlóvassi durchaus zufriedenstellend sind.

Zugute halten kann man Karlóvassi auf jeden Fall eine gewisse, vom Tourismus wenig beeinflusste Unschuld. Abgesehen vom Hafenviertel überwiegt in allen Ortsteilen griechisches Alltagsleben, da die Stadt ihre Bedeutung vor allem aus der Funktion als lokales Versorgungszentrum des Inselwestens bezieht. Daneben ist Karlóvassi auch Sitz mehrerer Fakultäten der Ägäischen Universität, deren Studenten zur Semesterzeit die Einwohnerzahl um mehr als tausend Personen erhöhen und natürlich auch gewissen Schwung ins örtliche Nachtleben bringen. Auch die relativ günstige Lage spricht für Karlóvassi, da von hier aus sowohl die Highlights der Nordküste als auch der Südwesten gut zu erreichen sind. Die vielen kleinen Wege im waldreichen Hinterland sind ein Paradies für Wanderer und Mountainbiker.

Mittelpunkt von Néo Karlóvassi: die Platía Valaskátsi

Die Ortsteile im Einzelnen

Néo Karlóvassi markiert das heutige Zentrum, in dem alle wichtigen Versorgungs-einrichtungen inklusive der Banken und der Busstation zu finden sind. Es gibt auch eine Zweigstelle der Ägäischen Universität: Durchaus passend für die Insel des Pythágoras ist hier die Mathematische Fakultät untergebracht, außerdem werden Studiengänge in Kommunikation und Informatik angeboten. Das recht lebendige Viertel liegt um die große, moderne und von Lounge-Cafés flankierte *Platía Valas-kátsi*, an die sich westlich die kleinere *Platía Ágios Dimítrios* anschließt. Gar so neu wie der Name suggeriert, ist Néo Karlóvassi übrigens auch wieder nicht, besitzt ganz im Gegenteil einen gewissen altmodischen Charme und wirkt in abgelegene-ren Sträßchen auf sympathische Weise fast dörflich. An Geschäften herrscht kein Mangel; allerdings orientieren sie sich ganz überwiegend am Bedarf der Einheimi-schen, weshalb Souvenirjäger nur begrenzt auf ihre Kosten kommen.

Órmos erstreckt sich am Meer nördlich von Néo Karlóvassi. Verbunden sind die beiden Ortsteile durch ein locker bebautes Gebiet, dessen teilweise verfallene Vil-len noch den Glanz der Vergangenheit ahnen lassen. Erwirtschaftet wurde der da-malige Reichtum in den Gerbereien, deren von ärmlichen Wohnvierteln flankierte Ruinen aus der Ferne pittoresk erscheinen mögen, sich aus der Nähe jedoch oft genug als stinkende Müllhalden entpuppen. Kein Gebiet, in dem man sich länger aufhalten möchte, auch wenn bereits einige der Gerbereien von der Universität re-noviert und zu Wohnheimen umgebaut wurden. Außerdem entstand hier ein Mu-seum, das der Gerberei gewidmet ist, siehe unter „Sehenswertes".

Meséo Karlóvassi liegt weiter westlich. Zwar reicht die Bebauung von „Mittel-Karlóvassi" bis an die Küste, doch ist der eigentliche Kern des Viertels etwas landeinwärts zu suchen, um eine reizvoll ländlich wirkende Platía. Überhaupt hat Meséo Karlóvassi trotz einiger repräsentativer Bauten etwas Dörfliches an sich. Die

Die Nordküste   → Karte S. 162/163

Siedlung macht einen selbstständigen Eindruck und verfügt über Tavernen, Bäckereien und Lebensmittelgeschäfte.

Limáni nennt sich schlicht der Hafen noch weiter westlich, auch er ein eigenständiges Viertel. Erst 1871 entstand der auf das offene Meer weisende, der Wucht des Meltémi voll ausgesetzte Hafen, in dem heute auch große Fährschiffe anlegen und der vor einigen Jahren weiter ausgebaut wurde. Früher einer der Haupttreffpunkte der städtischen Jugend, war es zuletzt hier etwas ruhiger geworden.

Paléo Karlóvassi, auf einem Hügel im Hinterland des Hafens und auch von Meséo Karlóvassi über eine Straße zu erreichen, wirkt dagegen fast ausgestorben. Der älteste Ortsteil von Karlóvassi, zu Anfang des 17. Jh. gegründet, wird heute fast nur noch von alten Leuten bewohnt. Nostalgie prägt das hübsche, in sich geschlossene Viertel unterhalb der weithin sichtbaren Dreifaltigkeitskirche. Trotz des steilen Aufstiegs ist „Alt-Karlóvassi" einen Abstecher wert.

Geschichte

Ausgangspunkt der Besiedelung war gegen Anfang des 17. Jh. der Hügel von Paléo Karlóvassi. Familien aus Chíos, Ikaría, Kreta, Náxos, Euböa und vom Peloponnes gründeten im 18. Jh. das Dorf Neochóri, das später zu Néo Karlóvassi wurde. Ein Jahrhundert später, inzwischen hatte man sich auch an die Küste gewagt, nahm Karlóvassi einen immensen Aufschwung, wurde zur mächtigen Konkurrentin von Sámos-Stadt, dem damaligen Vathí: Allein gut fünfzig Ledergerbereien arbeiteten im Órmos-Viertel, hinzu kamen Tabakfabriken, Weinkeller und Ölmühlen. Die ungewöhnlich großen Kirchen von Karlóvassi zeigen, welcher Wohlstand seinerzeit hier herrschte. Der immense Reichtum der Fabrikbesitzer manifestierte sich im Bau jener schicken, neoklassizistischen Villen, die heute teilweise dem Verfall preisgegeben, immer häufiger jedoch auch aufwändig renoviert sind. Die Zeit nach dem Zweiten Weltkrieg brachte ein Ende der Herrlichkeit: Die Gerbereien waren nicht mehr konkurrenzfähig und verfielen, der Tabakanbau verlagerte sich. Bis heute konnte der Aufschwung, den Karlóvassi mittlerweile wieder verzeichnet, die Wunden der Vergangenheit nicht völlig überdecken.

Basis-Infos

Information/Reisebüro   Eine offizielle Auskunftsstelle der E.O.T. existiert nicht.

Rhenia Tours, beim Kreisverkehr an der Hauptstraße im Hafenviertel, bucht Ausflüge und Mietfahrzeuge und vermittelt Hotels und Pensionen in Ort und Umgebung. ✆ 22730 35076,.

Ärztliche Versorgung   Medical Center, wenige Fußminuten nordöstlich der Hauptplatía von Néo Karlávassi, ✆ 22730 32222.

Einkaufen   Chatzikostas-Supermarkt, an der Uferstraße einige hundert Meter vor dem Hafen. Der ehemalige, heute jedoch von einer anderen Firma betriebene Supermarkt der Winzerkooperative E.O.S.S. bietet günstige Preise und ein breites Angebot (nicht nur) der vor Ort produzierten Weine. Zugänglich ist er für jedermann.

Cava, der Direktverkauf der E.O.S.S.-Kellerei, liegt etwas weiter Richtung Hafen. Hier kann man die Weine vor dem Kauf auch probieren. Nur im Sommer geöffnet, und auch dann ist es nicht immer leicht, einen Verantwortlichen zu finden.

„Pottery Work Shop", ein traditionsreiches Keramikgeschäft, das sehr hübsche, fantasievoll gestaltete Töpferwaren anbietet. Stamatias Laden liegt in Néo Karlóvassi, stadtauswärts des Zentrums rechter Hand an der Straße Richtung Marathókampos und Pythagório, kurz vor dem Ortsende.

🌿 **Biosamos**, kleiner Bioladen im Zentrum von Néo Karlóvassi. Im Angebot Lebensmittel, aber auch Kosmetik, Öle etc., vieles aus Inselproduktion. Ippokratis Saimis-Str., von der Platía Valaskátsi Richtung Bushaltestelle. ∎

Feste Ostersonntag, feierliche Zeremonie in Paléo Karlóvassi, bei der unter anderem die feuerwerksbestückte Strohpuppe des „Judas" verbrannt wird.

Fest des Propheten Elias, 20. Juli, beim Kloster des Heiligen.

Marienfest am 14./15. August. Am 14. Abendgottesdienst in Néo Karlóvassi, am 15. Tanz am Hafen.

Post Etwas außerhalb von Néo Karlóvassi, an der Hauptstraße nach Sámos-Stadt; Öffnungszeiten: Mo–Fr 7.30–14 Uhr.

Verbindungen

Schiff: Im Hafen von Karlóvassi stoppen alle Fähren der Linien zwischen Sámos-Stadt (siehe dort) und Foúrni-Ikaría-Piräus; auch die meisten Fähren nach Chíos und Lésbos legen in Karlóvassi an. Zusätzliche Verbindungen nach Foúrni und Ikaría bestehen 4mal pro Woche mit der Lokalfähre Panagía Theotókos. Eines Tages soll vielleicht auch eine Schiffsverbindung in die Türkei (Seferihisar) eingerichtet werden. Gute Infos bietet das Hafenbüro von „By Ship Travel", ✆ 22730 35252.

Bus: Haltestelle etwa fünf Fußminuten nordöstlich der Hauptplatía Valaskátsi, nahe Gesundheitszentrum; Verbindungen (Sommerfahrplan) von Sámos-Stadt via Nordküste und Kokkári Mo–Fr 6-mal (Gegenrichtung 7-mal), Sa 5-mal, So 3-mal täglich. Auch die Busse von Sámos-Stadt nach Marathókampos, Votsalákia und den Dörfern weiter westlich nehmen den Weg über Karlóvassi. Relativ selten und teilweise nur während des Sommerfahrplans (der etwa vom zweiten Junidrittel bis zum ersten Septemberdrittel in Kraft ist) verkehren **Stadtbusse**, die auch die umliegenden Dörfer bedienen; die wichtigste Linie führt von Néo Karlóvassi über den Hafen bis Potámi.

Taxi: Standplatz an der großen Platía von Néo Karlóvassi, ✆ 22730 30777. Die Fahrt nach Sámos-Stadt kostet rund 35 €, nach Drakéi 50 €, zum Potámi-Strand 6 €.

Mietfahrzeuge: Mehrere Vermieter im Bereich Limáni/Meséo Karlóvassi. Auch über die Agenturen, z. B. Rhenia Tours, sind Mietfahrzeuge erhältlich.

Essen & Trinken
1 Bar-Rest. Azzurro
6 Taverne Dionyssos
7 Konditorei/Eisdiele Angel
8 Taverne Platía
9 Kafeníon Kérkis
10 Eisdiele Meli Gala
11 Kafeníon O Kleanthis

Übernachten
2 Hotel Samaina Port
3 Hotel Samaina Inn
4 Hotel Anema
5 Hotel Astir

Potámi-Strand
Limáni
Agía Triáda
Méseo Karlóvassi
Gerberei-Museum
Ormos
Sámos-Stadt, Kokkári
Stadion
Néo Karlóvassi
BUS
Platía Valaskátsi
Mitrópolis
Léka, Kastanéa
Marathókampos, Pírgos, Pythagório
Ethnologisches Museum
Karlóvassi
200 m

Übernachten

→ Karte S. 181

Insbesondere in und um das Hafenviertel Limáni einige Hotels oberer Kategorien, die vor allem über Reiseveranstalter gebucht werden. Preiswerte einfachere Adressen sind dagegen Mangelware, Privatzimmer selten.

**** **Hotel Samaina Inn** **3**, das nobelste Haus der Samaina-Kette, deren drei Hotels alle in Karlóvassi liegen. 1994 in recht angenehmer Architektur erbaut – seine 300 Betten sieht man ihm nicht an. Eines der besten Hotels der Insel, Swimmingpool und Klimaanlage sind selbstverständlich. Geöffnet Mai bis Mitte Oktober. An der Küstenstraße Richtung Limáni (die wenigen Zimmer dort hinaus sind laut), ein paar hundert Meter vor dem Hafen. Überwiegend pauschal gebucht, DZ/F für Individualreisende etwa 70–90 €. ✆ 2273030 400, www.samaina hotels.gr.

** **Hotel Samaina Port** **2**, ein Schwesterhotel im Hafen, das nur im Sommer und auch dann nur bei guter Buchungssituation öffnet. DZ/F hier etwa 50–60 €. Anfragen im Hotel Samaina Inn.

** **Hotel Anema** **4**, gleich neben dem Hotel Samaina Inn, ein ganzes Stück zurückversetzt von der Hauptstraße (der Parkplatz ist nur von der Rückseite zu erreichen) und deshalb ruhig. Ordentliche Ausstattung inklusive Pool; Tennisplatz, Restaurantterrasse am Meer. Geführt von einer freundlichen, englischsprachigen Familie; der Chef ist ein Kenner des Hinterlands und seiner Wege. Geöffnet etwa Mai bis Oktober. 40 Studios und 15 Apartments, Zweierstudio ca. 35–50 €. ✆ 22730 30500, www.anema.gr.

》》 Mein Tipp: * **Hotel Astir** **5**, ein freundlicher Familienbetrieb meerwärts des Zentrums von Meséo Karlóvassi, noch in passabler Fußentfernung (1,5 km) vom Hafen; von dort entlang der Küstenstraße, vor der Ouzerí Kyma rechts in die Odós 08. Maiou, später links in die Sackgasse. Das zartblaue, zweistöckige Gebäude liegt schön ruhig, der englischsprachige Juniorchef Theo kennt sich in und um Karlóvassi bestens aus. Die Zimmer (alle mit Balkon) sind eher schlicht, aber sehr sauber und besitzen Kühlschrank, Aircondition und Sat-TV; es gibt sogar einen gepflegten, recht großen Pool. Angesichts des Preises und der örtlichen Situation eine sehr empfehlenswerte Adresse. Geöffnet Mitte April bis Oktober. DZ/Bad nach Saison etwa 40–55 €. ✆ 22730 33150, www.astirofsamos.com. 《《

Hungrige Katzen bei Dionyssos

Essen & Trinken/Nachtleben

Essen & Trinken In Néo Karlóvassi ist das Angebot leider sehr beschränkt.

Taverne Dionyssos **6**, eine der Tavernen bzw. Kafenía an der Platía von Meséo Karlóvassi, in der Nähe der großen Kirche des Viertels. Der schattige und ruhige Platz ist der wohl stimmungsvollste Ort, um in Karlóvassi essen zu gehen, und die Taverne Dionyssos wiederum glänzt mit sorgfältiger und variantenreicher Küche, darunter auch ungewöhnlichere Gerichte. Die Preise liegen im Rahmen. Für seinen Sohn eröffnete Eigentümer Dimitri neben an das Kafeníon „Transistor".

Taverne Platía **8**, genau gegenüber und ebenfalls eine solide Adresse, mit familiärer Atmosphäre und freundlicher Führung.

Bar-Restaurant Azzurro , direkt am Meer im Viertel Órmos. Früher war in dem stimmungsvollen alten Gemäuer ein Club untergebracht, heute wird hier italienische Küche serviert. Hauptsächlich einheimisches Publikum, die Preise halten sich im Rahmen. In der Regel nur abends geöffnet.

Kafeníon Kérkis 🄈, in Néo Karlóvassi, an der Hauptstraße nahe dem Ethnologischen Museum. Herrlich altmodisches Lokal, seit über hundert Jahren in Betrieb. Einfache Gerichte, günstig, nach hinten sehr schöne Aussicht. Ebenfalls urig, an der kleineren Platía von Néo Karlóvassi: Kafeníon O Kleanthis 🄋.

Eisdiele Meli Gala 🄉, schräg gegenüber vom Kafeníon O Kleanthis, Eingang auch an der großen Platía Valaskátsi. Hausgemachtes Eis nach italienischer Art.

>>> Lesertipp: Konditorei/Eisdiele Angel 🄍, „dort wird das Eis noch selbst hergestellt, große Auswahl an Eissorten" (Christiane Ritzmann). Das Geschäft liegt, von Kokkári oder Sámos-Stadt kommend, nicht weit hinter dem Ortseingang auf der rechten Seite. <<<

Kneipen/Nachtleben Garage, eine recht beliebte und seit Jahren geöffnete Indoor-Disco im Hafenviertel.

Café del Mundo, im Hinterland des Potámi-Strands, gleich neben der Zufahrtsstraße. Musik-Café mit relaxter Atmosphäre, vor allem von der einheimischen Jugend besucht. Direkt am Strand gelegen, im Sommer ebenfalls sehr populär und mit Liegestuhlservice sowie guter, variantenreicher Küche: Hippy's.

Baden: Für einen richtig schönen Strandtag begibt man sich besser gleich zum zwei Kilometer vom Hafen entfernten Kieselstrand von Potámi (siehe unter „Umgebung"), der durch den schnell abfallenden Grund leider wenig kinderfreundlich ist. Noch weiter entfernt liegen die Seitáni-Strände, die nur zu Fuß zu erreichen (siehe Wanderung 10) und deshalb relativ wenig besucht sind.

Sehenswertes

Néo Karlóvassi: Die Kirchen des Ortes, auch die große, künstlerisch wertvoll ausgestattete Bischofskirche *Mitrópolis* (15./19. Jh.) südlich oberhalb der kleineren Platía, sind nur schwer zu besichtigen, da meist verschlossen. Mit etwas Glück

Im Inneren der Muttergotteskirche von Néo Karlóvassi

Die Nordküste → Karte S. 162/163

Erinnerungen an ein ausgestorbenes Gewerbe: das Gerbereimuseum

geöffnet ist der Zugang zu der hübschen *Muttergotteskapelle* meerwärts der großen Platía, die im 19. Jh. von einer wohlhabenden Familie errichtet wurde.

Ethnologisches Museum: Im südlichen Ortsbereich wartet ein kleines Volkskundemuseum auf neugierige Besucher. Die sympathische und sehr interessante Ausstellung zeigt alte Trachten, Dokumente, landwirtschaftliche Geräte etc. aus Karlóvassis Glanzzeiten; eine englischsprachige Broschüre ist als Fotokopie erhältlich. Auf einer der zahlreichen Fotografien ist auch die pferdebetriebene Straßenbahn zu sehen, die damals im Halbkreis Néo Karlóvassi und Órmos verband und für eine Fuhre nicht mehr als 20 Minuten benötigte.

Von der kleineren Platía hält man sich südlich, vorbei an der großen Kirche, bei einem Park dann links; kenntlich an der Flagge. Nur im Sommer geöffnet, dann zumindest offiziell Mo–Fr 9–14, 18–21 Uhr, Sa 9–14 Uhr. Eintritt frei.

Gerberei-Museum: Erst 2009 eröffnet wurde diese Ausstellung im Stadtteil Órmos, die in der restaurierten Gerberei Talabekos-Synadinos untergebracht ist. Sie liegt in der Umgebung des von Néo Karlóvassi kommenden, fast immer trockenen Flussbetts, inseleinwärts einer Tankstelle; früher war hier, noch vor dem Küstenstreifen selbst, das Zentrum der örtlichen Lederverarbeitung. Zu sehen sind Gerätschaften und (auch englischsprachige) Infotafeln zur Geschichte der Gerbereien und zum Prozess der Lederproduktion.

Nur im Sommer geöffnet, dann Mo–Fr 9–14, 18–21 Uhr, Sa 9–14 Uhr. Eintritt frei.

Paléo Karlóvassi: Sehenswert ist hier vor allem das Ortsbild an sich, die engen Gassen, traditionellen Häuser und kleinen Kirchen. Die Dreifaltigkeitskirche *Agía Triáda* thront unübersehbar hoch über dem alten Dorf und dem Hafen. Besondere Kunstschätze hat der 1904 errichtete Bau nicht aufzuweisen, doch lohnt sich der Aufstieg schon allein der Aussicht wegen.

Moní Ágios Ioánnis: Etwa eine Viertelstunde Fußweg südlich von Paléo Karlóvassi liegt dieses Nonnenkloster. Der verschlungene Weg dorthin beginnt am Dorfparkplatz (→ Wanderung 9). Auch hier ist es vor allem die Schönheit der umgebenden

Landschaft, die zu dem Abstecher lockt; die 1823 errichtete Klosterkirche selbst ist kunsthistorisch kaum interessant.

Umgebung von Karlóvassi

Moní Profítis Ilías: Knapp vier Kilometer südöstlich von Néo Karlóvassi steht nahe der Nebenstraße nach Kondéika und Plátanos das aufgegebene Kloster des Propheten Elias. Es ist heute in Militärbesitz, eine Besichtigung für Individualreisende jedoch möglich. Die Klosterkirche des 18. Jh. besitzt eine schön geschnitzte Ikonostase, an manchen Stellen der Wände sind noch Reste einstiger Fresken erkennbar. Am 20. Juli wird hier der Jahrestag des Propheten begangen.

Über Léka nach Marathókampos: Am westlichen Ortsrand von Meséo Karló-vassi beginnt ein Nebensträßchen, das nach Süden Richtung Kastanéa führt und schließlich kurz vor Marathókam-pos auf die Hauptstraße zu diesem großen Bergdorf trifft. Früher streckenweise nur ein besserer Feldweg, ist heute die gesamte Strecke asphaltiert, aber immer noch wenig befahren.

Léka: Das ursprüngliche Dorf liegt in grüner Hügellandschaft etwa drei Kilometer südlich des Hafens von Karlóvassi. Léka besitzt eine erstaunlich große Kirche und eine hübsche, schattige Platía mit toller Aussicht und einigen tra-

Das Wahrzeichen von Nikoloúdes: die uralte Platane

ditionellen Kafenía. Wer selbst Léka für noch zu betriebsam hält, der findet etwa zwei Kilometer nordwestlich den winzigen, fast unbewohnten Weiler **Tsourléi**.

Nikoloúdes: Eine westliche Abzweigung des Nebensträßchens Richtung Kastanéa führt nach vier Kilometern und vielen Kurven zu dem verschlafenen Dörfchen Nikoloúdes, dessen große Platane die älteste der Insel sein soll.

Kosmadéi, ein freundliches Bergdorf in reizvoller Aussichtslage, liegt weitere drei Kilometer und viele Serpentinen oberhalb von Nikoloúdes. Für Fahrzeuglenker, die Asphalt unter den Rädern bevorzugen, ist hier Endstation – weiter zum Kloster *Panagía Kakopérato* und Richtung Marathókampos geht es nur noch über eine nicht gerade einladende Piste. Der Ort besitzt ein gutes Kafeníon, in dem man auch etwas zu essen bekommen kann.

Die Nordküste → Karte S. 162/163

Wanderung 9:
Zur Höhlenkirche Ágios Antónios und zum Potámi-Strand   → S. 234
Rundwanderung mit Badestopp

Potámi-Strand

Etwa zwei Kilometer südwestlich des Hafens von Karlóvassi, vorbei an der kleinen, futuristisch geschwungenen Kapelle *Ágios Nikoláos*, beginnt einer der besten Strände der Nordküste. Für kleine Kinder ist der etwa einen Kilometer lange Strand, eine Mischung aus Sand und Kieseln, allerdings weniger geeignet, da er recht steil ins Wasser abfällt. Im Sommer finden sich hier mehrere Tavernen sowie Liegen- und Sonnenschirmverleiher. Das Hinterland, durchzogen von jenem Flüsschen, dem der Strand seinen Namen verdankt (Potámi = Fluss), präsentiert sich dicht bewachsen, fast dschungelartig.

Hinweis für Auto- und Motorradfahrer: Am Potámi-Strand, bzw. noch ein wenig südwestlich am Ende einer Piste, endet der befahrbare Bereich – die auf manchen Karten eingezeichnete Verbindungsstraße nach Drakéi **existiert nicht**! Dafür beginnt hier eine schöne Wanderung, siehe unten.

Kühn geschwungen:
die Kapelle Ágios Nikoláos

Panagía Toú Potamíou (Metamórfosis): An der Zufahrtstraße zu den Strandparkplätzen signalisieren große Schilder die Wasserfälle von Potámi (siehe unten). Sie weisen auf einen landeinwärts führenden Fahrweg, über den man nach wenigen Fußminuten die älteste byzantinische Kirche der Insel erreicht. Der heutige Bau in Form einer eingeschriebenen, viersäuligen Kreuzkuppelkirche stammt aus dem 11. Jh., doch gehen Teile des Gebäudes noch auf einen Vorläufer des 6. Jh. zurück. Die Umgebung der „Muttergottes des Flusses" ist ein romantischer Picknickplatz.

Byzantinische Festung: Etwas oberhalb der alten Kirche liegen versteckt die Ruinen einer byzantinischen Festung, von der es heißt, sie sei durch unterirdische Gänge mit der Kirche verbunden. Der schmale, sehr steile Pfad dorthin beginnt an der Apsis und ist am leichtesten zu finden, wenn man vom kleinen Gärtchen hinter dem Gotteshaus rechts an dessen Rückseite vorbeiläuft. Außer einer Zisterne und den Grundmauern eines Turms und einer Kirche ist oben zwar wenig zu entdecken, die Aussicht ist jedoch sehr schön und die Atmosphäre besonders gegen Abend sehr reizvoll.

Potámi-Wasserfälle: Wieder unten angelangt, kann man von der Kirche noch ein ganzes Stück dem schattigen Flusstal landeinwärts folgen. Der Fußweg, der mehr-

Idyllisch besonders am Abend: byzantinisches Kastell oberhalb der alten Kirche

fach die Uferseiten wechselt, wurde zwar mit Brücken versehen, gutes Schuhwerk kann dennoch nicht schaden. Der Weg endet bei einem Wasserbecken vor einer ausgewaschenen Schlucht, an der es nur mehr schwimmend (oder je nach Wasserstand watend – ein Leser empfahl deshalb die Mitnahme von Badeschuhen) weiter geht: Trotz des sehr kalten Wassers ein tolles Erlebnis, mit ein wenig Glück sieht man Krebse und unterarmlange Aale; Vorsicht jedoch vor den Felsen im Wasser. Bald ist ein erster Wasserfall erreicht, den nicht ganz ungefährlichen Aufstieg zu den folgenden zwei Wasserfällen schaffen aber wohl höchstens geübte Kletterer.

Achtung: Dokumente und Wertsachen lässt man vorher besser im Hotel oder an einem anderen sicheren Platz – die Parkplätze am Potámi-Strand zählen nicht dazu, zumindest zur Hochsaison kam es hier gelegentlich zu Autoaufbrüchen.

Wer lieber trocken bleibt, hat die Möglichkeit, links vor der ausgewaschenen Schlucht auf einer abenteuerlichen Treppenkonstruktion den Hang hinauf zu klettern und auf der anderen Seite, hinter den auf dieser Route unsichtbaren Wasserfällen, wieder zum Flüsschen hinab zu steigen, sollte dabei jedoch mit festem Schuhwerk ausgerüstet, unbedingt trittsicher und schwindelfrei sein. Oben gibt es eine Sommertaverne namens „Archodissa" (Mobil-☎ 694 8618847), nach Aussagen ihrer Betreiber geöffnet von April bis Oktober; aber wie gesagt, der Aufstieg ist nicht ohne.

Die Nordküste → Karte S. 162/163

🚶 Wanderung 10:
Zu den Seitáni-Stränden und nach Drakéi   → S. 236
Entlegene Strände, wilde Küsten

Rückblick auf Ikaría | Kreuzfahrtschiff vor Kuşadası

Abstecher rund um Sámos

Wer längere Zeit auf Sámos unterwegs war, verspürt vielleicht trotz der Schönheit der Insel Lust auf ein Kontrastprogramm. Was läge da näher als ein Abstecher auf eine Nachbarinsel oder hinüber in die nahe Türkei?

Tagesausflüge zur türkischen Ausgrabungsstätte Ephesus zählen ebenso zu den häufig gebuchten Standards wie Schiffstouren nach Pátmos. Etwas exotischer sind Fahrten zum kleinen Archipel Foúrni. Und für Kurzreisen zur wilden Insel Ikaría sollte man schon einige Tage einplanen.

Hier nur eine kurze Darstellung der Möglichkeiten, die natürlich keinen kompletten Reiseführer über das jeweilige Gebiet ersetzen kann. Soviel jedoch gilt generell: Legen Sie Ihren Ausflug nicht auf den oder die letzten Tage Ihres Aufenthalts! Schiffsreisen in der Ägäis sind voller Unwägbarkeiten. Und wer will schon seinen Rückflug verpassen?

Türkeiausflüge

Im Sommer verkehren von Sámos-Stadt und Pythagório (Details → Kapitel Sámos-Stadt) fast täglich Ausflugsschiffe zum türkischen Hafen Kuşadası. Ein besonders günstiges Vergnügen sind diese Ausflüge nicht, der Preis für Hin- und Rückfahrt liegt inklusive Hafentaxen bei rund 50 Euro.

Kuşadası ist vor allem Ausgangspunkt für Besichtigungstouren zu der berühmten antiken Griechenstadt Ephesus beim heutigen Selçuk, das per Bus, Minibus oder Sammeltaxi (Dolmus) relativ günstig zu erreichen ist. Die meisten Besucher buchen jedoch gegen einen recht moderaten Aufpreis eine organisierte Tour. Ein Vorteil dabei ist der reibungslose Transfer nebst Erläuterungen des weitläufigen Ausgrabungsgeländes, Nachteil der fast obligatorische Aufenthalt in einem Teppichgeschäft oder ähnlichem: Die Veranstalter sind natürlich am Erlös beteiligt.

Kuşadası

Der größte Urlaubsort der türkischen Ägäisküste. Bis zu 800.000 Menschen bevölkern im Sommer das Küstenstädtchen und die angrenzenden Badebuchten. Ihren Gästen, die aus aller Herren Länder stammen, bietet die Ferienmetropole Tourismus pur: den größten Yachthafen der Ägäis, Sportmöglichkeiten en masse, reichlich Restaurants, vornehme Geschäfte und turbulentes Nachtleben. Wenn abends alle Urlauber unterwegs sind, ist ganz schön was los in Kuşadası. Ruhiger geht es zu im Gebiet um das Kastell, in dem es einige schön gelegene Cafés gibt; in der Festung selbst ist das präparierte Skelett eines 1998 an der Küste gestrandeten Finnwals zu sehen.

Information Am İskele Meydanı, dem Platz vor dem Hafen. Tägl. 8–12 u. 13.30–17.30 Uhr. ✆ 0256/6141103, www.aydinkulturturizm.gov.tr.

Verbindungen Busbahnhof zwei Kilometer außerhalb an der Straße Richtung Söke; viel regionaler und überregionaler Betrieb. **Minibusse (Dolmuş)** nach Selçuk (Ephesus) starten vom Şevki Hasırcı Meydanı nördlich des Zentrums.

Einkaufen Die ganze Innenstadt steht im Dienst des Warengeschäfts, das im Basar im Zentrum des Ortes seinen Höhepunkt erreicht. Die meisten Souvenir-Shops haben bis 24 Uhr geöffnet. Viel Neon, wenig Echtes, fast immer zu teuer.

Reiseagentur Meander Travel in der Nähe der Tourist-Info. Hier auch Sámos-Tickets. Preisbeispiele: Ephesus halber Tag 30 €, Priene-Milet-Didyma 30 €; Pamukkale 45 €. İskele Meydanı, ✆ 0256/6128888, www.tatillimani.com.

Telefonvorwahl Kuşadası 0256

Internationale Telefonvorwahl Türkei 0090, dann die 0 der Regionalvorwahl weglassen.

Übernachten efe boutique hotel, Designhotel direkt hinter der Uferstraße. 40 Zimmer im puristischen Design, mit großen Fensterfronten und Balkon zur See- und Hafenseite. Schwarz (Deluxe-Room) und Weiß (Standard) dominieren. DZ 85 €. Güvercinada Cad. 37, ✆ 0256/6143660, www.efeboutiquehotel.com.

Villa Konak, stilvolle Unterkunft im Herzen der Stadt, untergebracht in einem nachgebauten osmanischen Stadthaus. 27 Zimmer um zwei Höfe, Pool. Gemütlicher Garten, in dem zum 5-Uhr-Tee geladen wird. Kinder unter 10 Jahren sind nicht willkommen. DZ 60 € (Standard) bzw. 80 € (Deluxe). Yıldırım Cad. 55, ✆ 0256/6146318, www.villakonakhotel.com.

Anzac Golden Bed Pension, im Gassengewirr auf dem Altstadthügel. Zwölf Zimmer, einfach, aber okay, vier mit grandiosem Meerblick. Geführt von einer hilfsbereiten Australierin. Urgemütliche Aussichtsterrasse mit Topfpflanzen, auf der Haushund Takoz jaulend den Muezzin begleitet. Freier Transport nach Ephesus. DZ mit Meerblick 45 €, ohne 35 €. Arslanlar Cad. Uğurlu 1. Çıkmazı 4, ✆ 0256/614870, www.anzacgolden bed.com.

Essen & Trinken   **Ali Baba Restaurant**, gepflegtes Restaurant am Fischerhafen. Große Auswahl an Fisch und Meeresfrüchten, köstlich zubereitet, tadellos serviert und im behaglichen Ambiente verzehrt. Leicht gehobenes Preisniveau. Balıkçı Limanı.

Ferah Restaurant, nahe dem Fährhafen. Große Karte, 1a-Meze, ebenfalls hervorragender frischer Fisch. Aufmerksamer Service. Man sitzt direkt am Meer. Von Lesern sehr gelobt. Liman Cad. 10.

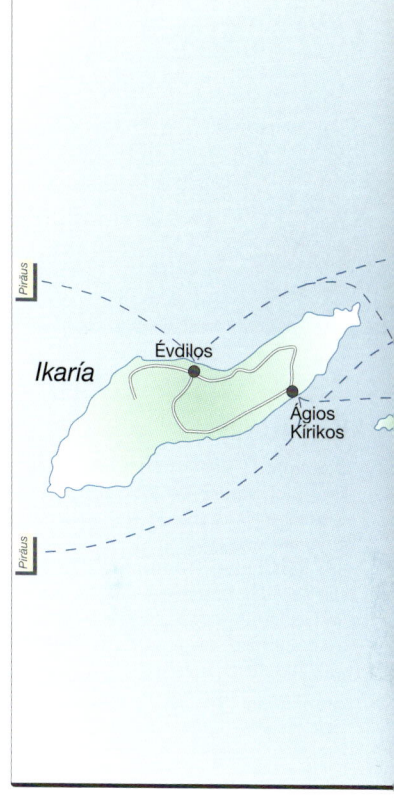

Ephesus

Ephesus war schon eine Weltstadt, als Athen noch tiefste Provinz und Rom noch nicht einmal gegründet war. In ihren besten Zeiten zählte die antike Metropole eine Viertelmillion Einwohner, für damalige Verhältnisse eine schier unvorstellbare Zahl. Ephesus war die reichste Stadt Kleinasiens, der große Hafen das Tor zu den Reichtümern Anatoliens und Persiens. Aber nicht nur auf Geldgeschäfte verstanden sich die Epheser: Ihre Stadt galt als das Zentrum der Artemisverehrung und damit als Wallfahrtsort ersten Ranges. Das *Artemision*, der riesige Artemistempel, wurde zu den Sieben Weltwundern gezählt. Doch wehe, Ruhm und Prunk sind vergänglich, auch im prachtvollen Ephesus. Der Ort verödete und der *Kaystros* mit seinen Schwemmablagerungen tat ein Übriges, um die Spuren von Glanz und Reichtum zu verwischen. Die Ausgrabungen zwischen 1866 und 1922 jedoch brachten Ephesus ans Licht zurück. Vieles ist zerstört, doch vieles auch erfreulich gut erhalten. Nirgendwo sonst in Kleinasien und nur an wenigen anderen Orten der Welt konnte eine so intakte Stadtanlage ausgegraben werden. Kommerz und Frömmigkeit, Ruinen und Wallfahrtsstätten bringen Ephesus wieder volle Kassen. In Spitzenzeiten besuchen täglich bis zu 15.000 Touristen die Ausgrabungen und viele hundert weitere den Wallfahrtsort.

Geschichte: Die älteste Ansiedlung von Lelegern und Karern geht bis in das 3. Jahrtausend v. Chr. zurück; sie liegt auf dem Zitadellenhügel von Selçuk, nordöstlich des heutigen Grabungsgeländes. Am Westhang des Hügels stand einst ein uraltes Heiligtum der anatolischen Erdgöttin Kybele. Im 11. Jh. v. Chr. fallen ionische Sied-

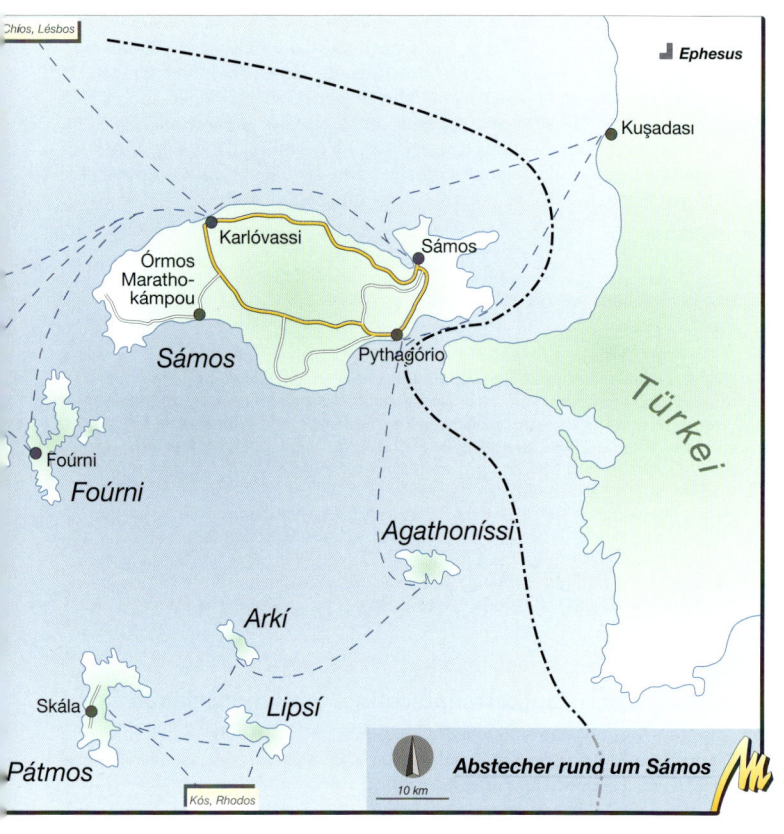

Ephesus

Kuşadası

Karlóvassi

Órmos Marathokámpou

Sámos

Sámos

Pythagório

Türkei

Foúrni

Foúrni

Agathoníssi

Arkí

Skála

Lipsí

Pátmos

Abstecher rund um Sámos

10 km

Abstecher rund um Sámos → Karte S. 190/191

ler in die Gegend ein, schließen sich mit den Ureinwohnern zum Schutz des Kybele-Heiligtums zusammen, legen eine Siedlung an und nennen sich nach ihr Epheser. Der griechische Artemiskult verschmilzt mit der archaischen Verehrung der Kybele zum eigentümlichen Kult der Artemis der Epheser.

Die Stadt entwickelt sich dank ihrer Verbindung zu mehreren wichtigen Handelsstraßen und ihres Hafens an der Mündung des Kaystros prächtig. Ephesus ist schon im 6. Jh. v. Chr. reich genug, an den Bau des riesigen Artemistempels zu gehen. Als um 550 v. Chr. der Lydier Krösus angreift, schont er den noch unfertigen Tempel und plündert nur die Stadt. Die Bewohner siedelt er in der Ebene rund um den Artemistempel an. Ohne Mauern und Truppen wird Ephesus zum Spielball von Persien, Athen und Sparta. Als Alexander 334 v. Chr. eintrifft, ist es gerade wieder persisch. Kurz zuvor, 356 v. Chr., hat Herostrates den gerade fertig gestellten Artemistempel angezündet, um seinen Namen unsterblich zu machen – was ihm bis jetzt auch gelang. Lysimachos, einer der Feldherren Alexanders und Regent von Pergamon, verlegt 296 v. Chr. das Stadtgebiet an den heutigen Standort. Er lässt einen neuen Hafen ausheben, außerdem sichert er Ephesus mit einer Schutzmauer von 9 km Länge. Um 200 v. Chr. fällt die Stadt an Pergamon, 133 v. Chr. an

Rom. Sie wird Hauptstadt der Provinz Asia und gedeiht mit etwa 250.000 Einwohnern erneut prächtig. Die meisten heute noch sichtbaren Gebäude stammen aus dieser römischen Blütezeit. 262 n. Chr. zerstören die Goten Stadt und Tempel. Der Wiederaufbau erfolgt in bescheidenem Rahmen, der Hafen versandet, andere Handelsplätze treten an die Stelle von Ephesus. Im Verlauf der Arabereinfälle wird unter Kaiser Justinian die Siedlung aufgegeben. 1866 entdeckt der Engländer J. T. Wood das *Artemision* und beginnt zu graben. Seit 1896 gräbt das Österreichische Archäologische Institut in den Trümmern des antiken Ephesus.

Öffnungszeiten: Im Sommer tägl. 8.30–18.30 Uhr, im Winter bis 17 Uhr. Eintrittsgebühr ca. 11,50 €, Hanghäuser weitere 6 € (Tickets im Grabungsgelände am Eingang zu den Häusern). Es lohnt sich, früh da zu sein, das Gros der Ausflugsbusse trifft nicht vor 9.30 Uhr ein.

> **Hinweis**: Das kostenpflichtige Grabungsgelände besitzt zwei Eingänge, einen unteren, zu erreichen über die Straße nach Pamucak/Kuşadası, und einen oberen, zu erreichen über die Straße nach Meryemana. Der obere Eingang wird zuweilen als Haupteingang bezeichnet, da viele Busgruppen ihre Tour durch Ephesus dort starten und am unteren Eingang wieder eingesammelt werden. Auch bevorzugen die Taxifahrer von Selçuk den oberen Eingang – dieser ist weiter entfernt und so lässt sich mehr verdienen (die Fahrt zum unteren Eingang ist erheblich billiger!). Die von uns beschriebene Tour durch das Ausgrabungsgelände führt jedoch in die entgegengesetzte Richtung, beginnt also am unteren Eingang, da dieser für Individualreisende (Stopp der Dolmuşe von Selçuk) einfacher zu erreichen ist.

Rundgang durch das (kostenpflichtige) Grabungsgelände

Im Abseits, etwas versteckt, stehen die Ruinen der **Marienkirche**, einer einst dreischiffigen Basilika. Man vermutet, dass sie im 4. Jh. aus einer Markthalle entstand. 431 fand darin das Dritte Ökumenische Konzil statt. Außer ein paar Mauerresten, Säulen und einem Taufbecken ist nicht mehr viel zu sehen. Wer sich davon überzeugen will, zweigt hinter dem Kassenhäuschen nach rechts auf einen schmalen Pfad ab.

Ansonsten folgt man der schattigen Allee, die vom Eingang direkt zur Arkadiane und zum Großen Theater führt. Rechts der Allee lag einst der **Verulansplatz**, ein 200 x 240 m großer, von Arkadengängen umgebener Hof, auf dem Athleten trainierten – heute sieht man davon aber so gut wie keine Spur mehr. Linker Hand tauchen nach wenigen Metern die Reste des **Theatergymnasions** auf.

Arkadiane: Die mehr als 500 m lange Prunkstraße führte vom Theater zum Hafen, heute endet sie im Dickicht. Unter Kaiser Arcadius wurde sie 400 n. Chr. renoviert und war dann auf ihrer ganzen Länge beidseitig von Säulen und Arkadenhallen umgeben, mit Marmor ausgelegt und als erste Straße der Welt nachts beleuchtet. Sie befindet sich in hervorragendem Zustand. Der Belag wurde rekonstruiert, viele Säulen wurden wieder aufgestellt. Um sie vor den Massen zu schützen, darf auf der Arkadiane allerdings nicht mehr gelustwandelt werden.

Großes Theater: Effektvoll an den Hang gebaut, bot das Theater 24.000 Zuschauern Platz. Im Sommer finden hier oft Pop- und Klassikkonzerte statt. Ursprünglich ein hellenistischer Bau aus der Zeit um 270 v. Chr., verdankt es sein heutiges Aus-

Ephesus: vor der Celsusbibliothek

sehen den Umbaumaßnahmen unter den römischen Kaisern Claudius und Trajan. Der Durchmesser des Theaters beträgt 130 m, seine Höhe 38 m, die 66 Sitzreihen sind in drei Ränge unterteilt. Vom ursprünglich dreistöckigen Bühnengebäude (18 m) stehen noch die Mauern des ersten Stockwerks, davor der Säulenwald der Orchestra. Besonders beeindruckend sind die Akustik und der Blick auf die Arkadiane bis zum verlandeten Hafen.

Marmorstraße: Die einstige Arkadenallee (ähnlich wie die Arkadiane) verläuft vom Theater bis zur Celsusbibliothek (s. u.). Ihren Namen verdankt sie dem Belag aus schweren Marmorplatten, darunter ein mannshohes Kanalisationssystem. Gleich zu Beginn der Marmorstraße gelangt man durch ein Bogentor rechter Hand auf eine Terrasse, die einen Blick auf die Untere Agora ermöglicht.

Untere Agora: Der allseitig von Kolonnaden umgebene Marktplatz liegt rechts der Marmorstraße und misst 110 x 110 m. Zur Zeit der letzten Recherche war er leider nicht zugänglich. Phantastisch erhalten ist das *Südtor* der Agora, das nach seinen Stiftern, zwei dankbaren freigelassenen Sklaven, auch *Mazeus- und Mithridatestor* genannt wird. Wen diese mochten und wen nicht, erfährt man aus der zweisprachigen Stiftungsinschrift: In der lateinischen Version erwähnen sie die römischen Herren, in der griechischen sparen sie diese aus.

Celsusbibliothek: Sie wurde 135 n. Chr. am Ende der Marmorstraße von einem gewissen C. Aquila zum Gedenken an seinen Vater Celsus, einst Statthalter der Provinz Asia, erbaut. Die zweistöckige Bibliothek hatte in der oberen Etage eine umlaufende Galerie, von der aus man in den unteren Lesesaal sehen konnte. Da die österreichischen Archäologen nicht weniger als 850 Originalbausteine fanden, gelang ihnen ab 1970 in acht Jahren Bauzeit eine vollständige Rekonstruktion der Fassade; sogar die Statuen stehen wieder an ihren ursprünglichen Plätzen. Sie verkörpern von links nach rechts Weisheit, Vortrefflichkeit, Urteilskraft und Sachverstand.

Abstecher rund um Sámos → Karte S. 190/191

Im Inneren der Bibliothek finden sich informative Schautafeln. Schriften gibt es übrigens nicht mehr: Sie wurden von den Goten zum Heizen der Thermen verwendet.

Serapeion (falls zugänglich): Hinter der Celsusbibliothek und der Agora liegen die spärlichen Tempelreste des Serapeion. Allein die Säulenvorhalle dieses Tempels aus dem 2. Jh. n. Chr. wurde von acht 14 m hohen korinthischen Säulen getragen. Das eiserne Tor zur Cella war so schwer, dass es auf Rollen lief.

Kuretenstraße: Von der Celsusbibliothek führt die Kuretenstraße zur oberen Agora (s. u.). Arkaden säumten sie, Mosaike glänzten vor den angrenzenden öffentlichen Bauten. Unter der Straße befand sich ein Kanalisationssystem. Gleich zu Beginn linker Hand glaubten Archäologen lange Zeit, ein *Bordell* entdeckt zu haben, da hier eine Figur des Gottes Priapos (ausgestattet mit einem üppig proportionierten Penis) sowie das Bild einer abgetakelten Matrone gefunden wurden. Gegenüber befinden sich drei *Grabbauten*, das sog. *Oktogon* zieren Inschriften. Dahinter markiert ein futuristisches Schutzdach die sog. Hanghäuser.

Hanghäuser: Die Hanghäuser wurden in einer mehrjährigen Grabungskampagne freigelegt, in deren Verlauf erstaunlich gut erhaltene Fresken und Mosaikböden gefunden wurden. Noch immer sind Restauratoren am Werk. Ein Besuch schlägt extra zu Buche, ist aber spektakulär. Und da die Hanghäuser von den meisten Reisegruppen ausgespart werden, kann man sich in aller Ruhe umsehen. Der Rundgang vermittelt hautnah, wie sich in der Antike die Oberen Zehntausend ihre Anwesen einrichteten, Fußbodenheizung, Thermalbad und fließendes Wasser inklusive. Ein Muss!

Hadrianstempel und Thermen der Scholastikia (auch: **Variusthermen**): Weiter entlang der Kuretenstraße folgt linker Hand der imposante, weitgehend rekonstruierte Hadrianstempel (130 n. Chr.). Den Schlussstein des Architravs ziert die Göttin Tyche, sie stand für das Glück der Stadt. Ein Fries stellt die Legende von der Gründung der Stadt dar. Daneben befinden sich die Ruinen einer mehrgeschossigen Badeanlage, die zu Beginn des 2. Jh. von Varius Valens errichtet und 200 Jahre später auf Kosten der Christin Scholastikia renoviert wurde. Die Thermen boten bis zu 1000 Besuchern Platz, es gab auch eine Bibliothek und Vergnügungsräume. Die Statue der Mäzenin ist bis auf den Kopf erhalten. Von den Thermen konnte man durch Glasfenster das Treiben auf der Straße beobachten. Auf der gegenüberliegenden Straßenseite befanden sich noble „Boutiquen", die sich vor ihrem Eingangsbereich prächtige Mosaike legen ließen.

Trajansbrunnen und Heraklestor: Ein paar Schritte weiter, ebenfalls linker Hand an der Kuretenstraße, steht der skelettartige wiedererrichtete Trajansbrunnen, ein einst prächtiges Nymphäum, das 114 n. Chr. Kaiser Trajan gewidmet wurde. In den Nischen standen zwölf Statuen und eine große des Kaisers darüber, ein Fuß erinnert noch an ihn. 50 m weiter bergauf passierte man früher einen Triumphbogen. Da Herakles dessen Seitenpfeiler ziert, wird er auch „Heraklestor" genannt. Heute fehlen allerdings die oberen horizontalen Abschlusssteine.

Memmiusmonument (auch: **Hydreion**): Wieder ein paar Schritte weiter bergauf steht linker Hand das Memmiusmonument, das später in einen Springbrunnen verwandelt wurde. Es war Gaius Memmius gewidmet, einem Enkel des römischen Feldherrn und Diktators Sulla, der die Stadt 84 v. Chr. zur Strafe für die Ephesische Vesper gebrandschatzt hatte.

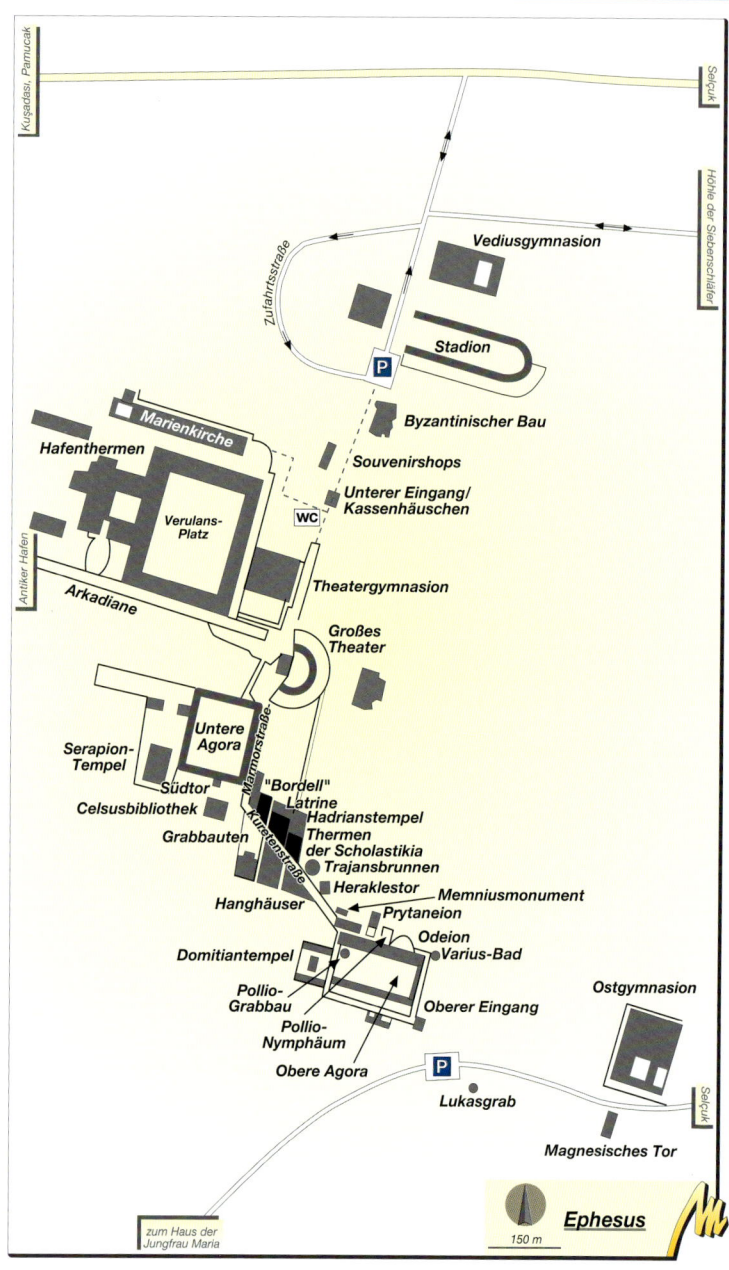

Abstecher rund um Sámos → Karte S. 190/191

Kuşadası, Pamucak

Selçuk

Höhle der Siebenschläfer

Vediusgymnasion

Zufahrtsstraße

Stadion

P

Marienkirche

Hafenthermen

Byzantinischer Bau

Souvenirshops

Verulans-Platz

Unterer Eingang/
Kassenhäuschen

WC

Antiker Hafen

Arkadiane

Theatergymnasion

Großes
Theater

Untere
Agora

Marmorstraße

Serapion-
Tempel

Südtor

"Bordell"

Celsusbibliothek

Latrine

Hadrianstempel

Kuretenstraße

Grabbauten

Thermen
der Scholastika

Trajansbrunnen

Heraklestor

Memniusmonument

Hanghäuser

Prytaneion

Domitiantempel

Odeion

Varius-Bad

Pollio-
Grabbau

Ostgymnasion

Oberer Eingang

Pollio-
Nymphäum

Obere Agora

P

Lukasgrab

Selçuk

Magnesisches Tor

zum Haus der
Jungfrau Maria

Ephesus

150 m

Domitiantempel: Vorbei am *Pollio-Grabbau* (Sextilius Pollio war ein weiterer Mäzen der Stadt) und dem *Domitian-Nymphäum,* das einst wie der Trajansbrunnen reich mit Statuen geschmückt war, gelangt man zum mächtigen Unterbau des Domitiantempels. In ihm fanden Archäologen das Haupt einer Monumentalstatue des im Jahre 96 ermordeten Kaisers Domitian (heute im Museum von Selçuk zu sehen). In die Geschichte ging er als Christenhasser ein. Er war es übrigens auch, der den Limes anlegen ließ. Im Unterbau ist eine Inschriftensammlung aufbewahrt, in welcher dem lateinischen Originaltext jeder gefundenen Steinplatte die englische Übersetzung gegenübergestellt wird. Seit Jahren jedoch ist die Sammlung der Öffentlichkeit nicht mehr zugänglich.

Obere Agora, Prytaneion und „Odeion": Der 160 x 58 m große Platz war der politische Mittelpunkt der Stadt. Etwas nördlich davon stand das Prytaneion, ein Versammlungshaus. Hier brannte das ewige Feuer der Stadt, von Kureten (Priestern) und Vestalinnen (priesterliche Jungfrauen) gehütet. In diesem Gebäude fand man die überlebensgroße Artemisstatue, die heute im Archäologischen Museum von Selçuk steht. Durch einen Bogengang geht es hinüber zu einem Bau, der vermutlich das Bouleuterion beherbergte, das Rathaus. Seiner Form nach wird es „Odeion" genannt. Die Sitzreihen sind ausgezeichnet erhalten, auf 27 Rängen konnten etwa 1400 Zuschauer die Ratsversammlungen verfolgen. Zwischen Rathaus und Oberer Agora stehen die Säulenstümpfe der 160 m langen, nach ihren eigenartigen Kapitellen benannten *Stierkopfhalle.*

Außerhalb des (kostenpflichtigen) Grabungsgeländes

Was rund um Ephesus keinen Eintritt kostet, lohnt auch nicht unbedingt den Besuch. Hinter dem oberen Ausgang des Grabungsgeländes liegt rechter Hand der Straße das **Lukasgrab**, das Rundmausoleum eines unbekannten Toten aus dem 1. Jh., das in christlicher Zeit zu einer Kirche umfunktioniert wurde. Eine Zeit lang glaubte man, der Evangelist Lukas sei hier bestattet worden. Etwas weiter steht das **Magnesische Tor**, nordwestlich davon die spärlichen Überreste des **Ostgymnasions**, das nach den hier gefundenen Mädchenstatuen auch Mädchengymnasion genannt wird.

Nahe dem Parkplatz vor dem unteren Eingang stehen die Ruinen eines **byzantinischen Baus**, vermutlich ein Palast oder eine Bäderanlage, insgesamt wenig spannend. Auf dem Hügel über dem Parkplatz lag zudem das unter Kaiser Nero erbaute **Stadion** mit der klassischen Länge von 192 m. Erhalten ist nur noch ein monumentales Eingangstor. Alle Steintribünen wurden abgetragen und zum Bau des Kastells auf dem Zitadellenhügel verwendet. 100 m weiter, östlich der Zufahrtsstraße zum Grabungsgelände, befinden sich zudem die von einem Zaun umgebenen Trümmer des **Vediusgymnasions**, gestiftet von Publius Vedius Antonius, einem reichen Bürger der Stadt. Es besaß u. a. ein Bad mit Fußbodenheizung.

Höhle der Siebenschläfer: Von den Zufahrtsstraßen zum oberen und unteren Eingang mit „Grotto of the Seven Sleepers" ausgeschildert. Während der Christenverfolgungen sollen sich sieben Jünglinge in diese Höhle geflüchtet haben. Römische Soldaten, die dies bemerkten, vermauerten den Eingang. Darauf versanken die Flüchtlinge in einen 200 Jahre währenden Schlaf. Als sie durch ein Erdbeben erwachten, war das Christentum längst Staatsreligion geworden, die Verfolgungen Vergangenheit. Kaiser Theodosius II. soll später die Leichname der Jünglinge hier beigesetzt und darüber eine Wallfahrtskirche errichtet haben. Das (schmucklose) Kirchenschiff ist noch deutlich zu erkennen, auch sind Gräber auszumachen. Das Gelände ist umzäunt, aber einsehbar.

Artemision: Das einst so berühmte Artemision liegt auf halbem Weg an der Straße von Ephesus nach Selçuk. Antipatros notiert in seiner Abhandlung über die Sieben Weltwunder der Antike hingerissen: „Doch als ich dann endlich den Tempel der Artemis erblickte, der in die Wolken sich hebt, verblasste das andere. Ich sagte: Hat Helios' Auge außer dem hohen Olymp je etwas Gleiches gesehen?" Heute sieht Helios, der Sonnengott, zwar immer noch den Olymp, aber anstatt auf das Artemision blickt er nur noch auf eine kümmerliche Ruine. Von den einstigen 127 Säulen des ehemals fußballplatzgroßen Tempels ragt nur noch eine einzige aus dem sumpfigen Morast einsam in den Himmel. Wer sie besichtigen will, hält auf halbem Weg an der Straße von Selçuk nach Ephesus (unterer Eingang, also Richtung Kuşadası/Pamucak) rechter Hand Ausschau.

Das Gelände ist tagsüber frei zugänglich. Kein Eintritt.

Selçuk

Die Nachfolgesiedlung der antiken Weltstadt Ephesus zehrt von ihrer Vergangenheit. Heute ist das freundliche Landstädtchen, gekrönt von der byzantinischen Zitadelle auf dem Hügel, ein angenehmer Stützpunkt für nichtorganisierte Ephesusbesucher, zumal der Ort auch über ein herausragendes Archäologisches Museum verfügt.

Von und nach Ephesus: Drei Kilometer oder 40 Gehminuten trennen Selçuk vom unteren Eingang von Ephesus. Dafür folgt man von der Kreuzung beim Busbahnhof, an welcher auch die Tourist Information liegt, dem Dr. Sabri Yayla Bul., der Straße nach Pamucak/Kuşadası. Parallel dazu verläuft ein schattiger Gehweg. Nach 2 km geht es links ab, nach weiteren 350 m einfach geradeaus entgegen der Einbahnstraße weiter (kürzer!). Alle 20 Min. verkehren auch **Minibusse** vom zentralen Busbahnhof zum unteren Eingang. **Taxi** zum oberen Eingang einfach ca. 6,50 € (zum unteren Eingang ca. 4 €). Manche Unterkünfte offerieren auch einen kostenlosen **Transferservice**.

Information Gegenüber dem Museum. Auskünfte in Englisch und Deutsch. Mai–Sept. tägl. 8.30–17.30 Uhr, sonst nur Mo–Fr. Efes Müzesi Karşısı 23, ☏ 0232/8926328, www.selcuk.bel.tr.

Verbindungen Busse und Minibusse (Dolmuş) fahren recht häufig vom Busbahnhof nach Kuşadası.

Einkaufen Verglichen mit Kuşadası kochen Selçuks Souvenirhändler auf Sparflamme. Dazu sind ihre Waren, bevorzugt Teppiche, billiger als im Kreuzfahrerhafen. Samstag großer Wochenmarkt nahe dem Busbahnhof.

Telefonvorwahl 0232.

Übernachten Hotel Nilya, liebevoll ausgestattete Zimmer um einen schattigen Hof. Von der Veranda der zweiten Etage schöner Blick – reservieren sie ein Zimmer oben! Überaus angenehme Atmosphäre. Etwas versteckt gelegen, von der Johannesbasilika zuletzt nur noch mäßig ausgeschildert, notfalls nachfragen. Von Lesern sehr gelobt. DZ 85–106 €. 1051 Sok. 7, ☏ 0232/8929081, www.nilya.com.

Hotel Akay, gepflegtes Haus bei der İsa-Bey-Moschee. 24 Zimmer auf zwei Gebäude verteilt, 16 davon um einen kleinen Innenhof gruppiert, darüber ein gutes Dachrestaurant (preisliche Mittelklasse). Die anderen acht Zimmer in einem auf alt gemachten Neubau sind stilvoller. Pool, von Lesern hoch gelobt. Die hilfsbereiten Besitzer Bekir und Yılmaz Akay sprechen Deutsch. DZ 35–60 €. Serin Sok. 3, ☏ 0232/8923009, www.hotelakay.com.

Barim Pension, in Museumsnähe, ein altes Haus aus dem 18. Jh. Zwölf einfache, charmante Zimmer, mit etwas anatolischer

Abstecher rund um Sámos → Karte S. 190/191

Folklore aufgepeppt und im Winter beheizt, gruppieren sich um den reich bepflanzten Innenhof. Entspannte internationale Atmosphäre. DZ 30 €. Turgutreis Sok. 34, ✆ 0232/8926923.

Essen & Trinken Okumuş Mercan Restaurant, bei der Post. Achten Sie auf das „Mercan" im Namen, denn „Okumuş" nennen sich viele Restaurants. Einfaches Lokal, freundlich und sehr gut. Reichhaltige Auswahl an Meze und Kebabs.

Eski Ev, das „Alte Haus", ein kleines Lokal mit gemütlichem Innenhof in der 1005 Sok. 1/A, einer Seitenstraße der Cengiz Topel Cad. Meze, Fisch, Gegrilltes, auch Frühstück.

Archäologisches Museum: Eines der besten in der Türkei, in themenbezogenen Sälen wird eine Auswahl der schönsten Funde des Grabungsgeländes aufbewahrt. Erster Höhepunkt ist der *Saal der Funde aus den Hanghäusern*, darunter ausgezeichnet erhaltener Krimskrams aus römischen Upperclass-Haushalten. Im *Saal der Monumentalbrunnen* fällt vor allem die Figurengruppe Polyphem und Odysseus auf (Pollio-Brunnen). Der *Saal der Grabobjekte* widmet sich der antiken Sterbekultur. Schönster Saal ist der *Artemissaal*: Neben einer Artemis ohne Kopf und den Fragmenten eines Pferdes werden stimmungsvoll zwei römische Marmorkopien des uralten Artemiskultbildes präsentiert. Das Brustgehänge der Artemis ist ein Fruchtbarkeitssymbol, wobei sich die Experten nicht einig sind, ob es Stierhoden, Brüste oder Eier darstellen soll.

Artemis von Ephesus

Im Zentrum von Selçuk schräg gegenüber der Tourist Information. Zum Zeitpunkt der letzten Recherche war das Museum wegen Modernisierungsarbeiten geschlossen, eine Wiedereröffnung für 2015 angekündigt. Voraussichtliche Öffnungszeiten im Sommer tägl. 8.30–19 Uhr, im Winter bis 17 Uhr (dann evtl. Mo geschlossen).

Johannesbasilika: Die Basilika auf dem Ayasoluk-Hügel zählte mit 110 m Länge und 40 m Breite zu den größten byzantinischen Kirchen. Kaiser Justinian ließ sie im 6. Jh. über dem angeblichen Grab des Apostel Johannes errichten. Um 1330 wurde sie in eine Moschee umgewandelt, später in eine Markthalle, bevor sie einem Erdbeben zum Opfer fiel. Bei einer Teilrenovierung wurden einige schöne Säulen und ein Abschnitt der südlichen Langhausarkade wieder aufgerichtet. Der Zugang erfolgt durch ein wehrhaftes Tor, aus antikem Baumaterial hochgezogen und wegen seines Reliefs über dem Torbogen *Tor der Verfolgung* genannt.
Im Sommer tägl. 8–18.30 Uhr, im Winter bis 17 Uhr, ca. 4 €. Mit „St. Jean" ausgeschildert.

İsa-Bey-Moschee: 1375 unter dem seldschukischen Sultan İsa Bey I. am Südwesthang des Zitadellenhügels errichtet, vertritt die Moschee architektonisch den syrischen Typ, der in der Türkei selten vorkommt. Besonders bemerkenswert die Granitsäulen, die die Kuppeln tragen (aus den Hafenthermen von Ephesus), der marmorne Mimber und das wunderbare Stalaktitenportal. Von den ursprünglich zwei Minaretten ist nur noch eines erhalten.

Wohn- und Sterbehaus der Jungfrau Maria (Meryemana): Mitte des 19. Jh. wurden Aufzeichnungen der deutschen Nonne Katharina Emmerich (1774–1824) veröffentlicht, die Lage und Aussehen des Wohn- und Sterbehauses der Maria genau beschrieben, obwohl sie nachweislich niemals dort gewesen sein konnte. Auf Grund ihrer Beschreibung entdeckten 1891 Lazaristen aus İzmir auf dem *Aladaǧ*, 7 km südlich von Selçuk, das Marienhaus, das schon einmal eine Pilgerstätte gewesen war. Sie können von der Angelegenheit halten, was Sie möchten, heute ist das Marienhaus in *Panayu Kapulu* Ziel von gläubigen Marienpilgern aus aller Welt und beliebtes Ausflugsziel für Neugierige.

Anfahrt Vom Ortszentrum von Selçuk die Straße nach Aydın nehmen, nach etwa 2 km rechts ab (mit „Meryemana" ausgeschildert), von dort noch ca. 7 km. Tolle Panoramastraße! Keine Dolmuşverbindungen, Taxi ca. 26 € hin/zurück.

Öffnungszeiten Tägl. 8–18 Uhr, im Winter bis 16.30 Uhr. Eintrittsgebühr für den „Meryemana-Kulturpark" etwa 6,50 €.

Pátmos

Die „Insel der Apokalypse", rund 45 Kilometer südwestlich von Pythagório gelegen, zählt zu den beliebtesten Ausflugszielen ab Sámos.

Pátmos gilt als eine der schönsten Inseln der Dodékanes-Gruppe und glänzt mit reizvollen Stränden, versteckten Buchten, gemütlichen Tavernen und hübschen Gassen. An der Wespentaille der Insel liegt an einer tiefen Bucht der angenehme Hafenort *Skála*. Hoch über ihm thront die nachts beleuchtete Altstadt *Chóra* mit dem berühmten, bereits im 11. Jh. gegründeten *Johanneskloster*. Auf Pátmos nämlich soll dem Evangelisten Johannes in einer Höhle die Apokalypse offenbart worden sein – heute weiß man jedoch, dass es sich bei dem Verfasser des letzten Buchs der Bibel um einen anderen Johannes gehandelt haben muss, der deshalb „Johannes

Freundliche Hafensiedlung: Skála

Abstecher rund um Sámos → Karte S. 190/191

der Theologe" genannt wird. Seit 1999 sind die Altstadt, das Johanneskloster und die Höhle der Apokalypse von der UNESCO als Weltkulturerbe ausgewiesen.

Tagesausflügler, darunter viele Kreuzfahrttouristen, strömen reichlich nach Pát-mos. Da die Insel keinen Flughafen besitzt, hält sich der Rummel aber letztlich doch in Grenzen. Dies gilt natürlich erst recht für den Abend, wenn Pátmos ein ganz anderes Gesicht zeigt; selbst wenn die Verkehrsverbindungen keine Über-nachtung erzwingen sollten, lohnt sie sich dennoch.

Pátmos in Kürze

Schiffsverbindungen mit Sámos: Auto-fähren von/nach Pythagório 3-mal/Wo-che, Preis 8,50 € p. P., Fahrzeit je nach Zahl der Stopps auf anderen Inseln sehr unterschiedlich, ab Pythagório bis über 4 Stunden. Daneben gibt es zur Saison 2-mal wöchentlich auch Ausflugsschiffe ab Pythagório, 35 € hin und zurück. Die Tragflügelboote („Flying Dolphins") ab Pythagório fuhren zuletzt nicht mehr, evtl. könnten aber eines Tages stattdes-sen Schnellboote eingesetzt werden. Achtung, besonders die kleineren Schif-fe schaukeln bei hohem Seegang be-trächtlich – Kleinkinder, Schwangere und Kranke sollten bei starkem Wind auf die Seereisen verzichten.

Größe: 35 km², Länge 12 km, Breite bis zu 5 km; Küstenlänge 63 km.

Bevölkerung: Gut 3000 Einwohner.

Geographie: Eigentlich besteht Pátmos aus drei Inseln, die nur durch schmale Landzungen miteinander verbunden sind. Höchste Erhebung ist mit 269 m der Profítis Ilías.

Wichtige Orte: die Hafensiedlung Ská-la; die Altstadt Chóra mit dem wuchti-gen Kloster; die Bucht Gríkos mit zahl-reichen Hotels.

Verkehrsmittel: Gutes Straßennetz, drei Buslinien. Mietfahrzeuge und Tankstelle in Skála. Ausflugsboote fahren zu Strän-den wie Psilí Ámmos.

Feste: Johannesfest am 7./8. Mai, das Hauptfest der Insel.

Skála („Hafen")

Das Hafendorf von Pátmos zeigt sich von der gemütlichen, dabei dennoch lebendi-gen Seite. Hier legen Fähren, Tragflügelboote und Ausflugsschiffe an, flaniert ein internationales Publikum durch die autofreien Gassen oder sitzt in den Cafés der Uferpromenade und lässt flanieren. Auffälligstes Gebäude ist das palastartige *Zoll-amt* mit seinem wuchtigen Turm, das während der italienischen Besatzungszeit er-richtet wurde.

Information Tourist Office, im Gebäude des Zollamts, ☎ 22470 31666. Nur zur Saison geöffnet. Was die Schiffsverbindungen be-trifft, erkundigt man sich am besten beim Hafenamt an der Anlegestelle oder bei Rei-seagenturen wie Astoria Travel an der Ha-fenpromenade, ☎ 22470 31205.

Orthodox Culture and Information Centre, gleich am Hafenausgang. Infos, Filme etc. zum Kloster, aber auch zum Rest der Insel. Die Mitarbeiter helfen auch bei weltlichen Problemen weiter. Öffnungszeiten: Mo, Di, Do und Fr 9–13 und 18–21 Uhr, Sa/Do 18–21 Uhr, Mi geschlossen. ☎ 22470 33316.

Verbindungen Bus: Abfahrt schräg ge-genüber dem Zollamt. Drei Linien führen nach Chóra, Kámpos und Gríkos, eine wei-tere von Chóra nach Gríkos. **Taxis:** Eben-falls beim Zollamt, ☎ 22470 31225, Preis nach Chóra etwa 6 €.

Mietfahrzeuge, überwiegend Scooter, sind ausreichend vorhanden und relativ preis-wert.

Baden Beim Ort nicht ratsam. Nächste Gelegenheit in der Bucht Meloi, siehe un-ten. Vormittags fahren kleine Boote vom Hafen zu den Stränden.

Übernachten Vermieter von Privatquartieren kommen bei Ankunft der Schiffe zum Fähranleger.

*** Hotel Skala, in zentraler Lage, jedoch etwas zurückversetzt und deshalb ruhig; Garten mit Pool. Vor wenigen Jahren renoviert. Zimmer nicht besonders groß, aber komfortabel und mit Balkon. Geöffnet April bis Oktober. DZ/F 65–130 €. ℘ 22470 31343, www.skalahotel.gr.

** Hotel Byzance, ein noch recht zentral südlich des Hafens gelegener, neuerer Bau mit einigem Komfort; Dachterrasse, Sauna usw. Zimmer mit viel Holz, kein Balkon. DZ mit Frühstück kosten je nach Saison etwa 50–80 €. ℘ 22470 31052, ℘ 22470 31663, www.byzancehotel.gr.

* Hotel Australis, in Richtung Kampos, noch in Fußentfernung zur Stadt; Hinweistafel beachten, da nicht direkt an der Straße. Das Umfeld beeindruckt nicht durch Schönheit, das Quartier selbst ist aber gepflegt, der Garten hübsch. Geräumige Zimmer. Freundlich geführt durch die Familie Michelis. DZ/F 50–100 €, es gibt auch Studios. ℘ 22470 31576. www.patmosaustralis.gr.

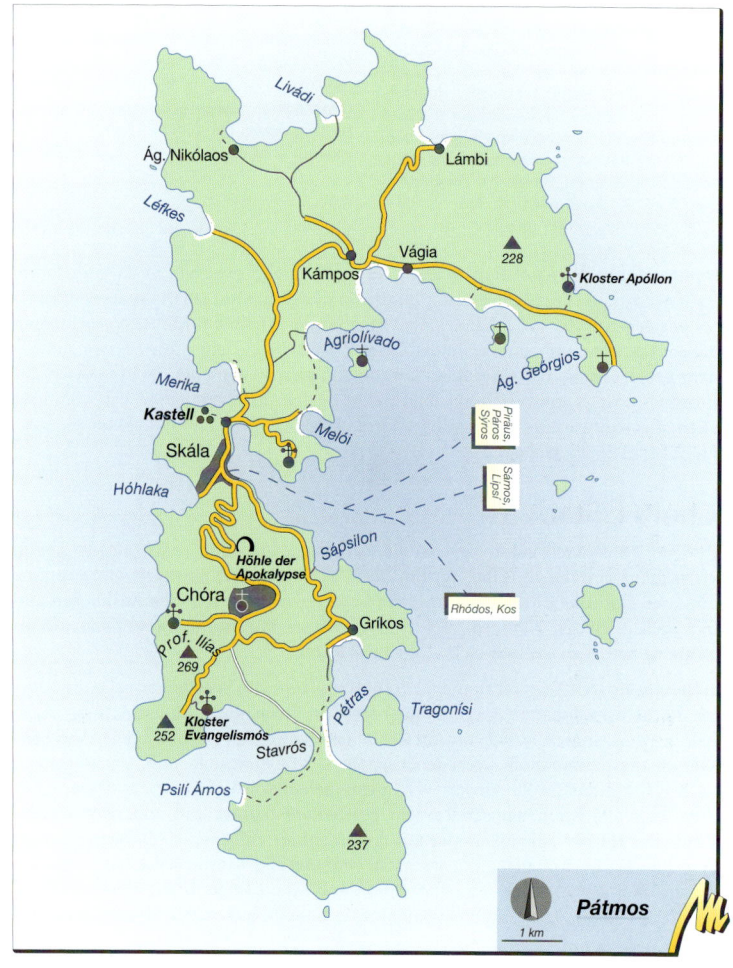

Pátmos

1 km

Abstecher rund um Sámos → Karte S. 190/191

Villa Knossos, sympathische Herberge, gleich neben dem Hotel Australis und diesem verwandtschaftlich verbunden. Zimmer mit Bad, Balkon, Klimaanlage, Kühlschrank und Wasserkocher stehen zur Verfügung. Auch hier blühen Blumen rund ums Haus. Man kann sich das Frühstück aufs Zimmer bringen lassen oder auf der Terrasse des Hotels Australis frühstücken. Zwei Personen zahlen für ein Apartment zwischen 40 und 70 €, im August etwas mehr. Studios für zwei bis drei Personen kosten zwischen 50 und 100 €. ✆ 22470 32189, www.villaknossos.com.

Sea View Apartments, auf mittlerer Höhe über dem Ortskern von Skála und nicht weit von der Heiligen Höhle der Apokalypse, mit Blick auf den Ort und die Bucht Hóhlaka. Das Haus führt die deutschgriechische Familie Vasilakis. Sehr gut ausgestattet: u. a. Balkon, Klimaanlage, Toaster, Wasserkocher und Fernseher mit deutschen Programmen. Studio für zwei Personen 40–70 €, Apartment 45–90 €. ✆ 22470 32749, www.enjoy-patmos.de.

Essen & Trinken Hiliomodhi, unweit des Hafens, an der Straße nach Chóra gelegen. Man sitzt hintern Haus, in einer kleinen Sackgasse abseits der Straße. Eine der besten Adressen – nicht nur für frischen Fisch. Die Rechnung am Ende eines schönen Abends ist angenehm niedrig für das, was die unglaublich flinken Kellner auf die Tische getragen haben.

Arion, an der Hafenpromenade. Das „In-Café" von Pátmos, hübsch dekoriert, gute Cocktails und Sandwiches.

》》 Lesertipp: Taverne Loukas, landeinwärts vom Hafen Richtung Hóhlaka-Bucht. „Kaum zu übersehen wegen der bunten Nationalfahnen vieler Länder. Flinker und kompetenter Service durch die Tochter, in der Küche ist Mama für die traditionellen griechischen Gerichte zuständig, der Papa brutzelt lieber die schmackhaften Grillspezialitäten" (Michael & Martin Schohl). 《《

Heilige Höhle der Apokalypse: Etwa auf halber Höhe zwischen Skála und Chóra, zu erreichen per Treppenweg oder Straße. In dieser Grotte, um die später ein Kloster angelegt wurde, soll Johannes die Offenbarung erhalten und niedergeschrieben haben. Im Altarraum sind Wandmalereien des 12. Jh. zu sehen, die Szenen aus seinem Leben zeigen. Eintrittsgebühr 2 €, die Öffnungszeiten entsprechen denen des Johannesklosters und wechseln häufig; am besten, man erkundigt sich vorab im Orthodox Culture and Information Centre. Achtung, die Abzweigung von der Straße ist leicht zu übersehen.

Chóra („Stadt")

Zu einer Fahrt nach Pátmos gehört ein Besuch der Altstadt, vom Hafenort knapp vier Kilometer entfernt. Tipp: per Bus hoch, zu Fuß in etwa einer Dreiviertelstunde hinunter. Der freundliche Ort glänzt mit sauberen Gassen, schönen Ausblicken und blitzweiß gekalkten Häusern, die unverkennbaren Wohlstand ausstrahlen. Höhepunkt ist natürlich ein Besuch im Johanneskloster.

Johanneskloster: Das wehrhafte, in 260 Meter Höhe die Insel beherrschende Kloster des heiligen Johannes (Ág. Ioánnis) steht an Stelle eines uralten Artemis-Tempels. Es wurde bereits 1088 von Abt Christodoulos gegründet, doch gehen Teile der Wehrmauern, Innenhöfe, Arkaden, Kapellen, Treppengänge und Dachterrassen auch erst auf das 17. Jh. zurück. Wichtigste Sehenswürdigkeit ist das *Museum*, in dem wertvolle Kirchengewänder, fein gearbeitete Ikonen und andere kirchliche Kunst der Kloster-Schatzkammer gut dokumentiert zu sehen sind. Seinen Ruf als Hort äußerst hochrangiger Kunstschätze verdankt das Kloster jedoch in erster Linie den hier ausgestellten uralten Büchern und Manuskripten, die, wie eine Handschrift des Buches Hiob, aus dem 8. Jh. und z. T. sogar aus noch früherer Zeit stam-

Wahrzeichen der Insel: das Johanneskloster

men. Sie bilden nur einen kleinen Teil der berühmten, tausende wertvoller Dokumente umfassenden Klosterbibliothek, die jedoch dem Laien nicht zugänglich ist.
Öffnungszeiten: Wechseln häufig; zuletzt tägl. 8–13.30 Uhr, Di/Do/So auch 16–18 Uhr. Ratsam, das Kloster nicht unbedingt zusammen mit einer Kreuzfahrtgruppe zu besuchen, da es dann arg eng wird. Eintrittsgebühr 4 €.

Der Inselnorden

Einzige echte Ortschaft hier ist Kámpos, ein ruhiges Dorf mit zwei Tavernen. Viel besucht ist die *Bucht von Meloi* mit einer sehr hübschen Taverne; sie ist von Skála aus leicht zu Fuß zu erreichen. Weitere empfehlenswerte Strände gibt es an der *Bucht von Agriolívado* (Tavernen), der *Bucht von Lámpi* (Tavernen) und der *Bucht von Ágios Geórgios* (Taverne) mit ihrem vorgelagerten Kircheninselchen.

Der Inselsüden

In der halbrunden, touristisch voll erschlossenen Bucht von *Gríkos* reihen sich Tavernen, Hotels und Apartmentanlagen, nach Süden hin wird es jedoch ruhiger. Über die Straße Richtung Chóra, kurz vor dem Ort dann zweimal links abzweigend, gelangt man zur Bucht von Stavros, an der für Fahrzeuge Endstation ist. Von hier führt ein Fußpfad in südwestlicher Richtung in gut einer halben Stunde zur beliebten Bucht *Psilí Ámmos* (Taverne), deren Namen „feiner Sand" man auch auf Pátmos wörtlich nehmen kann. Wer sich den Marsch sparen will, kann auch mit einem der Ausflugsboote kommen, die zur Saison gegen zehn Uhr morgens im Hafen von Skála abfahren.

Abstecher rund um Sámos → Karte S. 190/191

Foúrni

Die Schiffsverbindungen sind mäßig, die Übernachtungsmöglichkeiten spärlich. Vielleicht ist gerade seine Abgeschiedenheit das Schönste am Archipel Foúrni.

Den Besucher erwartet eine sehr meerverbundene Inselwelt, die bisher vom Tourismus weitgehend unbeeindruckt blieb, auch wenn die Besucherzahlen allmählich zunehmen. Mit etwas Initiative ist es dennoch ohne weiteres möglich, einen einsamen Strand nur für sich zu entdecken. Schwieriger kann es da schon werden, im Hochsommer eine Unterkunft aufzutreiben: Die vergleichsweise wenigen Betten sind dann meist von Emigranten auf Heimatbesuch und griechischen Urlaubsgästen belegt. Insgesamt 21 kleine Inseln und Inselchen bilden den weltentrückten Archipel, der während des Mittelalters jahrhundertelang nur von Piraten behaust war – bis heute hält man auf den Nachbarinseln die Einwohner allesamt für Nachkommen von Korsaren.

Vegetation sprießt auf Foúrni nur spärlich; Macchia und stachlige Phrygana bilden das karge Weideland für Schafe und Ziegen. Der bescheidene Ackerbau deckt kaum den Eigenbedarf. Sehr bedeutend ist dagegen der Fischfang, der die Haupteinnahmequelle der Insulaner ausmacht: Rund zweihundert Boote und Schiffe mit bis zu 50 Bruttoregistertonnen sorgen für Wohlstand. Besiedelt sind nur die Hauptinsel *Foúrni* und weiter westlich die Insel *Thymaina*. Die großen Fähren legen im Hafen des Hauptorts Foúrni an, die Versorgung des winzigen, etwa 15 Kilometer nördlich gelegenen Weilers Chrysomiliá und des kleinen Dorfes Thymaina, einzige Siedlung der gleichnamigen Insel, wird von kleineren Booten übernommen.

Foúrni in Kürze

Schiffsverbindungen mit Sámos: Achtung, auf Foúrni kann man (natürlich insbesondere zur NS) sehr leicht hängen bleiben! Die wichtigste Verbindung liefert die Lokalfähre „Panagía Theotókos", die 4-mal wöchentlich ab Karlóvassi (p. P. knapp 7 €) die Insel ansteuert; seltener stoppen auch die großen Fähren auf der Fahrt nach Ikaría/ Piräus in Foúrni. Fahrzeit ab Sámos-Stadt gut zwei Stunden, ab Karlóvassi eine Stunde.

Größe: 46 km² (Hauptinsel 30 km²); 126 km Küstenlänge!

Bevölkerung: Etwa 1500 Einwohner.

Geographie: Die Küsten von Foúrni sind ungewöhnlich stark zerklüftet, gegliedert durch eine Vielzahl kleiner Buchten und felsiger Kaps. Höchste Erhebung ist mit immerhin 514 m der Korakas („Rabe") im Norden der Hauptinsel.

Hauptort: Foúrni, gleichzeitig der Fährhafen.

Verkehrsmittel: Asphalt nur auf den Hauptstrecken, sonst vorwiegend Pisten und viele schmale Fußpfade. Keine Busse. Ein Taxi und ein (nicht immer aktiver) Mopedverleih sind vorhanden. Boote sind das wichtigste Verkehrsmittel zwischen den wenigen Ortschaften.

Feste: Marienfest am 15. August, das Hauptfest der Inseln.

Geld: Es gibt zwar einen Automaten, ein Bargeldvorrat beruhigt jedoch sehr.

Für Raucher: Zigaretten sind laut einem Leserbrief Mangelware – besser mitbringen.

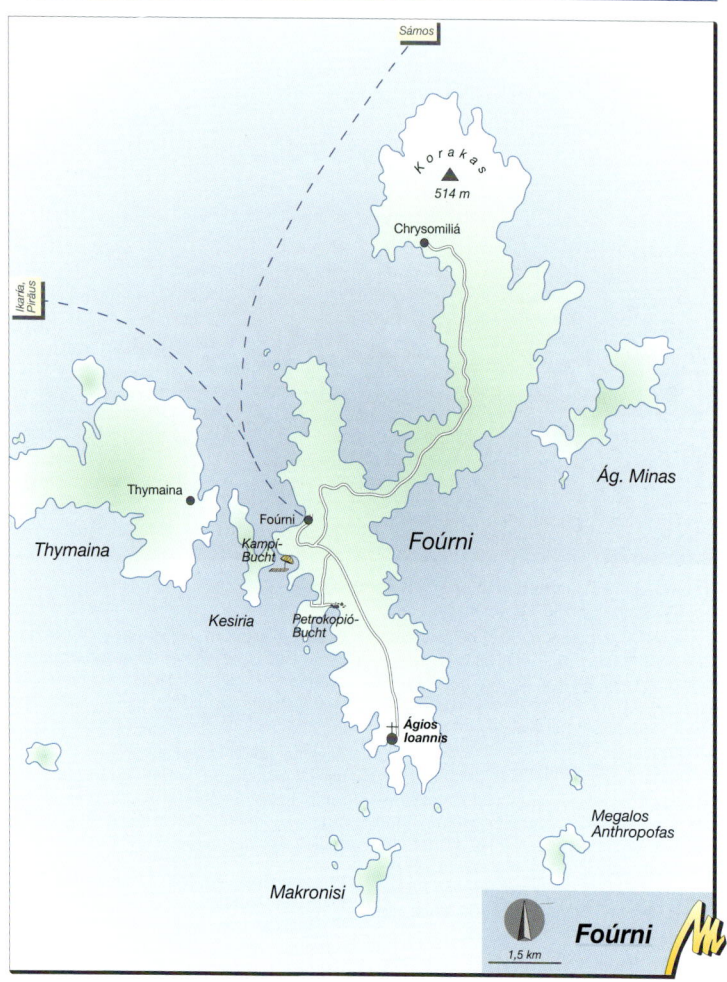

Foúrni -Ort

Der Hafen bildet das Herz des gepflegten, hübschen Ortes: Tamarisken spenden Schatten, eine Handvoll Tavernen und Kafenía lädt zur Rast mit Aussicht. Die Platía von Foúrni, von uralten Platanen beschattet, versteckt sich ein Stück landeinwärts, am Ende einer Pflastergasse, die von der Hafenstraße abzweigt und mit den wichtigsten Einrichtungen und einer Reihe von Geschäften gewissermaßen als die „Hauptstraße" des Örtchens fungiert.

Übernachten Einige einfache Pensionen und mehrere Privatvermieter verfügen zusammen über einige Dutzend Zimmer. Die Vermieter kommen bei Ankunft zur Fähre. Im Sommer werden auch bei der Kampí-Bucht einige Studios angeboten.

Abstecher rund um Sámos → Karte S. 190/191

Die hübsche „Hauptstadt" der Insel: Foúrni-Ort

*** Hotel Archipelagos, nah beim Hafen. 2008 eröffnetes Hotel, das bislang einzige seiner Art auf Foúrni. Kleine, geschmackvolle Anlage mit nur zwölf gut ausgestatteten Zimmern, alle mit Balkon und Aussicht. Ganzjährig geöffnet. DZ/F 35–85 €. ✆ 22750 51250, www.archipelagoshotel.gr.

Studios Toula, eine der besten Privatadressen vor Ort. Vom Fähranleger kommend der Uferstraße folgen, vorbei an der Abzweigung der „Hauptstraße". Gute DZ mit TV und Aircondition kosten je nach Saison und Lage (mit/ohne Meerblick) etwa 25–60 €. ✆ 22750 51114, ✆ 22750 51332.

Studios Kosta Reli, vom Hafen kommend direkt vor Toula, ein auffälliges gelb-weißes Haus. Infos auch im Café an der Kreuzung der Ufer- mit der Hafenstraße, das gleichzeitig als Fährbüro dient. Geräumige Studios je nach Saison etwa 25/30–55 €. ✆ 22750 51481.

Domátia Manolis & Patra Markakis, ein weiterer Privatvermieter mit ordentlichem Angebot, Manolis betreibt ein Kafeníon an der Uferstraße. Man kann dort auch gut frühstücken. DZ 25–35 €, Studios und Apartments in der „Patras" genannten und von Lesern gelobten Anlage („herrlich verwinkelt und grün") am Hang 35–65 €. ✆ 22750 51268, ✆ 22750 51355.

Essen & Trinken Foúrni ist eine Fischerinsel; Fischspezialitäten sind in den Hafentavernen deshalb, verglichen mit den meisten anderen ägäischen Inseln, erfreulich günstig.

Taverne Nikos, traditionsreiches Lokal an der Uferstraße, nahe der Abzweigung der Hauptgasse. Tische im Freien und im geräumigen Inneren. Keine Karte, Chef Nikos erklärt, was es jeweils gibt.

≫ Lesertipp: Taverne I Kali Kardia, „am Ende der Hauptstraße kurz nach der Platía. Topfgucken nach alter Sitte ist hier üblich. Gute Auswahl an Ofengerichten. Vor dem Lokal dreht sich der Spieß über dem Holzkohlengrill" (Anja und René Löhnert). **≪**

Café-Bar Platía, ebenda, am Ende der Hauptgasse. Ein guter Platz zum Beispiel fürs Frühstück.

Baden Die windgeschützte **Kampí-Bucht** liegt etwa eine Viertelstunde Fußweg von Foúrni entfernt, zu erreichen über den Windmühlenhügel im Südwesten des Ortes. Zwei Strände aus Sand und Kies lohnen die kleine Mühe, Tamarisken sorgen für etwas Schatten und Tavernen für das leibliche Wohl. Zur Saison Wassersportmöglichkeiten.

Ausflüge vom Hauptort aus

Chrysomiliá: Etwa fünfzehn Kilometer nördlich von Foúrni gelegen, ist das kleine Dorf entweder mit einem der im Sommer fast täglich verkehrenden Boote oder aber über die Straße zu erreichen, die mit fantastischer Aussicht hoch oberhalb der Küstenlinie entlangführt. Chrysomiliá teilt sich in das hoch am Hang gelegene Dorf und, verbunden durch einen Treppenpfad, die Sommersiedlung *Kampí* an der Küste. Hier finden sich sogar einige Kafenía, in denen es mit etwas Glück auch etwas zu essen gibt; einige Fußminuten südlich liegt ein kleiner Strand.

Petrokopió-Bucht: Knapp vier Kilometer südlich des Hauptorts gelegen und über eine Abzweigung der Asphaltstraße nach Ágios Ioánnis zu erreichen (an der Gabelung unten dann links halten); sofern es nicht gar zu heiß ist, lässt sich der allerdings schattenlose Weg auch zu Fuß zurücklegen. Das Besondere an dieser Steinbucht ist der antike Marmorsteinbruch nur wenige Meter oberhalb der Küstenlinie; bis ans Wasser verstreut liegen die halbfertigen Säulentrommeln und Sarkophage, als wären sie erst gestern dort zurückgelassen worden.

Ágios Ioánnis: Die winzige, nur im Sommer bewohnte Häuseransammlung erstreckt sich im Süden der Insel um eine Kirche, die mit Quelle und schattigen Bäumen zur Rast lädt. Eine Bucht weiter südlich wartet ein kleiner, einsamer Strand. Zu erreichen ist der Heilige Johannes in etwa eineinhalb Stunden über ein Asphaltsträßchen; im Sommer gibt es gelegentlich auch Bootsausflüge hierher.

Thymaina: Was über die Weltabgeschiedenheit von Foúrni gesagt wurde, trifft auf Thymaina noch verstärkt zu. Die etwa zehn Quadratkilometer große, aber immerhin bis auf fast 500 Meter Höhe aufragende Insel beherbergt nur ein einziges Dorf gleichen Namens. Von Foúrni aus besteht bei normaler Wetterlage tägliche Bootsverbindung. Übernachtungsmöglichkeiten gibt es bislang höchstens bei Privat, und die Kafenía sind nicht immer auf hungrige Besucher eingerichtet.

Ikaría

Eine wilde, schroffe, auf den ersten Blick sehr abweisende, bei näherer Bekanntschaft aber ungemein reizvolle Insel. Lange Jahre kannte Ikaría kaum Tourismus. Der Flughafen hat diese Situation nur wenig geändert.

Wer Ikaría als Abstecher von Sámos aus besuchen will, sollte schon ein paar Tage Zeit mitbringen. Zum einen ist Ikaría immerhin etwa halb so groß wie Sámos und aufgrund des bergigen Profils zeitraubend zu bereisen; zum anderen offenbart die Insel ihre landschaftlichen Reize erst bei näherer Bekanntschaft. Der über 1000 m hohe Gebirgszug des Oros Atheras durchzieht das schmale Eiland fast auf voller Länge und stürzt nach Süden steil ins Meer ab. Tiefe Schluchten und Risse durchschneiden den steinernen Wall, an dessen Höhen sich kaum ein Busch klammert. Ausgedehnte Wälder bedecken die Hänge der nördlichen Küste, an der sich auch die schönsten Strände befinden. Hier liegen auch die bescheidenen Fremdenverkehrszentren *Évdilos*, *Gialiskari*, *Armenistís* und *Nás*. Die Inselhauptstadt *Ágios Kírikos* bleibt für die meisten Reisenden höchstens Durchgangsstation.

Ágios Kírikos

Eine genügsame kleine Hauptstadt von unaufdringlichem Charme. Auf dem zum Meer geöffneten Hauptplatz und in den angrenzenden, überwiegend sehr traditio-

Abstecher rund um Sámos → Karte S. 190/191

nellen Kafenía trifft sich abends die halbe Einwohnerschaft zum Schwatz. Fremde lassen sich zumindest in der Nebensaison an den Fingern abzählen, denn Sehenswürdigkeiten fehlen ebenso wie gute Strände.

Information In den Agenturen **Icariada-Travel** (☎ 22750 23322, www.ikariada.gr) und **Dolichi-Tours** (☎ 22750 23230). Dort auch Tickets, Auto- und Zweiradverleih, Zimmerreservierung sowie Vermittlung von Taxifahrten.

Verbindungen Bus: Die Linie Ágios Kírikos–Évdilos–Armenistís wird offiziell je nach Saison 1- bis 2-mal täglich bedient.

Baden Nicht überwältigend. Richtung Thérma einzelne kleine Kiesbuchten; im Südwesten, Richtung Thérma Lefkádas, entlang der Küstenstraße einige Kies- und Kieselstrände.

Übernachten Pension Maria Elena, inseleinwärts im Gebiet oberhalb des Hafens; die Straße in der Verlängerung des großen Fährenlegers hinauf, dann links, beschildert. Ordentliche Pension in ruhiger Lage, sauber, alle Zimmer mit Balkon und Klimaanlage. DZ etwa 40–50 €, auch Studios. ☎ 22750 22835, www.mariaelena.gr.

Essen & Trinken Café Estiatórion Sto Tsouri, direkt am Hauptplatz. Solide Hausmannskost; die Portionen fallen meist mehr als üppig aus, das Preisniveau ist dafür leicht gehoben.

Taverne I Klimataria, im Gassengewirr hinter dem Hauptplatz. Tische und Stühle vor blau-weiß bemalten Mauern, überschattet von einem Dach aus Weinblättern; nette Atmosphäre, günstige Preise.

Ikaría in Kürze

Schiffsverbindungen mit Sámos: Tagesausflüge, so überhaupt möglich, lohnen sich nicht. Achtung, auf Ikaría kann man fast ebenso leicht hängen bleiben wie auf Foúrni! 4-mal wöchentlich pendelt die Lokalfähre „Panagía Theotókos" zwischen Karlóvassi, Foúrni und Ágios Kírikos; Fahrpreis ab Karlóvassi etwa 8 €. Weiterhin verkehren 2- bis 3-mal wöchentlich Autofähren der Piräus-Route von/nach Sámos-Stadt (p. P. ca. 12 €) und Karlóvassi; auf Ikaría angefahren werden dabei entweder Ágios Kírikos oder Évdilos (für die Nordküste günstiger), Fahrzeit 1,5–3 Std. Leider liegen die Abfahrtszeiten oft ungünstig tief in der Nacht.

Internet-Info: http://news.ikaria.ch, eine informative private Seite.

Größe: 255 km^2, Länge 40 km, größte Breite 9 km, Küstenlänge 102 km.

Bevölkerung: Etwa 8000 Einwohner.

Geographie: Der Gebirgszug Atheras durchzieht fast ganz Ikaría. Höchste Erhebungen sind Fardi (1037 m) im Osten und Melissa (1033 m) im Südwesten.

Wichtige Orte: Ágios Kírikos, die Hauptstadt; Évdilos, Fährhafen der Nordküste; Armenistís, wichtigster Ferienort.

Verkehrsmittel: Die Hauptstraße von Ag. Kírikos über Karavóstamo und Évdilos bis Armenistís und Nás ist asphaltiert, ebenso die Nebenstraße via Südküste nach Évdilos; viele andere Straßen sind jedoch unbefestigt. Der Busverkehr auf der Hauptroute funktioniert zwar spärlich, in der Regel aber immerhin etwas zuverlässiger als noch vor einigen Jahren. Mietfahrzeuge gibt es in Ágios Kírikos, Évdilos, Gialiskari und Armenistís, beste Wahl sind Jeeps bzw. Enduros. Ortsschilder sind oft nur in griechischer Schrift. Das Tankstellennetz ist eher dünn, immer auf den Spritvorrat achten. Entfernungen ab Ag. Kírikos: Évdilos 41 km, Armenistís 58 km.

Geld: Geldautomaten sind eher rar, ein gewisser Vorrat Bargeld ist nützlich.

Veranstaltungen: Icarus Festival, eine 2006 ins Leben gerufene Veranstaltungsreihe, die sich den „Dialog zwischen den Kulturen" auf die Fahnen geschrieben hat. Musik, Theater und Film, etwa in der Zeit zwischen Mitte/Ende Juli und Anfang/Mitte/ August.

Thérma: Der Kurort, dessen heiße und radioaktive Quellen bereits in der Antike genutzt wurden, liegt an der Mündung eines engen Flusstals, etwa zwei Kilometer

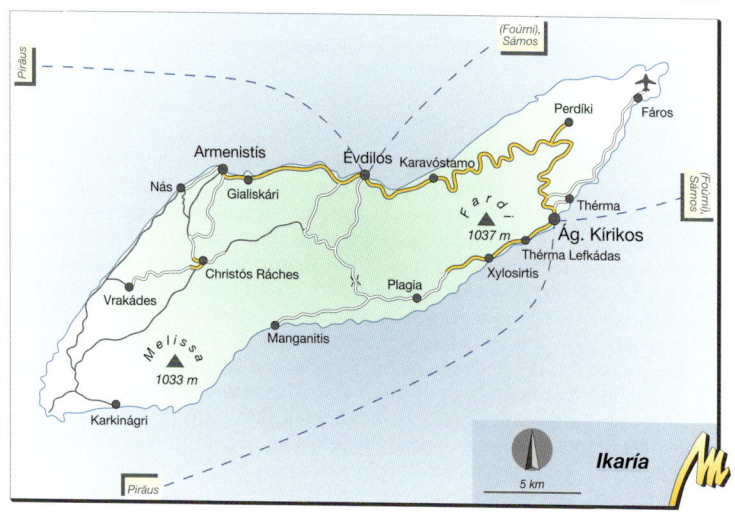

nordöstlich von Ágios Kírikos. Mit eleganter Kurbad-Atmosphäre kann Thérma nicht gerade aufwarten, die Gäste, vor allem ältere Griechen, lassen sich's dennoch wohl sein. Die Badeanlagen (Saison nur im Sommer) sind schlicht.

Von Ágios Kírikos nach Armenistís

Évdilos: Die Fahrt von der Hauptstadt nach Évdilos führt über eine grandiose Strecke mit fantastischen Panoramen. Der Fährhafen selbst ist mit ganzen 500 Einwohnern zwar die zweitgrößte Siedlung der Insel, dabei aber doch eher Dorf denn Städtchen, obwohl alle wichtigen Einrichtungen vorhanden sind. Westlich von Évdilos liegen die Strandparadiese der Insel.

Baden Ein kleiner Kiesstrand liegt östlich des Hafens. Schöner ist die drei Kilometer westlich gelegene Strandbucht von Kámpos (Sand und Kies).

Übernachten ** Hotel Atheras, in prima Lage im Ort, nur etwa 200 Meter vom Hafen. Hübsche Zimmer, gut in Schuss gehalten, mit Klimaanlage und Kühlschrank. Kleiner Meerwasserpool. Freundliches Personal. Nur zur Saison geöffnet. DZ etwa 50–70 €. ✆ 22750 31434, www.atherashotel.gr.

Übernachten außerhalb Pension Dionysos, im drei Kilometer entfernten Dorf Kámpos. Von Évdilos kommend im ersten Minimarkt rechter Hand fragen oder in der nächsten Linkskurve dem beschilderten Betonweg nach rechts folgen. Internationale Traveller-Atmosphäre; der stets gut aufgelegte, englischsprachige Eigentümer und Inselkenner Vassilis unternimmt viel mit seinen Gästen. Ganzjährig geöffnet. DZ/Bad je nach Saison und Größe etwa 20–60 €. ✆ 22750 31300, www.ikaria-dionysosrooms.com.

Essen & Trinken ⟩⟩⟩ Lesertipp: Taverne Koralli, eine der recht raren Möglichkeiten vor Ort. „Auf der westlichen Hafenseite, gut und preiswert" (Dieter Gruber). Weitere Möglichkeiten sind beispielsweise das ebenfalls am Hafen gelegene Café Rififi und die Pizzeria Artemis. ⟨⟨⟨

Gialiskári: Ein winziger Küstenweiler, westlich angrenzend, reihen sich bis nach Armenistís die besten Strände der Insel. Wohl deshalb haben sich gleich mehrere, teilweise hübsch zum Meer gelegene Tavernen etabliert, bieten Privatvermieter und

im Sommer sogar ein kleiner Fahrzeugverleih ihre Dienste an. Die reizvoll am Meer gelegene Kirche zählt zu den beliebtesten Fotomotiven der Insel.

Abgestürzt

Ikaría, so will es die Sage, trägt seinen Namen nach dem Jüngling Ikaros, der hier begraben wurde. Hätte er nur auf seinen Vater Dädalos gehört … Dädalos ist die eigentliche Hauptperson des Mythos, ein technisches Universalgenie. In Diensten des Kreterkönigs Minos geriet er mit diesem aneinander, als er mit einem Trick der königlichen Gattin die reichlich kuriose Vereinigung mit einem Stier ermöglichte. Da half es nichts, dass Dädalos das monströse Ergebnis dieser Liebesnacht, den Minotauros, in Schach hielt, indem er das berühmte Labyrinth als Gefängnis konstruierte – der König blieb verärgert und sperrte Dädalos in dessen eigene Erfindung. Nicht genug, den trickreichen Genius zu halten. Zusammen mit Ikaros bastelte er sich Flügel aus Federn und Bienenwachs, ermahnte seinen Sohn aber, nicht zu hoch zu fliegen. Der folgte zunächst auch dem väterlichen Rat, wurde dann aber doch in jugendlicher Begeisterung vom Höhenrausch gepackt. Es kam, wie es kommen musste: Die Sonne schmolz das Wachs, Ikaros stürzte ab und fand den Tod. Sein Vater begrub ihn auf der nächstliegenden Insel, die fortan den Namen des allzu kühnen Fliegers tragen sollte – Ikaría.

Armenistís

Wer sich länger auf Ikaría aufhält, landet irgendwann in dem sympathischen kleinen Hafendorf – und bleibt. Jahr für Jahr nehmen die Besucherzahlen zu, die Bautätigkeit leider auch. Noch hat der Pauschaltourismus jedoch nicht Fuß gefasst, bilden fast nur Individualreisende das bunt gemischte Publikum. Abends treffen sich Urlauber wie Einheimische auf der lauschigen Tavernenterrasse über dem Meer; der Tag gehört dem Strandleben und Erkundungen der reizvollen Umgebung.

Information Dolichi-Tours, Filiale des Büros in Ágios Kírikos. Autoverleih und Ausflüge, jedoch keine Fährtickets, die gibt es nur in Évdilos und Ágios Kírikos. ✆ 22750 71122, 📞 22750 71340.

Baden Zwei schön geschwungene Strände gleich östlich, durch eine Felshalbinsel getrennt – *Livadi* und *Mesachti*. Im Umfeld mehrere Tavernen, Schatten ist allerdings Mangelware. Vorsicht bei hohem Seegang: gefährliche Strömungen! Es gab schon Tote.

Übernachten An fast jedem zweiten Haus offeriert ein Schild „Rooms". Dennoch ist zur HS oft jedes Bett belegt.

** Hotel Cavos Bay, großes Hotel in halbwegs zurückhaltender Architektur. Sehr schöne Lage über der Felsküste, gute Zimmer, Meerwasserpool. Geöffnet Mai bis Oktober. DZ ca. 45–100 €. ✆ 22750 713813, www.cavosbay.com.gr.

Kimite Apartments, wenige hundert Meter außerhalb des „Zentrums", rechter Hand der Straße Richtung Nás. 2009 fertiggestellte Apartmentanlage mit schöner Aussicht, geschmackvollen Zimmern und geräumigen Bädern; geöffnet Mai bis Mitte Oktober. Von Lesern mehrfach sehr gelobt. Zwei Personen zahlen etwa 40–90 €. ✆ 22750 71545, www.ikariarooms.gr.

》 Mein Tipp: Villa Dimitri, eine prima Adresse für einen längeren Aufenthalt. Maximal 18 Personen kann Dimitri Joanidopoulos, der perfekt Deutsch spricht, in den verschiedenen Apartments seines fantastisch gelegenen, wellenförmig zum Meer hinabfließenden Hauses unterbringen. Dimitri, einer der besten Kenner der Insel und ihrer alten Fußwege, versteht sich als Botschafter der Landschaft und Kultur Ikarías, die er und seine deutsche Frau Helga ihren Gäs-

ten auf Wanderungen, bei der Weinlese oder auch einem gemeinsam zubereiteten Zickleinbraten nahebringen. Wer mag, hat jedoch auch reichlich Privatsphäre. Geöffnet Mitte März bis Anfang November, viele Stammgäste, Reservierung fast unabdinglich. Zu suchen an der Strecke Richtung Nás, 800 m hinter dem Ortsschild; Vorbuchung im Winter in Deutschland unter ℘ (089) 6901097. Zweier-Studios kosten je nach Saison und Größe etwa 35–80 €, es gibt auch eine große Ferienwohnung für zwei bis vier Personen à 100–120 €. ℘ 22750 71310, www.villa-dimitri.de. «

Pension Fotinos, in Armenistís, in schöner Lage mit mehreren Aussichtsterrassen auf Meer und Strand. Solide Zimmer mit TV, Klimaanlage und Kühlschrank. Geöffnet Mai bis Mitte Oktober. DZ etwa 30–65 €. ℘ 22750 71235, www.fotinospension.gr.

Rooms Kirki, in ähnlicher Lage. Zimmer nicht besonders groß, aber die Aussicht macht´s, Anfragen auch im Restaurant Delfini, siehe unten. DZ 30–55 €, Studio 30–65 €. ℘ 22750 71254.

Essen & Trinken **Taverne Pashalia**, kurz vor dem Hafen. Eine der ersten Adressen für Fischgerichte, die Besitzer fahren selbst aufs Meer hinaus. Von Lesern gelobt.

Taverne Delfini, etwas unterhalb mit schöner Aussichtsterrasse. Hiesige Spezialität ist Lamm- und Ziegenfleisch aus eigener Produktion vom Grill.

Umgebung von Armenistís

Nás: Gut drei Kilometer westlich von Armenistís mündet das Flüsschen Chalaris in eine entzückende kleine Strandbucht. Das dschungelgleich bewachsene Flusstal ist ein Refugium seltener Tierarten und gleichzeitig ein uraltes Heiligtum: Reste eines Tempels erinnern an den sagenumwobenen Kult der Artemis Tauropolos, der „Stiergöttin". Oben am Hang liegen mehrere Tavernen, die oft auch Unterkunft anbieten und alljährlich mehr Gäste anlocken. Der kleinen Oase unterhalb gereicht der Andrang nicht zum Vorteil; jeder Besucher bleibt deshalb aufgerufen, die Schönheiten dieses paradiesischen Fleckchens zu achten und zu bewahren.

Baden Bei hohem Seegang entwickeln sich in der engen Bucht lebensgefährliche Strömungen, die schon mehrere Opfer gefordert haben!

Übernachten/Essen Thea´s Restaurant and Rooms, fast direkt am „Ortseingang" von Nás. Fünf Zimmer, alle zur Meerseite, jeweils mit Bad und Kühlschrank. Auch die Küche ist zu empfehlen. DZ 25–35 €. Geöffnet etwa März bis Oktober. ℘ 22750 71419, www.theasinn.com.

》》 Lesertipp: Annas Taverne, in der Nähe. „Anna kümmert sich sehr freundlich, ihr Mann macht leckere Fischgerichte. Über der Taverne sind acht Zimmer mit Balkon zum Meer zu buchen" (Manfred und Luitgard Heinze). ℘ 22750 71489. «

Niridis, für alle, die es sehr einsam lieben, zu erreichen auf einer Piste fünf Autominuten von Nás. Ein Fahrzeug ist hier auch wirklich nötig. Hübsche, geräumige Zimmer, nach Saison und Größe 25–60 €. ℘ 22750 71537.

Taverne Naiades, zwischen den Tavernen von Anna und Thea. Freundliche Leitung, Gemüse aus eigener Produktion. Hier darf man noch nach alter Sitte in die Töpfe schauen.

Christós Ráches: Das Hauptdorf des Ráches-Gebietes im bergigen, wald- und schluchtenreichen Inselinneren bildet das lokale Zentrum des Westens. Traditionelle Kafenía, altmodische Geschäfte, der hübsche Hauptplatz und die schöne Umgebung lohnen den Ausflug. Ungewöhnlich ist der ganz eigenartige Lebensrhythmus des Ortes: Vor der Mittagszeit sieht man nur wenige Menschen, und ab 14.30 Uhr schließt praktisch das gesamte Dorf völlig, um erst gegen 21 Uhr wieder allmählich zum Leben zu erwachen. Bis um drei Uhr, im Sommer sogar bis gegen fünf Uhr morgens gehen die Einwohner nun ihrem Alltag nach, kaufen ein und sitzen in den Kafenía. Seltsames, glückliches Ráches!

Abstecher rund um Sámos → Karte S. 190/191

Auch bei gutem Wetter hüllt sich der Kérkis oft in Wolken

Kleiner Wanderführer

**Übersicht der
Wanderungen**

Kleiner Wanderführer

Sámos gilt völlig zu Recht als Wanderparadies. Die breite Palette der Möglichkeiten reicht vom kurzen Spaziergang über die ausgedehnte, mehrstündige Wanderung bis hin zur anspruchsvollen Bergtour.

Aber – wandern Sie möglichst nie allein, oder lassen Sie zumindest den Hotelier oder Vermieter wissen, wo Sie unterwegs sind. Die Höhenunterschiede auf Sámos können beträchtlich sein, oft bewegt man sich zudem weitab der Zivilisation. *Beginnen Sie Ihren Wandertag früh*: Starten Sie am besten schon bei Sonnenaufgang. Zum einen ist dies neben der Abenddämmerung die schönste Zeit des Tages; zum anderen bringt es Sicherheit, wenn mit aufkommender Mittagshitze schon ein großer Teil der Strecke geschafft ist. *Achten Sie auf die richtige Ausrüstung*: Gehen Sie nie ohne entsprechend angepasste Kleidung und Schuhwerk, ohne Sonnenschutz und ausreichenden Trinkwasservorrat auf Tour!

Jahreszeit Mai und Juni, wenn alle Gebiete in Blüte stehen, sind die beste Wanderzeit; von den sehr heißen Monaten Juli und August ist eher abzuraten. September und Oktober sind klimatisch wieder günstiger, doch ist die Vegetation dann karger und die Tage sind deutlich kürzer. Vorteil jedoch: Im Herbst fällt die Orientierung vielerorts leichter, da die Pfade ausgetretener und nicht mehr so überwuchert sind wie im Frühjahr.

Basisausrüstung Für alle beschriebenen Touren: Viele Wegstrecken sind steinig und steil – feste, knöchelhohe und gut eingelaufene (!) Wanderschuhe sind deshalb dringend zu empfehlen. Manchmal muss stachlige Phrygana durchquert werden, wobei eine lange Hose aus festem Stoff gute Dienste leistet. Nicht zu vergessen: Sonnenschutzmittel, -brille und eine Kopfbedeckung. Werden auf der Wanderung Klöster besucht, sollten Männer eine lange Hose tragen (oder im Gepäck zum Umziehen mitführen), Frauen möglichst einen längeren Rock.

Verpflegung Zum Essen nur das nötigste, jedoch reichlich (!) Wasser mitnehmen.

Um unterwegs nach dem Weg zu fragen: *Pou íne monopáti pros* (wo ist der Fußweg nach ...), *pó sa chiliometra íne pros* (wie viele Kilometer sind es nach ...), *thélo stin* (ich möchte nach ...)

Wichtig: Ausdrücklich nach dem Fußweg *monopáti* fragen – andernfalls wird man zur nächsten Straße geschickt.

Wanderbeschreibungen in diesem Reisehandbuch In diesem Buch finden Sie eine Reihe von Wanderbeschreibungen inklusive Routenskizzen, die natürlich keine Wanderkarten ersetzen wollen. Ebenso ist es im Rahmen eines Reiseführers aus Platzgründen unmöglich, haarklein jedes Detail einer Wanderung durch raues Gelände zu beschreiben; pro Tour wären dafür jeweils mehrere Seiten erforderlich. Bei einigen Wanderungen ist also etwas Orientierungssinn gefragt, doch finden Sie in diesem Buch auch eine Reihe von leichten Touren mit absolut eindeutiger Wegeführung. Falls Sie jedoch einmal nicht sicher sein sollten, sich auf dem richtigen Weg zu befinden, kehren Sie besser um. Gehen Sie nicht das Risiko ein, sich in weglosem Gelände zu verlaufen! Die angegebenen Wanderzeiten, die keine Pausen beinhalten, sind natürlich nur als Richtwerte zu verstehen, mancher geht eben schneller, mancher langsamer. Bereits nach kurzer Zeit je-doch werden Sie unsere Angaben in die richtige Relation zu Ihrem Wandertempo setzen können.

Wanderkarten „Echte" topographische Karten für Sámos sind nicht erhältlich – als Grund gilt die Furcht der griechischen Regierung vor Angriffen des türkischen Nachbarn. Alternativen bilden die Karten von „Road Editions" und „Skai" im Maßstab 1:50.000 (gleichzeitig die wohl besten Straßenkarten), auf denen auch Höhenlinien verzeichnet sind.

Internet-Infos www.samos-wandern.de, sehr schön gemachte Seite. Ebenfalls einen Blick wert: www.samoswandern.de.

Und noch eine Bitte Über Informationen zu Änderungen im Routenverlauf der beschrieben Touren sowie weitere Anregungen und Wanderbeschreibungen (evtl. mit kleiner Skizze) seitens interessierter Leser würden wir uns sehr freuen!

Provisorium: Wanderschild an der Nordküste

Schlicht: das kleine Kirchlein Profítis Ilías

Wanderung 1:
Zur Aussichtskapelle des Propheten Elias

Route: Sámos-Stadt – Profítis Ilías (ca. 320 m) – Sámos-Stadt. **Einkehr:** Nur in Sámos-Stadt. **Reine Wanderzeit:** ca. 3–3,5 Stunden. **Charakteristik:** Eine relativ kurze Wanderung, am Urlaubsanfang gerade recht, um sich ein wenig „warmzu-laufen" und einen Überblick über das Gebiet um Sámos-Stadt zu erhalten. Der Aufstieg auf eine Höhe von gut 300 Meter über dem Meer wird mit einer herrli-chen Aussicht belohnt. Schatten allerdings gibt es unterwegs fast nicht, Sonnen-schutz ist also wichtig. Ein Erlebnis für sich ist das Fest am Jahrestag des Prophe-ten, dem 20. Juli bzw. seinem Vorabend.

Wegbeschreibung: Die Wanderung beginnt, wie auch die folgenden Wanderungen 2 und 3, zwischen Sámos-Stadt und Áno Vathí bei der platanenbeschatteten Kreu-zung vor der Taverne Ta Kotópoula (siehe auch den Stadtplan). Von hier folgt man zunächst in etwa östlicher Richtung der Beschilderung nach Vlamári und zu den Klöstern Agía Zóni und Zoodóchos Pigí, biegt aber schon nach etwa 30 m vor einer Art Park rechts auf das in spitzem Winkel abzweigende und zunächst fast parallel zur Hauptstraße verlaufende Asphaltsträßchen ein. 100 m weiter geht es bei einer Gabelung links auf den ansteigenden Pflasterweg, der bald an einem kleinen Bild-stock vorbeiführt. Nach etwa 5 Min. erreicht dieser alte Weg wieder die Straße, setzt sich aber zehn Meter weiter rechter Hand fort und steigt, vorbei an einer Ka-pelle, weiter an. An der Umgehungsstraße angekommen, hält man sich geradeaus, überquert vorsichtig (!) die breite Straße und folgt kurz der aufwärts führenden Straße Richtung Vlamári und zu den Klöstern. Bereits in deren erster (Rechts-) Kurve geht es jedoch wieder links ab auf ein zunächst asphaltiertes Sträßchen, be-schildert „Profítis Ilías"; an der etwa 300 Meter weiter gelegenen Gabelung nimmt man die rechts aufwärts führende Betonpiste, folgt also nicht weiter dem Asphalt.

Alternativer Einstieg ab dem Zentrum

Achtung, diese Variante führt auf etwa 30 Metern am Rand eines (legalerweise?) abgesperrten Privatgeländes entlang – Durchgang auf eigenes Risiko! Falls der zerstörte Drahtzaun (s. u.) erneuert wurde, muss man sogar wieder umkehren. Die Route beginnt an der *Platía Ágios Nikoláou*, bei der großen Mitrópolis-Kirche und unweit der zentralen Platía Pythágoras. Von hier geht es bei einem zuletzt geschlossenen Laden mit grün-weißen Markisen (in der Nordostecke des Platzes) in die enge Gasse. Man läuft an einem winzigen Treppen-Sackgässchen und einem Treppenweg vorbei, steigt dann bei dem schönen, leider etwas verfallenen Haus auf dem nächsten, zweiten (bzw. mit dem Sackgässchen dritten) Treppenweg rechts aufwärts, auf ein rostrot-weißes Haus zu und über ein Quersträßchen hinweg bis ans Ende. Dort hält man sich kurz rechts, biegt aber schon

nach kaum 10 m erneut auf einen diesmal links aufwärts abzweigenden Treppenweg ab. Dieser endet am derzeitigen Ortsrand bei einem türkisfarbenen Haus und einem oberhalb verlaufenden Schotterweg, dem man nach links folgt. Nach wenigen Minuten erreicht dieser die große Umgehungsstraße. Gegenüber ist unter den Bäumen schon das nächste Zwischenziel zu erkennen, eine kleine weiße Kapelle. Man steigt links über die Rampe hinab zur Umgehung, quert diese vorsichtig und nimmt auf der anderen Seite hinter einem zuletzt niedergetrampelten Zaun (die besagte Absperrung des Privatgeländes) den schmalen Trampelpfad, der schräg rechts und jenseits einer Wasserleitung hinauf zur Kapelle führt. Hier geht es weiter auf dem breiten, steil ansteigenden Betonweg, der nach etwa 200 Metern die Piste zum Profítis Ilías erreicht; hier links.

Auf dieser Piste läuft man nun noch etwa eine Stunde lang in meist großen Schleifen aufwärts, vorbei an den Mäuerchen längst aufgegebener Terrassenkulturen. Allmählich kommt das kleine Gipfelkirchlein in Sicht, überragt von mächtigen Antennenanlagen. Schließlich, man glaubt schon, am Berg vorbeizulaufen, gilt es bei einer Gabelung der Piste und einem Schild „Profítis Ilias" auf einen sehr engen Fußpfad zu achten, der rechter Hand zwischen zwei Kiefern hindurch bergwärts abzweigt; die Steine unterhalb und zwischen den Stämmen sind geweißelt. Der Aufstieg auf dem sich nun gelegentlich verzweigenden, steilen Trampelpfad nimmt nur mehr knapp 10 Min. in Anspruch. Dabei gerät das Kirchlein zwar häufig außer Sicht, doch helfen weiße Markierungen und eine große, weithin erkennbare Steinpyramide unterhalb des Gipfels bei der Orientierung; zudem führen letztlich alle ausgetrampelten Wege hinauf zum Kirchlein.

Das Panorama, das sich von dem kleinen blau-weißen Kirchlein aus bietet, ist beeindruckend. Fast wie auf einem Luftbild liegen die Bucht und die Stadt Sámos vor dem Betrachter ausgebreitet, im Hintergrund überragt von den Gipfeln des Ámpelos-Gebirges. Auch der Blick nach Norden, hinunter zur Halbinsel Nisí und den vorgelagerten Inselchen, ist bezaubernd. Allerdings weht es hier oben recht heftig, die Mauern der Kirche sind deshalb nicht nur als

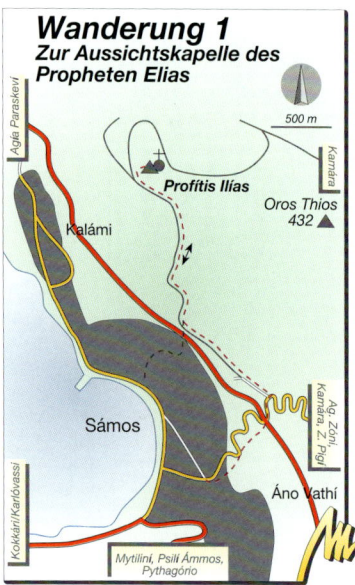

Wanderung 1
Zur Aussichtskapelle des Propheten Elias

500 m

Agía Paraskeví

Kamára

Profítis Ilías

Kalámi

Oros Thios
432 ▲

Sámos

Ag. Zóni, Kamára, 2. Pici

Áno Vathí

Kokkári/Karlóvassi

Mytilíni, Psilí Ámmos, Pythagório

Kleiner Wanderführer → Karte S. 214

Schutz vor der Sonne, sondern auch vor dem Wind sicher willkommen. Wer mag, kann im Inneren des Kirchleins eine Kerze anzünden, sollte aber die entsprechende Spende nicht vergessen. – Zurück nach Sámos-Stadt geht es auf demselben Weg wie beim Aufstieg.

Wanderung 2: Klosterrundtour ab Sámos-Stadt

Route: Sámos-Stadt – Moní Agía Zóni – Kamára – Moní Zoodóchos Pigí (Fr geschlossen!) – Kamára – Profítis Ilías (ca. 320 m) – Sámos-Stadt. **Einkehr**: Taverne in Kamára (zur NS nicht immer geöffnet). **Reine Wanderzeit**: 4,5–5 Stunden. **Charakteristik**: Eine recht ausgedehnte Wanderung im Gebiet östlich der Hauptstadt, die zu zwei Klöstern und einer kleinen Kapelle führt. Unterwegs bieten sich mehrfach herrliche Panoramen, Schatten ist hingegen rar. Einige kürzere Teilstücke werden auf Asphaltstraßen zurückgelegt, das Verkehrsaufkommen ist jedoch gering. Um auch das Innere der Klöster besuchen zu können, sollten die Öffnungszeiten beachtet und korrekte Kleidung getragen werden.

Wegbeschreibung: Von Sámos-Stadt aus steigt man analog zu Wanderung 1 hinauf zur Umgehungsstraße. Dort scheint der Weg bei deren Kreuzung mit der Straße nach Vlamári und zu den Klöstern zu enden, doch wurde schräg rechts jenseits der großen Straße (Vorsicht beim Überqueren) wieder ein Zugang zum alten Pflasterpfad geschaffen. Hier geht es nun also zunächst links die Rampe hoch und dann im Bogen gleich wieder rechts. Am Rand der Hochebene mündet der hübsch restaurierte Pfad schließlich in die Asphaltstraße, der man geradeaus in östlicher Richtung folgt, vorbei an mehreren Abzweigungen nach rechts aufwärts. Die Straße senkt sich wieder etwas und erreicht eine Gabelung; hier hält man sich rechts und folgt dem Schild nach Agía Zóni. Gut 15 Min. lang läuft man nun am Rand der Vlamári-Hochebene entlang bis zum Weiler *Agía Zóni*. An der Gabelung bei einer ehemaligen Taverne nimmt man die linke Abzweigung und erreicht bald darauf das *Kloster Moní Agía Zóni*. Eine Rast im Schatten ist hier sicher willkommen.

Für den Weiterweg hält man sich am Ausgang rechts und folgt dem Sträßchen in den etwa 15 Min. entfernten Weiler *Kamára*, geht an der Straßenkreuzung dort dann rechts Richtung Kloster Zoodóchos Pigí. Weiterhin auf Asphalt, verlässt man den Ort in östlicher Richtung. Nach rund 10 Min. geht es an einer Gabelung links, vorbei an der Abzweigung der Straße hinab zur Bucht Mourtiá und stattdessen aufwärts durch den Wald. Etwa 100 m hinter der Abzweigung gilt es in einer Linkskehre, auf den alten Pfad hinauf zum Kloster zu achten, der von der Hauptstraße

Im Wartestand: Kerzenleuchter im Kloster Agía Zóni

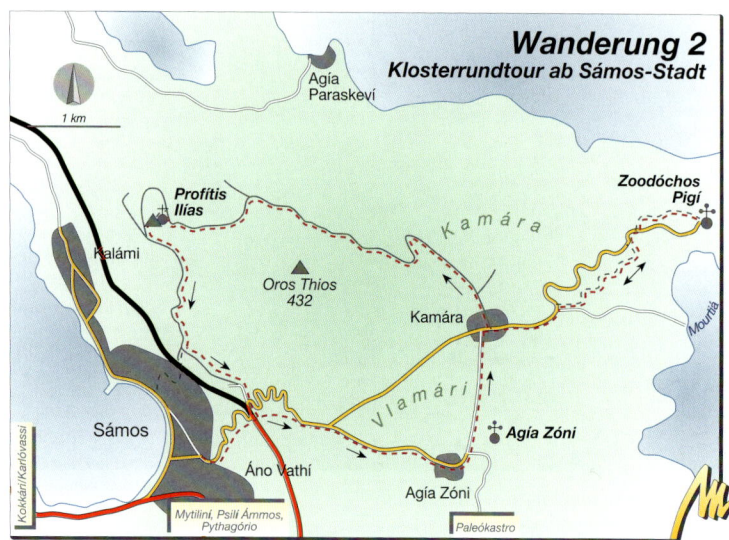

nach rechts abzweigt; das Fußgängerschild hier ist jedoch kaum zu übersehen. In mehreren weiten Kehren steigt der gepflasterte Pfad nun an, bietet dabei schöne Blicke hinab auf die Küste und über das Meer bis hin zur nahen Türkei. Nach gut 10 Min. trifft er als Treppenweg wieder auf die Straße, der man nach rechts folgt. Wenige hundert Meter weiter setzt sich in einer Rechtskurve der alte Weg auf der gegenüberliegenden Straßenseite nach links aufwärts fort, passiert bald darauf ein Brunnenhaus mit Quelle, die allerdings nicht immer Wasser führt. Nun sind es noch etwa 10 Min. auf dem am Schluss fast eben verlaufenden Weg zum *Kloster Moní Zoodóchos Pigí*, das schon von weitem zu erkennen ist.

Vom Kloster wandert man auf demselben Weg zurück nach *Kamára*. Von dort könnte man über die Asphaltstraße wieder nach Sámos-Stadt zurückkehren. Wer die komplette Wanderung absolvieren möchte, geht stattdessen etwa 10 m vor der Straßenkreuzung nach Agía Zóni rechts das leicht ansteigende Asphaltsträßchen entlang, das nach kaum einer Minute eine mächtige Platane erreicht; 5 Meter vor dem Baum gibt es einen Wasserhahn mit gutem Quellwasser. An der Platane hält man sich erneut rechts und folgt dem betonierten Sträßchen in etwa nördliche Richtung aufwärts durch einen Taleinschnitt, vorbei an teils verlassenen, teils neu erbauten Häusern. An einer Gabelung etwa 300 m hinter dem Baum wählt man den linken Feldweg (beschildert: Profítis Ilías), der in der Folge in einem weiten Bogen entlang der landwirtschaftlich genutzten Ebene von Kamára verläuft. Anfangs weitgehend eben, dann allmählich ansteigend, führt er zunächst auf den westlichen Rand des Hochtals zu und dort nach zwei engen Kehren hinauf zu einem Sattel zwischen zwei Höhenzügen, den man knapp 30 Min. hinter Kamára erreicht. An der Gabelung hier bleibt man auf dem links aufwärts verlaufenden (Haupt-) Weg, der im weiteren Verlauf schöne Ausblicke auf die nördliche Halbinsel Nisí und die vorgelagerten Inselchen bietet. Schließlich läuft der Weg in einer großen Kurve auf den *Profítis Ilías* zu, der schon von weitem an den Sendeanlagen auf

Kleiner Wanderführer → Karte S. 214

Prachtvoll: Bougainvillea in Weiß und Rot

seinem Gipfel kenntlich und über eine Abzweigung nach links aufwärts zu erreichen ist. Etwa 30 Min. hinter der Gabelung auf dem Sattel kann man im schlichten Inneren des kleinen Gipfelkirchleins gegen eine kleine Spende eine Kerze anzünden und dann das herrliche Panorama der Bucht und der Stadt Sámos genießen.

Von hier oben aus lässt sich auch gut der weitere Verlauf des Wegs hinab in die Stadt erkennen, der in der Gegenrichtung des weiter oben beschriebenen Aufstiegs der Wanderung 1 (s. auch dort) verläuft. Bei der Eingangsseite des Kirchleins führt ein schmaler, weiß markierter Trampelpfad hinab, für den allerdings etwas Trittsicherheit benötigt wird. In wenigen Minuten Abstieg ist der geschobene Fahrweg erreicht, an dem man sich links hält. Mit schöner Aussicht auf Sámos geht es auf der breiten Piste nun fast eine Stunde lang bergab, bis man zunächst die Straße nach Vlamári und zu den Klöstern erreicht. Hier hält man sich rechts abwärts und überquert die Umgehungsstraße, auf deren anderer Seite man auf den schon vom Beginn der Wanderung her bekannten Pflasterweg hinab nach Sámos-Stadt stößt.

Wanderung 3: Von Sámos-Stadt zum Strand Psilí Ámmos und zurück

Route: Sámos-Stadt – Agía Zóni – Strand Psilí Ámmos – Paleókastro – Áno Vathí – Sámos-Stadt. **Einkehr**: Tavernen in Psilí Ámmos, Paleókastro, Áno Vathí und Sámos-Stadt. **Reine Wanderzeit**: ca. 5 Stunden (nur Hinweg 2,5 Stunden). Etwa von Mitte Juni bis Anfang/Mitte September kann man an Werktagen (Mo–Fr) für den Rückweg auch den Bus nutzen, erkundigt sich aber besser vorab im KTEL-Busbüro der Hauptstadt. **Charakteristik**: Eine insgesamt recht lange und der Sonne voll ausgesetzte Wanderung durch landwirtschaftlich genutztes Hügelland, zu der man am besten schon früh am Morgen startet. Wasservorrat ist wichtig. Belohnt wird die Anstrengung durch einen Badeaufenthalt am schönsten Strand des Inselostens. Die Route verläuft teilweise auf Staubpisten, teilweise auch auf wenig befahrenen Asphaltstraßen.

Wegbeschreibung: Von Sámos-Stadt aus geht es zunächst, wie in Wanderung 1/2 näher beschrieben, bis zum Weiler *Agía Zóni*. An der Gabelung bei der ehemaligen Taverne nimmt man jedoch nicht das Sträßchen zum gleichnamigen Kloster, sondern hält sich rechts aufwärts und läuft entlang der schmalen, wenig befahrenen Asphaltstraße in etwa 30 Min. nach Sü-

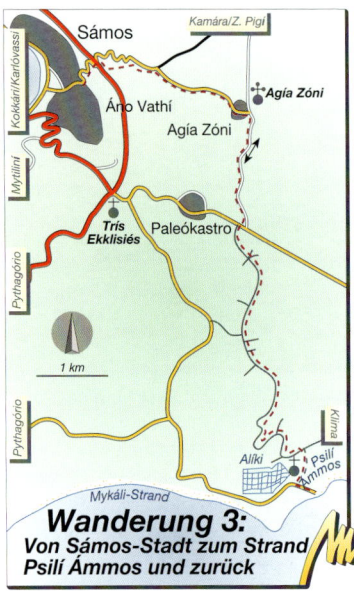

den bis zur Straße von Paleókastro nach Kérveli und Posidónio. Hier geht es rechts und nach etwa 250 m vor einigen Neubauten links auf einen Feldweg, beschildert: „Argirou/Psili Ammos" und „To Agio Ioanni 500 m"; die Schilder sind nur aus der Gegenrichtung zu erkennen. Diesem Weg folgt man nun eine ganze Weile, vorbei an zahlreichen Abzweigungen (ca. 400 m hinter der Straße an zwei kurz aufeinanderfolgenden Gabelungen bzw. Kreuzungen jeweils geradeaus halten); der Hauptweg bleibt jedoch immer gut erkennbar. Schließlich verliert er in einer Reihe weiter Kurven und enger Kehren an Höhe und nähert sich allmählich dem Meer. Insgesamt knapp 60 Min. hinter der Abzweigung des Feldwegs von der Straße gilt es aufzupassen: Nun muss man an einer Stelle, an der sich die hier betonierte Piste wieder etwas landein- wärts wendet und so das Strandgebiet in Richtung des Weilers Klima umgeht (unterhalb liegt ein verfallendes Haus),

Wanderung 3:
Von Sámos-Stadt zum Strand
Psilí Ámmos und zurück

auf ein auf den Betonboden gemaltes Kreuzsymbol mit Richtungspfeil achten. Hier steigt man auf dem schmalen Pfad zwischen geweißelten Mäuerchen abwärts und erreicht nach kaum 20 m einen weiß gekalkten, ummauerten Brunnenplatz; dort hält man sich hart rechts, vorbei an einem ebenfalls weißen Kirchlein. Nun ver- wandelt sich der schmale Pfad in einen Betonweg, der allmählich breiter wird. Gegenüber von einem Minimarkt und bei einem blau-weißen „Parking"-Schild er- reicht dieser schließlich die Straße zum Strand *Psilí Ammós*, der linker Hand nur noch 100 m entfernt liegt: Zeit für eine ausgedehnte Badepause und eine Rast in einer der Sommertavernen. Der Rückweg erfolgt wie der Hinweg, im Sommer wahlweise auch mit dem Bus.

Wanderung 4: Von Mytiliní nach Vourliótes

Route: Mytiliní – (Kástro Louloúdes, 600 m) – Moní Vrontá – Vourliótes. **Einkehr**: Tavernen in Mytiliní und Vourliótes. **Reine Wanderzeit**: etwa 2,5–3 Stunden (mit Abstecher zum Kástro 3–3,5 Stunden). **Charakteristik**: Eine (trotz gewisser Wald- brandspuren) sehr reizvolle Wanderung mit herrlichen Ausblicken auf das Ámpe- los-Gebirge und die Nordküste. Etwas Kondition ist vonnöten, denn immerhin ist ein Höhenunterschied von gut 450 m zu überwinden. Unterwegs bietet sich für Schwindelfreie die Gelegenheit zu einem Abstecher, der zu den fantastisch gele- genen Resten einer mittelalterlichen Burg führt. Im hübschen Dörfchen Vourliótes

Weites Panorama: Blick vom Kástro auf die Küstenebene von Kokkári

angekommen, hat man die Wahl des Weiterwegs. Wer mit dem Bus zurück nach Sámos-Stadt fahren will, tut gut daran, sich rechtzeitig nach dem aktuellen Fahrplan zu erkundigen (häufige Wechsel; außerhalb der Schulzeit gab es zuletzt keine praktikable Verbindung). Natürlich kann man sich auch von einem der Tavernenwirte in Vourliótes ein Taxi rufen lassen, oder, vielleicht die günstigste Möglichkeit, auf dem in Wanderung 6 in der Gegenrichtung beschriebenen Weg in rund 1,5 Stunden direkt nach Kokkári bzw. mit Wanderung 7 zur Bushaltestelle an der Hauptstraße absteigen. Wanderer mit sehr guter Kondition können bei frühem Start auch Wanderung 8 anhängen, die von Vourliótes nach Platanákia (Busanschluss) führt. Bliebe noch der alte Fußweg zu erwähnen, der schon beim Kloster Vrontá beginnt und von dort hinab nach Kokkári führt, doch wurde dieser beim großen Waldbrand 2000 besonders schwer in Mitleidenschaft gezogen und wird seitdem nur noch wenig begangen, die Orientierung dadurch erschwert; eventuell ändert sich dies mit zunehmender Besucherzahl des Klosters jedoch wieder.

Wegbeschreibung: Die Wanderung beginnt im Zentrum von Mytiliní. Von hier geht es zunächst auf der Hauptstraße Richtung Sámos-Stadt, also ungefähr nach Norden. Gegenüber von Haus Nr. 41 (in der Nähe ein Elektrogeschäft) folgt man dem schmalen Sträßchen nach links (beschildert „Kokkári 8 km, Vourliótes 11 km, Mavratzéi 9 km"), vorbei an einer Kirche. Hinter einem kleinen Platz hält man sich geradeaus in die Straße O. Aristarchou (rotes Schild: „Kokkári") und erreicht einige hundert Meter weiter eine zweite Kirche.

An ihr geht es links vorbei in die O. Nikitara, der man nun geradeaus folgt. Nach einer Weile lockert sich die Bebauung auf und Gärtchen schieben sich zwischen die Häuser. Etwa 500 m hinter der Hauptstraße von Mytiliní trifft man auf eine Gabelung: Links ginge es nach Mavratzéi, geradeaus weisen Schilder den Weg nach Vourliótes und Kokkári. An der nächsten Kreuzung hält man sich nochmals geradeaus (bergauf). Ein paar hundert Meter weiter verwandelt sich das Sträßchen in eine breite Schotterpiste.

Knapp 20 Min. nach Verlassen der Hauptstraße von Mytiliní erreicht die Piste zwei kurz aufeinander folgende Abzweigungen nach links. An dem ersten, hart nach links hinten führenden Sträßchen geht es noch geradeaus vorbei. Etwa 50 m weiter folgt man dann der zweiten, anfangs betonierten Abzweigung (beschildert: „Vourliótes"), die halblinks auf die markanten Berge im Hintergrund zuläuft; geradeaus käme man direkt nach Kokkári. Anfangs steigt diese Piste recht steil an, schlängelt sich dann jedoch wieder hinab in ein grünes Tal und überquert bei einem verfallenen Haus einen kleinen Bachlauf, der mit Feigenbäumen und Platanen fast wie eine Oase wirkt. Danach geht es wieder hinauf, zunächst gemäßigt, dann steiler, durch eine lichte Landschaft aus locker stehenden Kiefernbäumen und Olivenhainen. An einer Gabelung etwa 20 Min. hinter dem Bachlauf hält man sich rechts aufwärts, nach weiteren 15 Min. ziemlich steilen Anstiegs an einer weiteren Gabelung auf einem Sattel links, hier beschildert. Nun bietet sich ein schöner Blick auf ein kleines Hochtal und den dahinter hoch aufragenden Felsen des Kástro Louloúdes, leider

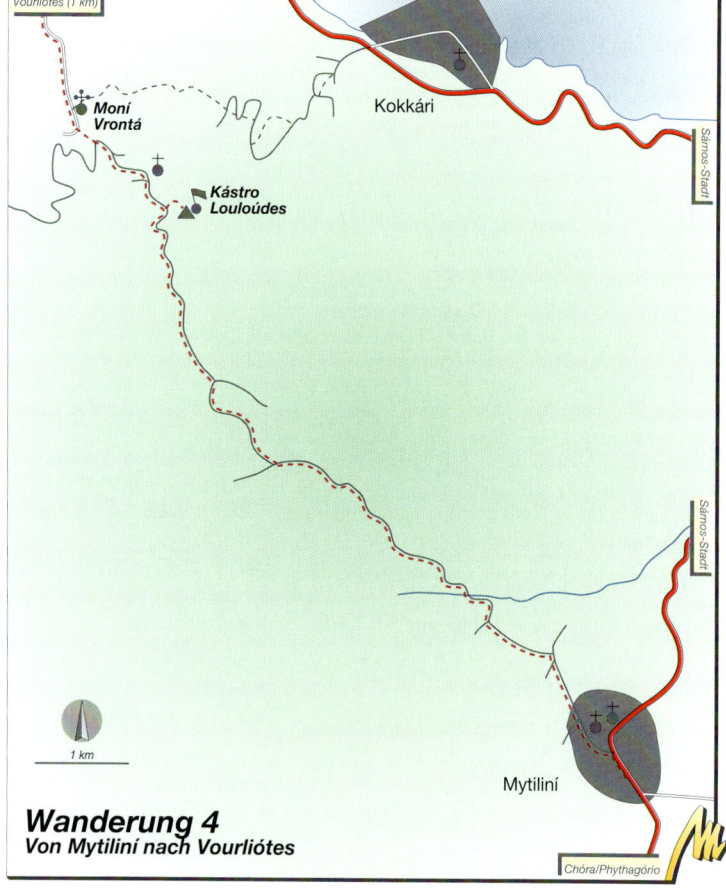

Vourliótes (1 km)

Moní
Vrontá

Kástro
Louloúdes

Kokkári

Sámos-Stadt

Sámos-Stadt

Mytiliní

1 km

Wanderung 4
Von Mytiliní nach Vourliótes

Chóra/Phythagório

auch auf die Spuren eines Waldbrands. Zunächst leicht, dann wieder stärker ansteigend, führt die Piste auf den Kástrofelsen zu und etwa 20 Min. hinter der Gabelung
in steilen Kurven links an ihm vorbei. Wer den Abstecher zum Kástro Louloúdes
unternehmen möchte, muss in einer ansteigenden, betonierten Linkskehre rechts
aufwärts abzweigen; es ist die letzte Linkskurve vor einer Art Pass – hat man erst
einmal eine kleine Hochfläche mit Weingärten und Steinhäuschen erreicht, liegt die
Abzweigung bereits einige hundert Meter zurück.

Hinauf zum Kástro Louloúdes: Für den Aufstieg zum Felsen mit den Resten der
mittelalterlichen Fluchtburg, einen insgesamt knapp 30-minütigen Abstecher von
der Hauptroute, sollte man wirklich schwindelfrei und trittsicher sein. Der Pfad
und erst recht das sehr kurze Kletterstück hinauf zur Burg sind allerdings nicht
ganz leicht zu finden; rote Punkte helfen etwas dabei. Der Aufstieg beginnt in der
besagten scharfen Linkskurve und führt, von einzelnen Steinpyramiden begleitet,
über ein Geröllfeld aufwärts auf die Richtung Meer weisende Seite des Burgfelsens
zu. Nun muss man in einer Art Scharte zwischen dem eigentlichen Burgfelsen
(rechts) und einem tiefer vorgelagerten Felsen (links) hindurch, einige Meter steil
abwärts und an der Nordseite des Kástrofelsens entlang um diesen herum. Schon
bald steigt der schwach ausgetretene Pfad wieder an und führt im Bogen auf den
Burgfelsen zu, der hier eine gut sichtbare rote Markierung aufweist. Hier hält man
sich rechts aufwärts und steht fünf Meter weiter (unter Bäumen) unvermittelt vor
einer weiteren roten Markierung. Sie verweist auf die rechter Hand in den Fels
gehauenen Stufen, die man ohne dieses Zeichen selbst aus der Nähe kaum entdeckt
hätte. In wenigen Sekunden ist man oben an der kleinen Burg, von der nur mehr
die Grundrisse einiger Räume und die Reste eines Turms zu erkennen sind – umso
begeisternder ist das Panorama der Nordküste bis hin zur Bucht von Sámos-Stadt.
Zurück geht es auf demselben Weg.

Wieder an der Hauptpiste, steigt man aufwärts und erreicht bald die oben erwähnte, kleine Hochfläche mit ihren Weingärten und Steinhäuschen. Von hier, auf etwa
550 m Höhe, geht es wieder abwärts, vorbei an einem rechter Hand gelegenen
Kirchlein, einem schönen Platz für eine Rast. Danach folgt man weiter dem betonierten Weg, das Kloster bereits im Blickfeld. Später verwandelt sich der Beton wieder in Schotter. Etwa 700 m hinter der Kirche wird eine Art Kreuzung erreicht.
Hier hält man sich an die rechts bergab führende Hauptpiste und trifft kurz darauf,
insgesamt etwa 15 Min. hinter dem Kirchlein, auf eine Asphaltstraße. Dort geht es
geradeaus zum noch etwa 5 Min. entfernten *Kloster Moní Vrontá*, das im Kapitel
zur Nordküste beschrieben ist.

Folgt man vom Kloster weiterhin der Straße, die in vielen Kurven abwärts führt, erreicht man nach knapp einer halben Stunde *Vourliótes* mit seiner hübschen Platía;
siehe hierzu ebenfalls im Kapitel zur Nordküste.

Wanderung 5:
Zum Moní Evangelistrías (und auf den Kérkis)

Route: Votsalákia – Kloster Moní Evangelistrías (– Profítis Ilías – Kérkis-Gipfel Vígla) und zurück. **Einkehr**: nur in Votsalákia, unterwegs keine Möglichkeiten. Reichlich Wasservorrat mitnehmen! **Reine Wanderzeit**: ca. 3,5–4 Stunden (mit Auf- und
Abstieg zum Kérkis ca. 7–8 Stunden). **Charakteristik**: Bereits der Aufstieg zum
Frauenkloster Evangelistrías, das in fast 700 m Höhe an den Hängen des Kérkis
klebt, gibt eine schöne, wenn auch anstrengende Wanderung ab und lohnt mit

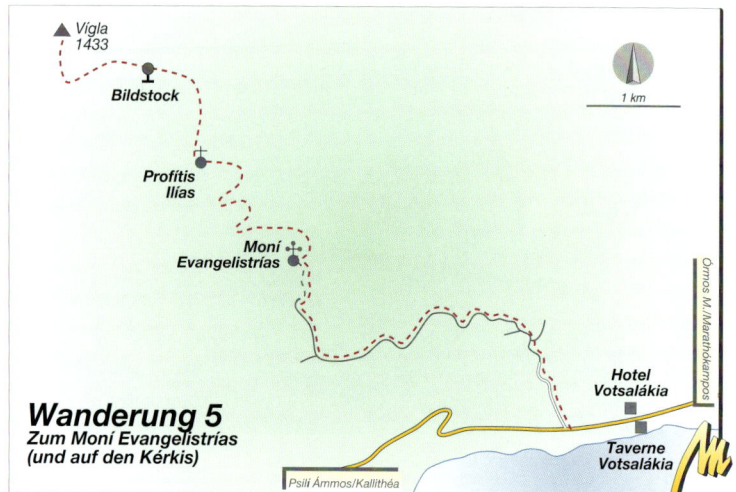

▲ Vígla
1433

Bildstock

Profítis
Ilías

Moní
Evangelistrías

1 km

Ormos M./Marathókampos

Hotel
Votsalákia

Wanderung 5
*Zum Moní Evangelistrías
(und auf den Kérkis)*

Psilí Ámmos/Kallithéa

Taverne
Votsalákia

einer fantastischen Aussicht die Mühen des Wegs. Leider sind die beiden letzten Nonnen 2009 aus Altersgründen nach Marathókampos gezogen, das Kloster liegt also mittlerweile fast immer verwaist. Vom Kloster aus ist die Besteigung des höchsten Bergs der Insel möglich, des 1433 m hohen Kérkis-Gipfels Vígla. Vom „Wächter", so benannt, weil in türkischer Zeit hier ein Ausguck stationiert war, reicht der Blick bei klarem Wetter leicht bis Pátmos und Chíos. Doch darf man den Berg nicht unterschätzen. Zwar muss nirgends geklettert werden, doch sind Wandererfahrung und Trittsicherheit unabdinglich, und die Anforderungen an die Kondition sind hoch. Die Strecke ist mit einer Reihe von Wanderschildern versehen, da und dort auch mit Steinmännchen. Wer jedoch unterwegs nicht völlig sicher ist, sich auf der richtigen Route zu befinden, sollte unbedingt (!) umkehren und den Rückweg antreten, da man sich in den Steinwüsten leicht verläuft und die zahlreichen Schluchten zu einer Falle ohne Ausweg werden können. Immer wieder verschwinden am Kérkis Menschen spurlos!

Hinauf zum Kloster Moní Evangelistrías: Während der ersten Wegstunde folgt die Wanderung einer zunächst ebenen, dann ansteigenden und zuletzt ausgesprochen steilen Piste. Lenker von Jeeps oder Enduros könnten diese ein Stück weit befahren und sich so ein paar Kilometer sparen. Die letzten eineinhalb der insgesamt etwa fünf Kilometer allerdings sind wegen des sehr steilen Anstiegs und des Untergrunds aus großen Steinen wohl nur sehr versierten Fahrern zu empfehlen.

Die Wanderung beginnt an der Hauptstraße im westlichen Ortsbereich von Votsalákia, etwa 500 Meter hinter dem Hotel Votsalákia. Hier zweigt ein Asphaltsträßchen inseleinwärts ab, dessen Schild „Spiliá Pythágora" auf den anfangs identischen Weg zur Pythágoras-Höhle verweist; es gibt jedoch auch eine griechische Inschrift „Evangelístria".

Zunächst fast eben, führt dieses Sträßchen (immer wieder begleitet von Schildern „Pythagoras Cave"), später eine Betonpiste, durch ausgedehnte Olivenhaine auf den Berg zu, bis sie nach etwa 20 Min. bei einer Häusergruppe deutlicher anzusteigen beginnt. An einer unbeschilderten Gabelung geht es links aufwärts; 200 Meter weiter

In Traumlage: Kloster Moní Evangelistrías

folgt eine beschilderte Abzweigung: rechts geht es zur Pythágoras-Höhle, links zum Kloster. Letzterer Piste folgend, erreicht man gut 30 Min. später eine weitere Gabelung, an der man sich rechts aufwärts hält. Nun geht es noch einmal steiler bergauf, bis der (vor kurzem um zwei Serpentinen verlängerte) Fahrweg schließlich in einer Verbreiterung endet. Hier nimmt man den links im Fels ansteigenden alten Fußpfad. Er führt etwa 35–40 Min. lang steil aufwärts, erreicht durch schönen Bergwald schließlich das Kloster. Unterwegs bieten sich immer wieder schöne Ausblicke auf den zerklüfteten Archipel Foúrni und die wilde Nachbarinsel Ikaría.

Das Kloster ist jung, entstand erst nach dem Zweiten Weltkrieg aus einer Einsiedelei, in der sich während des Krieges Partisanen versteckt hatten. Besondere Kunstschätze hat Evangelistrías also nicht aufzuweisen, dafür jedoch eine wahrhaft grandiose Aussicht.

Nun kann man auf demselben Weg nach Votsalákia zurückkehren oder den Aufstieg zur Vígla unter die Füße nehmen.

Achtung: Der Vígla-Gipfel ist eine alpine Tour, kein Spaziergang – nehmen Sie die Gefahren der Berge also ernst. Einige Tipps:

- Unverzichtbar sind bergtaugliches Schuhwerk, Sonnenschutz, Proviant, warme Kleidung (auch im Sommer) und sehr reichlicher Wasservorrat; für Notfälle eine Taschenlampe. Nehmen Sie ein Handy mit!
- Gehen Sie niemals allein! Starten Sie nur bei klarem, beständigem Wetter. Die Gefahr, im Nebel die Orientierung zu verlieren, ist äußerst groß. Falls Nebel oder dichte Wolken aufziehen: Bleiben Sie an Ort und Stelle, Sie verirren sich sonst unausweichlich.
- Starten Sie möglichst früh, am besten in der Morgendämmerung – auf den nackten Geröllhängen oberhalb des Klosters brennt die Sonne erbarmungslos. Mit Pausen dauert die gesamte Tour etwa zehn Stunden.
- Und: Hinterlassen Sie im Hotel unbedingt eine Nachricht, wohin Sie gehen.

Weiter zum Kérkis-Gipfel Vígla: Der Weg hinauf zum Gipfel beginnt bei einem Türchen in der Nordostecke des Klosters (von unten kommend das Kloster nach rechts umgehen), nahe der kleinen Terrasse mit den beiden Glocken. Aus dem Tor tretend, hält man sich hart links aufwärts in den Wald hinein. Etwa 30 Min. hinter dem Kloster lichtet sich der Wald und gibt einen weiten Blick auf die Südwestküste und die Nachbarinseln frei. Die Vegetation wird allmählich spärlicher und stachliger, über weite Strecken führt der Weg nur mehr durch Geröll und blanken Fels; hier ist es ratsam, sich besonders markante Punkte für den Rückweg einzuprägen. Gut 60 Min. hinter dem Kloster kommt die kleine, rund 1100 m hoch gelegene Kapelle *Profítis Ilías* in Sicht, in deren Schatten es sich kurze Zeit später schön rasten lässt. Das Nebengebäude kann bei einem Wetterumsturz Unterschlupf bieten, der Wasserhahn hier liegt jedoch je nach Jahreszeit eventuell trocken.

Am **20. Juli** wird bei der Kapelle des Profítis Ilías der Jahrestag des Heiligen gefeiert – sicher ein Erlebnis. Das Fest geht bis in die Nacht, ein guter Schlafsack und eine Unterlage sollten deshalb im Gepäck sein.

Nach der Rast folgt man dem Weg, der links an der Längsseite des Gebäudes entlang nach Norden verläuft. Zunächst fast eben, führt er oberhalb einer Art Hochtal und durch eine einzeln stehende Baumgruppe hindurch auf einen Sattel zu. Von dort ist die Gipfelkette des Kérkis im Westen gut zu sehen – das Ziel ist der südlichste der Gipfel, leicht zu erkennen am Rest der kleinen Säule ganz oben. Am Sattel hält man sich links, läuft in Richtung einer kleinen Kapelle bzw. eines Bildstocks und rechts an diesem vorbei. Bald danach geht es schräg einen steinigen, steilen Hang hinauf und halblinks um einen Vorgipfel herum, auf einen weiteren Sattel zu, dessen fast vegetationslose Umgebung einer Mondlandschaft ähnelt. Allmählich kommt die Nordküste von Sámos in Sicht. Etwa 30 Min. hinter der Kapelle Profítis Ilías ist der zweite Sattel erreicht, von dem aus der letzte Anstieg beginnt. Fast weglos, führt er in knapp 15 Min. über einen steilen Geröllhang hinauf zum Gipfel.

Kapelle an den Hängen des Kérkis

Kleiner Wanderführer → Karte S. 214

Heute abgebrochen: die Gipfelsäule auf dem „Wächter"

Das Panorama ist fantastisch, reicht über ganz Sámos, die umgebenden Inseln und über das Ámpelos-Gebirge hinweg bis weit in die Türkei, bei klarer Sicht bis Pátmos und Chíos.

Zurück geht es auf derselben Route, aber Vorsicht: Gerade beim Abstieg kann man sich besonders leicht verirren. Auch auf dem Weg hinab empfiehlt es sich deshalb, genau aufzupassen, um z. B. nicht rechts am letzten Sattel vorbeizulaufen. Bis zum Kloster Evangelístria benötigt man rund 90 Min., für den Abstieg hinunter nach Votsalákia etwa noch einmal dieselbe Zeit.

Wanderung 6: Von Kokkári nach Vourliótes

Route: Kokkári – Vourliótes. **Einkehr**: in Kokkári und Vourliótes. **Reine Wanderzeit**: ca. 2–2,5 Stunden. **Charakteristik**: Eine beliebte „Verbindungswanderung" zum hübschen Bergdorf Vourliótes, die schon allein wegen der sehr mäßigen Busanbindung des Ortes Sinn ergibt. Sie eignet sich auch als Baustein einer größeren Tour, z. B. als Einstieg der Wanderung hinüber nach Manolátes, siehe Wanderung 8. Der Aufstieg von Meeresniveau auf über 300 Meter Höhe fordert natürlich gewisse Kondition. Ein Teilstück der Route führt durch ein ehemaliges Waldbrandgebiet des großen Feuers von 2000, doch keimt am Boden schon längst wieder frisches Grün.

Wegbeschreibung: Die Wanderung beginnt am westlichen Ortsrand, an der Stelle, an der die Strandstraße auf die Umgehungsstraße Richtung Karlóvassi stößt. Hier folgt man dem schmalen, ansteigenden Asphaltsträßchen neben dem ehemaligen Hotel „Milos Beach" inseleinwärts. Nach etwa 200 m verwandelt sich der Asphalt in Beton. Kurz darauf erreicht man eine Gabelung. Wir halten uns rechts, beschildert „Vourliótes". Nach 20 Metern geht der Beton in Schotter über. Die Piste senkt sich nun etwas und verläuft oberhalb einer Reihe von Gewächshäusern, dann unter einer Art Torbogen hindurch und weiter geradeaus, vorbei an zwei jeweils durch Tore gesicherten Anwesen, bis sie schließlich auf ein erstes, im Sommer trockenes Bachbett trifft. Hier geht es, zunächst praktisch im Bachbett selbst, nach rechts.

Man folgt der Linkskurve, die der schmale Pfad beschreibt, und erreicht bald einen größeren, fast immer Wasser führenden Bach, den man auf Steinen und Baumstämmen überquert. Auf der anderen Seite geht es, dem Schild „Vourliótes Footpath" folgend, vom Bach weg. Der hier gut mit Steinpyramiden und älteren roten Rauten markierte Pfad steigt jetzt an und erreicht bald eine erste Piste, setzt sich schräg links auf deren gegenüberliegenden Seite jedoch aufsteigend fort.

Nun führt der felsige Weg in ein ehemaliges Waldbrandgebiet hinein. Die Bodenvegetation hat sich allerdings längst wieder soweit erholt, dass der Laie – von einigen Resten größerer Bäume abgesehen – kaum noch Anzeichen eines Feuers bemerkt. Knapp 30 Min. hinter der ersten gequerten Piste erreicht der Pfad eine zweite Piste, setzt sich jedoch schräg gegenüber wieder fort; 5 Min. weiter geht es nochmals über eine Piste hinweg. Der Weg steigt nun wieder deutlicher an, verwandelt sich streckenweise in einen schönen alten Pflasterpfad und überquert ein meist trockenes Bachbett, hinter dem es durch reizvolle Landschaft noch steiler aufwärts geht.

Etwa 15 Min. hinter dem Bachbett gilt es, etwas aufzupassen, da der Pfad hier eine weitere Piste nach schräg rechts quert. Kurz darauf folgt man den Treppen nach rechts oben auf einen gepflasterten Abschnitt einer weiteren Piste; hier links und nach etwa zehn Metern am Ende des Pflasters die Piste schräg rechts hinauf auf den alten Steinpfad verlassen. Nun ist man schon im Bereich der Ölgärten und Weinfelder von Vourliótes und erreicht auch bald, kaum 10 Min. hinter der letzten Piste, über einen gepflasterten Abschnitt (später eine Betonpiste) die Hauptstraße. Hält man sich dort links, sind es nochmals etwa 10 Min. bis nach Vourliótes mit seinen Tavernen.

Einstieg ab Vourliótes   Man verlässt Vourliótes auf der Asphaltstraße hinab in Richtung der Hauptstraße Kokkári–Karlóvassi. Kaum einen Kilometer hinter dem Ort zweigt rechter Hand ein Betonweg ab, beschildert „Kokkári 4 km (Pavement)" – Autofahrer sollten sich nicht irritieren lassen, es handelt sich um einen Fußweg, weshalb jetzt auch handschriftliche Erweiterungen auf den „Footpath" hinweisen. Hier geht es hinein und etwa 200 m weiter an der Gabelung rechts abwärts, dem gepflasterten Weg folgend.

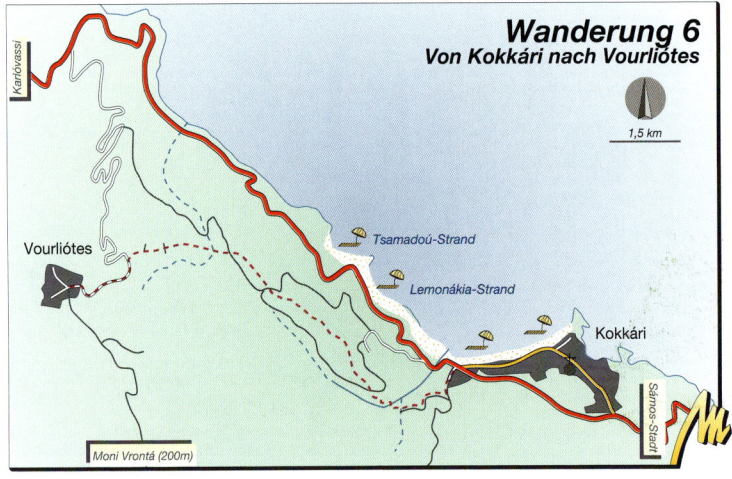

Wanderung 6
Von Kokkári nach Vourliótes

1,5 km

Karlóvassi

Vourliótes

Tsamadoú-Strand

Lemonákia-Strand

Kokkári

Sámos-Stadt

Moni Vrontá (200m)

Wanderung 7:
Über die Pnakas-Quelle nach Vourliótes

Route: Kámpos Vourliotón – Paleochóri – Quelloase Pnakas – Vourliótes und zurück. **Einkehr:** Bei der Pnakas-Quelle und in Vourliótes. **Reine Wanderzeit:** ca. 1,5–2 Stunden. **Charakteristik:** Von der Distanz her eher ein Spaziergang als eine Wanderung, wegen des steilen Aufstiegs auf immerhin über 300 m Höhe aber durchaus anstrengend. Der schöne, teils markierte Weg führt durch intensiv bewirtschaftete, dank des Wasserreichtums der Gegend sattgrüne Felder und Weingärten und verläuft, vom etwas unangenehmen ersten Kilometer abgesehen (siehe aber unten), abseits aller Straßen. Wie Wanderung 6 bietet sich diese Route als „Baustein" einer größeren Tour an, doch bereitet auch der Aufstieg nur bis Vourliótes viel Vergnügen.

Wegbeschreibung: Die Anfahrt erfolgt am zweckmäßigsten mit einem der recht häufigen Busse Richtung Karlóvassi. Wenn man dem Schaffner rechtzeitig Bescheid gibt, hält der Bus an der Abzweigung zum Strand „Sválas-Beach" und damit am Einstieg zur Wanderung. Hier nimmt man den schräg gegenüber aus einer Art Parkplatz nach links aufsteigenden Betonweg. Bald sind die Häuser des kleinen Weilers Paleochóri erreicht, wenig später führt ein Seitenweg zur hübschen kleinen Kirche *Agía Matróna*, die innen mit sehr sehenswerten Fresken geschmückt ist. Wieder zurück, folgt man weiter dem betonierten Hauptweg und hält sich an einer Gabelung links; der rechte Betonweg ist ohnehin manchmal versperrt. Bei einem Häuschen 50 m hinter einer Kapelle verwandelt sich der Betonweg in einen schmalen Pflaster-Fußpfad, dem man weiter geradeaus aufwärts folgt, auf den ersten Metern noch entlang des eingefassten kleinen Wasserlaufs, der einen schon eine Weile begleitet hat. Nach etwa 5 Min. hält man sich links und gelangt, entlang der Front eines Hauses, zur *Quelloase Pnakás*, die insgesamt etwa 30–40 Min. nach Beginn der Wanderung erreicht wird. Ein sehr romantisches Fleckchen: Im Schutz einer

Fantasievoll: Fresken im Kirchlein Agía Matróna

kleinen Kapelle plätschert das Wasser aus mehreren Quellen, hohe Platanen spenden Schatten und eine hübsche Taverne lädt zur Rast.

Weiter nach Vourliótes folgt man links von der Taverne dem breiten Pflasterpfad (anschließend ein Betonweg) steil aufwärts. An der nächsten Gabelung hält man sich ebenfalls bergauf und bleibt weiterhin auf dem Betonsträßchen, das sich in vielen Kehren in die Höhe windet; man kann auch versuchen, den alten Fußpfaden zu folgen, die durch die Anlage des Fahrwegs zerschnitten wurden, läuft dann jedoch Gefahr, in Sackgassen zu geraten. Nach etwa 20 Min. Aufstieg erreicht man bei einem kleinen Platz und einer Schule den unteren, nördlichen Dorfrand von *Vourliótes*. Hält man sich hier schräg links und weiter aufwärts, gelangt man ins Ortszentrum um die Platía. Zurück geht es auf demselben Weg, wahlweise auch auf der in Wanderung 6 beschriebenen Route nach Kokkári oder mit Wanderung 8 nach Platanákia. Wer die Wanderung 7 nur in der Gegenrichtung laufen möchte, könnte Schwierigkeiten haben, den Einstieg zu finden. Die Schilder zur Pension Mary's House führen anfangs schon ziemlich in die Nähe, am besten fragt man jedoch die Dorfbewohner nach dem *monopáti* (Fußpfad) nach Kámpos.

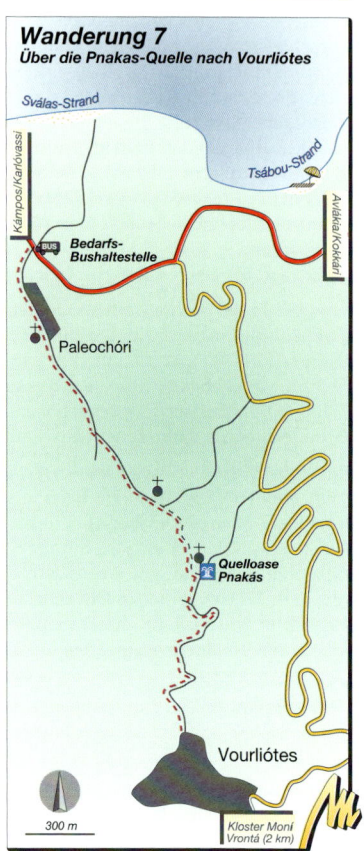

Wanderung 7
Über die Pnakas-Quelle nach Vourliótes

Sválas-Strand

Tsábou-Strand

Kámpos/Karlóvassi

Avlákia/Kokkári

BUS **Bedarfs-Bushaltestelle**

Paleochóri

Quelloase Pnakás

Vourliótes

300 m

Kloster Moní Vrontá (2 km)

Wanderung 8:
Von Vourliótes nach Manolátes und Platanákia

Route: Vourliótes – Manolátes – Nachtigallental – Platanákia. **Einkehr**: in Vourliótes, Manolátes, je nach Saison evtl. auch in den Tavernen im Nachtigallental und in Platanákia. **Reine Wanderzeit**: ca. 2–2,5 Stunden. **Charakteristik**: Eine Wanderung von hohem landschaftlichen Reiz, durch sonnige Weingärten und schattige Platanentäler. Unterwegs bieten sich herrliche Ausblicke, und die besuchten Bergdörfer zählen zu den schönsten der Insel. Der Ausgangspunkt, das hübsche Weinbauerndorf Vourliótes, ist von Kokkári aus entweder per Bus, per Taxi, oder mit Wanderung 6 oder Wanderung 7 zu erreichen; zurück geht es ab Platanákia mit einem der Busse der Linie Karlóvassi–Kokkári. Sie verkehren zwar relativ häufig, dennoch sollte man sich natürlich vorab über die Zeiten informieren.

Wegbeschreibung: Von der Platía in Vourliótes wendet man sich in westlicher Richtung. Etwa zehn Meter hinter der Taverne Galazio Pigadi geht es bei einer

Wasserstelle rechts bergab. Nach 50 m hält man sich am Ende dieses Wegs links (beschildert u. a.: „Manolátes"), kommt wenig später rechts am kleinen Friedhof von Vourliótes vorbei. Der Betonweg verwandelt sich in einen schmalen Pflaster-pfad, der sich aber bald wieder zu einer Gabelung verbreitert, an der es links auf-wärts geht. Man folgt diesem Weg etwa 5 Min. lang, bis er sich allmählich wieder senkt, vorbei an einer links steil aufwärts führenden Abzweigung; dahinter geht es, den Markierungen folgend, geradeaus (der schöne alte Pflasterweg, der hier im Ausgang der Rechtskurve nach links abzweigt, beschildert „Platanákia" und „Mano-látes" und letztlich ebenfalls zum Kirchlein führt, wird leider nur noch wenig be-gangen) und in knapp 5 Min. abwärts zu einem kleinen *Kirchlein* in herrlicher Aus-sichtslage, das einen wunderbaren Rastplatz abgibt.

Im Umfeld der Kirche treffen sich mehrere Wege. Für den Abstieg wählt man den Fußpfad, der nach rechts um die Kirche herumführt, sich direkt unterhalb ihrer Talseite fortsetzt und u.a. mit „V2" markiert ist. Nach etwa fünf Minuten trifft man auf eine geschobene Piste, hier links und nach hundert Metern wieder rechts ab-wärts auf die Fortsetzung des schönen alten Pfads. Nun geht es noch weitere zehn Minuten bergab, dann ist der plätschernde Bach in der schattigen Talsohle erreicht.

Man überquert den Bach nach schräg links und behält dahinter diese Richtung bei, läuft dann etwa parallel zum Bach in südwestliche Richtung und erreicht so bald eine Piste. Hier geht es zunächst rechts, doch schon nach ungefähr 15 Metern hart links aufwärts, markiert u. a. mit „M2". Man steigt auf dem alten, steilen und en-gen, aber im Verlauf gut erkennbaren und weitgehend schattigen Fußweg wieder aus dem Tal auf, vorbei an Olivenhainen. An der Gabelung vor einem leer stehen-den Haus geht es links, direkt dahinter rechts, wenige Minuten weiter links auf-wärts und an einem Weingarten entlang. Nun verwandelt sich der Pfad in einen

Prima Rastplatz: das Kirchlein hinter Vourliótes

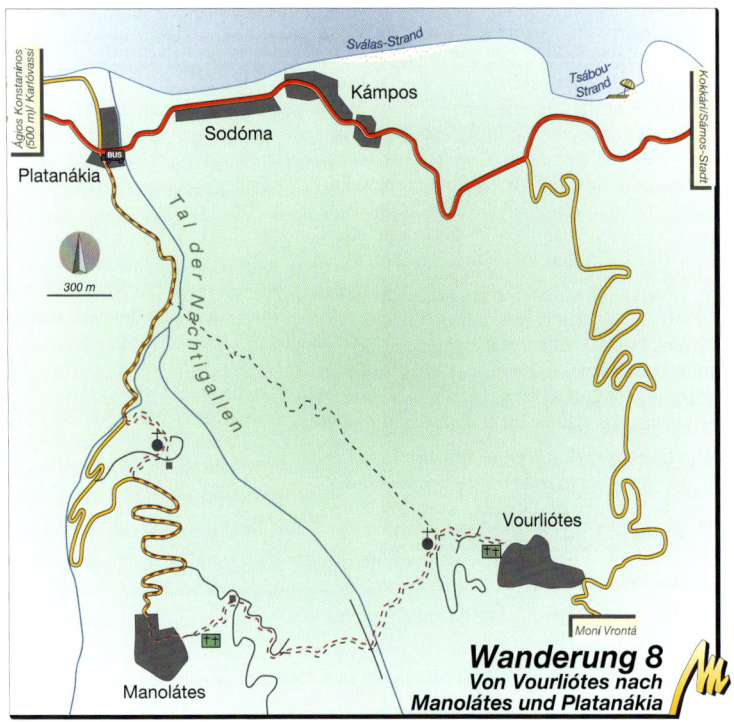

Wanderung 8
Von Vourliótes nach
Manolátes und Platanákia

Schotterweg, der weiter aufwärts führt. Kurz darauf stößt man auf einen noch etwas breiteren Fahrweg, an dem man sich links aufwärts hält.

Für knapp 10 Min. folgt man nun diesem Fahrweg, an einem hart links abzweigenden Weg geradeaus vorbei; dann geht es an einer Kreuzung bei einem Haus nach links auf den ansteigenden Betonweg (wer hier abkürzen möchte, hält sich rechts, lässt dadurch Manolátes aus und stößt unterhalb des Ortes bei der früheren Taverne „Panorama" auf die Straße). Knapp 100 m hinter dieser Kreuzung biegt man entlang einer Mauer zu einem Weingarten nach rechts auf einen schmaleren, beschilderten Pfad ab, hält sich an dessen Ende am Betonweg rechts, steigt an einer Abzweigung nach links vorbei und vor dem Friedhof erneut rechts. Dieser Betonweg führt in wenigen Minuten nach *Manolátes*.

Der letzte Abschnitt der Wanderung beginnt an der Quelle, die mit einer Taverne praktisch das Zentrum von Manolátes markiert. Von hier geht es in nördlicher Richtung bergab aus dem Ort hinaus und auf der Asphaltstraße in Richtung Küste, vorbei an der ehemaligen Taverne „Panorama" (50 Meter unterhalb ein etwas irreführendes Schild „Vourliotes 11 km"), die ihrem Namen wirklich Ehre machte. Etwa drei Kurven und gut 5 Min. hinter dieser Ex-Taverne gilt es, vor einer Linkskurve und direkt vor einer Leitplanke auf einige Treppenstufen (hier auch ein Schild: „Ag. Konstantinos") zu achten, die von der Straße bergab führen. Dem anschließenden alten Pfad abwärts folgend, trifft man nach etwa 5 Min. auf einen Feldweg,

Im „Tal der Nachtigallen"

an dem man sich rechts hält; alle Abzweigungen nach links werden ignoriert. Binnen weniger Minuten erreicht der Weg ein einzeln stehendes Haus. Hier biegt man der betonierten Kurve folgend hart links auf einen etwas schmaleren Weg ein, der bergab führt und vor einer Kapelle eine Rechtskurve beschreibt. Im Auslauf dieser Rechtskurve geht man zunächst an einem breiten, links abzweigenden Weg vorbei und steigt erst etwa 10 Meter weiter (20 m hinter der Kapelle) auf einem schmalen Pfad erneut links bergab. In einer Reihe von Serpentinen geht es auf dem schönen alten Fußweg, bald begleitet von einem Wasserkanal, nun talwärts bis zur wenig befahrenen Hauptstraße, die man direkt vor einer Flussbrücke erreicht. Von hier sind es rechter Hand noch etwa 15 bis 20 Min. durch das schattige „Tal der Nachtigallen" bis zur Bushaltestelle bei der Kreuzung von Platanákia.

Wanderung 9: Zur Höhlenkirche Ágios António und zum Potámi-Strand

Route: Limáni – Paléo Karlóvassi – Höhlenkirche Ágios António – Potámi-Strand – Limáni. **Einkehr**: in Limáni, zur Saison auch am Potámi-Strand. **Reine Wanderzeit**: ca. 1,5–2 Stunden. **Charakteristik**: Eine wenig anstrengende Kurzwanderung mit schönen Ausblicken. Für die Besichtigung der Höhlenkirche empfiehlt sich die Mitnahme einer Taschenlampe, und da die Tour zum schönen Potámi-Strand führt, sollte man auch die Badesachen nicht vergessen. Wer „nur" wandern möchte, dem sei die Zeit des späten Nachmittags empfohlen, in der das Licht besonders reizvoll ist.

Wegbeschreibung: Von der Hauptstraße des Limáni-Viertels folgt man dem Sträßchen nach Paléo, das zwischen einem kleinen Bildstock und einem Minimarkt inseleinwärts abzweigt; kurz darauf geht es vorbei an einer blau-weißen Kirche. Diesem Sträßchen könnte man nun bis zum Dorfparkplatz folgen, oder aber vorher einen Abstecher zur herrlich gelegenen Kirche Agía Triáda einlegen. Dazu biegt man in einer Rechtskurve zwischen Platanen hindurch nach links auf die andere Seite des Bachbetts ab, steigt den alten Pflasterpfad hoch ins Dorfzentrum von Paléo und hält sich an der kleinen Platía links hinauf zur Kirche. Von dort nimmt man zunächst denselben Weg zurück, überquert die Platía geradeaus und geht das Sträßchen hinauf, erreicht so ebenfalls den Dorfparkplatz.

Hier folgt man dem Schild „St. Anthony's Cave" auf einen hart rechts ansteigenden Betonweg. Nach kaum 100 m hält man sich an der Gabelung kurz hinter einer Kirche rechts aufwärts. Das Betonsträßchen windet sich durch den Ort hügelan und

wendet sich bei einer Kapelle mit Kinderspielplatz und schönem Blick auf den Hafen nach links; hier muss man jedoch geradeaus, direkt an der Kapelle vorbei. Wenige Meter weiter verwandelt sich der Betonweg in einen (später teilweise neu angelegten) Pflasterpfad, dem man aufwärts folgt, vorbei an einer weiteren, diesmal linker Hand im Schutz einer Felswand gelegenen Kapelle; an der Gabelung hier geht es rechts. Knapp 10 Min. weiter erreicht man eine kleine Lichtung mit einem Bildstock. Der hier

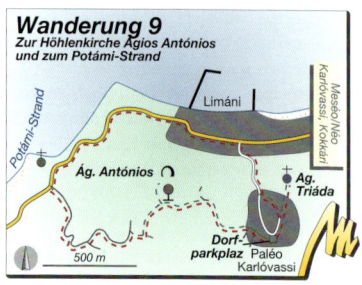

nach links unten abzweigende Pfad wird für den Weiterweg benützt. Zunächst geht man jedoch geradeaus, links direkt an dem Bildstock vorbei (Schild), folgt dann dem abwärts führenden Felspfad und den roten Pfeilen und erreicht so in etwa 2 Min. die *Höhlenkirche Ágios António* (Anmerkung: man könnte meinen, das turmhohe, schon vorher weithin sichtbare Kreuz würde die Lage markieren, dem ist aber ganz und gar nicht so). Das Innere dieser hoch über dem Meer gelegenen, sicher einmal von Eremiten bewohnten heiligen Stätte unbestimmbaren Alters ist stockdunkel – nützlich, wenn man eine Taschenlampe mit sich führt, doch liegen am Eingang meist auch Kerzen.

Von der Kirche geht es zurück zum Bildstock und hier rechts auf den oben erwähnten Pfad, kurz etwas abwärts und durch einen terrassierten Olivenhain hindurch. Etwa 3 Min. weiter lässt sich über einige nach rechts unten führende Stufen ein weiterer kurzer Abstecher zu einer Kapelle einlegen, die mit einer schattigen Platane einen schönen Picknickplatz abgibt. Der Hauptweg hingegen führt nach einem kurzen Anstieg nahezu eben weiter, immer entlang der Mauern und Terrassen eines linker Hand gelegenen Olivenhains; Abzweigungen nach rechts werden ignoriert. Bei einem unscheinbaren Bachbett (im Sommer stets trocken) endet der Olivenhain schließlich; hier hält man sich rechts auf einen dschungelartig über-

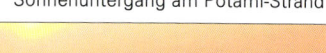

Sonnenuntergang am Potámi-Strand

wucherten, abwärts führenden Pfad. Nach etwa 5 Min. kurvenreichem Abstieg trifft man auf einen breiteren Weg; hier geht es links abwärts. Einige hundert Meter weiter erreicht man einen Betonweg, an dem man sich rechts hält. Unterwegs könnte man nach einigen Kurven bei einer schwarzgrauen Mauer linker Hand küstenwärts ein wenig abkürzen, doch führt auch der Hauptweg in insgesamt kaum 10 Min. zur modernen Kirche oberhalb des *Potámi*-Strandes (wer möchte, kann hier baden oder einen Abstecher zu den Potámi-Wasserfällen einlegen, siehe dort). Hält man sich an der Kirche hingegen rechts, sind es entlang der Asphaltstraße nochmals rund 20 Min. bis zum Hafenviertel *Limáni*.

Wanderung 10:
Zu den Seitáni-Stränden und nach Drakéi

Route: Potámi-Strand – Míkro Seitáni – Megálo Seitáni – Drakéi. **Einkehr**: zur Saison am Potámi-Strand, sonst nur in Drakéi. **Reine Wanderzeit**: ca. 3,5–4 Stunden. **Charakteristik**: Eine der landschaftlich reizvollsten Wanderungen der Insel. Sie führt in das bergige, fast menschenleere und nur über schmale Pfade erschlossene Gebiet zwischen Potámi und Drakéi, dem entlegensten Dorf des Südwestens. Der Aufstieg nach Drakéi ist anstrengend, die Rückfahrt von dort erfolgt per Bus. Doch lohnt die Schönheit der Route ebenso den insgesamt ebenfalls etwa dreieinhalbstündigen Hin- und Rückweg „nur" zu den Seitáni-Stränden. Natürlich kann man bei entsprechend guter Kondition auch nach Drakéi und zurück wandern, sollte dann aber sehr früh am Morgen starten.

Verkehrsverbindungen ab Drakéi Sehr empfehlenswert, sich vor der Wanderung genau zu erkundigen. Die Busse von Drakéi via Votsalákia nach Karlóvassi (Fahrzeit ab Drakéi 1¾ Stunden!) und weiter nach Sámos-Stadt fuhren zuletzt nur noch an einem Wochentag (Mo) und dann jeweils am frühen Nachmittag. „Pünktlichkeit, eher noch 15 Min. früher, ist notwendig; wenn niemand an der Bushaltestelle steht, fährt der Fahrer gleich zurück" (Leserbrief von P. Mitschke). Wer den Bus verpasst, steht hier am „Ende der Welt" recht dumm da und muss den gesamten Weg zurück oder hoffen, dass sich ein Taxifahrer aus Votsalákia (25 km entfernt, Stand nicht immer besetzt) oder Marathókampos (gut 30 km entfernt) erbarmt und auf den Weg macht.

Wegbeschreibung: Die Wanderung beginnt am hinteren Ende des Potámi-Strands, dort, wo die Asphaltstraße vom Limáni-Viertel aufhört. Hier folgt man zunächst der anfangs noch betonierten Piste nach Südwesten. An der Gabelung, an der die-ser Fahrweg links aufwärts in Richtung Inselinneres abbiegt (Wanderschild: „Tsour-lei, Lekka") hält man sich geradeaus an den etwa parallel zur Küste verlaufenden Betonweg, der sich bald in eine Sandpiste verwandelt. Nach etwa 300 Metern kommt eine Abzweigung nach rechts, die jedoch gleich wieder endet und manch-mal als Parkplatz genutzt wird. Nach rund 250 Metern folgt eine weitere Abzwei-gung (Schild „Dead End"), die nach rechts unten führt; wir halten uns jedoch auch hier geradeaus, bleiben also auf der mit „Seitani Beach" beschilderten Hauptpiste, die nun an einem Drahtzaun vorbeiführt. Etwa 50 Meter hinter dem Ende des Drahtzauns trifft man auf einen Holzpfosten (das Wanderschild „Drakéi" war zu-letzt entfernt) sowie mehrere rote Pfeile: Hier verlässt man die bisherige Piste nach *schräg* rechts (nimmt also nicht die unmittelbar vorher abzweigende Piste) und folgt nun diesem Pfad, der am oberen Rand eines Olivenhains entlang führt und anfangs etwa parallel zur Küste verläuft. Gelegentlich mit alten roten Pfeilen und Punkten markiert, führt er vorbei an einer Miniaturkirche und oberhalb eines Hau-ses entlang, wendet sich dann abwärts, überquert ein Tal und steigt wieder etwas

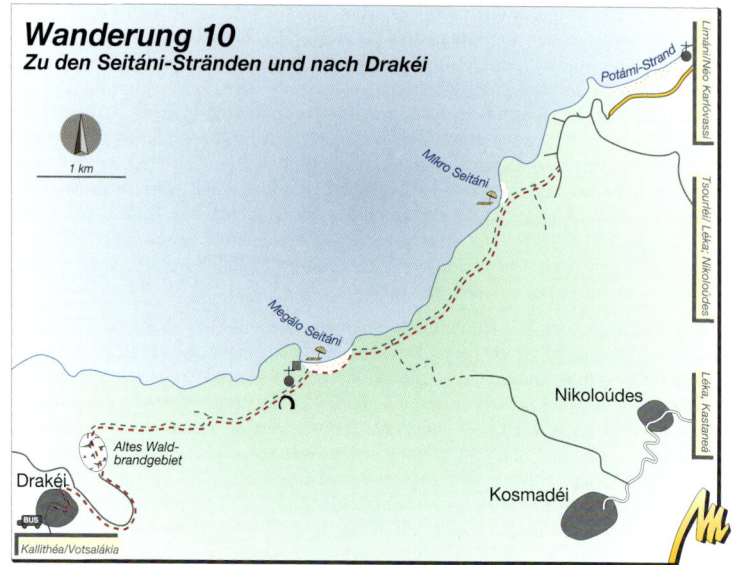

Wanderung 10
Zu den Seitáni-Stränden und nach Drakéi

Potámi-Strand

Limáni/Néo Karlóvassi

Mikro Seitáni

Tsourléi / Léka, Nikoloúdes

Megálo Seitáni

1 km

Nikoloúdes

Léka, Kastanéa

Altes Wald-brandgebiet

Drakéi

Kosmadéi

BUS

Kallithéa/Votsalákia

an. Dann geht es wieder abwärts. Knapp 45 Min. nach Beginn der Wanderung ist die wunderschöne, felsgefasste Strandbucht *Míkro Seitáni* erreicht. Beim Baden in der Bucht des „Kleinen Teufels" sollte man wegen der im Wasser verborgenen Felsen allerdings Vorsicht walten lassen.

Am anderen Ende der Bucht steigt man über eine Rampe hoch zu dem zunächst ansteigenden Pfad. Er verläuft durch Macchia immer etwa parallel zur Küste nach Südwesten, vorbei an einem linker Hand bergwärts abzweigenden Pfad, der nach Kosmadéi (Wanderschild) führen würde, bietet dabei immer wieder schöne Ausblicke. Rund 40 Min. nach der Bucht von Míkro Seitáni ist der wesentlich längere Sandstrand von *Megálo Seitáni* erreicht, an dessen hinterem Ende eine kleine, sicher illegal errichtete Siedlung aus Bungalows steht. Im Umfeld der Bucht des „Großen Teufels", am Ausgang der wilden, landeinwärts völlig unzugänglichen Kakopérato-Schlucht gelegen, sollen noch einige der seltenen und vom Aussterben bedrohten Mittelmeer-Mönchsrobben leben.

Zwar lockt der Strand zu einer ausgedehnten Badepause, doch sollten diejenigen, die von Drakéi aus mit dem Bus zurück möchten, für den restlichen Weg ein großzügiges Zeitpolster reservieren, da der stellenweise sehr steile Weg nicht immer eindeutig ist und man für die Orientierung eventuell länger braucht als erwartet.

Am hinteren Ende des Strands geht es, zunächst auf einem Pfad, später über Treppen, schräg links aufwärts zu einer Gruppe von Gebäuden (wer im Hochsommer die Privatsphäre eventuell anwesender Bewohner nicht stören möchte, kann sich auch schon vorher einen der in dieser Richtung abzweigenden Erdpfade suchen). Am Ende der Treppen trifft man vor den höchsten, am weitesten links liegenden Gebäude dieser Häusergruppe auf einen ansteigenden Kiesweg, dem man nach rechts folgt. Bald schon erkennt man rechter Hand einen weißen Bildstock bzw.

eine Art tischförmige Miniaturkapelle. Man bleibt weiter auf dem zunächst insel-einwärts ansteigenden Geröllpfad, der (in einiger Entfernung zu diesen) zwischen zwei Häusern hindurch und später links an einem Neubau vorbei führt; wenn man genau hinsieht, entdeckt man nun auch ab und zu wieder einen roten Punkt oder Pfeil. Kaum 5 Min. hinter dem Schrein wendet sich der Pfad bergab. Linker Hand liegen einige höhlenartige Vertiefungen im Fels, ein weiterer wichtiger Orientie-rungspunkt. Von nun an wird es wieder leichter, den steinigen Pfad zu verfolgen, der im weiteren Verlauf teilweise mit roten Markierungen oder auch Steinpy-ramiden gekennzeichnet ist. Er führt hinab in das schluchtartige, dicht bewachsene Tal, das ganz in der Nähe ins Meer mündet, auf der anderen Seite wieder aufwärts, durch ein ehemaliges Waldbrandgebiet und dann, allmählich immer weiter ansteigend, fast ständig etwa parallel zur Küste.

Etwa 15 Min. hinter den Höhlen muss man sich an einer unauffälligen Gabelung, die man zunächst leicht übersieht, links aufwärts halten; geradeaus käme man aller-dings nicht weit, denn der Pfad verliert sich rasch. Während des nun sehr kräftigen und kurvenreichen Anstiegs öffnet sich allmählich ein immer weiterer Blick auf die Küste, aber auch auf die nahen Berge. Nach einem langen und anstrengenden Auf-stieg wendet sich der Pfad schließlich inseleinwärts und erklettert ein ausgedehntes älteres Waldbrandgebiet, in dem man gelegentlich umgestürzte Bäume übersteigen muss. Dann verbreitert er sich zum Fahrsträßchen – hier ist der höchste Punkt der Route erreicht. Das Sträßchen umgeht in einem weiten Bogen ein Tal, beschreibt an dessen Kopf eine scharfe Rechtskurve und führt dann, leicht ansteigend, in den Wald hinein – wer es sich zutraut, kann das Tal auf einem teilweise markierten Pfad auch direkt durchqueren; fraglich allerdings, ob dieser Weg wirklich eine Ab-kürzung darstellt. Kurz bevor sich das Schottersträßchen wieder meerwärts ab-senkt, gilt es, auf eine linker Hand schräg aufwärts abzweigende Piste zu achten. Sie endet bald bzw. verzweigt sich zu zwei engeren Pfaden; auf dem linken von beiden erreicht man nach wenigen Minuten, insgesamt etwa 1,5–2 Stunden hinter der Bucht von Megálo Seitáni, das Dörfchen *Drakéi*.

In der Gegenrichtung findet man den Beginn der Wanderung, indem man der Hauptstraße von Drakéi nordwärts folgt und etwa 50 m hinter der rechter Hand gelegenen Taverne „Omonia" nach rechts in den steilen Betonweg abbiegt, der sich nach etwa 100 m nach links wendet und wieder etwas abwärts führt. Rechts an ei-nem Bildstock vorbei geht es aufwärts, vorbei an einem Schuppen, der manchmal als Kaíkia-„Werft" dient. An einer Gabelung (hier endete zuletzt der Betonweg; links ein verfallenes Haus) hält man sich rechts auf den schmalen Pfad und er-reicht, vorbei an einem weiteren Bildstock, zunächst die oben erwähnte Piste und

Am Megálo-Seitáni-Strand

dann das Schottersträßchen, dem man nach rechts folgt – vorher schon war das alte Waldbrandgebiet auf der ande-ren Seite des Tals sichtbar, das es später zu durchqueren gilt. Später folgt man dem Pfad allmählich abwärts bis Megá-lo Seitáni. Dort geht es, wie oben in der Gegenrichtung beschrieben, immer et-wa parallel zur Küste, zunächst bis zur Bucht Míkro Seitáni, dann weiter nach Potámi. Bis zum Hafen Limáni sind es dann noch knapp 30 Min. Fußweg.

Abruzzen • Ägypten • Algarve • Allgäu • Allgäuer Alpen • Altmühltal & Fränk. Seenland • Amsterdam • Andalusien • Andalusien • Apulien • Australien – der Osten • Auvergne & Limousin • Azoren • Bali & Lombok • Barcelona • Bayerischer Wald • Bayerischer Wald • Berlin • Bodensee • Bornholm • Bretagne • Brüssel • Budapest • Chalkidiki • Chiemgauer Alpen • Chios • Cilento • Comer See • Cornwall & Devon • Costa Brava • Costa de la Luz • Côte d'Azur • Cuba • Dolomiten – Südtirol Ost • Dominikanische Republik • Dresden • Dublin • Ecuador • Eifel • Elba • Elsass • Elsass • England • Fehmarn • Föhr & Amrum • Franken • Fränkische Schweiz • Fränkische Schweiz • Friaul-Julisch Venetien • Gardasee • Gardasee • Genferseeregion • Golf von Neapel • Gomera • Gran Canaria • Graubünden • Hamburg • Harz • Haute-Provence • Ibiza • Irland • Island • Istanbul • Istrien • Italien • Span. Jakobsweg • Kalabrien & Basilikata • Kanada – Atlantische Provinzen • Karpathos • Kärnten • Katalonien • Kefalonia & Ithaka • Köln • Kopenhagen • Korfu • Korsika • Korsika Fernwanderwege • Korsika • Kos • Krakau • Kreta • Kreta • Kroatische Inseln & Küstenstädte • Kykladen • Lago Maggiore • La Palma • La Palma • Languedoc-Roussillon • Lanzarote • Lesbos • Ligurien – Italienische Riviera, Genua, Cinque Terre • Ligurien & Cinque Terre • Limnos • Liparische Inseln • Lissabon & Umgebung • Lissabon • London • Lübeck • Madeira • Madeira • Madrid • Mainfranken • Mainz • Mallorca • Mallorca • Malta, Gozo, Comino • Marken • Mecklenburgische Seenplatte • Mecklenburg-Vorpommern • Menorca • Rund um Meran • Midi-Pyrénées • Mittel- und Süddalmatien • Montenegro • Moskau • München • Münchner Ausflugsberge • Naxos • Neuseeland • New York • Niederlande • Norddalmatien • Norderney • Nord- u. Mittelengland • Nord- u. Mittelgriechenland • Nordkroatien – Zagreb & Kvarner Bucht • Nördliche Sporaden – Skiathos, Skopelos, Alonnisos, Skyros • Nordportugal • Nordspanien • Normandie • Norwegen • Nürnberg, Fürth, Erlangen • Oberbayerische Seen • Oberitalien • Oberitalienische Seen • Odenwald mit Bergstraße, Darmstadt, Heidelberg • Ostfriesland & Ostfriesische Inseln • Ostseeküste – Mecklenburg-Vorpommern • Ostseeküste – von Lübeck bis Kiel • Östliche Allgäuer Alpen • Paris • Peloponnes • Pfalz • Pfälzer Wald • Piemont & Aostatal • Piemont • Polnische Ostseeküste • Portugal • Prag • Provence & Côte d'Azur • Provence • Rhodos • Rom • Rügen, Stralsund, Hiddensee • Rumänien • Sächsische Schweiz • Salzburg & Salzkammergut • Samos • Santorini • Sardinien • Sardinien • Schottland • Schwarzwald Mitte/Nord • Schwarzwald Süd • Shanghai • Sinai & Rotes Meer • Sizilien • Sizilien • Slowakei • Slowenien • Spanien • St. Petersburg • Steiermark • Südböhmen • Südengland • Südfrankreich • Südmarokko • Südnorwegen • Südschwarzwald • Südschweden • Südtirol • Südtoscana • Südwestfrankreich • Sylt • Teneriffa • Teneriffa • Tessin • Thassos & Samothraki • Toscana • Toscana • Tschechien • Türkei • Türkei – Lykische Küste • Türkei – Mittelmeerküste • Türkei – Südägäis • Türkische Riviera – Kappadokien • Umbrien • Usedom • Venedig • Venetien • Wachau, Wald- u. Weinviertel • Wales • Warschau • Westböhmen & Bäderdreieck • Westliche Allgäuer Alpen und Kleinwalsertal • Wien • Zakynthos • Zentrale Allgäuer Alpen • Zypern

Reisehandbuch   MM-City   MM-Wandern

MM-Wandern
informativ und punktgenau durch GPS

- für Familien, Einsteiger und Fortgeschrittene
- ausklappbare Übersichtskarte für die Anfahrt
- genaue Weg-Zeit-Höhen-Diagramme
- GPS-kartierte Touren (inkl. Download-Option für GPS-Tracks)
- Ausschnittswanderkarten mit Wegpunkten
- Konkretes zu Wetter, Ausrüstung und Einkehr

Übrigens:
Unsere Wanderführer gibt es auch als App für iPhone™, WindowsPhone™ und Android™

- Allgäuer Alpen
- Andalusien
- Bayerischer Wald
- Chiemgauer Alpen
- Eifel
- Elsass
- Fränkische Schweiz
- Gardasee
- Gomera
- Korsika
- Korsika Fernwanderwege

- Kreta
- La Palma
- Ligurien
- Madeira
- Mallorca
- Münchner Ausflugsberge
- Östliche Allgäuer Alpen
- Pfälzerwald
- Piemont
- Provence
- Rund um Meran

- Sächsische Schweiz
- Sardinien
- Schwarzwald Mitte/Nord
- Schwarzwald Süd
- Sizilien
- Spanischer Jakobsweg
- Teneriffa
- Toscana
- Westliche Allgäuer Alpen
- Zentrale Allgäuer Alpen

Kleiner Sprachführer

Keine Panik: Neugriechisch ist zwar nicht die leichteste Sprache, lassen Sie sich jedoch nicht von der fremdartig wirkenden Schrift abschrecken – oft erhalten Sie Informationen auf Wegweisern, Schildern, Speisekarten usw. auch in lateinischer Schrift, zum anderen wollen Sie ja erstmal verstehen und sprechen, aber nicht lesen und schreiben lernen. Dazu hilft Ihnen unser „kleiner Sprachführer", den wir für Sie nach dem Baukastenprinzip konstruiert haben: Jedes der folgenden Kapitel bietet Ihnen Bausteine, die Sie einfach aneinanderreihen können, sodass einfache Sätze entstehen. So finden Sie sich im Handumdrehen in den wichtigsten Alltagssituationen zurecht, entwickeln ein praktisches Sprachgefühl und können sich so nach Lust und Notwendigkeit Ihren eigenen Minimalwortschatz aufbauen und erweitern.

Wichtiger als die richtige Aussprache ist übrigens die Betonung! Ein falsch betontes Wort versteht ein Grieche schwerer als ein falsch oder undeutlich ausgesprochenes. Deshalb finden Sie im Folgenden jedes Wort in Lautschrift und (außer den einsilbigen) mit Betonungszeichen. Viel Spaß beim Ausprobieren und Lernen!

© Michael Müller Verlag GmbH. Vielen Dank für die Hilfe an Dimitrios Maniatoglou!

Das griechische Alphabet

Buchstabe		Name	Lautzeichen	Aussprache
groß	klein			
A	α	Alpha	a	kurzes a wie in Anna
B	β	Witta	w	w wie warten
Γ	γ	Gámma	g	g wie Garten (j vor Vokalen e und i)
Δ	δ	Delta	d	stimmhaft wie das englische „th" in the
E	ε	Epsilon	e	kurzes e wie in Elle
Z	ζ	Síta	s	stimmhaftes s wie in reisen
H	η	Ita	i	i wie in Termin
Θ	θ	Thíta	th	stimmlos wie englisches „th" in think
I	ι	Jóta	j	j wie jagen
K	κ	Kápa	k	k wie kann
Λ	λ	Lámbda	l	l wie Lamm
M	μ	Mi	m	m wie Mund
N	ν	Ni	n	n wie Natur
Ξ	ξ	Xi	x	x wie Xaver
O	o	Omikron	o	o wie offen
Π	π	Pi	p	p wie Papier
P	ρ	Ro	r	gerolltes r
Σ	ς/σ	Sígma	ss	ss wie lassen
T	τ	Taf	t	t wie Tag
Y	υ	Ipsilon	j	j wie jeder
Φ	φ	Fi	f	f wie Fach
X	χ	Chi	ch	ch wie ich
Ψ	ψ	Psi	ps	ps wie Psalm
Ω	ω	Omega	o	o wie Ohr

Da das griechische und lateinische Alphabet nicht identisch sind, gibt es für die Übersetzung griechischer Namen in die lateinische Schrift oft mehrere unterschiedliche Schreibweisen, z. B. Chorefton (auf Pilion) - auch Horefto, Horefton, Chorefto; Kalkis - auch Chalkis oder Halkida.

Elementares

Grüße

Guten Morgen/ guten Tag (bis Siesta)	kaliméra
Guten Abend/ guten Tag (ab Siesta)	kalispéra
Gute Nacht	kaliníchta
Hallo! Grüß' Sie!	jássou! oder jássas!
Tschüß	adío
Guten Tag und Auf Wiedersehen	chérete
Alles Gute	stó kaló
Gute Reise	kaló taxídi

Gespräch

Wie geht es Ihnen?	ti kánete?
Wie geht es Dir?	ti kánis?
(Sehr) gut	(polí) kalá
So lala	étsi ki étsi
Und Dir?	ke essí?
Wie heißt Du?	pos se léne?
Ich heiße ...	to ónoma mou íne ...
Woher kommst du?	apo pu ísse?
Ich komme aus ...	íme apo ...
... Deutschland	... jermanía
... Österreich	... afstría
... Schweiz	... elwetía

Sprechen Sie Englisch (Deutsch)?	miláte angliká (jermaniká)?
Ich spreche nicht Griechisch	den miló eliniká
Wie heißt das auf Griechisch?	pos légete aftó sta eliniká?
Ich verstehe (nicht)	(dén) katalawéno
Verstehst du?	katálawes (katalawénis?)
In Ordnung (okay)	endáxi

Minimalwortschatz

Ja	nä
Nein	óchi
Nicht	dén
Danke (vielen Dank)	efcharistó (polí)
Bitte (!)	parakaló(!)
Entschuldigung	sinjómi
groß/klein	megálo/mikró
gut/schlecht	kaló/kakó
viel/wenig	polí/lígo
heiß/kalt	sesstó/krío
oben/unten	epáno/káto
ich	egó
du	essí
er/sie/es	aftós/aftí/aftó
das (da)	aftó
(ein) anderes	állo
Welche(r), welches?	tí?

Fragen und Antworten

Gibt es (hier) ...?	ipárchi (edó) ...?
Wo ist ...?	pu íne ...?
Ich möchte (nach) ...	thélo (stin) ...

Wann geht (fährt, fliegt)?	pote féwgi?
Um wie viel Uhr?	ti óra?
Wann kommt ... an?	póte ftáni ...?

Wie viel Kilometer sind es?	pósa chiliómetra íne?
Wie viel kostet es?	póso káni?
Wissen Sie …?	xérete …?
stündlich	aná óra
um 4 Uhr	tésseris óra
… der Hafen …	… to limáni
… die Haltestelle	… i stási
Ich weiß nicht	dén xéro
Haben Sie …?	échete …?
… nein, haben wir nicht	… dén échoume
Ja, bitte? (hier, bitte!)	oríste?/!
Wann	póte
Wo	pu

Von wo …	ápo pu
… von Iraklion	…ápo to Iráklio
Wie viel(e)…	pósso (póssa) …
Wohin …	jia pu …
nach /zum …	tin/stin …
… nach Athen	… stin Athína
links	aristerá
rechts	dexiá
geradeaus	ísja
die nächste Straße	o prótos drómos
die 2. Straße	o défteros drómos
hier	edó
dort	ekí

Unterwegs

Abfahrt	anachórisis
Ankunft	áfixis
Gepäck-aufbewahrung	apotíki aposkewón
Information	pliroforíes
Kilometer	kiliómetra
Straße	drómos
Fußweg	monopáti
Telefon	tiléfono
Ticket	isitírio
Reservierung	fílaxi

Flugzeug/Schiff

Deck	katástroma
Fährschiff	férri-bot
Flughafen	aerodrómio
das (nächste) Flugzeug	to (epómene) aeropláno
Hafen	limáni
Schiff	karáwi
Schiffsagentur	praktorío karawiú

Bus/Eisenbahn

Bahnhof	stathmós
(der nächste) Bus	(to epómene) leoforío
Eisenbahn	ssidiródromos

Haltestelle	stásis
Schlafwagen	wagóni ípnu
U-Bahn	ilektrikós
Waggon	wagóni
Zug	tréno

Auto/Zweirad

Ich möchte …	thélo …
Wo ist …?	pu íne …?
… die nächste Tankstelle?	… to plisiésteron wensinádiko?
Bitte prüfen Sie …	parakaló exetásete …
Ich möchte mieten (für 1 Tag)	thélo na nikiásso (jiá mia méra)
(Die Bremse) ist kaputt	(to fréno) íne chalasméno
Wie viel kostet es (am Tag)?	póso káni (jia mía méra)?
Benzin (super/ normal/bleifrei)	wensíni (súper/ apli/amóliwdi)
Diesel	petréleo
1 Liter	éna lítro
20 Liter	íkosi lítra
Auto	aftokínito
Motorrad	motossikléta
Moped	motopodílato
Anlasser	mísa

Auspuff	exátmissi	*Motor*	motér
Batterie	bataría	*Öl*	ládi
Bremse	fréno	*Reifen*	lásticho
Ersatzteil	andalaktikón	*Reparatur*	episkewí
Keilriemen	imándas	*Stoßdämpfer*	amortisér
Kühler	psijíon	*Wasser*	to (apestagméno)
Kupplung	simbléktis	*(destilliertes)*	neró
Licht	fos	*Werkstatt*	sinergíon

Bank/Post/Telefon

Post und Telefon sind in Griechenland nicht am selben Ort! Telefonieren kann man in kleineren Orten auch an manchen Kiosken und Geschäften.

Wo ist	pu íne?	*eingeschrieben*	sistiméno
… eine Bank	… mia trápesa	*Euro-/Reisescheck*	ewrokárta
… das Postamt	… to tachidromío	*Geld*	ta leftá, ta chrímata
… das Telefonamt	to O. T. E.	*Karte*	kárta
Ich möchte …	thélo …	*Luftpost*	aeroporikós
… ein Tel.-Gespräch	… éna tilefónima	*Päckchen*	paketáki
… (Geld) wechseln	… na chalásso (ta chrímata)	*Paket*	déma
		postlagernd	post restánd
Wie viel kostet es (das)?	póso káni (aftó)?	*Telefongespräch (anmelden) (nach)*	(na anangílo) éna tilefónima (jia)
Bank	trápesa	*Telefon*	tiléfono
Brief	grámma	*Telegramm*	tilegráfima
Briefkasten	grammatokiwótio	*Schweizer Franken*	elwetiká fránka
Briefmarke	grammatósima		

Übernachten

Haben Sie?	échete?	*Ich möchte mieten (…) für 5 Tage*	thélo na nikiásso (…) jia pénde méres
Gibt es …?	ipárchi …?		
Zimmer	domátio	*Kann ich sehen …?*	boró na do …?
Bett	krewáti	*Kann ich haben …?*	boró na écho …?
ein Doppelzimmer	éna dipló domátio	*ein (billiges/gutes) Hotel*	éna (ftinó/kaló) xenodochío
Einzelzimmer	domátio me éna krewáti	*Pension*	pansión
mit …	me …	*Haus*	spíti
… Dusche/Bad	dous/bánjo	*Küche*	kusína
… Frühstück	proinó	*Toilette*	tualétta
Wo ist?	pu íne?	*Reservierung*	krátissi
Wie viel kostet es (das Zimmer)?	póso káni (to domátio)?	*Wasser (heiß/kalt)*	neró (sesstó/krío)

Essen & Trinken

Haben Sie?	échete?
Ich möchte …	thélo …
Wie viel kostet es?	póso káni?
Ich möchte zahlen	thélo na pliróso
Die Rechnung (bitte)	to logariasmó (parakaló)
Speisekarte	katálogos

Getränke

Glas/Flasche	potíri/boukáli
ein Bier	mía bíra
(ein) Mineralwasser	(mia) sóda
Wasser	neró
(ein) Rotwein	(éna) kókkino krassí
(ein) Weißwein	(éna) áspro krassí
… süß/herb	glikós/imíglikos
(eine) Limonade (Zitrone)	(mia) lemonáda
(eine) Limonade (Orange)	(mia) portokaláda
(ein) Kaffee	(éna) néskafe
(ein) Mokka	(éna) kafedáki
… sehr süß	… varí glikó
… mittel	… métrio
… rein (ohne Zucker)	skéto
Tee	tsái
Milch	gála

Griech. Spezialitäten

Fischsuppe	psaróssupa
Suppe	ssúpa
Garnelen	garídes
Kalamari („Tintenfischchen")	kalamarákia
Fleischklößchen	keftédes
Hackfleischauflauf mit Gemüse	musakás
Mandelkuchen mit Honig	baklawás
Gefüllter Blätterteig	buréki
Gefüllte Weinblätter (mit Reis & Fleisch)	dolmádes
Nudelauflauf mit Hackfleisch	pastítsio
Fleischspießchen	suwlákia

Sonstiges

Hähnchen	kotópulo
Kartoffeln	patátes
Spaghetti (mit Hackfleisch)	makarónia (me kimá)
Hammelfleisch	kimás
Kotelett	brisóla
Bohnen	fasólia
Gemüse	lachaniká

Gewürze siehe „Einkaufen"

Einkaufen

Haben Sie?	échete?	*Essig*	xídi
Kann ich haben?	bóro na écho?	*Gurke*	angúri
Geben Sie mir	dóste mou	*Honig*	méli
klein/groß	mikró/megálo	*Joghurt*	jaoúrti
1 Pfund	misó kiló	*Käse/Schafskäse*	tirí/féta
1 Kilo/Liter	éna kiló/lítro	*Klopapier*	hartí igías
100 Gramm	ekató gramárja	*Kuchen*	glikó
Apfel	mílo	*Marmelade*	marmeláda
Brot	psomí	*Milch*	gála
Butter	wútiro	*Öl*	ládi
Ei(er)	awgó (awgá)	*Orange*	portokáli

Pfeffer	pipéri	Streichhölzer	spírta
Salz	aláti	Tomaten	domátes
Seife	sapúni	Wurst	salámi
Shampoo	sambuán	Zucker	sáchari
Sonnenöl	ládi jia ton íljon		

Sehenswertes

Wo ist der/die/das?	pu íne to/i/o?	Burg	kástro (pírgos)
Wo ist der Weg zum ...?	pu íne i ódos jia ...?	Dorf	chorió
Wie viel Kilometer sind es nach ...?	póssa chiliómetra íne os to ...?	Eingang	ísodos
		Fluss	potamós
rechts	dexiá	Kirche	eklissiá
links	aristerá	Tempel	naós
dort	ekí	Platz	platía
hier	edó	Stadt	póli
Ausgang	éxodos	Strand	plas
Berg	wounó	Höhle	spilíon, spiliá
		Schlüssel	klidí

Hilfe & Krankheit

Gibt es (hier) ...?	ipárchi (edó) ...?	Aspirin	aspiríni
Haben Sie ...?	échete ...?	die „Pille"	to chápi
Wo ist (die Apotheke)?	pu íne (to farmakío)?	Kondome	profilaktiká
		Penicillin	penikelíni
Arzt	jatrós	Salbe	alifí
Wann hat der Arzt Sprechstunde?	póte déxete o jiatrós?	Tabletten	hapía
Ich habe Schmerzen (hier)	écho póno (edó)	Watte	wamwáki
		Ich habe ...	écho ...
Helfen Sie mir bitte!/Hilfe!	woithíste me parakaló!/woíthia!	Ich möchte ein Medikament gegen ...	thélo éna jiatrikó jia ...
Ich habe verloren ...	échassa ...	Durchfall	diária
Deutsche Botschaft	presvía jermanikí	Fieber	piretós
Krankenhaus	nossokomío	Grippe	gríppi
Polizei	astinomía	Halsschmerzen	ponólemos
Touristinformation plioforíes	turistikés	Kopfschmerzen	ponokéfalos
Unfall	atíchima	Magenschmerzen	stomachóponos
Zahnarzt	odontíatros	Schnupfen	sináchi
Ich bin allergisch gegen ...	egó íme allergikós jia ...	Sonnenbrand	égawma
Ich möchte (ein)...	thélo (éna) ...	Verstopfung	diskiljótita
Abführmittel	kathársio	Zahnschmerzen	ponódontos

Zahlen

½	misó	9	ennéa	60	exínda
1	éna	10	déka	70	efdomínda
2	dío	11	éndeka	80	ogdónda
3	tría	12	dódeka	90	enenínda
4	téssera	13	dekatría	100	ekató
5	pénde	20	íkosi	200	diakósia
6	éxi	30	triánda	300	trakósia
7	eftá	40	sarránda	1000	chília
8	ochtó	50	penínda	2000	dio chiliádes

Zeit

Morgen(s)	proí
Mittag(s)	messiméri
Nachmittag(s)	apógewma
Abend(s)	wrádi
heute	ssímera
morgen	áwrio
übermorgen	méthawrio
gestern	chtés
vorgestern	próchtes
Tag	méra
jeden Tag	káthe méra
Woche	ewdomáda
Monat	mínas
Jahr	chrónos

Uhrzeit

Stunde	óra
Um wie viel Uhr?	piá óra (ti óra)?
Wie viel Uhr (ist es)?	tí óra (íne)?
Es ist 3 Uhr (dreißig)	íne trís (ke triánda)
Stündlich	aná óra
Wann?	póte?

Achtung: nicht éna, tría, téssera óra (1, 3, 4 Uhr), sondern: mía, trís, tésseris óra!! Sonst normal wie oben unter „Zahlen".

Wochentage

Sonntag	kiriakí
Montag	deftéra
Dienstag	tríti
Mittwoch	tetárti
Donnerstag	pémpti
Freitag	paraskewí
Samstag	sáwato

Monate

Ganz einfach: fast wie im Deutschen + Endung „-ios"! (z. B. April = Aprílios).

Ianuários	Januar
Fewruários	Februar
Mártios	März
Aprílios	April
Máios	Mai
Iúnios	Juni
Iúlios	Juli
Awgustos	August
Septémwrios	September
Októwrios	Oktober
Noémwrios	November
Dekémwrios	Dezember

Glossar

Agía/Ágios: Heilige/Heiliger

Ágii: Heilige (Plural)

Agora: Markt- und Versammlungsplatz antiker griechischer Städte

Akropolis: Oberstadt oder Burgberg antiker griechischer Städte

Amphitheater: Rundum geschlossener, ellipsenförmiger Theaterbau (ursprünglich römischer Herkunft)

Apsis: halbrunder, zum Hauptraum geöffneter Nischenraum

Archontikó: Herrenhaus

Basilika: Drei- oder fünfschiffiger, durch Säulenreihen geteilter Bau mit erhöhtem Mittelschiff

Cavea: Zuschauerraum eines Theaters

Cella: Hauptraum antiker Tempel

Devotionalien: Artikel der Volksfrömmigkeit (Kreuze, Heiligenbilder etc.)

Dipteros: Tempel mit zwei umlaufenden Säulenreihen

Exonarthex: Äußere Vorhalle einer Kirche

Fresko: Wandmalerei, die auf den noch feuchten Putz aufgetragen wird

Ikonostase: Bilderwand zwischen Gemeinde- und Altarraum der griech.-orth. Kirche

Kaíki: Griechischer Schiffstyp

Kapitell: Oberer Säulen- oder Pfeilerabschluss

Katholikon: Hauptkirche eines griech.-orth. Klosters

Kore: Mädchenstatue der Antike (immer bekleidet)

Kouros: Jünglingsstatue der Antike (immer nackt)

Kreuzkuppelkirche: Kirche mit Grundriss in Form eines griechischen Kreuzes (Kreuz mit vier gleich langen Armen)

Krypta: Raum unter einer Kirche, meist eine Begräbnisstätte

Meltémi: Starker Nordwind in der Ägäis

Mitrópolis: Griech.-orth. Bischofskirche

Moní: Kloster

Naos: Gemeinderaum eines griech.-orth. Kirchenbaus

Narthex: Vorhalle eines griech.-orth. Kirchenbaus

Panagía: Die Gottesmutter Maria

Pantokrator: Christus als Weltenherrscher

Platía: Platz

Pírgos: Turm

Skála: Hafen- oder Küstensiedlung eines Binnendorfes (auch: Liménas, Órmos)

Spolien: wiederverwendetes Architekturfragment älterer Gebäude

Taxiarchen: Erzengel

Templon: → Ikonostase

Vierung: Raum im Schnittpunkt von Langhaus und Querschiff, meist bei Kirchenbauten

Vólta: abendlicher Spaziergang im Familien- oder Freundeskreis

Stein auf Stein am Sválas-Strand

Register

ISBN 978-3-95654-030-1

© Copyright Michael Müller Verlag GmbH, Erlangen 1998–2015. Alle Rechte vorbehalten. Alle Angaben ohne Gewähr. Druck: Stürtz GmbH, Würzburg.

Klimaschutz geht uns alle an.

Der Michael Müller Verlag verweist in seinen Reiseführern auf Betriebe, die regionale und nachhaltig erzeugte Produkte bevorzugen. Ab Januar 2015 gehen wir noch einen großen Schritt weiter und produzieren unsere Bücher klimaneutral. Dies bedeutet: Alle Treibhausgasemissionen, die bei der Produktion der Bücher entstehen, werden durch die Ausgleichszahlung an ein Klimaprojekt von myclimate kompensiert.

Der Michael Müller Verlag unterstützt das Projekt »Kommunales Wiederaufforsten in Nicaragua«. Bis Ende 2016 wird der Verlag in einem 7 ha großen Gebiet (entspricht

ca. 10 Fußballfeldern) die Wiederaufforstung ermöglichen. Dadurch werden nicht nur dauerhaft über 2.000 t CO_2 gebunden. Vielmehr werden auch die Lebensbedingungen der lokalen Bevölkerung deutlich verbessert.

In diesem Projekt arbeiten kleinbäuerliche Familien zusammen und forsten ungenutzte Teile ihres Landes wieder auf. Eine vergrößerte Waldfläche wird Wasser durch die trockene Jahreszeit speichern und Überschwemmungen in der Regenzeit minimieren. Bodenerosion wird vorgebeugt, die Erde bleibt fruchtbarer. Mehr über das Projekt unter **www.myclimate.org**

myclimate ist einer der weltweit führenden Anbieter im Bereich der freiwilligen CO_2-Kompensation. myclimate Klimaschutzprojekte erfüllen höchste Qualitätsstandards und vermeiden Treibhausgase, indem fossile Treibstoffe durch alternative Energiequellen ersetzt werden. Das Projekt »Kommunales Wiederaufforsten in Nicaragua« ist zertifiziert von Plan Vivo, einer gemeinnützigen Stiftung, die schon seit über 20 Jahren im Bereich Walderhalt und Wiederaufforstung tätig ist und für höchste Qualitätsstandards sorgt.

www.michael-mueller-verlag.de/klima

UNTERWEGS MIT THOMAS SCHRÖDER

Ein ehemaliges, zur Pension umgebautes Kloster war viele Jahre lang mein Anlaufpunkt in Sámos-Stadt. Das lag weniger an den nicht gerade komfortablen Zimmern als vielmehr an Spyros, dem philosophisch-freundlichen Pächter, der nach-

mittags nie ohne einen Frappé in der Hand anzutreffen war und seinen Gästen jederzeit gerne einen solchen eiskalten Nescafé mixte. Jetzt kommt Spyros nur noch privat nach Sámos, die Pension ist geschlossen. Doch die Erinnerungen bleiben: An die Abende bei klassischer Musik in dem nach Jasmin duftenden Innenhof des Klosters, an die weinseligen Ausflüge zu herrlichen Mezédes in der Oberstadt-Bar Ta Filarákia. Oder an den Tag, an dem ich, mit dem Motorrad unterwegs, am Straßenrand einige ausgesetzte Kätzchen fand und Spyros sofort seinen altersschwachen VW-Käfer in Marsch setzte, um die Tiere einzusammeln. Mittlerweile ist Spyros

stolzer Besitzer eines roten Käfer-Cabrios ähnlichen Baujahrs, das er frech am Rand einer Fußgängerzone der Hauptstadt parkt. Wenn ich auf der Insel bin und er nicht da ist, lotst mich Kostas, bei dem ich jetzt immer wohne, mit meinem Mietwagen auf genau diesen Platz: „Spyros parkt da auch immer". Aber Parkplatz hin, Parkplatz her – natürlich würde ich mich freuen, bei der nächsten Reise wieder das rote Cabrio zu sehen und gleich auf einen Frappé bei Spyros vorbeizuschauen.

Text und Recherche: Thomas Schröder **Lektorat:** Anja Keul **Redaktion:** Annette Melber, Steffen Fietze **Layout:** Steffen Fietze **Karten:** Carlos Borrell, Judit Ladik, Michaela Nitzsche, Gábor Sztrecska **Fotos:** alle Thomas Schröder außer S. 53 Anke Fietze, S. 189, 193 Michael Bussmann **Grafik S. 8/9:** Johannes Blendinger **Cover-gestaltung:** Karl Serwotka **Covermotive:** oben: Kokkári unten: Psilí Ámmos (bei Votsalákia) gegenüberliegende Seite: Mégalo Seitáni (alle Thomas Schröder)

7. KOMPLETT ÜBERARBEITETE UND AKTUALISIERTE AUFLAGE 2015

Hintergründe & Infos

Der Osten
① um Sámos-Stadt

Der Südosten
② um Pythagório

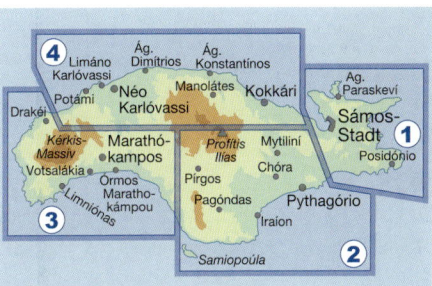

④ Limáno Karlóvassi
Ág. Dimítrios
Ág. Konstantínos
Potámi
Néo Karlóvassi
Manolátes
Kokkári
Drakéi
Kérkis-Massiv
Marathó-kampos
Profítis Ilías
Mytilíni
Ág. Paraskeví
Sámos-Stadt
①
Votsalákia
Órmos Maratho-kámpou
Pírgos
Chóra
Posidónio
Limniónas
Pagóndas
Pythagório
③
Iraíon
②
Samiopoúla

③ Der Südwesten

④ Die Nordküste

Abstecher
rund um Sámos
Kuşadası, Ephesus, Selçuk,
Pátmos, Foúrni, Ikaría

Kleiner Wanderführer